Como Vencer
no
Jogo
da
Vida

Tom Gegax

Como Vencer
no
Jogo
da
Vida

Os Segredos do Autotreinamento para o Sucesso

Tradução
LUIZ A. DE ARAÚJO

Prefácio de
DEEPAK CHOPRA

EDITORA CULTRIX
São Paulo

Título do original: *Winning in the Game of Life.*

Copyright © 1999 Tom Gegax.

Publicado mediante acordo com a Harmony Books,
uma divisão da Random House, Inc. Nova York.

Todos os direitos reservados. Nenhuma parte deste livro pode ser reproduzida ou usada de qualquer forma ou por qualquer meio, eletrônico ou mecânico, inclusive fotocópias, gravações ou sistema de armazenamento em banco de dados, sem permissão por escrito, exceto nos casos de trechos curtos citados em resenhas críticas ou artigos de revistas.

O primeiro número à esquerda indica a edição, ou reedição, desta obra. A primeira dezena
à direita indica o ano em que esta edição, ou reedição, foi publicada.

Edição	Ano
1-2-3-4-5-6-7-8-9-10	01-02-03-04-05-06-07

Direitos de tradução para o Brasil
adquiridos com exclusividade pela
EDITORA PENSAMENTO-CULTRIX LTDA.
Rua Dr. Mário Vicente, 368 — 04270-000 — São Paulo, SP
Fone: 272-1399 — Fax: 272-4770
E-mail: pensamento@cultrix.com.br
http://www.pensamento-cultrix.com.br
que se reserva a propriedade literária desta tradução.

Impresso em nossas oficinas gráficas.

A mamãe e papai, que contribuíram para me trazer a esta vida.

Mamãe, obrigado pelo seu amor incondicional e pelo estímulo constante, por ter lido histórias para mim, por ter dado mais importância aos meus acertos que aos meus erros. Papai, obrigado por me ter ensinado a importância da empatia, da disposição para aprender e da sabedoria de "pedi e recebereis". Espero que o inverno de suas vidas continue a realizá-los e que, quando chegar a hora de transcender, vocês encontrem a mais pura alegria e a mais pura paz.

A meus filhos, Trent e Chris, que levam a vida adiante.
Obrigado pelo amor, pelo treinamento e pelo humor. Vê-los crescer na sabedoria e na felicidade — muito mais cedo que eu — é um prazer que não tem fim.

Sumário

Prólogo... ou melhor, AVANTE!	9
Prefácio de Deepak Chopra	11
Agradecimentos	13

1. Determine a Sua Missão ... 15
- *Como Criar um Plano Vitorioso no Jogo da Vida* ... 16
- *O Que é Autotreinamento?* ... 18
- *O Impulso para Prosperar* ... 19
- *Os Elementos de um Plano Vitorioso no Jogo da Vida* ... 25
- *Determine a Sua Missão* ... 30

2. Sete Passos Ativos para Manifestar a Sua Missão ... 37
- *Passo 1. Decida o Que Você Quer Dar e Receber* ... 40
- *Passo 2. Crie Planos de Ação* ... 45
- *Passo 3. Integre o Plano* ... 47
- *Passo 4. Organize-se* ... 49
- *Passo 5. Saiba Aproveitar o Tempo* ... 50
- *Passo 6. Faça o Que Tem de Ser Feito* ... 60
- *Passo 7. Desapegue-se* ... 62

3. Seis Características para a Viagem ... 64
- *COAPDP 1. Cuidadosa* ... 66
- *COAPDP 2. Otimista* ... 74
- *COAPDP 3. Apaixonada* ... 79
- *COAPDP 4. Persistente* ... 82
- *COAPDP 5. Disciplinada* ... 87
- *COAPDP 6. Plena de Espírito* ... 88

4. Fique em Forma para a Sua Missão: A Saúde Física ... 99
- *Como Abrir a Fonte da Saúde da Pessoa Como um Todo* ... 101
- *Abasteça-se de Alimento* ... 110
- *Abasteça-se de Água* ... 124
- *Abasteça-se de Ar* ... 126
- *O Exercício Físico* ... 128
- *O Sono* ... 134
- *O Trabalho Corporal de Apoio* ... 136

5. Fique em Forma para a Sua Missão: A Saúde do Intelecto e da Psique ... 141
- *O Intelecto Sadio* ... 141
- *O Excesso de Informação* ... 143
- *A Paixão do Intelecto* ... 144
- *Silêncio... Não Estou Conseguindo Ouvir Meu Pensamento!* ... 147

O Cuidado e o Alimento do Intelecto	148
A Psique Sadia	149
As Fontes da Psique	151
Os Obstáculos para a Descoberta de Si Mesmo	153
Investigações: Em Contato com a Sua Psique	159
Oito Jogadas-chave para Treinar o Eu Psicológico	164
Superando os Aspectos Negativos	172
A Psique em Ação	178

6. Fique em Forma para a Sua Missão: A Saúde Espiritual ... 181

Sobre a Atribuição	183
Supere os Obstáculos	183
Oito Jogadas-chave para a Prática Espiritual	190
Tempo para o Espírito	199
O Jogo Real	200
Tempo para a Saúde da Equipe Interior	204

7. Dez Lições para o Aprendizado com a Vida ... 206

Aprendizado 1. Quem, Eu?	211
Aprendizado 2. A Experiência: Sua Melhor Mestra	212
Aprendizado 3. A Troca entre Pares	213
Aprendizado 4. Extraindo o Ouro do Mentor	216
Aprendizado 5. As Lições dos Mais Jovens	219
Aprendizado 6. O Modelo de Sucesso	221
Aprendizado 7. A Curiosidade de Columbo	221
Aprendizado 8. A Relação Falar-Ouvir	222
Aprendizado 9. Conheça o Regulamento da Sua Equipe	224
Aprendizado 10. A Captação de Recursos Externos	224

8. Sem Falhas na Comunicação ... 226

Quatro Providências Internas para Desenvolver Relações Mutuamente Satisfatórias	229
Oito Expressões Mágicas	238
Ouça	241
Fale	242
A Venda Ética (Não, não é um oxímoro)	248
Comunique-se em Alto e Bom Som	255

9. Os Círculos de Relações ... 257

O Ser: É Importante Saber Que Há Alguém Dentro de Nós	259
Sua Carreira: Um Diamante Bruto?	260
O Dinheiro Conta	265
Essa Coisa Maravilhosa Chamada Amor	273
Os Filhos: Como Educar a Próxima Geração	277
Pais e Antepassados: As Gerações Anteriores	287
Velhos e Novos Amigos	291
Estreite os Laços da Sua Comunidade	292
A Terra: Uma Amiga Necessitada	294
O Universo e Mais Além	296

Agradecimentos Adicionais	299
Bibliografia	301

Prólogo
... ou melhor,
AVANTE!

A jornada de mil léguas começa com um passo.
— LAO TSÉ (570-490 a.C.)

UM BOM LIVRO pode ser um passo numa jornada. Mesmo que você não saiba aonde o levará, ele há de gerar discussão, um novo pensamento, por vezes até mesmo controvérsia e, decerto, crescimento.

Um livro pode ser também a jogada nova e esclarecedora num jogo: o jogo da sua vida. As idéias deste livro são estratégias que aguardam para ser aplicadas. Na página, não passam de palavras. Manifestas em seus pensamentos e ações, começam a palpitar cheias de vida. *Como Vencer no Jogo da Vida* apresenta um plano de jogo orientado para o sucesso, colhido no laboratório de minha própria existência e das que eu observei: 52 anos de aulas simples e complexas, edificantes e emocionantes. Ele pretende encontrá-lo onde você está agora e, em seguida, mostrar-lhe o que há mais além. Empregue essas idéias da maneira que fizer mais sentido para você, sintetizando-as com a pessoa que você *é* para ajudá-lo a tornar-se a pessoa que você *quer ser*. Pode-se ler este livro de ponta a ponta ou mergulhar no ponto que mais interessar. Cada capítulo oferece estratégias que você pode usar independentemente do resto do plano, embora cada uma delas componha uma peça de um todo harmonioso.

Você entrará em contato com minha filosofia pessoal e minhas práticas nos negócios expressas numa terminologia que não se encontra nos dicionários convencionais. Eu emprego alternadamente as expressões *Fonte Universal*, *Poder Superior*, *Fonte Divina*, *Espírito* e *Deus* para me referir à espiritualidade interior e exterior, que considero uma parte inseparável do ser humano. Uso o termo *psique* para abranger aspectos da emoção, da psicologia e do comportamento. Sirvo-me da palavra *treinador* em vez de *administrador*. Do mesmo modo, *companheiro de equipe* toma o lugar de *empregado*, e *hóspede* substitui *cliente*. Esses vocábulos refletem uma mudança de paradigma: em vez de *trabalhar* juntos, *formar uma equipe*.

Dito isso, mãos à obra.

Você anseia pelo êxito, por dentro e por fora? Quer vencer no jogo que realmente importa? Ele ainda não terminou, e não é tarde demais para participar. Sua equipe o espera: o corpo, o intelecto, a psique, o espírito. Precisa de um treinador disposto a entrar na partida, fazer as jogadas certas e elevar a vida até o nível seguinte.

Mas por onde começar?

E os equívocos? E as jogadas erradas?

Deixe de lado a dúvida. Esqueça o medo. Entre em campo. Dê um passo adiante. Vire a página e entre no jogo... da vida... a *sua* vida.

Prefácio

de Deepak Chopra

EMBORA A MUDANÇA seja o caráter definidor do universo, eu acredito firmemente na idéia inalterável de que a consciência cria a realidade. A expectativa — aplicada para melhorar a saúde ou as relações, para adquirir novas habilidades ou para montar um negócio — influencia decisivamente o resultado.

Quando conheci Tom, ele estava às voltas com a transformação, recuperando-se de um quase desastre na vida pessoal e nos negócios. Numa fase em que seria fácil deixar-se guiar pelos aspectos negativos, ele, ao contrário, enxergou uma oportunidade e se deu conta do poder de sua própria consciência de mudar o resultado. Sua evolução nos anos seguintes foi admirável. Eu o vi colher visões interiores em numerosas fontes e com elas urdir uma filosofia de vida que une os princípios às ações, o corpo à mente, o espírito à alma. Ele tem o talento particular de tornar realidade aquilo que os outros só conseguem imaginar. Com paixão e espírito prático, sonhos e ousadia, reconstruiu sua vida com uma intenção clara e fundamentada no mundo real.

Tom integra eficazmente os principais e mais avançados conceitos de administração do tempo, organização e comunicação no local de trabalho ao bem-estar pessoal e à conjunção espiritual. O crescimento no nível pessoal anda de mãos dadas com o crescimento nas relações e no trabalho e com uma noção evoluída do eu vinculado ao divino. Este livro é uma resposta para os muitos que sentem que os negócios e a vida pessoal não precisam dividir o ser, mas podem unir-se para fluir no sentido de mais saúde e mais energia.

Eu estou convencido de que o valor singular da mensagem de Tom reside em sua visão dos negócios em termos não puramente materialistas, mas humanos. Vindo da indústria de pneus, ele demonstra que a perspectiva holística traz benefícios em ramos de empreendimento aparentemente incapazes de acolher esse tipo de idéia. Encara o dinheiro, por exemplo, como uma forma de intercâmbio de energia, e as relações humanas como o verdadeiro "ouro" da vida empresarial. Esse ponto de vista estimulante tem o potencial de otimizar o tempo que gastamos no trato dos negócios e suas implicações.

Quando ele me contou que pretendia escrever um livro, pareceu-me um passo natural. Também fiquei contente ao saber que a idéia nascera na Índia, justamente na semana da festa de casamento de minha filha. Talvez a atmosfera refletisse a própria consciência de Tom de que o sofrimento que motivou sua evolução, em 1989, dera lugar a uma face cheia de esperança e alegria. E a alegria é sempre melhor quando compartilhada com os demais.

Assim como eu dediquei a vida à exploração das interligações do nosso universo, Tom volta a trilhar seus passos exploradores para compartilhar as aptidões e as percepções que a vida pessoal e a dos negócios têm em comum. Como uma extensão de sua própria existência, sei que este livro é o reflexo sincero e valioso de uma jornada constante de consciência em crescimento.

Agradecimentos

OBRIGADO A MINHA esposa, Mary Wescott, pelo estímulo, a compreensão, a flexibilidade e o amor constantes — e pela paciência que teve quando eu estava preparando este livro.

Obrigado a minha equipe por ter engatado tantas vezes a quinta marcha para que este livro chegasse aonde precisava chegar. Sua persistência, a confiança na abordagem do grupo e os talentos especiais convergiram para co-criar um livro que não podia ter surgido de outro modo. Obrigado a Shawn Hollembeak por decifrar meus garranchos e passar longas horas digitando; a Kirk Olson e Amy Goldberger pela pesquisa incansável; a Vickie Abrahamson pelos conselhos que incitavam a pensar e por seu excepcional gênio criativo; a Dorie Thrall, técnica em publicidade da Tires Plus e minha assistente há doze anos, pelo apoio e a coordenação sem-fim e pela capacidade de não deixar a peteca cair.

Nenhum discurso seria suficiente para expressar minha profunda gratidão a Jana Branch e a T. Trent Gegax por me ajudarem a achar as palavras mais adequadas para comunicar minha mensagem. Obrigado a Jana, técnica do projeto e editora da primeira fase, por fazer as perguntas certas, pelas idéias, o esmero, a paciência e a organização que teve. Ao ler o que ela editou, eu compreendi de pronto que o nosso destino era trabalhar em equipe. Meu agradecimento a T. Trent Gegax, o editor da segunda fase, por fazer com que as frases alçassem vôo e os conceitos ganhassem vida. Assim como sua vida, eu acho suas palavras vibrantes, veementes e animadoras. Ele dá vida ao texto e torna a leitura agradável. Agradeço a oportunidade de aprender com ele e de participar do talento literário de muitas gerações da família Gegax.

Muitos amigos e colegas ofereceram voluntariamente comentários substanciais e aprimoraram a elaboração do manuscrito. Seus conhecimentos e seu discernimento ajudaram a colocar informações mais claras no papel. Minha gratidão ao dr. Jim Calli; a Allen Fahden; a Ron L. Fronk, Ph. D.; ao rev. Mark Holman; ao rev. Kurt P. Kalland; a Earnie Larsen, MRE; a John R. Leach; ao prof. Carl V. Phillips, Ph. D.; a John Robbins; a Gayle S. Rose; a Brenda M. Schaeffer, M. A., C. A. S.; a Pete Selleck; ao dr. Robert Simmermon; e ao rev. Duke Tufty. Vide os agradecimentos adicionais na página 299.

Obrigado ao meu agente, Kim Witherspoon, a minha editora, Patricia Gift, e à equipe de editores da Harmony Books. Seu estímulo e sua fé neste livro quando ainda começava a se delinear ajudaram uma parte de minha missão pessoal a avançar um passo.

14 | Agradecimentos |

Enfim, minha gratidão ilimitada a minha Fonte, o Poder Superior, companheiro de todas as horas, que me dotou de idéias e me deu o impulso interior para que elas continuassem fluindo mesmo quando o processo ameaçava ir a pique. Eu pus a caneta no papel, e Tu me enviaste a mensagem. Minha única esperança é a de tê-lo ouvido claramente.

1

Determine a Sua Missão

SUCESSO. SEM DÚVIDA, o prêmio mais cobiçado e menos compreendido nos Estados Unidos. Muitos anseiam por ele, e alguns nem chegam a perceber quando o alcançam. Praticamente todos queremos ser pessoas, cônjuges, pais, trabalhadores, gerentes, autônomos ou profissionais de vendas bem-sucedidos. Para tanto, muitos trabalham até não poder mais e acrescentam novas atividades a uma agenda já superlotada.

No entanto, é surpreendente notar que, ainda que esse esforço às vezes gere alguns dos efeitos esperados, muita gente continua não se *sentindo* bem-sucedida. Por baixo da satisfação dos elogios, de uma casa maior e da promoção, são muitos os que sentem que o sucesso é uma coisa ainda por ser alcançada.

Não admira. Estamos com a vista cansada de tanto ler relatórios e relatórios de sucesso empresarial e de tomar notas em seminários sobre "desempenho". Mesmo assim, insistimos nas mesmíssimas perguntas: O que nos faz funcionar? O que nos faz adoecer? O que nos impulsiona? Embora o norte-americano médio trabalhe mais do que nunca, esse esforço pouco nos ajuda a compreender a *nós mesmos*. Congestionada pelo afã quase maníaco de sucesso, a tela do nosso radar raramente detecta a indagação reflexiva.

Muitos são estimulados a dar atenção ao que acontece lá fora, aos conceitos lineares, última moda empresarial, e a consumir e produzir depressa, de acordo com a tendência geral, no ritmo certo. Quase sempre, é tão grande a nossa preocupação em aprender a administrar os outros — os empregados, os filhos, o cônjuge e até os amigos — que pouca energia nos resta para administrar a nós mesmos. Na obsessão de controlar o mundo que nos rodeia, acabamos não reparando no mundo inexplorado que há dentro de nós. Como escreve o autor francês Édouard Schuré: "O homem moderno busca o prazer sem a felicidade, a felicidade sem o conhecimento, e o conhecimento sem a sabedoria". Entrementes, continuamos procurando o segredo do sucesso, como se houvesse uma pílula capaz de mudar tudo.

Segundo a minha experiência, não existe fórmula mágica. No entanto, o sucesso está sempre ao nosso alcance, o crescimento pessoal e o profissional evoluem juntos por intermédio de um plano vitorioso no jogo da vida. Essa abordagem da "pessoa como um todo" enfoca todo e qualquer aspecto de nosso ser para apoiar uma existência pessoal e profissional bem vivida. Cada aspecto é um jogador, e cada jogador é necessário. Nenhum deles deve ficar no banco da reserva. Ao reconhecer que a dicotomia ganhar/perder só serve para fragmentar nossa missão, esse plano vitorioso no jogo da vida redefine o "ganhar" como uma aventura de cooperação e integração. O ganhar/perder evolui para ganhar/ganhar. Tudo e todos se beneficiam.

Essa abordagem integrada é o caminho do sucesso, mas de que tipo de "sucesso" estamos falando? O plano do jogo da vida não trata unicamente de ganhar mais dinheiro, de ascender na carreira ou de alcançar um objetivo a mais em nome da eficiência. Essa visão estreita do que constitui o sucesso se interpõe entre nós e uma satisfação mais profunda. Com os olhos fixos somente no prêmio, esquecemos que o triunfo na vida resulta de como jogamos o jogo.

Tal qual uma jóia, o sucesso tem muitas facetas, de modo que é fácil concentrar-se nas duas que mais chamam a atenção: o dinheiro e a carreira. Elas são importantes? Claro que sim: poli-las faz parte do plano. Vire a jóia na mão, contudo, e dê uma olhada em todas as outras facetas brilhantes de sucesso bem-proporcionado: relações harmoniosas, consciência comunitária, saúde física e psicológica, equilíbrio intelectual, vínculo espiritual — para mencionar apenas alguns. Um plano de vida eficaz cuida de polir todas elas. Nenhuma faceta isolada define o sucesso, mas sua somatória reflete uma vida bem vivida.

Como Criar um Plano Vitorioso no Jogo da Vida

O plano vitorioso no jogo da vida começa por lhe ensinar a lançar mão de sua sabedoria, de seus desejos e valores inerentes para descobrir a bússola da existência: sua missão pessoal. Com a bússola na mão, o plano então combina a teoria com as aptidões práticas para lhe mostrar as jogadas básicas e os sistemas de apoio que você pode desenvolver para se orientar de acordo com a sua missão: o alicerce do sucesso.

Como Criar um Plano Vitorioso no Jogo da Vida

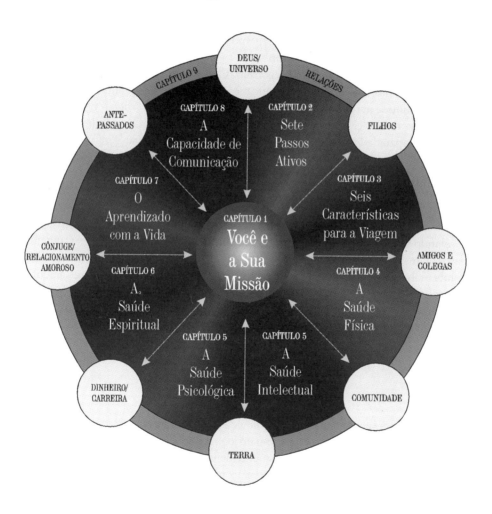

Uma vez determinada a sua missão no capítulo 1, o capítulo 2 mostra como transformá-la em planos de ação práticos e como sustentá-los com competência cronológica, uma aptidão decisiva neste mundo sempre cambiante. O capítulo 3 coloca uma lente de aumento em seis características distintivas que eu denomino COAPDP — a pessoa que as incorpora é cuidadosa, otimista, persistente, disciplinada e plena de espírito —, que colocam em funcionamento os nossos planos de ação. Os capítulos 4, 5 e 6 exploram as jogadas decisivas para sustentar e alimentar o corpo, o intelecto, a psique, o espírito — que podemos chamar de a "Equipe Interior". Em harmonia, eles produzem energia sem-par, clareza mental e tranqüilidade. Durante o processo, você aprenderá a sair do atoleiro (os velhos hábitos que já não contribuem para o que você quer) e a colocar-se nos trilhos (os hábitos que contribuem para o que você quer). Apoiado no bem-estar, começa a enxergar além daquilo que lhe obstrui o caminho: os medos, as relações e carreiras que não satisfazem, as idéias estreitas ou o egoísmo. O capítulo 7 oferece estratégias para manter-se um passo adiante das mudanças e superar a tendência muito humana de esquecer o que se aprendeu. Essas lições para toda a vida são cruciais no cultivo de uma mente aberta, capaz de colher sabedoria seja onde for. O capítulo 8 concentra-se na capacidade de comunicação, que o ajuda a navegar serenamente nos mares ocasionalmente revoltos do trabalho e da vida familiar. O capítulo 9 volta os refletores para dicas específicas para melhorar e equilibrar uma variedade de relações, o campo onde frutificam os empreendimentos dos capítulos de 1 a 8. É nas relações que o pneu entra em contato com o asfalto.

Este plano de jogo ensina-o a sincronizar a vida pessoal com a profissional revelando valores e aptidões comuns. Por fim, isso o aproxima mais de suas metas particulares na vida e se traduz em novas maneiras de ser no trabalho e na família. Também lhe permite romper com os tabus que o impedem de buscar o crescimento pessoal no local de trabalho e de aplicar em casa a sabedoria, aprendida no local de trabalho.

O Que É Autotreinamento?

Eu ponho em prática o plano do jogo da vida mediante um processo que chamo de "Autotreinamento". Se o plano vitorioso no jogo da vida for o *quê*, o Autotreinamento há de ser o *como*. Mais do que simplesmente definir as metas e avaliar o desempenho, a abordagem holística — isto é, da pessoa como um todo — do autotreinamento é capaz de despertar o potencial adormecido e remover antigas barreiras, possibilitando uma vida mais plena. Você dá um verdadeiro salto quântico na carreira, assim como nos vínculos com os entes queridos, os amigos, os colegas de trabalho, a comunidade, a Terra e Deus — a verdadeira medida do sucesso.

À primeira vista, o conceito de autotreinamento pode parecer esquisito, um pouco como falar sozinho. Sem dúvida, isso faz parte dele: treinar a si mesmo como os treinadores de tênis ou do método Lamaze* trabalham com os alunos. Também significa dar ouvidos ao que você quer na vida, de modo a seguir o seu próprio caminho rumo ao sucesso em vez de uma trilha predeterminada pelos outros. Mesmo porque ninguém pode lhe dizer como viver a vida. No entanto, como você mesmo vai descobrir, *você pode*. O Autotreinamento o ajudará a ter acesso às suas próprias respostas, a ouvi-las e a viver de acordo com elas.

Todo mundo tem um Autotreinador capaz de traçar um plano de jogo, de conceber e aplicar as jogadas decisivas. O Autotreinador dentro de cada um de nós pode, então, analisar os resultados e fazer ajustes para elaborar uma estratégia vitoriosa. Nesse processo, aparecem resultados surpreendentes. As soluções aparecem. O *stress* passa a ser mais controlável. A confiança em si mesmo aumenta. O medo gradualmente desaparece. Ao se olhar no espelho, você vê a pessoa que sempre quis ver.

Eu digo que treinar a si mesmo é a tarefa número um para quem quer viver uma vida de realizações. Além disso, é a melhor maneira de navegar nas correntes traiçoeiras que provocam redemoinhos na interseção da vida profissional com a pessoal. A maior parte das abordagens do aprimoramento pessoal concentra-se sobretudo na teoria ou, alternativamente, nas aptidões. Todavia, o Autotreinamento combina as duas coisas para revelar o "porquê" que está por trás do "como". Na minha própria vida, a recompensa de um plano vitorioso no jogo da vida implementado por meio do Autotreinamento representa uma mudança de fundamental qualidade no modo como eu encaro a existência cotidiana — a maneira como vejo o passado, a maneira como contemplo o futuro e a atenção que dedico ao presente.

O Impulso para Prosperar

Há um velho ditado que diz: "Se você fizer o que sempre fez, terá o que sempre teve". Porém, em face da atual "inflação" descontrolada de mudanças, se você continuar fazendo o que sempre fez, terá *menos* do que tem agora.

Até chegar aos quarenta e poucos anos, eu vestia a armadura do terno e da gravata de segunda a sexta-feira. Deixava-me impulsionar, a semana inteira, por uma atitude artificialmente otimista. Muitas de minhas relações eram bastante superficiais; quando não me mostrava cordial e efusivo, eu chegava a ser mestre em torcer o nariz com sutileza. Também era muito egoísta. Via a maior parte dos fatos a partir do meu próprio prisma e mal reparava em como eles afetavam os demais. Geralmente, o mais importante para mim era conseguir o que eu queria. Em suma, eu sabia jogar o jogo. Quem entrasse em contato comigo, naquela época, ficava

---

* Uma técnica de parto natural.

conhecendo uma pessoa que era, dos pés à cabeça, o retrato do equilíbrio e do controle: intelecto, corpo, casamento e empresa sadios. Mas, na realidade, eu dormia profundamente.

Eu era um poste no qual se afixavam todos os sinais daquilo que a maior parte das pessoas toma por sucesso: uma bela casa, um carro de luxo, uma família excelente, uma posição de destaque na comunidade. Ninguém conseguia enxergar o que havia por trás do sorriso. Ninguém me via suar. Meu segredo, que minha vida estava seriamente desequilibrada, ficava muito bem escondido dos demais — e de mim.

Então meu castelo de cartas ruiu. Recebi um chamado despertador que precisou dar três toques para que eu atendesse: o divórcio, o câncer e problemas nos negócios.

O primeiro toque foi o colapso do meu casamento de 25 anos. Tendo contraído núpcias aos 19 anos, eu passara toda a vida adulta casado. Esse fim traumático afetou minhas relações com quase todo mundo: meus filhos, meus amigos, a Igreja e os colegas.

O segundo toque soou certa manhã, alguns meses depois. Ao fazer a barba, reparei num inchaço no pescoço. Consultei diversos médicos, e todos disseram que não havia por que me preocupar — mas, quando extraíram o caroço, a biópsia revelou que era maligna.

— Você precisa dar um pulo aqui para conversar sobre as opções a partir de agora — disse o médico.

Como se não bastassem o divórcio e o câncer, o terceiro toque despertador veio na forma de uma repentina crise no capital de giro da rede de lojas a varejo que eu inaugurara quinze anos antes. Apesar dos muitos anos de muito trabalho duro, minha loja de pneus estava sem dinheiro; os ganhos estagnados da empresa e o crescimento descontrolado haviam engolido o capital. O chefe do departamento financeiro entrou em meu escritório com ar desesperado:

— Estamos devendo 1 milhão de dólares, e nossa linha de crédito se esgotou — disse. — Que vamos fazer?

Esses três golpes me jogaram na lona. Durante seis meses, passei as manhãs preso à cama no estéril condomínio suburbano para onde havia me mudado depois do divórcio. As paredes nuas refletiam um futuro vazio.

As aplicações diárias de radioterapia, para combater o câncer, aniquilaram temporariamente meu sentido do paladar e cobriram de queimaduras as paredes da minha boca. Comer, outrora um prazer, converteu-se numa tortura. Eu gargarejava com um remédio para cobrir as queimaduras e tornar a mastigação tolerável, mas o efeito não durava muito tempo. As refeições eram em sua maioria exaustivas sessões de algo parecido com gargarejar com giz e mastigar papelão. Muitas vezes, a tensão muscular me travava os maxilares. Meu peso caiu de noventa para 75 quilos. É uma dieta de emagrecimento que não recomendo a ninguém.

Quando conseguia arrastar-me até o escritório, eu apertava a tecla NÃO PERTURBE do telefone, pendurava o mesmo recado na porta, fechava as persianas e passava horas estendido no sofá, com um caleidoscópio em tons que iam do cinza ao preto a girar na tela da minha mente.

E a coisa piorou. Minha situação financeira pessoal ficou em pedaços. Duas hipotecas e os honorários do advogado pelo divórcio abriram um rombo nas minhas economias e no meu crédito. Obrigado a viver de cartões de crédito, eu não sabia se algum dia conseguiria sair do vermelho.

Milhares de pensamentos me assaltavam. *Você realmente meteu os pés pelas mãos. Magoou sua família. Arruinou seu negócio. Desta vez, não há saída.* Meu sorriso desapareceu, nada dava certo e parecia que nunca mais daria. Faltavam-me por completo as características que antigamente me permitiam triunfar. Minha atitude mental positiva não conseguia tirar-me daquela letargia, nem o exercício era capaz de enviar endorfina suficiente para o resgate. Pela primeira vez, eu não tinha como conduzir a vida ao sucesso. Minhas estratégias estavam falidas.

Desesperado, procurei um psicólogo que me ajudasse a sair daquele pesadelo. Ainda estava convencido de que, se simplesmente conseguisse retornar ao meu antigo modo de ser, tudo se arranjaria. Voltaria a dirigir minha empresa e a ficar de bem com todo mundo ao meu redor. *Droga*, eu pensava, *quem sabe um terapeuta não me conta o que há de errado com os outros. Afinal, todo esse marasmo não pode ser só por minha culpa.*

Era mais fácil acreditar que os problemas estavam nos outros. O que eu não conseguia enxergar era que minha própria vida não passava de um castelo de cartas. Toda a minha energia era canalizada para fora — estudando conceitos intelectuais, trabalhando demais, controlando os outros. Eu não fazia senão deslizar na superfície da existência. Conseguia dizer a minha fala, mas a verdade é que não compreendia o que as pessoas queriam dizer quando falavam de percepções emocionais ou de sua crença num Poder Superior. Eu ouvia; mas simplesmente não conseguia me sintonizar.

Uma tormenta horrível estava se formando dentro de mim, diferente de tudo o que eu conhecia. Mas por que precisava sentir-me assim? Qual era a mensagem? Eu tinha a falsa impressão de que minha capacidade intelectual podia cuidar de tudo. Minha força de vontade e o poder do meu cérebro sempre haviam dado conta do recado. Para que aquelas baboseiras psicológicas e espirituais? — "Quem disse que é sadio sentir o que eu sinto?" — lembro-me de ter dito à minha namorada não muito depois do divórcio.

No entanto, não demorei a descobrir que, até então, eu não fazia senão racionalizar minhas emoções e meu espírito. As cartas estavam balançando.

Rebobinando até Minha Missão

Foi desse tatear e tropeçar que surgiu meu primeiro passo rumo ao conceito de Autotreinamento. Numa tarde agradável de junho de 1989, eu me deitei no divã da psicóloga Brenda Schaeffer. Não sabia que, naquele pequeno consultório, estava prestes a embarcar numa viagem que haveria de mudar minha vida para sempre.

Fiquei cético quando a terapeuta, para começar, pediu-me que fechasse os olhos. Durante os dez minutos que passou orientando-me numa respiração rítmica e profunda, fiquei me perguntando aonde ela queria chegar com aquele exercício. De súbito, minha ansiedade começou a diminuir, e eu senti a mente acalmar-se pela primeira vez em muitos meses. Brenda me pediu que visse minha vida como se fosse um filme e que girasse o rolo de trás para a frente. Eu obedeci, retrocedendo cada vez mais, até que me vi em Connersville, no estado de Indiana, do dia 4 de outubro de 1946, o lugar e o dia do meu nascimento.

Para minha surpresa, ela me mandou continuar rebobinando a fita até uma época anterior ao meu nascimento. *Anterior* ao meu nascimento? Fiquei intrigado, mas, para o meu assombro, a tela de cinema se iluminou, e eu vi um tempo precedente a minha concepção. A psicóloga disse:

— Imagine-se na forma de espírito em algum lugar do cosmo. Um ser espiritual perfeitíssimo, às vezes conhecido como Deus, se aproxima. De algum modo, comunica-se com você e lhe pergunta se está disposto a nascer para cumprir uma missão para ajudar a Terra. Qual é a sua resposta?

— Eu respondi que sim.

— Conte-me o que Deus está lhe pedindo que faça na Terra.

Quando aquela espantosa sessão terminou, eu sabia. Chegaram-me mensagens dizendo o que devia fazer na vida. Repeti-as a Brenda, que tomou nota. Não sabia se essas mensagens — que me chegavam em imagens, palavras e semipensamentos — vinham de Deus ou de minha imaginação. A verdade é que sentia nelas uma força inegável, maior do que tudo quanto já havia experimentado. Talvez elas viessem do meu Poder Superior ou da minha própria sabedoria superior — ou dos dois ao mesmo tempo. Quem pode dizer que eles não são simultaneamente diferentes e a mesma coisa?

As palavras e imagens, nessa tela de cinema, revelaram que eu estava disposto a vir à Terra para viver uma missão múltipla. Então a terapeuta perguntou:

— É algo que você está disposto a fazer?

— Eu estou disposto a fazê-lo — respondi —, mas é enorme a minha obsessão por encontrar a parceira perfeita. Eu concentro energia demais nisso e no meu negócio.

Naquele dia, resolvi entrar em equilíbrio. Foi nesse momento que comecei a despertar, e dali em diante fiz o possível para acordar mais um pouco a cada dia.

Explorando Minha Missão: A Vida Sadia

Por meio de minhas descobertas naquela tarde e de outras explorações, cheguei à missão de sete partes que atualmente guia meus atos. A primeira etapa dela era clara. Embora eu usasse excessivamente o intelecto, sentia o corpo, a psique e o espírito vazios. Minha nova prioridade: aprender a estabelecer o equilíbrio entre todos os aspectos do meu ser. Pela primeira vez, o crescimento intelectual ficaria em segundo plano em relação a outro desenvolvimento.

Passei os cinco anos seguintes percorrendo um mundo não mapeado — o meu ser. Arranjei tempo que eu achava que não tinha para as sessões semanais de terapia e para os retiros, o que revelou lentamente os *comos* e os *porquês* por trás de minha existência desequilibrada. Todos os passos foram dolorosos. Por mais doen-

COMO VENCER no JOGO da VIDA

tio que fosse um hábito que eu descobria, queria desesperadamente continuar apegado a ele. Foi, e ainda é, um processo gradual me desfazer de cada vez mais camadas de hábitos e filosofias nocivos.

Então aconteceu uma coisa engraçada. Quanto mais sadio me tornava emocionalmente, tanto mais eu queria aprofundar minha vida espiritual. Durante anos, freqüentei regularmente a igreja com minha família, mas os sermões (ainda que eloqüentes) nunca me tocaram de verdade. Como poderiam me tocar? Eu estava em hibernação espiritual. Passei a ler os grandes livros das principais religiões, assim como A Course in Miracles [Um Curso de Milagres], depois me integrei a grupos de estudo e a uma igreja não sectária. Comecei a praticar tai chi, uma antiga forma chinesa de exercício meditativo, que me tornou delicadamente consciente de meu corpo e de minhas relações com as pessoas e o mundo. Os anos e anos de relacionamento superficial deram lugar às primeiras e vagas noções de um vínculo concreto que fosse mais fundo que a habitual conversa fiada sobre o trabalho, a escola, os esportes, os passatempos. Eu estava começando a acordar.

Minha mente, ainda ruidosa, ansiava por silêncio e paz. A receita, disseram-me, era a meditação. Aquilo parecia grego para mim, mas eu estava aberto para tentar qualquer coisa que não estivesse carregada de efeitos colaterais ruins. Aprendi a meditar no retiro de tai chi e, posteriormente, nas oficinas dirigidas por Deepak Chopra, que era pouco conhecido naquele tempo. Não demorou para que a meditação se tornasse minha maneira principal de purificar as ondas espirituais, serenar o dia e estabelecer melhores ligações com as pessoas.

Embora acostumado a fazer exercício e a comer bem, percebi que minha rotina era unidimensional: a comida não passava de energia que entrava; os exercícios e a ginástica, de energia que saía — o tipo de equação linear que se cancela até o zero. Para começar a arredondar minha abordagem, melhorei a qualidade do alimento que ingeria — cereais, feijão, frutas, legumes e um pouco de peixe. Parei de beber álcool, a não ser em raras ocasiões. A natureza do que eu comia se refletiu nas qualidades que eu queria cultivar em mim: queria ser inteiro, essencial e enraizado na autenticidade em vez de altamente processado e forjado. Ademais, passei a "alimentar" meu corpo a partir de fora com massagem semanal e trabalho energético (uma prática semelhante à massagem, destinada a equilibrar o corpo físico, o intelecto, as emoções e o espírito).

Não posso me queixar do resultado. O câncer desapareceu e não voltou. Mesmo tendo sido afetado por uma doença tão grave, um exame médico rigoroso, em 1996, para um seguro de vida, classificou-me na melhor de seis categorias. O corretor ficou assombrado. Disse que nunca tinha visto uma coisa assim em seus trinta anos de profissão.

Também descobri que não era preciso abandonar o desenvolvimento intelectual. Bastava que o equilibrasse. Continuei acompanhando seminários e lendo livros sobre liderança e conceitos empresariais atuais. Ainda que tudo isso fosse precioso para mim, passou ser apenas uma parte das grandes lições que eu estava recebendo.

Tal como a primavera depois do inverno, eu estava despertando para um futuro sadio. Seguia enfrentando os desafios habituais no trabalho e na vida pessoal, mas o caráter negativo ocorria com menos freqüência e deixou de me penetrar tão profundamente. Eu estava descobrindo que o que acontece interiormente se manifesta no exterior. É um trabalho interior. O resultado: mais energia; mais visão interior; decisões mais claras. O sucesso da sinergia.

Explorando a Minha Missão:
O Resto da História

Foi uma mudança importantíssima, mas sintonizar uma vida sadia era apenas a primeira parte de minha missão. A segunda consistia em criar um espaço pessoal que me permitisse compartilhar essa informação quando outros precisassem.

A terceira parte de minha missão era criar um ambiente de trabalho que alimentasse o bem-estar da pessoa inteira que procuro ser. Pode parecer esquisito para alguns, já que eu tenho uma cadeia de 150 lojas de pneus. O motivo pessoal — e, aliás, universal — pelo qual estimulo um ambiente de trabalho holístico é que isso me dá oportunidade de oferecer um cenário sadio no qual meus colegas de equipe (ou parceiros, na linguagem corrente no mundo dos negócios) tenham uma existência mais sadia e feliz. Trata-se também de melhorar as relações entre meus colegas de equipe e o 1,7 milhão de clientes que atendo anualmente.

Com a ajuda da nossa "treinadora do bem-estar da equipe", a Tires Plus acrescenta uma abordagem sadia da vida à usual mescla de memorandos. Quando não convida psicólogos e especialistas em comportamento para falar com os colegas de equipe, promove exercícios, dietas sadias e o combate ao tabagismo. Vale a pena. Em toda a empresa as pessoas, assim como suas famílias, encantam-me com suas histórias de crescimento pessoal. Os efeitos colaterais também não são nada maus. Quanto mais promovemos uma vida holística entre as paredes de minha empresa, mais aumenta o entusiasmo de nossos clientes (o que aparece no nosso índice de satisfação dos clientes). Esse subproduto criou uma empresa que colhe uma abundância material que eu nunca me atrevi a imaginar: 160 milhões de dólares no total de vendas em 1998, cifra que ofusca tanto as vendas quanto os lucros anteriores ao meu chamado despertador de 1989. Uma empresa sadia constitui-se, em parte, de lucros sadios. Além disso, nossos ganhos confirmam que fazer a coisa certa, por parte tanto do cliente quanto do companheiro de equipe, é universalmente certo e faz muito sentido do ponto de vista econômico.

Que fique claro: nada disso isenta minha equipe nem a mim dos costumeiros desafios que qualquer empresa é obrigada a enfrentar. A concorrência e as mudanças na área econômica exigem que estejamos acima das condições predominantes. Em nossa região e em nosso ramo, até mesmo o mau tempo pode aumentar ou diminuir os lucros. Minha equipe e eu estamos longe de ser perfeitos, mesmo assim, estamos no rumo certo graças a um estilo de vida empresarial que aumenta nosso bem-estar. Nossa sede vibra com a meditação e as aulas de culinária nutritiva, as massagens *shiatsu* e as instalações de ginástica. O conceito de time, de equipe, é o elemento-chave de nossa cultura, coisa que nossos cargos refletem há muito tempo. Nós não temos "gerentes" nem "executivos", apenas "treinadores".

COMO VENCER no JOGO da VIDA

A quarta parte de minha missão é compartilhar a capacidade de liderança com pessoas e empresas que agem corretamente no mundo. Eu apóio minha visão em dois importantes pensadores, dr. Deepak Chopra e John Robbins, que preconizam a saúde do corpo como um todo. Nos cinco anos que se seguiram à descoberta dessa parte de minha missão, eu passei a integrar seu conselho consultor, trocando meus conhecimentos sobre questões organizacionais pela orientação que eles têm a dar nas questões do espírito e da saúde.

A quinta e a sexta partes de minha missão consistem em cultivar relações com os que estão próximos de mim e reconhecer o vínculo entre todos os seres vivos. Só fazendo o possível para ser uma presença benéfica no planeta é que posso me sentir parte dos círculos de relações que nos interligam a todos.

A última parte de minha missão, a que me levou a escrever este livro, é compartilhar os conceitos do Autotreinamento. Minha esperança é que você descubra, nestas páginas, opções que o ajudem a ficar mais satisfeito e mais eficiente no trabalho e em casa e que o auxiliem a construir um vínculo mais estreito consigo mesmo e com os amigos, a família, o parceiro ou parceira, os colegas e a comunidade. São estes, tanto quanto posso dizer, os ingredientes de uma vida plena.

Os Elementos de um Plano Vitorioso no Jogo da Vida

A Missão Pessoal

O núcleo de um plano vitorioso no jogo da vida é a identificação da missão pessoal. Descobrir quem somos, por que estamos aqui e o que queremos. Presos na moenda das hipotecas, das prestações, dos consórcios, muitos de nós nos ocupamos de tal modo com as exigências da existência cotidiana que perdemos de vista os princípios orientadores mais elementares, ou seja, o que esperamos dar ou receber na vida.

Sua missão pessoal é produto de sua sabedoria superior e de sua vontade consciente. É um processo de descoberta e decisão. A descoberta começa quando nos abrimos para a informação ou sabedoria cuja fonte não é senão nossa mente analítica. A decisão entra em cena quando você filtra essa informação para que ela se torne uma imagem clara. Essa combinação cria uma missão fundamentada no propósito e desencadeada pela inspiração.

DETERMINAÇÃO PARTE 1: A DESCOBERTA ✦ Como identificar nossos princípios orientadores mais profundos? Nada mais tentador que confiar no intelecto, que simplesmente olhar a nossa volta e pensar nas coisas que queremos. Contudo, para a maioria de nós, essas coisas ou nos dão mais conforto, ou melhoram nossa imagem pública. Geralmente, o intelecto não é capaz de ver além de nossa limitada realidade atual. Para ultrapassá-la, precisamos de um tipo diferente de sabedoria.

A imaginação é uma fonte da sabedoria da descoberta. Penetra não só aquilo que é como também aquilo que poderia ser. Há quem compare a imaginação ao faz-de-conta. No entanto, muitas vezes ela desenha muito melhor que o intelecto o mapa dos nossos desejos interiores. No processo da descoberta, eu aconselho a deixar de lado, provisoriamente, o postulado de Descartes "Penso, logo existo". Em seu lugar, vale a pena ter em mente a sábia frase popularizada em um broche: "Sonho, logo posso ser".

A outra fonte decisiva de sabedoria, em minha missão pessoal, foi Deus. Quando estou sintonizado nesse nível, sinto-me ao mesmo tempo energizado e estranhamente calmo, uma sensação diferente de qualquer outra. Não tento descobrir se é alguma mensagem divina ou minha imaginação. Essas considerações só servem para levar as pessoas a rejeitar a mensagem ou atribuir-lhe um poder excessivo.

Toda mensagem, oriunda seja da sabedoria interior, seja da sabedoria superior, precisa antes de tudo ser ouvida: não editada nem questionada. Após a descoberta, pode-se determinar se ela é útil e benéfica. Em última análise, a origem da sabedoria é menos importante do que aquilo que escolhemos fazer com a mensagem.

O vínculo com a sabedoria superior é crucial na criação de missões que não sejam simplesmente tão grandes (ou pequenas) quanto o nosso ego. Não temos a menor chance de vir a ser mais do que somos hoje se nossa missão pessoal estiver fundamentada no ego e não levar em consideração o que os outros, inclusive nosso Poder Superior, podem querer. Escute os ruídos exteriores a sua mente racional e você ouvirá uma batida que o ajudará a crescer até se tornar a pessoa que está destinado a ser.

DETERMINAÇÃO PARTE 2: A DECISÃO ✦ Agora que se abriu para sua imaginação e para sua sabedoria superior, você pode confiar em tudo que ouvir? Eu me oriento pelas seguintes regras quando avalio se minhas descobertas são mensagens com as quais me sinto bem (moral e eticamente) ou que devem ser deixadas de lado:

AS MENSAGENS QUE "VALEM A PENA"
1. desafiam-me a ir além de minha rotina e de minhas expectativas habituais
2. constroem vínculos mais fortes entre mim e os outros
3. beneficiam direta ou indiretamente os demais ou o mundo como um todo
4. energizam-me e motivam-me com sentimentos positivos

JOGO FORA QUALQUER MENSAGEM QUE
1. elimina a mim ou aos outros
2. prejudica a mim ou aos demais
3. estimula-me a julgar ou controlar as pessoas

O ponto decisivo é que, se um pensamento contém sentimentos negativos para comigo ou para com as outras pessoas, eu sei que ele não pode vir de minha sabedoria superior.

Sua Missão Pessoal e os Jogadores que a Apóiam

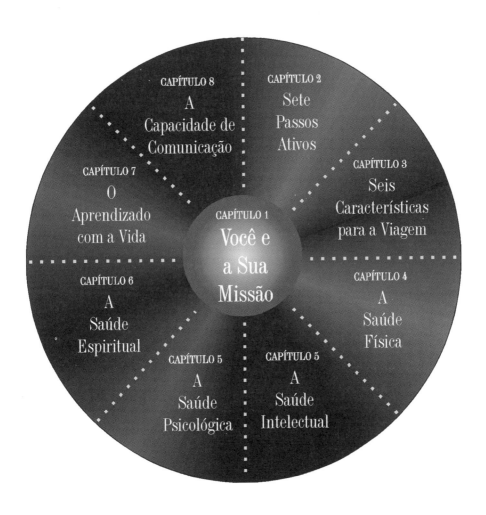

O Sucesso da Sinergia

Quando sua missão pessoal é a luz que o orienta, as decisões sobre qualquer aspecto da vida são avaliadas sob essa luz e ficam muito mais claras. Isso lhe permite colocar seus valores em ação. Como escreveu o filósofo Friedrich Nietzsche: "Aquele que tem um *porquê* pelo qual viver tolera praticamente qualquer *como*".

O Autotreinamento concentra-se nas áreas ilustradas na página 27.

Os planos de ação pensados para diversos períodos de tempo — um ano, alguns meses, uma semana, um dia — lubrificam as engrenagens das características, capacidades e estratégias de bem-estar que constituem uma vida equilibrada.

Esses elementos podem ser conhecidos (talvez óbvios), mas note que todos eles fazem parte de um *continuum*: você. O eixo de todo e qualquer plano de jogo vitorioso é a integração da totalidade dos jogadores.

As pessoas, em sua maior parte, estão desequilibradas em uma ou mais dessas áreas. Não admira; nossa educação e nossos valores culturais anteriores tendem a ignorar uma abordagem integrada da vida. Na escola, aprendemos muita matemática e muita ciência, mas quase nada sobre o cuidado com nosso próprio corpo. No escritório, somos diariamente tangidos a investir nosso "capital intelectual", sem nenhuma menção à riqueza espiritual ou psicológica. Vivemos numa época de especialização que prega que um terno forte compensa um guarda-roupa inteiro de outras fraquezas. Isso pode ser verdade para certas pessoas, mas não para este plano de jogo vitorioso, que mostra que o desequilíbrio nunca funciona a longo prazo.

Eis uma idéia de como ele funciona: pense na última vez em que você ficou gripado. Tecnicamente, só o seu corpo físico adoeceu. No entanto, você conseguia pensar claramente? Sentia-se espiritualmente centrado? Sentia-se emocionalmente forte? Como se relacionava com as pessoas ao seu redor? Obviamente, a saúde física prejudicada afeta muitas outras partes do seu ser. Do mesmo modo, uma psique subdesenvolvida ou enferma pode puxar o tapete sob os nossos pés e perturbar-nos a saúde física, espiritual e intelectual. Assim como o corpo ou a psique podem colocar pedras no caminho, o intelecto e o espírito são capazes de prejudicar nossos maiores esforços. Os sintomas nem sempre são visíveis como os da gripe, porém os efeitos são os mesmos: a ausência de propósitos integrados, de energia coordenada e de realização da missão.

OS FUNDAMENTOS PARA A LIGAÇÃO ✦ No entanto, esforçar-se para alcançar o equilíbrio em todas as partes do nosso ser ainda não é tudo. Realizar uma missão não é apenas progresso *pessoal*. Aliás, o progresso pessoal é meramente um fundamento para o verdadeiro motivo pelo qual estamos aqui.

Talvez você já tenha ouvido falar no fenômeno do "centésimo macaco", uma idéia apócrifa que busca explicar o que a ciência não explica. Conta-se que um grupo de cientistas, ao observar os macacos da ilha japonesa de Koshima, em 1952, descobriu uma coisa peculiar. Eles observaram um macaco que havia aprendido a limpar a areia da batata-doce antes de comê-la. Nos seis anos seguintes, outros macacos, um a um, foram adquirindo a mesma técnica, de modo que, no outono de

Relações Que Definem Sua Missão

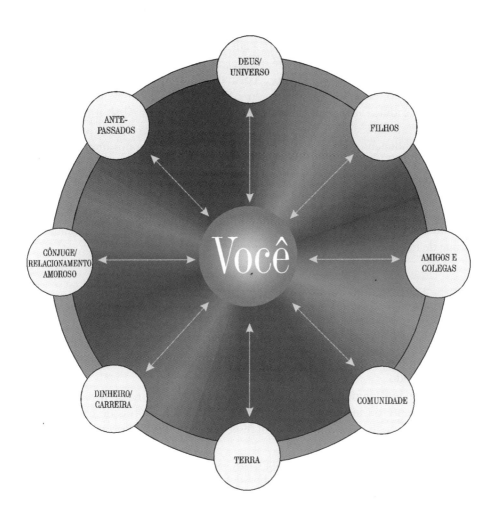

1958, boa parte da população símia lavava o alimento antes de comer. Pouco depois, os cientistas presenciaram o que pareceu ser uma combustão espontânea de aprendizado. De um dia para o outro, praticamente todos os macacos da ilha passaram a limpar a comida. Inexplicavelmente, os símios das ilhas vizinhas, que nunca haviam manifestado essa capacidade e não tinham contato com os de Koshima, começaram a fazer a mesma coisa.

O que aconteceu? Postulou-se que, quando um massa crítica de indivíduos assimila um comportamento, ela adquire também a capacidade de difundir o aprendizado entre os demais, mesmo a grandes distâncias. O "centésimo macaco" é uma referência àquele indivíduo cuja energia adicional transforma um grupo vagamente afim em uma unidade coesa, com o poder de realizar saltos quânticos na consciência. Você quer saber como isso é possível? Se levarmos em consideração as maneiras como todos nós estamos ligados a cada um dos outros além da presença física, não é difícil imaginar. Emocional, espiritual, intelectual, consciente e inconscientemente, todos estamos ligados aos demais de muitas formas que ultrapassam o entendimento. Há vínculos que fazem de cada um de nós um membro de uma orquestra universal. Mesmo sem ouvir muito bem o maestro, você está tocando a sua parte.

Seja qual for a sua contribuição singular, você está tecendo a trama que nos mantém unidos ao longo de gerações e além das fronteiras do ser físico. É uma idéia estimulante: a evolução de alguém, em outra parte do mundo, pode me ajudar na trilha de minha missão, e eu posso fazer o mesmo por outra pessoa.

Determine a Sua Missão

Chegou a hora de determinar qual é a sua missão na vida, a menos que você já a tenha definido.

A Grande Pergunta: por que você está aqui? Para a maioria de nós, isso é básico. Consciente ou inconscientemente, a pergunta está por trás de cada passo e paira sempre no ar. Mas como você vai respondê-la? Determinar qual é a sua missão pessoal já é um bom começo.

Essa idéia não é nova para as empresas, as instituições sem fins lucrativos e as repartições públicas. Para elas, uma boa definição da missão funciona como um satélite de posicionamento global. Ajuda todo um sistema de empregados a navegar nas águas internas e externas às instituições. Ajuda uma empresa a definir a meta central de modo que todos saibam claramente qual é a direção básica das escolhas e das ações do dia-a-dia.

A definição da missão pessoal visa a um objetivo parecido. Ajuda-o a concentrar e orientar a vida no caminho que você quer percorrer. É uma bússola interior que serve de exame onipresente da realidade, de ponto de referência que lhe permite testar tudo que você faz.

Duas trilhas podem estimular o desenvolvimento da sua definição de missão: uma enfoca o passado; a outra, o futuro. Olhe para elas e escolha a que lhe parecer melhor, ou use as duas.

Ao responder as perguntas abaixo, abra-se para uma reflexão pouco enfocada. Isso foi decisivo para mim. Aberta para mensagens que estavam além do que eu podia intelectualizar, minha missão adquiriu componentes oriundos de uma sabedoria superior. As respostas mais sábias da minha vida nasceram da combinação da imaginação com a orientação de Deus, a reflexão consciente e minha disposição para agir sobre o que eu determinasse. Pode ser útil registrar suas respostas em um caderno de anotações ou em um diário que você usará para traçar sua missão e selecionar as idéias deste livro.

Trilha 1. O Seu Nascimento

Esta trilha foi o primeiro passo rumo à descoberta de minha missão. Você vai precisar de um gravador e de uma fita virgem. Se não for possível, servem lápis e papel. A trilha o levará a um novo território e até pode ser um pouco desagradável. Não importa. Faça o exercício tanto quanto quiser. Sempre é possível retomá-lo mais tarde. Eu explorei minha missão com o auxílio de uma psicoterapeuta. Você pode escolher entre um psicólogo, um conselheiro espiritual ou um amigo íntimo para orientá-lo na tarefa, ou pode ser seu próprio guia.

PASSO 1. CRIE UMA ZONA DE CONFORTO ✦ Arranje um lugar tranqüilo, fechado ou ao ar livre, onde não o interrompam. Deve ser um refúgio no qual você se sinta em paz e em segurança. Tenha consigo o gravador (ou o lápis e o papel) e registre toda idéia e imagem que lhe vier à mente. Acredite que todas elas merecem ser ouvidas e procure não ser rigoroso. Se não estiver acostumado a esse tipo de exercício, pode ser que você tente editar seus pensamentos. Resista a esse impulso. Deixe as coisas simplesmente acontecerem. Ninguém vai ficar sabendo, só você. E siga as instruções abaixo.

PASSO 2. RELAXE NESSE ESPAÇO ✦ Respire fundo e devagar pelo nariz e prenda o ar nos pulmões até que comece a incomodar. Com uma longa e agradável expiração, deixe-o sair pela boca. Em seguida, prenda a respiração até começar a incomodar. Lentamente, repita cinco vezes esse processo. Ao fazê-lo, diga a si mesmo para soltar a tensão, a preocupação, os cuidados e a distração. Relaxe o mais possível, sem se preocupar com a maneira certa e ou errada de fazer o exercício.

Relaxou? Se ainda não, repita a respiração tantas vezes quantas forem necessárias, até sentir o corpo relaxado. Quando isso acontecer, dê o passo seguinte.

PASSO 3. RETORNE À FONTE ✦ Para retornar gradualmente ao passado, recue no tempo e visualize-se quando era mais jovem... aos trinta e poucos anos... aos vinte... na adolescência... até chegar à época em que você nasceu. Depois de uma breve pausa para descanso, na qual você fará uma pequena excursão, continue retrocedendo até chegar à época em que foi concebido, antes mesmo que tivesse corpo. Imagine que você é um espírito e está em algum lugar do cosmo. Pode parecer esquisito, mas retenha essa imagem.

Um ser espiritual perfeitíssimo se aproxima de você e lhe pergunta se está disposto a empreender uma missão para ajudar a Terra.

Responda.

Dada a resposta, fique em silêncio e escute.

Se você disser que não, é possível que o ser espiritual lhe transmita uma mensagem útil.

Se disser que sim, pergunte ou conte ao ser espiritual qual é a sua missão. Como você ajudaria a Terra? Quando as respostas chegarem, grave-as. Venham essas mensagens diretamente de Deus, de sua sabedoria interior superior, de sua imaginação (que também pode ser diretamente de Deus), avalie-as no nível adequado.

As respostas podem vir na forma de palavras claras. Ou talvez você sinta alguma coisa, um empurrão intuitivo. Pode ser que veja imagens. As mensagens vêm de diversas formas. Fique aberto e tente não rejeitar nada só porque não lhe é familiar.

Após cada resposta, feche novamente os olhos e pergunte se há mais. Fique em silêncio, escute e repita o processo até sentir que terminou.

Examine cada resposta. Você está disposto a aceitar sua mensagem? Se não estiver, pergunte-se por quê. Se estiver, pergunte o que o impede de executá-la. Ouça sua sabedoria superior e anote as respostas.

É possível que você entre completamente em contato com sua missão, e é possível que não. Se não se sentir pleno ou se tiver recebido sinal de ocupado, repita o exercício mais tarde ou experimente outros métodos de relaxamento. Na vida cotidiana, sintonize-se com as mensagens que aparecem com um "sinal de missão". Certas pessoas recebem esse tipo de mensagem pouco antes de pegar no sono ou quando estão dirigindo um veículo. Às vezes, quando estiver relaxado — cuidando do jardim, jogando golfe, fazendo um conserto em casa, lendo na praia —, pergunte a si mesmo: "Qual é a minha missão?" E esteja preparado para registrar as respostas.

Se elas não vierem, não significa que você não tem missão nenhuma. Possivelmente, significa apenas que sua missão precisa de um pouco mais de estímulo para aparecer. Torne a repetir o exercício. Sua missão acabará ficando evidente.

A TRILHA DA MISSÃO DE TOM ✦ Minha trilha, que formou a base da minha missão pessoal (e se aprimoraria mediante outros exercícios), rendeu esta mensagem:

1. Eu vou levar mais espiritualidade à mente e alimentar minha capacidade de comunicação com mais conhecimento.

2. Não deixarei que a distração me impeça de crescer.

3. Hei de compartilhar com os demais os dons com que fui abençoado. Quero dar carinho e sentimentos de afeto aos outros, ajudando, ensinando e treinando, atingindo um a um e em grupos. A prioridade agora não é encontrar uma nova parceira, e sim minha missão.

4. Eu peço a minha Fonte Superior e a minha sabedoria superior disciplina para continuar fazendo isso.

Trilha 2. Como Eu Gostaria de Ser Lembrado?

Tendo retrocedido no tempo, você agora vai viajar no sentido oposto, para a frente, rumo a sua morte. Imagine que você morreu muito velho. Pense nas pessoas que lhe são mais próximas. Como gostaria que elas se lembrassem de você? O que gostaria que dissessem a seu respeito? Que qualidades de sua vida e de sua personalidade queria que se destacassem? Por que atos você gostaria de ser definido?

Registre o que gostaria que cada pessoa individual dissesse. Seja específico e faça uma lista com o máximo possível de coisas, pequenas e grandes — dos comentários despretensiosos às atitudes e aos passatempos. Minhas anotações nessa trilha eram mais ou menos assim:

COMO EU GOSTARIA DE SER LEMBRADO DEPOIS DE MORTO

1. Ele era um filho, um irmão e um companheiro cheio de amor e carinho.

2. Ele era o melhor pai que podia ser. Amigo e mentor dos filhos.

3. Compartilhava conhecimentos que ajudavam os outros, dentro e fora de sua empresa, a avançar naquilo que queriam da vida.

4. Fazia o possível para ver bondade nas pessoas e procurava o que as unisse, não o que as separasse.

5. Compartilhava suas bênçãos com os demais.

6. Tinha senso de humor, era alegre e alegrava as pessoas que o rodeavam.

7. Era amável, terno e delicado consigo mesmo.

8. Defendia suas convicções e desafiava o poder, quando necessário, em nome da comunidade.

9. Ajudava as instituições que fazem o bem no mundo.

Escreva Sua Missão: Possível!

Você está pronto para declarar qual é a sua missão pessoal. Comece com um caderno novo ou crie um novo documento no computador. Utilizando o que aprendeu com uma das trilhas ou com as duas, declare qual é a sua missão respondendo à pergunta: "Eu fui enviado para cá para fazer o quê?" Pode ser útil organizar a resposta nas linhas de relações específicas. Por exemplo, você foi enviado para fazer o que por seus filhos? Por seus pais? Por seus antepassados? Por sua carreira? Pela comunidade? Examine cada relação no círculo da página 29 e avalie as respostas que deu.

As orientações a seguir o ajudarão a escrever uma declaração prática com a qual você possa trabalhar:

1. Seja cem por cento honesto consigo mesmo. A única declaração de missão pessoal que você pode verdadeiramente cumprir e na qual pode acreditar é aquela que vem do coração, da mente e da alma: uma determinação que combina a descoberta com a decisão. Pense no que você acredita que veio fazer e na contribuição que quer dar enquanto estiver aqui.

2. Assim como você achou um refúgio para fazer suas descobertas, trate de afastar-se dele enquanto estiver escrevendo a declaração da sua missão pessoal. Ninguém consegue avaliar o tamanho de uma floresta enquanto está cercado de árvores. Embora as equipes possam fazer correções durante o jogo, é óbvio que não criam um plano de ação no calor da partida.

3. Sua declaração pode ser tão extensa ou tão breve quanto você quiser — uma frase ou várias páginas. A inspiração vale mais que a extensão.

4. Pode ser que as palavras fluam na primeira vez, mas faça diversos esboços. Essa missão será a voz de seu ser mais profundo e há de orientá-lo na vida.

5. Evite comparar sua declaração de missão com a de outra pessoa. O valor de sua missão é único. A missão, a posição e o papel de todo mundo são necessários e estão interligados — não são mais nem menos importantes que os de ninguém.

Se você se sente tentado a apressar-se, pense no seguinte: fazer a trilha e definir uma declaração inicial de missão pessoal demora algumas horas, mas não mais que um filme no cinema. Porém, como você está começando a elaborar o *script* da sua vida, essas duas horas serão mais bem empregadas a numa escrivaninha que numa poltrona de cinema. Essencialmente, você está criando um final — e também um meio — mais feliz para o seu filme pessoal. A declaração pode demorar um pouco a sair. Dê-se tempo e passe por tantas interações quantas forem necessárias para alcançar a clareza.

Ao terminar, imprima sua missão num papel grande, fácil de ler, como um cartaz. Afixe-o diante da escrivaninha ou em qualquer lugar visível, de modo a lembrá-lo diariamente do que é real e profundamente importante para você e do porquê de sua presença aqui. (Se quiser, faça uma cópia que caiba na carteira e possa ser transportada com facilidade.)

A DECLARAÇÃO DA MISSÃO PESSOAL DE TOM ✦ Combinando a trilha do meu nascimento com a da minha morte e outras introspecções, eis a declaração de missão pessoal que determinei:

1. Evoluir continuamente rumo a um estado de ser mais altamente desperto e genuinamente amoroso, em união com meu Poder Superior e com as pessoas ao meu redor.

2. Apoiar minha evolução mediante uma abordagem de vida sadia que integre o corpo, o intelecto, a psique e o espírito e cultivar hábitos e características que me ajudem a ser mais sábio e experiente, de modo que eu possa empregar melhor minha capacidade de comunicação.

3. Compartilhar amor e tudo quanto aprendi com meus familiares e amigos criando ambientes pessoais que estimulem o crescimento.

4. Compartilhar com os colegas o que aprendi, criando um ambiente de trabalho que estimule o crescimento.

5. Compartilhar minha capacidade de liderança com instituições e empresas que façam uma diferença positiva no mundo.

6. Viver de um modo que respeite a Terra e seus recursos, fazendo minha parte para garantir que as gerações futuras possam viver num planeta sadio.

7. Ajudar os outros, seja onde for, a determinar e realizar a missão de sua vida.

Sincronize-se

Uma vez escrita sua missão pessoal, use-a para diagnosticar seu caminho atual. Quando nossas ações se ajustam à missão de vida, o poder de uma Fonte Superior se abre para nós. O inverso também é verdadeiro. Quando nossas ações não estão sincronizadas com o eu verdadeiro, as oportunidades que cruzam diariamente o nosso caminho ficam invisíveis. Eu sei, por experiência própria, que sinto o mundo vazio quando *estou* vazio. Em compensação, quando estou em contato com minha missão e com minha meta superior, as oportunidades — e o mundo — se revestem de abundância.

Isso não quer dizer que não possam acontecer coisas que se oponham a nossa missão. Essas ocasiões são, na melhor das hipóteses, frustrantes e, na pior, traumáticas. É quando me pergunto se estou realmente em sintonia com minha missão. Às vezes, o que nosso intelecto quer não é o que o nosso ser como um todo necessita, e pode ser difícil enxergar a diferença. Pergunte a si mesmo se suas vontades enfocam unicamente em suas necessidades ou se visam a um propósito mais amplo — um propósito que o vincula a todos em seu círculo de relações. É possível que não estejamos tão sintonizados quanto acreditamos. Também é possível que nosso Poder Superior esteja tentando levar-nos para outra direção, abrindo portas pelas quais não estamos preparados para entrar ou sequer para ver. Como explica Deepak Chopra, existe uma inteligência universal em atividade que tem um "poder organizador infinito". Digamos que seja uma conspiração da energia positiva. Em outras palavras, você receberá a energia que precisa receber, basta que esteja aberto para ela. Desde que descobri qual é a minha missão, essa sabedoria e essa energia são uma força orientadora. A verdade é que todo progresso na direção de minha missão pessoal acontece em parceria com minha família, meus amigos, os membros de minha equipe e Deus. Sem eles, minhas esperanças jamais se realizariam.

E, apesar de todas as bênçãos que recebi, insisto na importância de observar os princípios básicos que alicerçam este livro. É essencial para mim ser humilde: ficar de joelhos, se você preferir. Concentrar-me continuamente no crescimento pessoal e no Autotreinamento são atividades para toda a vida, essenciais para permanecer no caminho da vitória.

A Nova Prioridade

Olhando para trás, fica claro que, quando jovem, se eu tivesse passado mais tempo em desenvolvimento equilibrado, minha jornada na primeira metade da vida adulta teria sido muito mais agradável. O problema de adiar o crescimento é que o tempo nos escapa por entre os dedos. Quantas vezes não ouvimos: "Como o tempo passa!" ou: "Onde foram parar os meus 20 (ou 30, ou 40) anos?" E, nas entrelinhas dessas frases: "Eu queria ter feito isto e aquilo, mas não fiz". Em geral, quando as pessoas dizem essas coisas, é porque deixaram de entrar em contato com sua missão pessoal — e, se assim foi, deixaram de vincular-se com ela deliberadamente, por meio de ações intencionais.

No fim, o que perdemos é a oportunidade de realizar plenamente o potencial de nossa vida, assim como a ligação entre esta e todas as outras vidas. Quando as coisas ficam pela metade, o alcance de nossas relações não são senão pálidos reflexos de seu potencial, e as oportunidades passam despercebidas por nós.

O mais provável é que, cedo ou tarde, quase todos os que lerem este livro ouvirão o chamado despertador em volumes variados. Minha esperança é que, nesses momentos de trauma, grande ou pequeno, você saia da letargia com um impulso de crescimento que o faça se mexer. Porém, mesmo que o trauma não esteja batendo a sua porta, talvez você sinta que está faltando alguma coisa, que não realizou o potencial do que é ou do que está destinado a ser. Sendo este o caso, tome a iniciativa. Não espere até ficar de joelhos, suplicando misericórdia e orientação. Contemple o horizonte, pense no que está adiante e comece, mesmo que seja com pequenos passos. Os ditos populares tem toda a razão: devagar se vai ao longe, quem tem pressa come cru. Com sua missão pessoal em vista, pareça ela distante ou próxima, você pode começar agora mesmo a desenvolver o resto do seu plano de jogo vitorioso para pôr o sonho em ação.

2

Sete Passos Ativos para Manifestar a Sua Missão

TODO MUNDO QUER bons relacionamentos, boa saúde e renda suficiente. Alguns também aspiram à abundância espiritual, a uma carreira satisfatória e a um pouco de aventura. Todavia, muita gente que deseja tudo isso nunca o alcança, e não é por falta de tentar. Mesmo mantendo uma agenda lotadíssima ano após ano, década após década, ao longo de várias fases da vida, nós nos atormentamos com a sensação de que o tempo não é suficiente. Pouco a pouco e com amargura, acabamos abandonando os sonhos e desejos.

No entanto, como você vai ver, reprimir as paixões nada tem de inevitável. Aliás, seguindo o curso correto de ação, é possível não só deter esse processo como revertê-lo. *Para tanto, basta estabelecer vínculos conscientes entre sua missão pessoal e os sete passos para manifestá-la.*

Como qualquer aventura, uma missão é boa na medida das provisões que levamos conosco. Portanto, para manifestar sua própria missão, trace uma linha entre ela e seus pensamentos e ações. Uma casa que existe somente na planta é uma casa? Talvez, mas ninguém pode morar nela. Pois vamos construí-la, usando os Sete Passos Ativos descritos neste capítulo:

1. **Decida o que você quer dar e receber.** Todo final de ano, anote seus desejos específicos para o ano seguinte.

2. **Crie planos de ação.** Enfoque as maneiras de atingir os objetivos que você listou no passo anterior.

Sete Passos Ativos

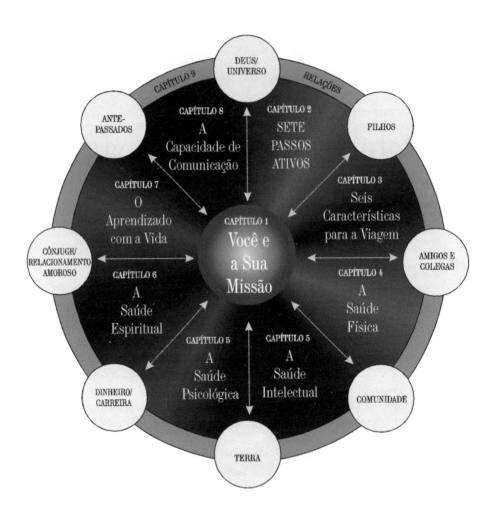

3. **Organize-se.** Crie um ambiente que promova a eficiência e a realização.

4. **Integre o plano.** Com programação e listas do que fazer, torne seu plano executável na vida cotidiana.

5. **Saiba aproveitar o tempo.** Reserve o tempo adequado para realizar as tarefas-chave.

6. **Faça o que tem de ser feito.** Atenha-se ao seu plano ultrapassando os obstáculos. Superar o medo e a dúvida faz parte do caminho para chegar aonde você quer. Lembre-se constantemente dos desejos que identificou quando estava tranqüilo, seguro e em condições de sondar seu coração.

7. **Desapegue-se.** Aprenda a reconhecer quando é adequado persistir em seu plano — e quando vale a pena mudar ou renunciar a todos os planos.

Antes de Começar

Certas pessoas olham para os sete passos e dizem: *Puxa, que trabalhão!* Mas pense na alternativa. Quase todos precisamos nos alicerçar de algum modo importante ou sofrer uma implosão pessoal titânica antes de estar prontos para empreender um autotreinamento significativo. É por isso que muita gente vive com o lema: "Não conserte o que não está quebrado". Geralmente, é mais fácil lidar com uma coisa que funciona mais ou menos do que enfrentar o inevitável incômodo de agir para mudar nossos hábitos. Mas o que funciona mais ou menos bem também funciona mais ou menos *mal*. Ninguém aceita isso quando se trata de equipamentos de escritório, então por que aceitá-lo na vida?

Começando agora a treinar a nós mesmos eficazmente, podemos, em termos potenciais, evitar a dissolução e poupar-nos um sofrimento desnecessário. A mim parece que a vida é uma proposição do tipo "pague à vista ou a prazo". Ou enfrentamos o incômodo de mudar agora, ou teremos de suportar a dor do arrependimento depois.

Portanto, se você está olhando para estes sete passos e para o plano de jogo como um todo e pensando que é melhor adiar até a próxima semana, o próximo mês, o ano que vem — por favor, não. Isso é particularmente tentador para os jovens, que talvez nem se acreditem vulneráveis aos altos e baixos ou aos desequilíbrios da vida. Embora muitas vezes seja verdade que só quem já chegou aos 40 ou 50 anos (em geral depois de uma série de chamados despertadores) se mostra mais disposto a concentrar-se no desenvolvimento interior, também é verdade que as pessoas de *qualquer* idade são capazes de vivenciar o crescimento exterior e interior — e de colher as recompensas.

Ao avançar nos sete passos, seja ousado e criativo. E permita que o espírito participe do processo. Quando estão percorrendo o processo linear de estabelecer metas e programas, é bem possível que algumas pessoas se sintam tentadas a checar seu Poder Superior, imaginando que, até certo ponto, ele não é compatível. Mas essa é exatamente a ocasião em que podemos nos beneficiar da noção ativa de vínculo espiritual. Estamos co-criando nossa vida com orientação universal — associando-nos à energia ilimitada do espírito para expandir os aspectos limitados do corpo, da psique e do intelecto. Escore a natureza estruturada dos sete passos no potencial ilimitado do espírito. Não tenha medo de invocá-lo.

Seja franco ao invocar o espírito. Você não estará pedindo demais se ele estiver alinhado com a sua missão e esta estiver alinhada com a nossa Fonte Superior. Aliás, a maioria das pessoas pede muito pouco. Há um poder singular em pedir uma coisa que se alinha com a sua missão de vida. Eu aprendi que, quando peço ajuda e sintonizo verdadeiramente as "freqüências" certas, as portas se abrem, meu nível de energia se eleva, minha receptividade fica mais aguçada, e as respostas me vêm à mente sem esforço. Essa colaboração com a ordem universal dá vida ao que, do contrário, não poderia vir ao mundo.

Em 1994, fui designado para ministrar uma palestra principal a um grupo de trezentos engenheiros de Mineápolis. Na véspera, fui atacado pelo vírus da gripe. A caminho do encontro, mal estava consciente, tanto que tive dificuldade para ir do estacionamento até o prédio. Quase desmaiei ao entrar no salão. Não tinha a menor idéia de como dar a conferência de uma hora. Então, quando estavam me apresentando à platéia, pedi ao meu Poder Superior que falasse por mim. Quando terminei, não conseguia me lembrar do que dissera, mas estava sendo aplaudido de pé. Eu me limitei a levantar e abrir a boca; Deus fez o resto.

Isso não significa que não devamos fazer a nossa parte. Eu precisei pedir ajuda. Tive de me dispor a receber a resposta que viesse — ou não viesse. Foi necessário que eu fosse fisicamente até lá, subisse à tribuna e abrisse a boca. Há uma doutrina espiritual muito conhecida que nos recomenda orar como se tudo dependesse de Deus e a agir como se tudo dependesse de nós.

Talvez você conheça a parábola contemporânea do homem que passou todo o mês anterior ao sorteio do grande prêmio da loteria pedindo fervorosamente a Deus que o ajudasse a ganhar. Quando o vencedor foi anunciado, ele lamentou não ter sido premiado e perguntou por que Deus não lhe havia atendido aquele desejo tão simples, tão específico e tão importante. Uma voz vinda do alto trovejou atrás dele:

— Você podia ao menos ter comprado um bilhete!

Pois eis como comprar o seu bilhete.

Passo 1. Decida o Que Você Quer Dar e Receber

Anotar o que você quer — ou estabelecer metas, se preferir — é uma estratégia básica da qual todo mundo provavelmente já ouviu falar centenas de vezes. No entanto, muitas evidências sugerem que só uma pequenina porcentagem das pessoas realmente se compromete a escrever o que quer neste ou no próximo ano e a traçar um plano para alcançá-lo. Decidir o que você quer dar e receber no futuro imediato vincula uma declaração de missão a longo prazo aos objetivos e ações a curto prazo. Fala-se muito em estabelecer objetivos, mas a verdade é que pouca gente se dispõe a isso. Nas conferências, eu costumava pedir que as pessoas que tivessem anotado por escrito seus desejos e metas para o ano levantassem a mão. Raramente mais de 5% por cento o faziam.

O que acontece afinal? Se concordamos que criar um plano claro é benéfico, o que nos impede de fazê-lo? Acho (e eu mesmo senti isso) que as pessoas não anotam suas aspirações porque isso nos obriga a pensar mais profundamente no realmente queremos, coisa que assusta. Em primeiro lugar, não havendo um registro escrito, se não alcançar o que quer, você pode enganar sua memória, levando-a a acreditar que nunca quis aquilo. Pode poupar-se da frustração. Pode evitar assumir a responsabilidade pelo que fez ou deixou de fazer para alcançar o que queria. Escrevendo o que quer, você se expõe. É sincero consigo. Ui!

Anotar as aspirações por escrito convida efetivamente à mudança na vida. Você está dizendo: "Quero que minha vida mude e estou disposto a persistir nesse processo até que a mudança aconteça". Mas sejamos sinceros. Quem é que realmente gosta de mudança? É difícil, e muitas vezes dói. Significa que temos de olhar de modo diferente para as outras pessoas e para nós mesmos.

Pode parecer coisa demais para fazer. Pode parecer mais fácil simplesmente aceitar a vida como ela é, seguir em frente e não perder tempo com reflexões. O problema é que a mudança é inevitável e, se você não convidar aquela que *quer* em sua vida, acaba experimentando a mudança não escolhida que cruzar o seu caminho (às vezes criada por outras pessoas no cumprimento de sua própria missão). Sem um mapa claro que ligue os objetivos a curto prazo a uma missão a longo prazo, você se restringirá a reagir ao que a vida lhe oferecer em vez de trabalhar para ter a existência que quer.

Comprometer suas intenções com a escrita deve ir de braços dados com vencer o medo — do fracasso ou do que possa acontecer depois. Certas pessoas chamariam isso de dar um salto de fé. Outras diriam que é ter peito. Seja como for, pôr seus desejos íntimos no papel é uma ferramenta do plano vitorioso no jogo da vida.

Escrever as coisas torna mais claras as suas intenções. Ajuda-o a classificá-las e avaliá-las. Além disso, o ato elementar de escrever aprofunda a sua impressão mental daquilo que você quer. Empregam-se dois sentidos no esforço: o do tato na caneta e no papel (ou no teclado) e o da visão das palavras. Acrescente também o da audição lendo-as em voz alta. Assim, o mero exercício de anotar as coisas por escrito transfere a ênfase de como sua vida é agora para como você quer que ela seja no futuro.

A princípio, pode ser que decidir e escrever o que você quer pareça egoísta ou ambicioso. Mas não é. As palavras *desejo* e *vontade* têm problemas de relações públicas. As vontades não são necessariamente egoístas, coisa de pessoas voltadas unicamente para si mesmas. A vontade, mãe de nossos planos de ação, reflete aquilo a que damos valor e em que encontramos significado.

É importante não só identificar *o que* você quer, mas também *por que* o quer. Querer que minha empresa cresça puramente para gratificar meu ego é um desejo completamente diferente de querer genuinamente oferecer a um número maior de clientes uma experiência mais agradável na compra de pneus e dar a um número maior de colegas de equipe a oportunidade de crescer num ambiente de trabalho sadio. Conservar essa vontade no centro da mente muda significativamente o desejo. Os desejos sadios geralmente têm um efeito de repercussão positivo, o que significa que, dando, você recebe, o que, por sua vez, lhe possibilita dar mais. A vontade pode ser tanto de dar quanto de receber. Suas vontades podem incluir a de criar uma família sadia, a de ensinar aos demais habilidades e conceitos importantes e a de fazer trabalho voluntário ou vir a ser um novo "anjo" dos negócios.

Anote Suas Vontades por Escrito

Escolha um lugar confortável e tranqüilo, onde você possa ficar só, um lugar em que lhe seja possível aclarar o pensamento. Tenha consigo um lápis e um papel ou um computador — um meio qualquer com que registrar seus desejos. Reserve pelo menos uma hora (preferivelmente mais) para fazer a lista e tente fazê-la em uma ocasião em que você esteja se sentindo confiante, com os pés no chão e à vontade. É difícil abrir-se para as aspirações superiores quando se está com medo ou com a mente agitada. Pode ser que você queira antes meditar, rezar, andar ou fazer exercícios.

Uma vez instalado e acomodado, examine detidamente sua declaração de missão pessoal. A seguir, percorra todas as categorias abaixo. Em cada uma delas, anote os desejos que têm mais significado para você — coisas que gostaria de realizar ou das quais queira aproximar-se no ano que vem. Não tenha medo de escrever coisas que lhe pareçam estranhas, egoístas, tolas, irrealizáveis ou até absurdas. Seja sincero e permita-se ser mais do que você é agora.

Eis as categorias que uso:

- ✦ saúde espiritual
- ✦ saúde física
- ✦ saúde emocional/psicológica
- ✦ educação intelectual
- ✦ relações familiares
- ✦ relações afetivas
- ✦ amigos
- ✦ serviço à comunidade mais ampla e à Terra
- ✦ viagem/lazer
- ✦ carreira
- ✦ dinheiro

No item *saúde física*, talvez você deseje perder alguns centímetros de cintura ou baixar um pouco sua pressão arterial. No item *saúde emocional/psicológica*, você pode fazer uma pequena lista de hábitos ou comportamentos que não lhe fazem bem. Na categoria *relações familiares*, é possível que você tenha vontade de melhorar o seu relacionamento com sua filha. No item *carreira*, talvez queira muito aquela promoção para gerente de departamento. Em *serviço à comunidade mais ampla*, quem sabe você queira ajudar na distribuição local de alimentos aos pobres.

Ao listar seus desejos, siga estas orientações simples:

+ Divirta-se! Encare isso como quando, na infância, você fazia sua lista de desejos nas férias. Neste caso, as férias são o ano inteiro.

+ Verifique se o alcance e as dimensões de seus objetivos lhe convêm. A maior parte das pessoas encaixa-se em dois tipos: o sonhador gosta de sonhar alto, sabendo que não atingirá totalmente sua meta, mas mesmo assim há de ficar satisfeito de ter ido tão longe para atingi-la. O pragmático desanima se não puder alcançar totalmente os objetivos. Conheça melhor a si mesmo e estabeleça metas que o estimulem e motivem com base na sua maneira de ser.

+ Seja específico. Alvos vagos e móveis são difíceis de atingir.

+ Use um formato de quadro sinóptico ou de itens breves. São mais fáceis que os parágrafos longos para ler e fazer acréscimos.

+ Procure equilibrar um pouco suas vontades. Não se concentre unicamente (ou quase unicamente) no dinheiro e na carreira. Os desejos desequilibrados tendem a levar a uma vida que não funciona muito bem, embora, num determinado ano, você possa concentrar-se mais numa área que em outra a fim de obter mais equilíbrio a longo prazo.

+ Assegure-se de que os itens de sua lista são coisas que *você* quer e não *apenas* coisas que outra pessoa quer (seu esposo ou esposa, seus pais).

+ Misture objetivos a curto prazo, realizáveis em poucas semanas, com metas a médio prazo, que podem ser atingidas em alguns meses, e outras, a serem cumpridas em um ano ou mais.

+ Equilibre os objetivos verdadeiramente desafiadores com outros mais fáceis de realizar. Estabelecer muitas metas ambiciosas pode ser o caminho mais curto para o fracasso, isto é, uma forma de sabotar a si mesmo. Os grandes objetivos, contudo, são necessários para ampliar a sua capacidade.

+ Aceite a idéia de que talvez você não consiga realizar todas as suas vontades. Em vez de ficar inconformado, pergunte-se o que você teria realizado se não tivesse sequer tentado o processo.

Até que ponto você se concentra nas questões financeiras e profissionais é uma opção inteiramente sua. Decerto não faz mal se o dinheiro e a carreira forem peças importantes para você. Por favor, não se sinta culpado por desejar sucesso e vantagens materiais. Lembre-se de que estes não são fins em si, mas instrumentos que nos permitem realizar um trabalho que vai além do alcance limitado da carreira e do dinheiro — isto é, desde que nos dêem a oportunidade de lutar e defender as causas nas quais acreditamos ou de usar as vantagens materiais de maneira positiva. Quando minha empresa melhorou significativamente em termos econômicos, a partir de 1993, eu me senti um pouco culpado. Consultei minha psicoterapeuta sobre isso, e ela me questionou dizendo:

— Por que *não* seria certo que as pessoas que se esforçam para fazer bem ao mundo recebam certa abundância material? Ou você acha que só quem não valoriza a vida dos outros é que deve ganhar dinheiro?

É bom identificar-se com os outros ou tomar-lhes o sucesso como modelo. Mas tome cuidado com as comparações pouco sadias ou irrelevantes entre as realizações dos demais e as suas. Evite valorizar certas pessoas mais do que as outras porque elas têm um belo currículo ou muito dinheiro ou porque são assediadas pela imprensa. Isso simplesmente faz com que nos sintamos inadequados — uma reação compreensível quando sentimos que subestimam nossas contribuições. Embora a carreira e o sucesso financeiro tenham certo significado para mim, eu descobri definitiva e inequivocamente que as coisas verdadeiramente importantes são a família, a saúde, o desenvolvimento psicológico e espiritual e o serviço dedicado ao outro.

Parece-me que o que importa mesmo para todos nós é sintonizar-nos com nossa missão pessoal e, então, fazer o melhor possível para cumpri-la. Uma pessoa dedicada a ajudar os menos afortunados na vida pode não ter adquirido muita coisa. Será que suas realizações são menos valiosas que as de quem teve uma carreira importante ou sucesso financeiro? Como julgar? Para que julgar? Por que não valorizar a todos pelo fato de *serem* — por fazerem o melhor possível a partir de onde estão e com os recursos de que dispõem? Imagine os pensamentos e sentimentos maravilhosamente generosos que todos teríamos se fôssemos capazes de olhar para o outro e ver nossa singularidade enquanto seres humanos, sem necessidade de nos colocarmos acima ou abaixo dele com base nas preocupações materiais.

Não surpreende que o sucesso material seja tão altamente valorizado em nossa cultura. "Numa sociedade que julga o valor de cada um pela produtividade, não admira que todos sejamos presas do conceito equivocado segundo o qual quanto mais fazemos mais valemos", escreve Ellen Sue Stern em *The Indispensable Woman*. Algumas pessoas que discordam desse valor baseado no dinheiro preferem diminuir suas obrigações de modo a viver sob menos pressão para ganhar dinheiro e então ter mais tempo para outras coisas. Voltaremos a falar disso no capítulo 9.

Reveja e Renove

Quando a lista estiver pronta, examine-a. Ela representa o que é importante em sua existência. Identificando e anotando o que quer da vida no ano que vem, você já deu um passo importante no sentido de obtê-lo. Ao simplesmente colocar esses desejos no papel, começou a avançar conscientemente rumo à missão de sua vida e a vincular a ela as atividades do dia-a-dia.

Todo mês dezembro, eu repito esse processo, elaborando uma lista de desejos nova e específica para o ano seguinte. Com o passar dos meses e dos anos, você perceberá que está recebendo cada vez mais daquilo para onde sua missão o leva, vivendo de um modo que talvez não julgasse possível.

Todo ano, ao reservar tempo para identificar e escrever suas vontades, lembre-se destas palavras:

> Há uma verdade elementar cuja ignorância aniquila incontáveis idéias e planos suspensos: a de que, no momento em que nos comprometemos definitivamente, a Providência também age. Acontece todo tipo de coisa para nos ajudar que, de outro modo, não aconteceria. Uma verdadeira corrente de fatos jorra da decisão, gerando, a nosso favor, todo tipo de incidente, encontro e ajuda material imprevisíveis, de modo que ninguém teria sonhado que esse dia haveria de chegar. (W. H. Murray) Você pode começar tudo o que puder fazer ou sonhar. A ousadia traz em si o gênio, o poder e a magia. Comece já. (Goethe)

Passo 2. Crie Planos de Ação

O segundo passo na compra do bilhete de loteria consiste em estabelecer um plano de ação que transforme sua vontade em realidade. Eu descobri que estruturar meus desejos me permite ser mais deliberado — mais consciente, realmente — em minhas atividades cotidianas. Fico mais relaxado, sabendo que todas as áreas de minha vida estão nos eixos porque eu decidi e as planejei firmemente, ainda que com flexibilidade.

Em seguida, deve se transferir os planos de ação para a agenda e a lista de coisas a fazer, o vínculo crítico entre as vontades e a vida cotidiana. Portanto, qualquer plano de ação precisa ser *específico, factível e realista*; e deve estar *claramente relacionado com seus desejos*.

Por exemplo, há alguns anos, eu resolvi aprofundar minha relação, que já era boa, com meus pais. Eles são divorciados e moram longe de Mineápolis, a minha cidade: minha mãe, no sul de Indiana; meu pai, no sul da Califórnia. Meu plano de ação é telefonar para os dois uma vez por semana e visitá-los pelo menos duas vezes por ano. Viajo com eles no mínimo uma vez por ano e envio cartões-postais no Dia das Mães, no Dia dos Pais, nos aniversários e nos feriados importantes. Também faço questão de lhes dizer o que sinto por eles. Faço o possível para não deixar de expressar o afeto entre nós.

Outro exemplo: um de meus mais persistentes desejos, no que toca à profissão, é o de criar uma empresa sadia, feliz e bem-sucedida como expressam certos indicadores específicos, como o índice de satisfação do cliente, o nível de entusiasmo dos colegas de equipe, o percentual de retorno do investimento e o índice de vendas por atacado. Uma parte de meu plano de ação para atingir esses objetivos é a seguinte:

1. Instilar e apoiar esses desejos em minha equipe participando das reuniões mensais da Equipe de Treinadores Principais (as outras empresas as chamam de reuniões da diretoria executiva), das reuniões de planejamento estratégico e dos encontros mensais de Treinadores de Loja. Reservo um tempo para conversar com todas as categorias de novos contratados.

2. Visitar as lojas da Tires Plus, espalhadas em dez estados, com freqüência regular durante o mês.

Tome nota por escrito de seus planos de ação do modo que funciona melhor para você. Para mim, os planos dão mais resultado na forma de quadro sinóptico: primeiro o que diz respeito a minha vida pessoal; abaixo, o desejo; em seguida, o plano de ação. Por exemplo:

I. Relações
    A. Melhorar o relacionamento com minha mãe.
      1. Telefonar todo domingo.
      2. Tirar férias de uma semana, em meados de março, sempre que mamãe assim quiser.
      3. Escrever para ela.

    B. Melhorar o relacionamento com meu pai.
      1. Telefonar todo domingo.
    E assim por diante...

Algumas pessoas podem achar isso exageradamente estruturado, linear demais. Tradicionalmente, esse tipo de sistema nos foi ensinado de modo rígido e inflexível, mas não é esse o jeito que escolho para usá-lo. Construo meus planos de ação com flexibilidade e os considero como orientações, não mandamentos. São sugestões e lembretes: "manifestadores da missão". Só por criar esses planos de ação, já transformo em "crédito" uma parte maior das minhas "vontades" do que se eu não tivesse formalizado nenhum tipo de rotina. Ademais, tendo planos, sou mais capaz de viver o momento presente. Raramente penso nas coisas que devo fazer porque sei que tenho planos que me levarão a fazê-las na hora certa.

Pode ser também que outras pessoas encarem todo esse planejamento e preparação como perda de tempo. Afinal de contas, vivemos num país de "realizadores" compulsivos. Por que planejar se você pode *fazer*?

Eis por quê: porque você chegará aonde quer chegar. É como decidir que quer ir de Nova York a Los Angeles de carro. No fim da viagem, um amigo espera sua visita. Se não decidir que caminho tomar, você se arrisca a passar meses viajando em círculos. Por fim, pode ser que chegue lá, mas, enquanto isso, seu amigo ficou esperando. Sua missão é encontrar esse amigo. Não é decisivo que você chegue lá na velocidade de um raio, mas é importante que se dê uma chance razoável de sucesso. Como diz John Leach, um homem de negócios de Kansas City: "Se você não sabe aonde vai, qualquer estrada o leva até lá".

Passo 3. Integre o Plano

Agora que você está pronto para o próximo passo no sentido de alcançar o que quer — agende seus planos de ação. Geralmente esse é o elo que falta entre as palavras e a ação. Certas pessoas objetam que isso é muito limitante, muito linear. Eu entendo. Sei que nunca quis ser escravo de meu calendário e, certamente, não quero perder as oportunidades felizes que surgem em meu caminho só porque tenho muito que fazer.

Agendar é menos uma atividade que uma arte, e é preciso prática para saber combinar a dose correta de flexibilidade e estrutura que funciona para você. Experimente. Não desista.

O exame detido da agenda de uma pessoa revela suas prioridades. Tente olhar objetivamente para a sua. Se encontrar uma discrepância entre ela e o que você diz que quer, está na hora de transpor esse abismo. Eis como: eu pego os itens de minha lista de desejos e meus planos de ação e os transfiro diretamente para a agenda e para a lista do que fazer. Faço-o regularmente, sempre buscando assegurar que minha agenda se harmonize com os desejos que me ocorreram quando eu estava num estado de espírito centrado e seguro.

À medida que você segue esse processo, é provável que descubra atividades que podem ser simplesmente eliminadas. Não se preocupe. É sinal de que você está selecionando as coisas mediante escolhas conscientes. Repito: se você acha isso excessivamente sistemático, procure pensar no processo como um ritual de alimentação, não como um sistema frio.

O grau de detalhes que você inclui na agenda e na lista do que fazer — os compromissos, os telefonemas, os *e-mails*, os projetos e as atividades diárias, semanais e mensais — depende inteiramente de você. Isso determinará o sistema físico de planejamento que você vai escolher, muito embora o preço e a portabilidade também sejam fatores importantes. Há tantos sistemas de planejamento quanto há tipos de personalidade. Os mais detalhados são o Robbins Research e o Franklin Planner®, ao passo que os mais portáteis e modernos incluem o Filofax® e o Day Timer®. No reino digital, existe um programa chamado Schedule Plus®; já os pequenos PDAs (*personal digital assistants*), como o Palm Pilot®, são fáceis de usar e cabem no bolso. Estes são apenas alguns exemplos dos muitos excelentes sistemas disponíveis no mercado. Escolha o que combina melhor com você ou utilize-os como base para criar seu próprio sistema pessoal. Todos são semelhantes num aspecto: é o que colocamos neles que os torna preciosos. Se não tiver um sistema que combine com você (ou, o que é pior, se não tiver sistema nenhum), vá correndo para a primeira loja de artigos para escritório. Ter um sistema de planejamento que não funciona é como tocar piano com uma mão amarrada às costas.

Meus filhos usam o sistema Filofax® desde que entraram na faculdade e ambos o consideram indispensável. Eu projetei o meu. O primeiro elemento, pequeno o suficiente para caber no bolso da camisa, é minha agenda anual, assim como a lista de todos os telefonemas que preciso dar. O arquivo de projetos, os de informações para as reuniões vindouras e os outros ficam em minha pasta ou no computador. Os demais arquivos, os que uso menos, geralmente deixo em casa ou no escritório. O mais importante, no planejamento, é o seguinte: ao se comprometer anotando por escrito o que é preciso fazer para dar suporte aos seus desejos, o que por sua vez dá suporte à sua missão de vida, você aumenta suas chances de conseguir evitar os desvios.

A flexibilidade é decisiva no planejamento. Acrescente algum tempo ocioso a sua agenda, de modo que, se a Lei de Murphy (tudo o que pode dar errado dará) entrar em ação, você tenha espaço para readaptações, minimizando a necessidade de ficar com pressa e estressado. Um aviso importante: nunca pense que a Lei de Murphy vai entrar em ação. Visualize sempre as coisas ocorrendo tranqüilamente — e crie um plano de manobra para o caso de o mar se agitar.

Apertar muito o tempo não é sadio. Os especialistas na administração do tempo recomendam dar uma margem de tempo de 25% mais do que o necessário. Eu aconselho experimentar acrescentar algo entre 10% e 15% por cento. Você não tardará a estabelecer um padrão e perceber quanto tempo adicional deve reservar.

Eu costumava planejar meu dia de tal modo que só conseguia chegar a tempo a um compromisso se tudo decorresse perfeitamente. Um escorregão em minha agenda comprometia tudo o mais, pois não havia tempo para escorregões. Eu vivia correndo. Entrava no avião um segundo antes que fechassem a porta (ou tinha de suplicar aos funcionários da companhia aérea que me deixassem entrar embora já a tivessem fechado) e costumava chegar aos compromissos com quinze minutos de atraso. Arejar um pouco mais a minha agenda e colocar um pouco menos de rigor no meu dia fez uma diferença enorme.

É claro que o inverso é igualmente nocivo. Arejar demais sua agenda leva diretamente à Lei de Parkinson, a perigosa máxima que afirma que o trabalho aumenta para preencher o tempo disponível. Se você deixar espaços demais na agenda, arrisca-se a gastar todo o tempo em coisas que não se harmonizam com suas vontades. Como em tudo na vida, trate de encontrar um terreno intermediário. Eu costumava operar apenas em duas velocidades, com a pressa de um raio ou com a lentidão de uma lesma. Agora tenho uma terceira velocidade que chamo de *no meu ritmo*. Esse ritmo é muito mais agradável que os outros dois, embora de vez em quando eu ainda recaia na pressa do raio ou na lentidão da lesma. Se tudo isso lhe parecer rígido demais, tenha em mente que você não sacrifica a espontaneidade se:

+ for espontâneo nas atividades agendadas

+ reservar um pouco de tempo livre para você

+ tomar a liberdade, quando convém, de cancelar e adiar atividades e compromissos (muito embora a confiança excessiva nisso possa indicar procrastinação ou um padrão de auto-sabotagem)

Passo 4. Organize-se

A organização é irmã do planejamento. Um ambiente físico organizado me livra a mente de interferências e impulsiona minha eficiência em saltos quânticos. Mas cuidado: como em qualquer outra coisa, a obsessão pela ordem pode prendê-lo às minúcias. Encontre o meio-termo. Abaixo, há quatro dicas de organização para ajudá-lo a serenar as águas quando você navega em suas vontades, em seus planos de ação e em sua agenda.

Limpe a Área

Conservar a escrivaninha limpa e arrumada é imprescindível para mim. Nela eu mantenho uma pilha de "coisas para fazer" e dou atenção a uma por vez. Desse modo, concentro a mente apenas numa coisa em vez de dispersá-la em pilhas que disputam minha atenção. Decerto, muita gente é capaz de trabalhar bem entre pilhas e pilhas de papéis que, vistas de fora, parecem desorganizadas. O que importa é como elas são por dentro. Enquanto o seu ambiente de trabalho não o atrapalhar, faça o que for melhor para você.

Maximize a Vantagem da Área Doméstica

A idéia do escritório em casa é muito debatida. Se é boa para você, depende de sua posição e de suas responsabilidades e de como você se sente trabalhando e morando na fronteira entre a vida profissional e a familiar. Ao longo dos anos, a quietude do lar me permitiu muito planejamento, muita organização e muita produtividade. Aqui, a chave é fazer o trabalho de escritório separadamente das atividades domésticas, e não no lugar delas — não durante as refeições, por exemplo, quando sua esposa quer conversar, quando as crianças querem brincar ou quando isso interrompe o que outra pessoa quer fazer. A disciplina, neste caso, é decisiva.

Meu escritório em casa também é muito útil quando minha família está ocupada com outras coisas. São ótimas ocasiões para encerrar-me nele e examinar os projetos, reduzindo o *stress* e deixando-me mais preparado e relaxado nos dias seguintes.

Registre as Idéias na Hora

Quando surge uma idéia, registre-a. Tenha sempre à mão um gravador, lápis e papel ou uma agenda eletrônica. Estando em casa, no trânsito ou viajando, eu posso ficar inteiramente disponível para o momento em vez de tentar reter na memória, simultaneamente, vários pensamentos súbitos e fugazes. Quando estou dirigindo e é impossível (ou perigoso) usar lápis e papel, deixo um recado para mim mesmo na secretária eletrônica: "Tom, aqui é Tom", digo (para a surpresa de quem estiver no carro comigo). "Tive uma ótima idéia..."

Tire um Tempo para Descansar

Às vezes eu me declaro "fechado para balanço" durante dois ou três dias, ocasião em que não marco nenhum compromisso, nenhum telefonema, nenhuma reunião. Nada. Comunico a todos minha hibernação. Deixo o mesmo recado na secretária eletrônica: "Não poderei atender o telefone nos próximos três dias". Trata-se de um recurso indispensável para me recuperar.

Se você não puder se dar ao luxo de sumir completamente durante alguns dias, tente uma alternativa. Examine sua situação e decida o que é possível fazer para reservar para si uma fatia de tempo em que não o perturbem, mesmo que seja apenas uma tarde. Procure hibernar de vez em quando na medida do possível. É uma ocasião perfeita para os projetos importantes que nunca conseguem chegar ao primeiro lugar da pauta. Uma oportunidade para pôr em dia os telefonemas e *e-mails* atrasados. O resultado é que você terá domínio sobre a vida e sentirá o alívio rejuvenescedor de chegar ao fim da lista de coisas por fazer.

Passo 5. Saiba Aproveitar o Tempo

Ninguém pode abrir mão da capacidade de administrar o tempo com eficiência. Seu valor é enorme na atual era da "sobrecarga de iniciativa", esta era apressada, saturada de informações e de conflitos entre prioridades pessoais e profissionais. Se você acha que não tem tempo para nada, saiba que não está sozinho. Numa pesquisa do *The Wall Street Journal* e da NBC, em 1998, 80% das 2001 pessoas entrevistadas descreveram sua vida como ocupada ou ocupada a ponto de ser desagradável. Mais revelador ainda é que os pesquisadores tiveram de discar 31.407 números de telefone para entrar em contato com 2001 americanos com tempo para responder as perguntas.

Pense nas áreas de sua vida que disputam o seu tempo: filhos, relações amorosas, amizades, atividade profissional e desenvolvimento pessoal, para citar apenas algumas. Para complicar ainda mais as coisas, hoje em dia nós navegamos águas relativamente não mapeadas, considerando a proliferação de carreiras duplas, a mudança dos papéis de gênero e o nosso ritmo frenético. A história não oferece muitos modelos bem-sucedidos para atender adequadamente a todas essas demandas.

A eficiência no tempo, que equilibra o cuidar de si e dos outros com as realidades atuais, será uma das qualidades mais importantes para conseguir o que você quer da vida. É a maneira mais segura de proteger sua agenda contra a sabotagem quase inevitável, intencional ou não. É uma forma pura de cuidar de si, assim como uma forma de sabedoria. O próprio Teddy Roosevelt chegou a dizer: "Nove décimos da sabedoria consiste em ser sábio com relação ao tempo".

Coloque o Tempo do Seu Lado

Examine bem o que o tempo significa para você. Pergunte a si mesmo se tem o suficiente para fazer o que quer fazer. É o que eu costumo perguntar às pessoas, e são raríssimas as que acham que têm o suficiente. O conceito e o lamento — "Eu não tenho tempo" — passam diariamente pela cabeça da maioria delas, independentemente do fato de terem deveras menos tempo do que precisam. Esse círculo sem fim acaba se tornando uma profecia que realiza a si mesma; você não tem tempo suficiente principalmente porque nunca acreditou que tinha.

Nós podemos vivenciar o tempo de modo diferente se quisermos. Deepak Chopra chamou minha atenção para isso no começo da década de 1990, e, desde então, eu me acostumei a dizer a mim mesmo: *Eu disponho de todo o tempo necessário para fazer o que preciso fazer*. De manhã, quando percorro minha agenda diária e a lista de coisas para fazer, visualizo-me conseguindo fazer tudo. E, sabe, no fim do dia geralmente eu *fiz* mesmo tudo. Esse método aumentou o número de coisas que sou capaz de realizar e aumentou a alegria que tenho em concluir cada tarefa.

Eu simplesmente descobri o poder mágico da intenção. Experimente. Aliás, trate de começar agora mesmo, assumindo o compromisso verbal de reservar o tempo adequado para terminar de ler este livro num período razoável e visualizando a conclusão dessa tarefa na data marcada.

Sem Tempo para Negar o Tempo

Faça um favor a si mesmo e pare de negar o tempo. Eu sempre ouço as pessoas se queixarem: "Com todo o trabalho que eu tenho, não me sobra tempo para muita coisa". O segredinho aqui é que o trabalho acaba se transformando num ótimo bode expiatório. Mesmo que você trabalhe mais de oito horas por dia, continua tendo muito tempo de sobra.

Pense bem. A semana tem 168 horas. Se você dormir sete horas por noite, restarão 119. Digamos que você trabalhe cinqüenta horas por semana. Ainda lhe sobram aproximadamente setenta horas — quase 60% do tempo que você passa trabalhando — para outras coisas. Adapte este raciocínio ao tempo que você realmente passa trabalhando e dormindo. Surpreso? Reconhecer isso o livrará da negação (um perigoso mecanismo de defesa) e o impulsionará a tomar iniciativas importantes.

Nós desperdiçamos uma grande parte dessas 119 horas de vigília. Aos poucos, eu aprendi a não desperdiçá-las tanto. Orientando-me por minha agenda e minha lista de coisas a fazer, é fácil eliminar boa parte do que não se harmoniza com meu plano de ação, o qual, por sua vez, reflete minhas vontades e minha missão pessoal. Isso me dá mais tempo para as coisas que dão suporte ao que eu quero dar e receber no mundo.

Reserve Tempo para a Alegria

Tranqüilizar a mente é outra forma de eficiência no tempo. Quando medito regularmente e fico em estado de atenção, a sensação de escassez de tempo diminui. Minhas preocupações com o passado e o futuro se abrandam, ajudando-me a ficar onde sempre deveria estar: no presente. E isso faz que pareça haver mais tempo. Os prazos não desaparecem, mas, de certo modo, o tempo se dilata para adequar-se ao trabalho que deve ser feito. O dr. Stephan Rechtschaffer, uma pessoa que usa muito bem o seu tempo, escreve: "A atenção não rouba tempo, aumenta-o. Nós criamos tempo toda vez que tomamos consciência do presente". A observação de Lily Tomlin é ainda mais exata: "Para relaxar a pressa, tente ir mais devagar".

Eu me esforço ao máximo para aproveitar a jornada e não deixar que o ritmo acelerado do nosso mundo me leve a perder o rumo. Porém há dias em que a competição entre as prioridades leva esse nível de consciência para mais longe do que eu gostaria. É um equilíbrio difícil. Por mais que eu melhore, há ainda sempre mais momentos que eu gostaria de abraçar totalmente.

Se nos apressarmos na vida apenas no fazer — não no ser nem no sentir —, acabamos perdendo os sinais universais que nos apontam o caminho certo. Mais importante: perdemos as ligações significativas com os demais. Pouco antes de morrer, o ex-presidente francês François Mitterrand lamentou: "É uma pena que só no fim a gente perceba que a maravilha está no momento que passa". Não precisamos esperar o confronto com a morte para perceber isso. Podemos perceber hoje, agora mesmo.

O sistema que descrevi diz respeito a alcançar o equilíbrio, e *não* ao que você pode obter, obter e obter sendo uma máquina de planejar. Reserve tempo para suas próprias necessidades básicas humanas e para as dos outros — filhos, romance, amizades e a ligação com eventuais pessoas cujo caminho cruze o seu.

É impossível exagerar a importância de dedicar tempo aos outros. Consulte sua intuição para saber quando você pode iluminar o dia de alguém. Geralmente é uma coisa tão mínima que parece insignificante: sorrir para um desconhecido, segurar a porta para uma pessoa, oferecer seu lugar no ônibus. Há literalmente centenas de pequenas maneiras de afetar os outros positivamente e exercer a cordialidade humana básica.

Ocasionalmente, a oportunidade de ajudar uma pessoa o tira de sua agenda. Não faz mal. O pastor Kurt Kalland, de Mineápolis, Minnesota, diz que faz parte da nossa descrição como seres humanos poder ser interrompidos. Pese bem as necessidades e o significado de quem quer que apareça em sua vida. O coração é um guia eficaz. Escute-o. O sucesso e a realização não são o objetivo final. O caminho sincero, pouco importa aonde o leve, traz recompensas maiores do que qualquer coisa com a qual o possamos comprar.

Lembre-se, a eficiência no tempo é uma arte, não um instrumento para atropelar quem estiver no seu caminho. Eu lamento as ocasiões em que poderia ter reservado mais tempo para ficar com minha família, meus amigos e empregados. Mas desde 1989 tenho sido mais consciente.

Em 1995, eu devia comparecer a um banquete do Prêmio Anual Ernst and Young/USA *Today* do Empresário do Meio-Oeste. Eu era um dos finalistas e já estava quinze minutos atrasado quando meu filho Chris, então com 23 anos, apareceu em casa. Logo vi que ele estava triste. Mesmo atrasado, larguei tudo para conversar com ele. Passamos os noventa minutos seguintes falando da ruptura de seu antigo relacionamento. Eu sabia que estava perdendo o coquetel e o jantar que precediam a cerimônia, mas não saí de lá enquanto ele não terminou. Nenhum prêmio — e eu fui deveras premiado aquela noite — podia ser mais importante do que ficar com meu filho naquele momento. O ponto principal é o seguinte: não deixe que a indiferença humana faça parte do seu repertório na administração do tempo. As necessidades humanas devem figurar em toda e qualquer abordagem da administração do tempo.

Cuidado com os Sete Ladrões do Tempo

Às vezes, o dia parece escorregar entre nossos dedos sem que cheguemos a perceber. Onde vai parar esse tempo valioso? Eis aqui os sete ladrões mais comuns que sabotam o nosso tempo e como lidar com eles.

LADRÃO DO TEMPO 1. FALAR DEMAIS ✦ Excesso de conversa, paralisia da análise, blablablá: chame isso do que quiser, é o tipo de coisa que pode ser tão prejudicial quanto qualquer outro sistema de ineficiência. Pense bem: todo dia você pode ter umas trinta conversas ao telefone e pessoalmente. Se cada uma delas durar quatro minutos a mais do que deve, você acaba perdendo *duas horas por dia*. Não que isso seja totalmente errado. Trata-se do seguinte: se você anda dizendo: "Se eu tivesse uma ou duas horas livres por dia...", talvez seja exatamente aí que você pode encontrá-las.

Para fazer a maior parte dos negócios, seja por telefone, seja pessoalmente, primeiro eu planejo o que quero realizar. Preparo a lista das perguntas que vou fazer e de pontos que pretendo esclarecer. Isso torna o resultado de cada encontro mais positivo e produtivo.

Em minha empresa, usamos um modo gentil de tratar um membro da equipe que está fazendo muitos rodeios sobre um negócio qualquer (a situação é totalmente diferente quando se trata de assunto pessoal). Com uma frase que aprendi há muitos anos com o consultor de eficiência Edwin Bliss, nós nos apressamos a perguntar de maneira amigável e curiosa: "Resumindo, Jim?" É infalível, Jim pára com o falatório inútil e, em trinta segundos, resume a questão em poucas palavras. Qualquer um na firma pode ser interrompido desse modo, até eu. Uma recomendação em que insistimos: nunca interrompa um cliente nem sua própria esposa (a menos que ela concorde com isso).

Uma variante é a interrupção temporária, sempre num tom cordial e carinhoso: "Escute, Jim, eu queria muito saber mais sobre esse projeto, mas tenho um compromisso agora. Você pode resumi-lo, ou acha melhor conversarmos depois?" Esse método é muito melhor que a alternativa, na qual todos nós incorremos de vez em quando: escutar e pensar que você está sendo muito educado, depois ficar com raiva do falastrão que o está fazendo perder tempo. (Geralmente o falastrão pensa exatamente a mesma coisa de você!)

LADRÃO DO TEMPO 2. A ZONA DO TELEFONE ✦ O telefone pode ser o seu melhor aliado ou o seu pior inimigo. É nossa maior fonte de interrupção. A verdade é que adoramos usá-lo, por mais que digamos o contrário. O tempo voa quando estamos ao telefone. Por esse motivo, procuro fazer que meus telefonemas de negócio sejam os mais diretos e objetivos. Além disso, por mais que se fale mal dela, a secretária eletrônica é uma sentinela das mais confiáveis. Eu, pessoalmente, deixo a seguinte e enérgica mensagem para atender o telefone: *"Oi, aqui é Tom Gegax. Obrigado por telefonar. Por favor, ao ouvir o sinal, deixe um recado detalhando suas necessidades e desejos de modo que eu, ou a pessoa mais indicada, possa retornar sua chamada de modo a servi-lo da melhor maneira possível. Muito obrigado pelo telefonema e tenha um bom dia".* É uma acolhida relativamente pessoal porque é a minha própria voz e eu me mostro cordial e amigável. E a mensagem leva as pessoas a dizerem *exatamente* o que querem em vez de simplesmente deixar o nome e o número, o temível primeiro saque no jogo de tênis telefônico. Ao escutar a mensagem deixada, eu a passo para a pessoa encarregada de atender aquele tipo de pedido ou retorno o telefonema totalmente preparado.

Inversamente, quando não consigo entrar em contato com a pessoa que estou procurando, deixo um recado detalhado e peço que grave a resposta em minha secretária eletrônica. Isso elimina os telefonemas prolongados e condensa as mensagens. Quando preciso conversar diretamente com meu interlocutor, deixo recado em sua secretária eletrônica dizendo onde e quando ele pode entrar em contato comigo. No entanto, se você está num emprego ou negócio que envolve um suporte mais prolongado ao cliente, essa não é a melhor técnica. O uso excessivo da secretária eletrônica pode custar caro. Se seus telefonemas não forem desse tipo, procure separar um período diário para retornar as chamadas (e *e-mails*), de modo a não desviar-se constantemente de outras tarefas.

Além disso, eu costumo usar o telefone celular para transformar em tempo útil minhas viagens de transporte coletivo — cinqüenta minutos inteiros — e as de automóvel. Isso diminui o número de telefonemas que dou e retorno no escritório ou em casa. Não estou querendo dizer que o telefone no carro é fantástico. Além de criar problemas de segurança, ele é uma pequena violação do meu esforço para evitar fazer mais de uma coisa por vez. Por razões de segurança, aconselho-o a levar em consideração estas dicas:

1. Só dê telefonemas que não o obriguem a fazer anotações por escrito nem a consultar nenhum material.

2. Use o viva-voz para não tirar as mãos do volante.

3. Conheça o teclado do aparelho como a palma da mão para poder digitar sem tirar os olhos da estrada.

Outra dica: quando duas pessoas me oferecem versões conflitantes de um mesmo fato, geralmente eu as ponho em contato numa rápida conferência telefônica, introduzo o tema e as ouço debatê-lo.

LADRÃO DO TEMPO 3. DETALHES DEMAIS ✦ Para melhorar ainda mais a eficiência no tempo, decida antecipadamente quanto vai durar uma reunião ou um telefonema de negócios. Às vezes eu informo à pessoa exatamente o tempo de que disponho. Desse modo elas resumem o que têm a dizer e você chega mais rapidamente ao que interessa. A regra 80/20 certamente se aplica: 20% de informação é capaz de lhe dar pelo menos 80% do que você realmente precisa saber.

Lembro-me de uma reunião em que a representante me pediu uma hora. Eu lhe disse que, como só dispunha de quinze minutos, era melhor que ela os dividisse em três períodos de cinco minutos: o primeiro para a apresentação, o segundo para as perguntas e o último para me explicar como implementar suas sugestões. A moça falou depressa, abordou os pontos principais e demorou exatos quinze minutos — com um ocasional gesto de aprovação de minha parte quando eu sentia que ela estava conseguindo.

Seja ao telefone, seja pessoalmente, faço o possível para pensar na tarefa que tenho à mão em relação ao quadro mais amplo — meus desejos e minha missão pessoal, assim como um resultado em que todos ganham. É fácil deixar-se envolver pelo que está diante de nós e, depois, ter de correr atrás de um déficit de tempo, afobando-se ou à outra pessoa. Esteja presente e atento à pessoa com quem você está, ao porquê de estar com ela e à maneira como esse momento se encaixa no quadro mais amplo do dia e de sua vida. Então, aja da maneira adequada.

LADRÃO DO TEMPO 4. O TRANSE DA TELEVISÃO ✦ A televisão é hipnótica. Literalmente. Pense no sujeito que assiste três horas nos dias úteis e cinco nos fins de semana, coisa bastante comum entre os norte-americanos. Essa gente dedica à televisão cerca de 36% de suas horas de vigília fora do trabalho. Tente avaliar seus hábitos de telespectador durante uma semana ou quinze dias. Compare o número de horas semanais que passa diante da telinha com o total de horas em que está acordado e sem trabalhar. Pode ser que você fique chocado.

Certas pessoas consideram as horas que passam assistindo à televisão um tempo valioso de entretenimento. Algumas acham que isso as faz sentirem-se mais relaxadas, mas pense na sensação de letargia e rigidez que lhe enche os ossos quando você finalmente se levanta do sofá. Será que é mesmo relaxante? Será que não existem outras maneiras de se "desligar"? Por exemplo, ligando-se às pessoas que o cercam, à natureza, a si mesmo?

Em 1989, quando eu avaliei minhas vontades, descobri que a televisão não valia a pena. Passei anos sem assistir a nenhum programa. Hoje em dia, não passo mais que quatro ou cinco horas por semana diante da televisão. A única desvantagem é não ter muito que dizer quando a conversa é sobre novelas. Em todo caso, há programas excelentes. Devido à proliferação dos canais via cabo, com mais programas educativos e informativos e noticiários, nunca houve uma televisão de tão boa qualidade. No entanto, o fato é que ela vicia facilmente, e é aconselhável tomar muito cuidado. Determine quanto tempo você passa acompanhando a vida dos outros em vez de viver a sua. Não se trata de bem ou mal, nem de certo ou errado. Se a televisão se harmoniza com suas vontades, tanto melhor. Mas, se você não consegue o que quer da vida por que lhe falta tempo, os hábitos de telespectador são mais um lugar potencial para liberar horas.

LADRÃO DO TEMPO 5. A CONFUSÃO MENTAL ✦ Há dias em que a gente simplesmente não funciona como gostaria. Está ruim da cabeça. Confuso. Perplexo. Alguns se desculpam dizendo que é porque ainda não tomaram a primeira xícara de café. Para outros, é apenas o seu ciclo de trabalho. Qualquer que seja o caso, não tem graça quando precisamos executar uma tarefa.

Enquanto a maioria das pessoas corre para a cafeteira ou para a padaria, pense nas idéias abaixo para iniciar o dia com o pé direito:

✦ Procure executar tarefas que exijam um enfoque menos linear e menos voltado para os detalhes, em favor da solução criativa dos problemas. Se você conseguir estabelecer novas prioridades na sua agenda, concentre-se em idéias para resolver aquele problema orçamentário a longo prazo em vez de ficar tentando equilibrar planilhas.

✦ Pergunte a si mesmo se a sua confusão mental se deve realmente à falta de motivação. Se assim for, é hora de restabelecer o vínculo com sua missão. Leia-a novamente, procure na agenda ações que dêem suporte a ela, lembre-se de que você já traduziu o desejo em ato e busque inspiração na coragem que mostrou ter. Enquanto estiver fazendo isso, pense em como vai se sentir bem quando tiver realizado seu desejo.

✦ Reserve cinco minutos para viver. Cinco minutos é tempo suficiente para sair um pouco, respirar fundo e com calma, contemplar o céu, repetir vinte vezes uma afirmação e livrar-se da culpa de não estar conseguindo fazer muito hoje. Passados os cinco minutos, dê uma olhada no trabalho por fazer e reavalie suas prioridades. Pode ser que as ache diferentes agora. Faça o que for possível. Delegue o que puder ser delegado. Peça ajuda aos colegas. Renegocie os prazos impossíveis de cumprir. Tenha iniciativa para administrar sua agenda e peça o que for preciso.

✦ Volte e procure fazer o necessário para manter um estado geral sadio: coisas como alimentar-se bem, fazer exercícios, sintonizar-se com seu Poder Superior e dormir bem. Comprometa-se consigo mesmo a melhorar esses hábitos da maneira que for possível.

LADRÃO DO TEMPO 6. OS CICLOS INTERROMPIDOS ✦ Muita gente inicia projetos para abandoná-los sem terminar; muitas vezes é tentador mudar para outras coisas quando arrefece o entusiasmo da idéia inicial. Pode não ser óbvio, mas, a menos que os projetos sejam realizados por completo, o tempo e o esforço a eles dedicados são geralmente perdidos. No entanto, quando se conclui um projeto, os benefícios começam a aumentar.

Poucas coisas são mais frustrantes que um projeto muito bom que acaba engavetado sem um motivo plausível. Tudo bem, se circunstâncias imprevistas tornaram o projeto obsoleto. Às vezes, isso faz parte do processo criativo, principalmente nos estágios iniciais de desenvolvimento de um novo serviço ou produto. Mas não abandone um projeto que vale a pena simplesmente porque ele está numa fase maçante ou, ao contrário, no auge de uma fase desafiadora ou trabalhosa. Dói não chegar a ver o resultado de uma iniciativa. Se você tem essa tendência, assuma consigo mesmo o compromisso verbal de concluir os projetos e os ciclos.

LADRÃO DO TEMPO 7. O ATOLEIRO DAS REUNIÕES ✦ As reuniões podem roubar um dia inteiro ou, quando usadas corretamente, economizar tempo. Com a sinergia de muitas cabeças trabalhando juntas, às vezes encontram-se soluções mais depressa do que quando uma pessoa trabalha sozinha. Todavia, as reuniões bem conduzidas e produtivas não ocorrem naturalmente. Pense na parcela de seus dias úteis que é tragada pelo vazio das reuniões improdutivas. Agora decida inverter essa situação. Você pode simplificar e tornar mais eficiente sua participação de várias maneiras.

Primeiro, não concorde automaticamente em participar de *qualquer* reunião sem antes pensar bem nela. Pergunte sempre qual será o seu papel, que tipo de incremento estão procurando e o que você vai aprender. Com base nas respostas, determine até que ponto você precisa se envolver. (Pode ser que não precise: nesse caso, explique com cautela e diplomacia por que acha que não vai acrescentar nada à reunião.) Se precisa dar a sua opinião, mas não tem tempo, pense em designar um substituto ou concorde em participar apenas da parte da reunião em que sua presença for imprescindível. Naturalmente, há ocasiões em que é importante participar de toda a reunião.

As reuniões por telefone também podem lhe poupar tempo. Antes de marcar uma reunião fora do meu escritório, eu me pergunto: "Não é possível substituir esse encontro por uma teleconferência?" Geralmente opto por essa alternativa quando tenho uma boa relação com o interlocutor. Decerto há muitas coisas que não se podem fazer por telefone: os problemas das pessoas sensíveis e as decisões importantes que exigem a máxima atenção. No entanto, numa reunião de negócios, é muito pouco o que não se pode fazer por telefone com os mesmos resultados. Material informativo? Envie-o com antecedência. Os aparelhos de fax, os modernos telefones com viva-voz e as videoconferências tornam as reuniões telefônicas mais eficazes do que nunca. É claro que, por telefone, é impossível a apresentação espontânea de material ou no quadro-negro, e os benefícios da sinergia costumam ser maiores quando se está diante do interlocutor. Quando as pessoas querem que eu me desloque até elas, geralmente pergunto: "Aonde podemos chegar pessoalmente que não seja possível por telefone?" A resposta típica é: "Para dizer a verdade, a lugar nenhum".

Quando comparecemos pessoalmente a uma reunião, há alguns meios de aumentar sua eficiência. Não só as reuniões ficam mais fluidas, como essas dicas também ajudam a garantir que você precisará de menos reuniões complementares sobre tudo que ficou pendente na primeira.

✦ Providencie para que todos recebam com antecipação a pauta da reunião, indicando o tempo reservado para cada item. Providencie também, ou pelo menos peça, que todos os presentes distribuam informações completas, sucintas, preferivelmente com antecipação. Isso reduz o tempo necessário para que os participantes se inteirem das idéias do apresentador e permite que este permaneça concentrado.

✦ Deixe bem claro o objetivo da reunião, aquilo que você quer realizar. Tenha isso em mente o tempo todo.

✦ Uma vez começada a reunião, trate de conduzi-la se lhe for permitida essa forma de liderança. Quando uma idéia provocar indecisão, sugira um adiamento ou incumba uma equipe menor de estudá-la e voltar com recomendações.

✦ Antes de passar de um item para outro, resuma (se for adequado) a providência a ser tomada para que o encarregado da ata compreenda.

✦ No fim da reunião, peça a opinião de todos os participantes. As sábias sugestões que surgirem podem ser úteis.

✦ Por fim, num prazo de 24 horas depois da reunião, distribua ou mande distribuir o resultado a todos os participantes.

As reuniões de apenas duas pessoas têm características próprias. A maior parte das regras das reuniões de grupo também se aplicam aqui, mas eis algumas outras coisas que eu uso e que se mostram úteis:

✦ Prepare perguntas que toquem o núcleo do tema — expectativas, progresso, desempenho.

✦ Siga o processo de três passos que eu denomino RFA: crie *relação*, *faça* perguntas e *apresente* claramente:

1. A **relação** começa quando você reserva um pouco de tempo para reconhecer a outra pessoa ou para que os dois se conheçam caso estejam reunidos pela primeira vez.

2. **Faça perguntas** que levem ao coração da matéria. Agindo assim, as respostas trarão à tona os pontos que você quer abordar. É importante deixar que a outra pessoa fale primeiro. Isso a deixará mais receptiva quando você estiver com a palavra. Não se trata de um ardil para sair ganhando, mas de obter informações antes de tratar do caso.

3. **Apresente** a sua parte clara e sucintamente. Forneça informações, prospectos e material escrito que dêem suporte ao seu ponto de vista.

✦ Peça aquilo que você quer ou precisa de modo a possibilitar uma troca mutuamente benéfica. Isso pode parecer óbvio, mas eu já vi gente dar muito bem os dois primeiros passos e, depois, geralmente por medo, esquecer de pedir o que quer, precisa ou espera. Isso desperdiça a reunião.

Apague os Incêndios

Que fazer com as interrupções inevitáveis que aparecem todo santo dia? Eu as enfrento com minhas seis armas secretas para combater os incêndios. Sua ordem é importantíssima. Comece pela primeira opção. Se ela não se aplicar, passe para a segunda e continue avançando na lista até atingir o nível de ação que a situação requer. Seja um telefonema ou um fax urgente, seja um colaborador que aparece de repente em seu escritório exigindo atenção imediata, pense nessas estratégias para lidar com a situação com eficácia sem descuidar das outras tarefas programadas.

1. **Deixe de fazer.** Algumas coisas simplesmente desaparecem se você não as fizer, ao passo que outras podem piorar. Se o "desaparecer" se aplica, não faça caso dela. Cuidado com a tendência a deixar que as tarefas fáceis e sem importância o desviem dos itens mais importantes, difíceis e relacionados com o objetivo.

2. **Adie.** Algumas interrupções desaparecem quando são adiadas. Lembra das mensagens e notas urgentíssimas que lhe deixaram durante as férias? Quando você voltou ao trabalho, muito embora não tenha tomado nenhuma providência, muitos desses itens tinham perdido a atualidade.

3. **Encaminhe o problema a alguém de fora do seu grupo de trabalho mais imediato.** Essa estratégia é útil em muitos incêndios que podem se alastrar se forem adiados. Às vezes o problema compete realmente a outro — um vendedor ou uma pessoa do departamento de suporte técnico. Geralmente, pode-se lançar mão desse expediente também na vida fora do trabalho. Por exemplo, reparta as tarefas domésticas, como fazer a limpeza ou cuidar do jardim, entre os membros da família ou delegue-as a uma empregada.

4. **Delegue a uma pessoa do seu grupo de trabalho.** Não há necessidade de sempre assumir o heróico e sacrificial "Deixe por minha conta". Se o problema se enquadra no campo de responsabilidade de outra pessoa de sua área, passe-o para ela sem culpa nem remorso. Acredite ou não, a subdelegação é um problema sério para muitos administradores, mesmo para aqueles que acham que delegam demais. Em seu relatório de desempenho, um dos treinadores mais importantes da minha empresa assinalou "delego demais" como um de seus pontos fracos. No entanto, o *feedback* de desenvolvimento do grupo relatou quase com unanimidade que ele delegava pouco.

5. **Não exija perfeição.** Mesmo quando a tarefa em questão é uma coisa que só você pode fazer, essa estratégia opera milagres. Todos nós temos projetos que po-

diam ter sido implementados sem perfeição e, mesmo assim, teriam dado certo. No esforço pela excelência (ou na passagem do bom para o perfeito), nós quase sempre empregamos uma quantidade enorme de tempo que poderia ser usado de maneira muito mais produtiva na sexta arma secreta.

6. **Não deixe de fazer.** Às vezes, fazer pessoalmente uma coisa e fazê-la com excelência é a melhor e a única maneira de apagar um incêndio. Fica bem mais fácil arranjar tempo para isso se você tiver apagado os outros com as cinco primeiras armas secretas.

A eficiência no tempo mudará sua vida. Envie mensagens mentais positivas para si mesmo, afaste-se da negação, tome cuidado com os Sete Ladrões do Tempo e use as Seis Armas Secretas para apagar os incêndios. Nesse processo, também é possível ser afetivo com os outros e ao mesmo tempo respeitoso consigo mesmo. Quanto mais você valorizar o seu tempo, mais os demais o valorizarão.

Passo 6. Faça o Que Tem de Ser Feito

"Faça o que tem de ser feito." Em outras palavras, faça o que você sabe que é difícil mas necessário. Peça desculpas a quem tratou mal. Dê aquele telefonema ao cliente potencial sobre o qual não tem nenhuma informação. Ligue para o cliente que está descontente com você ou com sua empresa.

"Fazer o que tem de ser feito" pode ser contar a uma pessoa o que você sente por ela, ou desenvolver um plano de negócios para sua nova firma, ou explicar mais claramente ao chefe suas aspirações profissionais. Pode ser fazer alguma coisa que não lhe é familiar ou que não é o seu forte. Seja o que for, lembre-se de que a dificuldade que uma coisa apresenta não a torna menos necessária. Aliás, geralmente torna ainda *mais* necessário fazê-la.

De certo modo, saber o que é e o que não é difícil é um conveniente princípio organizacional. Em geral, você pode apostar que, se uma coisa é difícil, ela oferecerá um retorno elevado, estará relacionada com seus planos de ação e desejos e lhe dará uma oportunidade de crescimento fazendo-o sair de sua zona de conforto.

O que nos impede de fazer as coisas difíceis? O MEDO. Principalmente o medo do fracasso, que parece comprovadamente inevitável. A prova que o medo nos oferece pode parecer sólida, no entanto costuma ser ilusória. Muitas vezes, devido ao medo, paramos quando falta pouco para alcançar o sucesso, desistimos da viagem quando estamos quase chegando.

Duvidar de nós mesmos é outra atitude que nos impede de "fazer o que tem de ser feito". Você tem toda a razão em duvidar de si se depende só de um único aspecto do seu ser, porém, se puser em campo jogadas-chave para ativar todo o seu ser — o corpo, o intelecto, a psique e o espírito —, o efeito será o acesso a uma energia, idéias e motivação que, do contrário, você não teria.

Quando sinto que estou fugindo de alguma coisa, começo a enviar mensagens a mim mesmo. Primeiro, digo que tentar não faz mal nenhum (a não ser, é claro, que haja riscos de segurança, éticos ou financeiros). Quase sempre, a pior coisa que pode acontecer é a mesma que acontecerá se você não tentar: nada. Segundo, trato de lembrar que posso começar dando pequenos passos, um de cada vez, naquela direção. Comece a escrever, procure um número de telefone, faça a pesquisa necessária na Internet.

Simplesmente empurre as coisas para a frente. Não se preocupe com os erros. Retome sempre. Aliás, retomar é fazer novas tomadas: tomada 1, tomada 2, tomada 3. Faça quantas tomadas forem necessárias. Se dá certo em Hollywood, pode dar certo para você. Como costuma dizer meu filho Trent: "Quem não cai não está esquiando". Quem não comete erros não aprende nada.

Evite a Paralisia da Análise

Um obstáculo comum que nos impede de manter o ritmo é o que Edwin Bliss denomina "paralisia da análise", a tendência de estudar excessivamente as situações. Se você está travado, pense nas ramificações de uma tomada de decisão e, então, ajuste adequadamente seu compromisso temporal com ela. Avance depressa nas situações facilmente reversíveis, devagar nas mais difíceis de reverter. Nas decisões cujas ramificações são mínimas ou podem ser facilmente canceladas, seja rápido e decidido. Nas que terão efeitos maiores ou nas que não puderem ser revertidas, dedique mais tempo a um estudo cauteloso. Se estiver adiando as decisões mais difíceis, agende-as para o seu "horário nobre", aquele momento do dia ou da semana em que você está mais fundamentado, concentrado e energizado.

A Lei da Persistência

Em parte, o que me ajuda a "fazer o que tem de ser feito" é a força de vontade. Vince Lombardi, o lendário treinador dos Green Bay Packers, disse o seguinte: "A diferença entre uma pessoa bem-sucedida e as outras não é a falta de força nem a falta de conhecimento, mas a falta de vontade". O que também se chama persistência. Eu tenho a "Lei da Persistência" de Calvin Coolidge afixada na parede desde que inaugurei minha empresa há vinte anos:

A Lei da Persistência de Coolidge

Nada no mundo pode tomar o lugar da persistência.
Nem o talento; nada é mais comum que homens talentosos fracassados.
Nem o gênio; o gênio não recompensado é quase um provérbio.
Nem a educação; o mundo está cheio de mendigos instruídos.
Só a persistência e a determinação são onipotentes.

Embora a referência aos "mendigos" e aos "homens" já não caiba hoje em dia, este não deixa de ser um conselho precioso e eloqüente.

Passo 7. Desapegue-se

O último passo para obter o que você quer, desapegue-se, é útil quando a persistência não deu certo. Esse passo pode parecer diametralmente oposto à persistência, mas não é.

Nem todo caminho que você julga certo o levará aonde pensa que planejou ir com sua sabedoria superior. É preciso ser capaz de reconhecer quando se está num beco sem saída e dispor-se a experimentar um caminho alternativo.

Sabedoria é reconhecer o momento de persistir e o momento de desapegar-se do caminho escolhido. Eu opto pela persistência quando a minha meta, depois de examinada, concorda com minha missão e se harmoniza com toda a minha Equipe Interior. Sendo este o caso, minha Fonte Superior se envolve, dando-me novas estratégias para superar as grandes dificuldades. Por outro lado, sei que chegou a hora de mudar de rumo quando, depois de um bom exame, constato que meu objetivo não está em harmonia com minha missão e começo a me sentir ansioso e deslocado. Estando sintonizado com sua Equipe Interior, você pode sentir a dor e os pensamentos internos dizendo-lhe que é melhor não persistir.

Quando está sintonizado, você tem consciência de seu ambiente em múltiplos níveis e consegue ser mais flexível com os sinais interiores e à sua volta. Esses sinais podem vir literalmente de toda parte: das pessoas, das coisas que você lê, do meio ambiente, da sua nuca. Nós todos conhecemos a sensação desses lampejos de um milésimo de segundo que nos mostram o caminho. Premonição? Imaginação? Esperteza? Percepção? Previsão? Se se sentir tentado a não fazer caso desses avisos, primeiramente pergunte a si mesmo que dificuldades resultariam de dar atenção à mensagem. Abandone todo preconceito sobre a fonte da informação e avalie-a por seu próprio mérito.

Uma variante ligeiramente diferente do desapego provém de *Seven Spiritual Laws of Success* [As sete leis espirituais do sucesso], de Deepak Chopra. O primeiro componente de sua Lei do Menor Esforço é a aceitação. Pede-lhe que assuma um compromisso do tipo "Hoje eu vou aceitar as pessoas, as situações, as circunstâncias e os fatos do jeito que ocorrerem". Em outras palavras, o momento se desdobra até onde deve desdobrar-se porque tudo é exatamente como devia ser. Inversamente, Chopra escreve: "Quando você luta contra esse momento, luta contra todo o Universo".

O componente seguinte do desapego é assumir a responsabilidade. Reconheça que você tem várias respostas criativas para *qualquer* situação. Todos os problemas contêm as sementes da oportunidade para quem está de olhos abertos.

Quando você encara o mundo como um lugar de potencial ilimitado, não é necessário prender-se obstinadamente a um plano original. Se está recebendo sinais de dentro (e de fora) de que tomou o caminho errado, mude a rota e procure as outras portas abertas. Minha experiência diz que, para cada porta que se fecha, outra se abre. Todo fim contém um começo.

Entretanto, não confunda desapegar-se com desistir. Leve a sério suas vontades e seus planos de ação. Lembre-se, você os adquiriu voltando-se para o seu interior em tempos calmos e entrando em contato com a maneira como eles se entrelaçam com sua missão no mundo.

Saber quando jogar ou cortar a linha o ajudará a resolver suas lutas interiores entre prioridades conflitantes. A estabilidade, ou seja, a capacidade de manter o curso, é um atributo importante. Juntas, a estabilidade e a flexibilidade lhe dão as raízes profundas e os ramos fortes de um carvalho — e a capacidade de suportar os ventos incessantes da mudança.

Um provérbio japonês diz que "a visão sem ação é um sonho; a ação sem visão, um pesadelo". No capítulo 1, você encontrou a visão por meio de sua missão pessoal. Com o capítulo 2, ficou sabendo como colocá-la em prática. Para tirar o máximo deste livro, use os Sete Passos Ativos. Com eles, você começará a dar e receber mais do que apenas o que é importante para você no mundo. Começará a sentir que está cumprindo parte de sua missão na Terra. Experimentará a satisfação pura da jornada em si. E será contemplado com a mais básica e preciosa das emoções humanas, a felicidade.

3

Seis Características para a Viagem

CUMPRIR NOSSA MISSÃO — chegar aonde queremos chegar — exige um esforço consciente diário. Ao construir sobre seus movimentos e jogadas do dia anterior, você muda de marcha, toma atalhos quando necessário, abrindo-se para a inesperada e bem-vinda pausa para o descanso. Sabe aonde vai, mas, no caminho, a vida acontece e é preciso estar pronto para vivê-la.

Manifestar a missão é como planejar uma viagem. Neste capítulo, vamos examinar as maneiras de abastecê-la. É preciso que haja uma combinação especial de atitude interior e comportamento exterior para obter a mistura certa de combustível para a jornada, uma combinação de características que eu descobri pela auto-observação e acompanhando o sucesso dos outros. O acrônimo "COAPDP", cunhado por Scott McPhee, meu companheiro de equipe na Tires Plus, ajuda-nos a recordar com essas qualidades indispensáveis. A pessoa que as incorpora é:

Cuidadosa
Otimista
Apaixonada
Persistente
Disciplinada
Plena de espírito

Seis Características para a Viagem

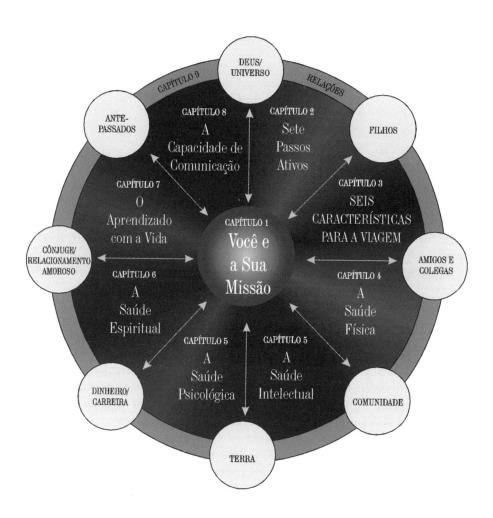

As seis características COAPDP se combinam para apressar o sucesso na vida, sendo que sua combinação divulga mensagens sobre quem você é. Elas não surgem de maneira necessariamente natural; nós as desenvolvemos com o tempo, lembrando-nos habitualmente do seu valor e, em seguida, agindo a partir delas com convicção.

Esses "modos de ser" começam com "modos de ver" — orientando sua Equipe Interior para alinhar sua missão com as ações. Faça a coisa certa e acredite nela quando a estiver fazendo. Transforme em hábitos *tanto* a atitude *quanto* a ação, e elas atuarão sinergeticamente para conservá-lo no rumo certo. Então, uma poderosa energia universal lhe dará respostas de modo a acelerar o cumprimento de sua missão.

COAPDP 1. Cuidadosa

Na nossa decidida viagem rumo ao sucesso, à felicidade e ao conforto, às vezes tratamos as pessoas com grosseria. Há vários anos, eu estava num vôo de Mineápolis a San Diego e, pressionado pelo tempo, tentava trabalhar num projeto. Ocorre, no entanto, que a poltrona à minha frente estava totalmente reclinada. Com 1,88 metro de altura, tenho pernas compridas. O cuidado não era a coisa mais importante para mim. Precisando de mais espaço, finquei os joelhos no respaldo da poltrona, onde eles já estavam encostados, aliás, e mandei o recado.

Poucos minutos depois, uma senhora idosa se levantou com seu andador para ir ao banheiro. Fiquei horrorizado ao perceber que havia sido àquela pessoa que eu tinha enviado aquela rude mensagem muda. Isso evidenciou a minha extrema falta de cuidado, independentemente de quem estivesse sentado na poltrona da frente. Embora eu tenha o costume de ser gentil, ficou claro que posso "escorregar" quando estou com pressa ou estressado. Fiz uma longa pausa para instruir a mim mesmo sobre o perigo de procurar satisfazer minhas necessidades à custa dos outros.

Uma atitude cuidadosa reconhece a humanidade das outras pessoas, enxerga além da superfície e não perde de vista que todas elas têm esperanças, medos, idéias, vulnerabilidades, sonhos. Em vez de concentrar-se no que essa pessoa quer dele, o cuidadoso se concentra primeiramente em quem ela *é*. A saudação em sânscrito *Namastê* exprime bem isso: "O deus que existe em mim saúda o deus que existe em você". Depois disso, é natural querer ajudar.

Alguns parecem ter cuidado na vida pessoal, mas se esquecem dele no local de trabalho. Outros dão tudo de si aos colegas, mas voltam para casa muito exaustos para fazer mais do que cair no sofá. Acaso nos sentimos compelidos a pôr uma máscara de trabalho para ocultar nosso lado brando? Será que tememos que as pessoas se aproveitem de nós se mostrarmos nossa humanidade? Ou temos medo de parecer "pouco profissionais"? Seja qual for o motivo, é claro que ter uma personalidade fragmentada — sendo uma pessoa em casa e outra no trabalho — não é sadio para você nem para os que o rodeiam.

Nós todos já vimos exemplos de falta de cuidado no comportamento dos outros, assim como no nosso. Eu tenho certeza de que isso nunca nos beneficia a longo prazo. A idéia central das leis do movimento de Newton ou das leis do carma hindus e budistas é que a cada ação corresponde uma reação. Lembrar que aquilo que oferecemos aos outros volta para nós não nos deixa esquecer que devemos agir com responsabilidade. Contudo, essa técnica é secundária ao desejo decretado por nossa missão de sermos uma presença positiva no planeta. Beneficiar os outros não deve depender do que esperamos receber em troca.

O Grande "E"

O cuidado provém do senso de empatia. "Empatia", dizia meu pai quando eu era menino, "é a palavra mais importante da nossa língua."

Meu dicionário define empatia como "forma de conhecimento de outrem, especialmente do eu social; tendência para sentir-se como se estivesse na situação e nas circunstâncias experimentadas por outra pessoa". A empatia é o pré-requisito do cuidado. As pessoas geralmente não verbalizam os sentimentos, os pensamentos e as experiências, de modo que precisamos desenvolver a empatia, a capacidade de compreender sem que nos digam. Para apreciar a situação de outra pessoa, precisamos penetrar em nossas próprias emoções e experiências.

Dois fatos me ajudaram a entrar em contato com o significado real das palavras de meu pai. Primeiro, meu filho Chris foi atropelado por um carro em alta velocidade quando estava passeando de bicicleta em 1984. Passou dois dias em estado de coma antes de recuperar-se. Depois, em 1989, houve os três toques de meu chamado despertador: o divórcio, o câncer e a crise na empresa. Só quando experimentei essas crises em minha própria vida foi que consegui compreender realmente pelo que as outras pessoas passam nos momentos aflitivos.

Quando você conhece a dor, é fácil compreender o que dói nos outros — ou os irrita. Até certo ponto, todos temos essa intuição, porém, quando ela se desenvolve num grau mais elevado, transforma-se numa sensibilidade mística que nos permite estar sintonizados com as necessidades das outras pessoas nos níveis físico, psicológico e espiritual. Desenvolvendo um senso profundo de empatia, podemos sentir e agir com compaixão. Sem perceber a realidade dos demais, não conseguimos reagir de maneira genuinamente cuidadosa, por mais que tentemos, seja em casa, seja no trabalho.

Amor Firme

Há quem ridicularize o cuidado, considerando-o sinônimo de ser mole ou até de estimular baixos padrões. É um equívoco. Quando a situação exige, o cuidado reclama um amor firme: impõe ao comportamento impróprio uma disciplina cheia de amor, porém firme. Como em todo *feedback* cuidadoso, o decisivo é saber separar o comportamento da pessoa: este é amável; aquele não.

Uma vez, quando meus filhos Trent e Chris eram adolescentes, nós fomos jantar fora. Trent estava de mau humor e chegou a perturbar o jantar com suas queixas e observações desagradáveis. Eu resolvi levá-lo embora e, depois, voltar ao restaurante. Quando o deixei em casa, disse-lhe com uma mescla apaixonada de raiva e cuidado: "Eu o amo muito, mas seu comportamento é desrespeitoso demais e totalmente inaceitável. Você passou dos limites". Trent captou a mensagem que eu estava transmitindo, não questionou meu amor por ele, mas entendeu o que eu achava de seu comportamento.

É fácil esquecer a causa do comportamento inadequado e enfocar apenas seu resultado. Eu parto do princípio de que a raiva mascara o medo, a mágoa ou a vergonha. Por exemplo, certa ocasião em que estava visitando nossas lojas, ouvi um cliente gritar com o treinador de loja. Era evidente que estava zangado. Conversando com os colegas de equipe e depois com o cavalheiro, descobri que havíamos cometido um pequeno erro. Também descobri que sua reação provinha de um problema maior que nada tinha a ver com o erro: ele tinha câncer em fase terminal. Como eu já passara pela experiência de ser diagnosticado com essa doença, senti empatia pela origem de seu medo e, depois de conversar com ele alguns minutos, descobri, por trás da raiva, uma pessoa cuidadosa e gentil. Nós todos vivemos ocasiões como essa quando as coisas andam mal e permitimos que um pequeno equívoco suscite em nós uma reação exagerada.

Assumir o compromisso de ser mais amoroso vai predispor você a ter cuidado mesmo quando o outro estiver irritado: uma capacidade difícil, mas necessária. Ajuda-o a olhar mentalmente para o coração da pessoa zangada, para sua humanidade, e respirar fundo. Contar até dez. Nem sempre esse método dá certo, mas geralmente ajuda.

O Cuidado no Local de Trabalho

As pessoas tendem a acreditar que pagam o suficiente pelos serviços e esperam, sensatamente, um alto nível de atenção. No entanto, uma grande parte delas diz que quem lhe presta serviço não trabalha bem. Aos olhos desses clientes, os prestadores de serviço não são cuidadosos.

Isso não me surpreende. Quando pergunto às pessoas que entrevisto o que elas gostam de fazer, é comum responderem: "Eu adoro trabalhar com gente". Todavia, o refrão que mais passam a repetir alguns meses depois de começar a atuar em um posto de serviço de alto contato é: "Essa gente! Eu vou acabar ficando louco!" Felizmente, algumas continuam gostando de trabalhar com o público depois de anos de contato diário com os clientes. Quem é altruísta, cuidadoso e dedicado ao serviço colhe energia ao servir os demais.

Há também aqueles — eu os chamo de trabalhadores cansados — que ficam exaustos tanto ao servir o público clientes interno (pessoas da própria empresa) quanto o externo (os clientes). Quando um deles entra na loja ou o telefone toca, os trabalhadores cansados são capazes de pensar: *Que será que esse cara quer agora!?* O altruísta, por sua vez, pensa: *Como eu posso ajudar essa pessoa? Ou: Como vamos tirar o melhor resultado dessa transação?*

| COMO VENCER no JOGO da VIDA | *69*

Tome, como exemplo, o cuidado demonstrado pela equipe da loja da Tires Plus de Conn Rapids, Minnesota. Os membros da equipe de lá ouviram dizer que um cliente chamado George May havia perdido seu cachorro Ralph num acidente. Todos na loja assinaram e enviaram um cartão de pêsames, e George ficou comovido com esse cuidado. O correio norte-americano pode ser alvo de muitas piadas, mas o carteiro Peter Symitzek é outro retrato do serviço cuidadoso. Ele entrega biscoitos de cachorro para os dois cães malteses de minha casa. Um dia, eu reparei que Peter estava com o nariz colado à vidraça, rindo para os animais. Não chegou a me ver, mas eu identifiquei nele a personificação do serviço prestado com cuidado.

Como conservar uma atitude de dar e viver servindo, principalmente neste mundo do "faça tudo já"? Eu acredito que a saúde da Equipe Interior, descrita nos próximos capítulos, faz o trabalho básico de descobrir a pessoa cuidadosa dentro de cada um de nós. O cuidado é essencial, não um acessório.

Qualquer um se sente simplesmente mais seguro, em toda a acepção da palavra, ao perceber o cuidado numa empresa. Como diz o ditado: "A ninguém interessa o quanto você sabe antes de saber o quanto você se interessa". É mais provável que uma pessoa que se sente segura o aborde mais abertamente. Simplificando: o cuidado gera mais cuidado.

Cuidado é a primeira palavra e o primeiro conceito na declaração da missão da Tires Plus. O cuidado com os clientes, incutindo em nossa mentalidade a idéia de servir aos outros, reflete a filosofia que os membros da equipe da Tires Plus se empenham em incorporar. Nós procuramos ter cuidado com os membros da nossa equipe (os empregados) e com os clientes porque é essa a nossa missão. Tudo o mais provém disso. Se nossos produtos e serviços tiverem o preço correto e nossos custos estiverem alinhados, o subproduto natural da mentalidade do serviço serão relações melhores e abundância material.

O cuidado no local de trabalho não é uma coisa que a diretoria impõe de cima para baixo ou distribui como panfletos nos seminários promovidos pela administração. Ao contrário, o cuidado vem do coração das pessoas, de quem está cansado de viver com duas caras. Quando tomamos cuidado de fato, em toda parte, geramos o melhor tipo de vírus que existe, uma epidemia de cuidado no local de trabalho.

No escritório, *cuidado* é uma palavra menos ameaçadora e menos confusa do que aquela que se escreve com "A", *amor*. No escritório, estamos cercados da ansiedade de nos expressarmos claramente e não temos palavras que distingam o amor romântico do platônico. Assim, a frase mais preciosa do mundo, "Eu te amo", transforma-se numa bomba no local de trabalho.

Os gregos denominavam *ágape* o amor não romântico. Alguns o entendem como um senso profundo de compaixão ou como ter alguém em alta conta. Cada vez mais eu experimento manifestações de *ágape* em minha empresa e em minha vida pessoal.

Por mais que os homens se sintam pouco à vontade para articular o *ágape*, eles o sentem. A autorização para expressá-lo veio, recentemente, de um lugar inesperado, o *slogan* publicitário de Anheuser-Busch para a Bud Light, "Te amo, cara!", Atualmente, no trabalho, ouço com freqüência esse "Te amo, cara!" meio por brincadeira, meio a sério. Minha esperança é que *cuidado* seja apenas uma palavra que servirá de ponte para uma época em que ela será um lugar-comum, no mundo dos negócios, para incluir o termo *ágape*: o amor não romântico universal.

O Cuidado na Concorrência

A concorrência pode ser boa e perfeitamente compatível com o cuidado. A raiz grega da palavra *competição* significa conspirar juntos: um a ajudar o outro a fazer o melhor, instigando-o a subir a alturas maiores. Mas a competição ou concorrência ética, construtiva, prescinde da mentalidade ganhar/perder, que só consegue enxergar o vencedor egoísta ou o humilhado perdedor. E não exige que as equipes, as empresas ou os indivíduos que concorrem procurem se massacrar mutuamente. É uma questão de força de vontade, e a competitividade se dá ao acaso.

Recordo uma palestra em que o diretor de uma empresa prestadora de serviços nacionalmente conhecida implorou à platéia: "Odeiem os concorrentes". Eu o conhecia pessoalmente, e as palavras que proferiu não combinavam com ele. Depois da palestra, aproximei-me e perguntei se aquilo realmente expressava os seus sentimentos. Adquirindo certa perspectiva, ele reconheceu que tinha errado e lamentou o que dissera. No calor da luta competitiva, perdera o contato com o fato de que seus concorrentes são, antes de mais nada, seres humanos como ele. Ter o nome de outra empresa impresso no cartão de visita não é motivo para odiar ninguém.

O ambiente competitivo do mundo dos negócios quase sempre suscita um panorama mais de escassez que de abundância. Nós precisamos de um senso de urgência nos negócios hoje em dia? Sem dúvida. Mas, levado ao extremo, esse elemento vital do sucesso torna-se uma fonte de medo, ódio e negatividade. Em vez de trabalhar em cooperação com os outros, nós nos transformamos em cães a disputar migalhas.

Eu conheço muito bem a mentalidade "tudo ou nada" da escassez fundamentada no medo. Houve uma época em que ela cavava um buraco dentro de mim. Há alguns anos, a Sears, o nosso poderoso concorrente, anunciou o plano de abrir lojas de pneus nas cidades gêmeas Mineápolis-St. Paul, sede da minha empresa varejista, que na época tinha cem lojas em sete estados. O medo da ruína me dominou instantaneamente. Eu temia perder a saudável participação de minha firma no mercado nas duas cidades. Após as semanas iniciais de pavor, noites em claro e dias sem conseguir entender a situação real, eu resolvi agir. Embora viéssemos nos preparando havia anos, desenvolvi um plano completo de ação ofensiva e comecei a pô-lo em prática.

E, por acaso, a nossa participação no mercado desapareceu? Ao contrário, as lojas da Tires Plus *mais próximas* das da Sears tiveram um crescimento maior que o das outras filiais. Nosso preparo e nossa ação valeram a pena. A lição aqui: acredite que haverá abundância. O empenho, o planejamento meticuloso e uma tendência a agir podem ser sadios. A preocupação, a ansiedade e o ódio são sintomas de um processo negativo. Concorra, faça *o melhor* possível, depois espere os resultados em paz.

A concorrência sadia melhora os competidores. Cada um deles modela as forças do outro. Isso desencadeia a mudança, que desenvolve ainda mais forças. Nesse sentido, concorrer não significa desejar o fracasso do concorrente. Ele o obriga a lutar e, assim ajuda-o a servir melhor aos clientes e companheiros de equipe, de modo a alinhá-lo com sua missão pessoal e profissional.

Onde quer que o cenário seja o de duas empresas competindo pela participação no mercado ou o de duas pessoas disputando uma promoção, a concorrência sadia promove um espírito de vitórias modestas que não permite que ninguém saia perdendo. Todo mundo ganha ao aprender, e há muito que aprender quando não se ganha — desde que a auto-estima sadia esteja presente e ativa. O velho ditado "O importante não é vencer, e sim competir" não é apenas um clichê inventado para consolar as crianças que perderam no jogo. Afinal de contas, quando a concorrência é sadia, as *lições* continuam sendo lembradas por muito tempo depois que esquecemos os desempenhos específicos.

Muito bem!

Nunca é demais um elogio, aspecto vital do cuidado com os outros. Quando crianças, precisamos dele para crescer, é uma espécie de nutriente emocional. Eu tenho vivas lembranças de como ficava radiante, interior e exteriormente, quando minha mãe me elogiava. "Parabéns, Tommy, você arrumou seu quarto muito bem!" Quando recordo o passado, é como se a estivesse ouvindo pronunciar essas palavras e volto a ter a sensação de conforto que tomava conta de mim. Considerando que, de certo modo, todo mundo continua criança mesmo depois de grande, os elogios surtem um efeito de bem-estar tão poderoso nos adultos quanto nas crianças.

No entanto, nós tendemos a dispensar elogios só uma pequena fração das vezes em que vemos ou ouvimos falar num comportamento positivo. Por quê? O principal motivo é não levarmos em conta a importância do elogio porque as pessoas que o recebem não reagem, de modo a dar a impressão de que nem o registraram. Muito embora sintamos os efeitos de um elogio interiormente, nossa cultura nos treina para não demonstrar isso exteriormente.

Certa vez, alguns anos atrás, eu chamei minha secretária Dorie ao meu escritório. Falei sobre o excelente trabalho que ela vinha fazendo, expliquei que seu desempenho afetava positivamente a empresa e confessei que estava muito contente. Dorie ouviu tudo com uma quase indiferença. Não faz mal, pensei. O importante era que ela soubesse que eu reconhecia o seu valor e apreciava a colaboração que ela estava dando.

Mais tarde, naquele mesmo dia, Wayne, um companheiro de equipe de Dorie, procurou-me querendo saber:

— O que foi que você disse a Dorie?

— Como assim?

— Ela está nas nuvens! Já contou a todo mundo que você a elogiou muito. Ficou extasiada.

Quando estava a sós comigo, Dorie não se mostrou radiante, não expressou sua satisfação como fazem as crianças. Qualquer um observa essa mesma reação quando elogia alguém. O desafio consiste em ver além do exterior e saber que, lá dentro, há uma criança entusiasmada e feliz por ter sido elogiada. Seja generoso e verdadeiro ao distribuir elogios.

Decerto há outras razões que nos impedem de fazer elogios. Excesso de trabalho? Mas leva apenas alguns segundos. Ficamos sem jeito ao elogiar os outros? Consciente ou inconscientemente, muita gente projeta nos outros o que sente em relação a si mesmo. Para melhorar a sensação de valor próprio, nós precisamos, antes de mais nada, ajudar os outros a se apreciarem. Se você vive se criticando, o mais provável é que projete essa atitude nos demais. Se souber aceitar e aquilatar o seu próprio valor, estará mais disposto a reconhecer o dos outros. Nossa capacidade de dar está intimamente ligada à de receber.

Quando deixamos de verbalizar os muitos e fugazes pensamentos positivos que temos com relação às pessoas que fazem parte de nossa vida, perdemos grandes oportunidades de afirmar o que há de maravilhoso no comportamento delas. Imagine o que aconteceria se todos nos puséssemos a manifestar esses pensamentos. Imagine como reagiriam os colegas de trabalho, os parentes, os subordinados.

Nada nos impede de elogiar também os nossos superiores. As pessoas freqüentemente evitam elogiar "o chefe" receando ser consideradas bajuladores. Todavia é importante compartilhar as coisas também com eles. Assim fazendo, aumentamos as possibilidades de que esses comportamentos positivos tornem a acontecer. Ademais, os chefes se mostrarão mais dispostos a ouvir aquilo de que *não* gostamos e estarão sempre de bom humor. Não pense que as pessoas que ocupam cargos mais elevados numa empresa não apreciam os elogios. É uma das grandes alegrias da vida. É o que eu percebo quando sou elogiado: isso me ajuda e me motiva a ficar concentrado em minha missão.

Para que nos elevem o espírito, é preciso que os elogios sejam autênticos, não fingidos. Qualquer um percebe a diferença. Só os elogios sinceros fazem bem.

Melhor ainda é gastar trinta segundos a mais e dizer, especificamente, o que as pessoas fizeram de bom, os efeitos positivos que provocaram e o quanto isso o agradou. É mais eficaz que um simples "muito bem".

Eis, quase textualmente, o que eu disse ao nosso treinador-chefe de recrutamento e seleção, Wayne Shimer, quando ele falou a um grupo de calouros da equipe convocado para uma semana de treinamento na Tires Plus University:

> — Wayne, que novatos maravilhosos você e sua equipe contrataram. Eles exalam por todos os poros as características COAPDP de que tanto precisamos. Vão fazer uma grande diferença em nossa companhia no futuro, uma diferença muito positiva. Parabéns a você e a sua equipe. Vou dormir muito mais tranqüilo hoje, sabendo que você tem condições de trazer gente com tanto talento para a nossa equipe.

Até 1989, eu raramente dizia coisas assim. Embora me sinta muito mais equilibrado hoje em dia, quero continuar progredindo. Adoro dizer às pessoas as coisas positivas que elas estão fazendo no mundo. Quando faço um elogio sincero, sinto-me mais vinculado ao que há de bom no mundo e nessa pessoa: é a sensação de estar reconhecendo os esforços de outro ser humano.

As Menores Coisas Significam Tudo

Cada dia que passa nos oferece centenas de maneiras de demonstrar cuidado. Um sorriso, uma palavra, um toque (adequado) de delicadeza. Segurar a porta em vez de deixar que ela se feche na cara de alguém. Ceder o lugar a uma pessoa cansada que está de pé no metrô. Enviar uma mensagem de apoio a um amigo que atravessa uma fase de altos e baixos. Ser cuidadoso é fazer a coisa certa sem que ninguém esteja vendo. Quando eu me surpreendo fazendo, automática e anonimamente, um desses pequenos atos — quando, digamos, apanho uma lata jogada na rua —, sinto-me mais ligado ao universo.

O cuidado, no dia-a-dia, cria uma atmosfera de lealdade. É uma das lições que aprendemos no jardim-de-infância, mas, no mundo dos negócios, a lealdade vai além dos interesses financeiros. Deve envolver cada relação. Por isso o favoritismo e a injustiça tocam tão fundo o coração das pessoas. Nossa noção de certo e errado é tão poderosa, principalmente quando nos afeta diretamente, que nos afastamos de quem quer que nos trate injustamente, mesmo à custa da segurança financeira.

O Círculo do Cuidado

Experimente ser menos seletivo no seu cuidado. Nós tendemos a ser cuidadosos com os parentes e os amigos, mas não com o resto da comunidade. Para mim é difícil ser genuinamente cuidadoso com algumas pessoas e deixar outras de lado.

Também pode ocorrer a situação oposta. Certas pessoas caem na armadilha de ser muito cuidadosas com os membros de uma comunidade e esquecer os próprios familiares. Eu conheci um pastor, por exemplo, que, embora fosse extremamente dedicado à paróquia, mostrava-se absolutamente ausente no que dizia respeito à vida de sua própria filha. Ela não conseguia entender por que não merecia nem uma fração da atenção que o pai dedicava aos fiéis da igreja. Conheço outro sujeito que é sociável e afetuoso em público. Porém, num encontro mais demorado que tive com ele e seu filho já adulto, reparei que era um pai insensível. E, inesperadamente, vi-me fazendo o papel de conselheiro familiar quando as emoções começaram a transbordar entre os dois. Cheguei à conclusão de que aquele homem dava muito aos que estavam à sua volta, mas negava tudo à família. Não se esqueça das pessoas muito próximas de você que podem estar precisando desesperadamente do seu amor e da sua atenção.

O cuidado deve orientar todo pensamento, toda ação. Seja generoso com o cuidado que você dispensa às pessoas; é o tipo de riqueza que, quanto mais distribuímos, mais aumenta.

COAPDP 2. Otimista

Quando, nas entrevistas, perguntam aos centenários qual é o segredo da longevidade, a resposta é inevitavelmente a mesma: otimismo sem limite. Seja qual for a situação, eles sempre acreditam que as coisas vão melhorar. Entre o idealismo do retrato de uma vida perfeita e o realismo de como ela é de fato, estende-se a ponte do otimismo. O grande segredo de todos os que chegam aos 100 anos de idade é que uma vida otimista é uma vida bem vivida.

Durante décadas, o otimismo foi um aliado valioso para mim, mas só nos últimos dez anos experimentei o otimismo autêntico. Todo o ano de 1968, quando me formei pela Indiana University, foi uma lição sobre a luta entre o idealismo e o realismo e sobre o papel do otimismo. Nesse ano, assassinaram Robert Kennedy e Martin Luther King. A Guerra do Vietnã estava no auge. Houve muito tumulto na convenção nacional do Partido Democrata, em Chicago. Eu me impressionava com facilidade, de modo que esses eventos deixaram marcas profundas em minha psique. Mas não foram marcas negativas.

Apesar de todo o sofrimento e de todo o desespero de 1968, nesse ano ocorreram muitas mudanças positivas e decisivas. Kennedy e Luther King foram amplamente reverenciados, e suas palavras e atos influenciaram milhões e milhões de pessoas. Hoje o nosso país está menos inclinado a interferir militarmente nos conflitos estrangeiros, e as minorias ganharam força e voz na política nacional. Para mim, a mensagem que ficou de 1968 é que a mudança é uma força benéfica fundamental: *Seja flexível. Não se acomode excessivamente ao status quo porque muito brevemente ele mudará. Fique envolvido. Veja com otimismo o que é possível fazer e, esteja onde estiver, trate de fazer a sua parte pelo bem do planeta, seja ela importante ou não.*

Isso é muito mais que um otimismo tipo lugar-comum. O otimismo que eu valorizo é o *autêntico*. Quer dizer: confiar que você há de encontrar apoio em tudo que faz desde que suas ações sejam coerentes com sua missão. Com esse tipo de otimismo no bolso, eu tenho certeza de que as coisas vão dar certo e de que os momentos de dificuldade podem trazer conseqüências proveitosas.

Eu levo o otimismo tão a sério que ele se expressa até no nome da minha empresa: Tires Plus. O "Plus", que significa "mais", gera imagens positivas. Desde 1986, nossas lojas atendem os telefonemas com uma saudação animada: "O dia está ótimo na Tires Plus. Aqui é fulano. Em que posso ajudá-lo?" Outras empresas estão começando a adotar a mesma estratégia, procurando também divulgar uma imagem positiva.

Ora, qual a grande recompensa do otimismo? Vamos denominá-la "efeito do prazer duplicado". Você acaba colhendo benefícios interiores e exteriores.

Em termos interiores, o pensamento positivo transmite profundas mensagens de "você pode" ao intelecto e à psique. Leve em conta o poder já demonstrado do "efeito placebo".

As pesquisas médicas geralmente estudam os efeitos de um novo remédio observando três grupos de pessoas. O primeiro, também chamado grupo de controle, permanece sem medicação nenhuma, o segundo toma o novo medicamento. O terceiro grupo, no entanto, recebe algo que ele acredita que é o remédio em experimentação, mas que, na realidade, não passa de um placebo, ou seja, um comprimido inócuo, geralmente de açúcar, sem o menor efeito farmacológico.

Pesquisa após pesquisa, constata-se que o placebo leva a resultados terapêuticos positivos numa quantidade que não pode ser atribuída à mera coincidência. Os pacientes medicados com o placebo geralmente experimentam resultados mais positivos do que aqueles que não recebem nenhum remédio, sendo que esses efeitos chegam a ser tão satisfatórios quanto os obtidos pela droga de verdade. Depois de analisar a extensão e a força do efeito placebo em seu livro *Spontaneous Healing* [A cura espontânea], o dr. Andrew Weil descreve o resultado obtido com o placebo como "o exemplo mais puro da cura provocada pela mente; longe de ser um entrave, ele é potencialmente o maior aliado terapêutico com que contam os médicos no esforço de combater as moléstias".

O efeito placebo exemplifica o princípio que alicerça a antiga medicina corpomente. A mente cria aquilo em que ela acredita. Essa maneira de abordar a cura vem ganhando ampla aceitação, tanto dentro como fora das principais correntes da comunidade médica. E a idéia se aplica não só ao bem-estar físico, mas a todos os aspectos da vida. A fé e a esperança são fatores que geram resultados.

O otimismo também produz benefícios sociais externos. Quem não gosta de estar cercado de gente otimista ou de ajudá-la a ter êxito? Seja auxiliando uma pessoa numa pequena tarefa, seja ajudando-a a ser promovida ou a crescer, as pessoas gostam de favorecer o otimista autêntico. "Sorria, e o mundo sorrirá com você", diz o velho ditado. Nós simplesmente nos sentimos atraídos pelo sorriso e pela atitude positiva.

Sentimentos Autênticos

Antes de sentir ou expressar otimismo, é preciso entrar em contato com a fonte dos sentimentos. Pode-se dizer que eu fui um sujeito otimista até 1989, quando despertei. Olhando para trás, percebo que, a maior parte das vezes, tratava-se de um otimismo falso. Em geral, eu negava minha situação, meus atos, meus sentimentos. Por mais que estivesse triste ou com medo, tratava de colar um sorriso nos lábios e achar graça nas circunstâncias. No filme *Fargo*, o personagem Jerry representa justamente esse falso otimismo. Sendo gerente de uma revendedora de barcos, ele não tem senão uma resposta quando lhe perguntam: "Como vão as coisas?" "Tudo bem!" ele diz. "Pode apostar", mesmo quando todo o seu mundo estava desmoronando.

Eu descobri em mim uma tendência parecida no dia em que, participando de uma sessão de psicoterapia, relatei ao grupo alguns acontecimentos que haviam me deixado triste. Quando eles me perguntaram se eu estava contente com aquilo, respondi que não. "Então por que você está sorrindo?", questionou um dos presentes.

Às vezes, a curto prazo, vale a pena esconder os sentimentos mais profundos por trás de uma fachada quando temos urgência de "concluir um trabalho" ou não estamos cercados de pessoas que julgamos capazes de nos compreender. Nessas ocasiões, eu sempre me imagino atrás de um escudo protetor. Terminada a reunião ou cumprida a tarefa, faço o esforço consciente de afastar o escudo e dar um jeito de descobrir como as coisas estão indo de fato. É sempre mais fácil ficar escondido atrás do escudo do que tentar removê-lo. Nós nos sentimos infinitamente mais protegidos atrás dessa parede protetora, mas, ao afastar as outras pessoas, acabamos enclausurados em nós mesmos.

Eu sou da opinião de que essa tendência a refrear as emoções é um dos motivos pelos quais as mulheres geralmente vivem mais que os homens. Não é segredo que muitas costumam expressar mais plenamente os sentimentos, ao passo que os homens geralmente são contidos pela mentalidade machista. "Homem não chora." Quantas vezes os homens não dissimulam as lágrimas e os medos com um sorriso, fazendo que as emoções reprimidas os devastem secretamente por dentro.

Ora, quando um amigo lhe perguntar como você vai, em vez de se sair com o previsível "tudo bem", procure inocular um pouco de autenticidade na resposta. Quando as coisas não estiverem muito bem, conte. "Eu estou enfrentando uns desafios", eu diria, "mas tenho me esforçado para superá-los. E tenho certeza de que vou ser uma pessoa melhor depois disso."

Dependendo das circunstâncias e da pessoa que pergunta, pode-se ir mais fundo. Talvez ela tenha passado por uma experiência parecida e possa ajudá-lo. Seja como for, reconhecer é sempre melhor do que negar, e ainda abre a porta para que os outros o ajudem. É assim que a gente aprende com os amigos, os parentes, os colegas: os mensageiros universais.

Evitar o "Eddie Haskellismo"

O otimismo autêntico resiste à tentação de dizer o que as pessoas querem ouvir, uma tendência que eu costumo chamar de "eddie-haskellismo", numa referência ao personagem de *Leave It to Beaver* [Deixe isso para o castor], o vizinho que sempre tinha um elogio nos lábios e uma dissimulação em mente. "O dia hoje não está lindo, senhora Cleaver? Aliás, a senhora também está *linda*..." Isso não é otimismo, é hipocrisia, só serve para estimular um comportamento impróprio e desonesto em nós e nos demais.

O otimismo ajuda a resolver qualquer problema desde que nos comuniquemos e busquemos resultados nos quais os dois lados saiam ganhando. Os otimistas sempre nos dizem *como* fazer uma coisa — uma dica aqui, um macete ali —, e não por que *não* se pode fazê-la. Esse é o coração realista do autêntico otimismo. Dizer algo como: "Eu vejo perspectiva de sucesso. Você já pensou na possibilidade de investir mais em propaganda para que seu produto dispute em pé de igualdade com o concorrente? No mais, está tudo perfeito". Ou dar a sua opinião quando um companheiro de equipe se põe a criticar um colega. É possível ser otimista e, ao mesmo tempo, compreender uma crítica. Experimente dizer: "Eu sei que Jim anda diferente ultimamente. Você lhe perguntou o que está acontecendo ou se ele precisa de ajuda? Ele sempre foi um colaborador muito bom; tenho certeza de que voltará a sê-lo em breve".

As empresas não precisam de gente que só sabe dizer sim nem de pessoas negativas. Ambas as personalidades destroem a criatividade e a sinergia. O que as empresas precisam, desesperadamente, é de pessoas que incentivem as outras a achar soluções, e não das que inibem as idéias. Essa é a marca do verdadeiro vencedor.

Excesso de Confiança

O otimismo pode escapar ao controle. Em 1991, eu resolvi ampliar um seminário sobre autogestão programado para um só dia, estendendo-o para três palestras em três semanas consecutivas. Meu filho Trent, que se encarregara de organizar o evento, perguntou-me com quantos participantes eu contava em cada palestra.

— Com uns duzentos ou trezentos — respondi.

— Tudo isso?

— Pode apostar!

No dia do seminário, não apareceram as trezentas pessoas, nem duzentas, nem cem: havia, quando muito, uns cinqüenta gatos-pingados naquela sala enorme. Eu tinha superestimado muito minha capacidade de projeção. O dinheiro que perdemos foi o preço que paguei para aprender que o otimismo dá asas aos projetos, mas é o planejamento realista que lhes dá pernas.

Anule o Negativismo

O otimismo sofre o assédio constante da tentação de insistir no que está errado. Até 1989, eu raramente falava sobre o que estava certo em mim ou nos outros. Concentrando-me nas perdas, deixava de enxergar as vitórias. À maior parte dos elogios que recebia, reagia com autocrítica, a ponto de anulá-los. Foi um longo caminho até que eu conseguisse converter os elogios em *retornos* construtivos, tanto para mim quanto para os outros.

Nossa própria influência negativa, assim como a dos demais, talvez seja o maior obstáculo para o otimismo autêntico. Estranhamente, há quem se sinta ameaçado pelo pensamento positivo ou pelas pessoas que, tendo abandonado os hábitos negativistas, alcançaram o sucesso de um modo ou de outro. Pode ser que seus amigos e conhecidos fiquem incomodados com o seu progresso se sentirem que estão ficando para trás. Talvez até cheguem a criticar o seu êxito. Na Austrália eles chamam isso de "cortar as papoulas que cresceram demais". Para mim, é pessimismo venenoso.

Eu reconheço o pessimismo nos que vivem achando defeitos nos outros. Isso não torna os pessimistas más pessoas (para mim ninguém é "mau"); contudo, as expectativas de seu mundo ficam muito limitadas. A cultura judaica tem uma anedota a esse respeito. Um homem pergunta ao rabino:

— Por que o pão sempre cai com o lado da manteiga virado para baixo?

O rabino, que não tinha observado o fenômeno, resolveu fazer a experiência. Passou manteiga numa fatia de pão e a derrubou, mas ela caiu com a face amanteigada voltada para cima. Olhando para o fiel, ele apontou para o pão.

— E então?

— Mas, rabino — protestou o outro —, é que o senhor passou manteiga no lado errado!

Sempre que possível, cerque-se de pessoas positivas e, quando estiver diante de um negativista, não o deixe atingi-lo. Claro que é mais fácil falar do que fazer, porém, com a prática, eu acabei aprendendo a me esquivar da energia negativa. Vamos usar o exemplo de uma pessoa sobrecarregada com um serviço de análise de dados. Ela o procura e se põe a reclamar do excesso de trabalho e da jornada interminável.

Se você sabe que o queixoso é uma pessoa geralmente positiva, talvez ele esteja apenas precisando desabafar a frustração para seguir em frente. Dê-lhe oportunidade, escute-o, mas não diga nada que incentive esse sentimento. É preferível responder: "Puxa, dá para perceber que você está mesmo frustrado" a dizer: "Tem razão. Nosso supervisor é um idiota por não querer saber se você pode ou não trabalhar no limite". Não se trata de enfatizar a reclamação, e sim de deixá-lo expressar seu sentimento e, conseqüentemente, superá-lo. Em seguida, eu procuro fazer perguntas concretas que levem a uma solução. "Há alguma possibilidade de renegociar o prazo? Você estabeleceu metas realizáveis? Alguém na equipe pode ajudá-lo?" É claro que as situações são diferentes, mas, buscando soluções positivas ou as eventuais vantagens ocultas por trás de cada uma delas, é possível ajudar as pessoas a encontrarem um otimismo que não descobririam sozinhas.

Os pessimistas podem tentar desestimulá-lo. No começo da Tires Plus, um concorrente me convidou para um jantar com outros comerciantes das cidades gêmeas. Embora relutante, eu aceitei. Assim que cheguei, eles começaram a se queixar do meu *marketing*, que os estava prejudicando. Se eu insistisse, disseram, as coisas iriam ficar difíceis para mim e para a minha empresa incipiente. E concluíram que a Tires Plus poderia estar fora do mercado muito em breve. Eu me levantei de pronto, desejei-lhes boa sorte, disse que cada um era responsável pelas decisões que tomava e fui embora. Não dei espaço para que o negativismo e a intimidação me afetassem, e minha empresa seguiu seu rumo.

Quando surge uma idéia nova e a colocamos em prática, é quase certo que vão dizer que ela não presta. Na realidade, a maioria das idéias novas passa por quatro fases distintas: a da rejeição, a do ridículo, a da aceitação geral e a da aceitação total. Na última fase, os que antes se mostravam céticos, dirão: "Eu sempre achei que ia dar certo". O peso do *status quo* exerce uma enorme pressão de ajuste. Os chefes ou quem quer que tenha disciplina suficiente para seguir uma trajetória individual, pessoal ou profissional, estão fadados a topar com esse obstáculo. Em geral, a pressão é forte demais, e as pessoas acabam desistindo. A pressão para que nos ajustemos ao que se considera "normal" é o que mais nos impede de nos tornarmos a pessoa única, otimista e verdadeira que queremos ser.

Assim como ouvir o que os outros têm a dizer é um modo importante de aprender, não perca de vista que os conflitos de interesses ou de tendência podem comprometer a autenticidade de um conselho. Procure também dar conselhos a você mesmo e ouça com atenção a conhecida voz do eu interior. Não deixe ninguém ofuscar ou anular a luz do seu otimismo: assim você superará todo e qualquer obstáculo aos sete passos para manifestar sua missão.

Rir Faz Bem

Se você quer permanecer animado e otimista, não se leve demasiadamente a sério. Nós tendemos a nos deixar envolver pelas situações e acabamos ficando extremamente sisudos. Isso não deixa espaço para o prazer, o riso e seu freqüente catalisador, o humor. As pessoas continuamente sérias, que se esquecem de borrifar a vida com humor, ficam chatas. A famosa bailarina Margo Fonteyn disse uma vez: "Uma das coisas mais importantes que aprendi com o passar dos anos é a diferença entre levar o trabalho e a si mesmo a sério. O primeiro é imperativo; o segundo, um desastre".

As pessoas adoram rir e cercar-se de gente que gosta de rir — desde que seja um riso espontâneo, oportuno e sem sarcasmo. Eu me sirvo do bom humor em algumas situações tensas de trabalho para sacudir a mim mesmo e os que estão ao meu lado e, assim, reencontrar a perspectiva e aliviar o *stress* do momento. Meu pai, meus irmãos e meus filhos sempre usaram o humor assim, com muito sucesso.

Pode-se dizer que rir é uma de nossas manifestações mais saudáveis. Como não costumo rir muito quando estou estressado, o humor é um excelente barômetro de meu nível de tensão. O PubMed, um serviço *on-line* do Instituto Nacional de Saúde, tem estudos que relacionam o humor com as atitudes mais positivas, com a maior tolerância à dor e a longevidade. O escritor Norman Cousins chamou a atenção para o poder de cura do riso ao empregar o humor como parte do tratamento de uma dolorosa moléstia inflamatória; os efeitos de uma dose diária de irmãos Marx e outras figuras engraçadas convenceram Cousins de que o humor o estava ajudando a curar-se. Ele chegou a fundar a Força-tarefa de Pesquisa do Humor para dar suporte à investigação clínica no mundo inteiro e dar base científica às suas convicções. Eu, no entanto, prefiro não esperar a prova e tomo diariamente o meu tônico de humor.

COAPDP 3. Apaixonada

A paixão é vital para a sua capacidade de comunicar o que sente pelos outros, por si mesmo e pelas idéias. As pessoas reagem a você com base na paixão de suas convicções. A capacidade de expressar os sentimentos com veemência, verbalmente ou não, move montanhas. Paixão é carisma. Paixão é entusiasmo elevado a um nível simplesmente imbatível. Usada adequadamente, é capaz de consolar uma criança triste ou de unir países e empresas em torno de causas de amplas conseqüências. Uma definição de paixão refere-se ao sofrimento — não se trata de sentir pena de nós mesmos, e sim de sentir a profundidade de nossa própria vida de modo a conseguir senti-la nos outros. A paixão abre caminho para a compaixão.

O Poder da Paixão

A paixão depende de muito mais que o intelecto. Se ela brotar "só da cabeça" não comoverá as pessoas. "Nós precisamos de abraços calorosos tanto quanto de idéias brilhantes", escreveu o rabino Joseph Soloveitchik. Esse abraço pode ser real ou simbólico. O que isso tem a ver com as pessoas que, com palavras e atitudes, conseguem nos levar até os confins da terra?

Geralmente, achamos que são as palavras que comunicam as paixões e as convicções. Contudo, em sua pioneira e muito citada pesquisa de campo sobre a comunicação verbal e não-verbal, o dr. Albert Mehrabian demonstrou que, na expressão dos sentimentos e emoções, as palavras são o que menos importa. Mais da metade da mensagem (55%) se dá por meio da linguagem corporal. O tom de voz e suas variações respondem por outros 38%. Apenas 7% ficam efetivamente por conta das palavras.

Os medidores da paixão entram na zona vermelha quando as mensagens verbais e não-verbais se alinham, quando se verifica uma conformidade entre as palavras e as expressões faciais, os gestos e o tom de voz. Como demonstrar entusiasmo com voz monótona? Os bons vendedores conseguem esse equilíbrio sem esforço. Consciente ou inconscientemente, o poder da linguagem corporal e do tom de voz confere veracidade à pessoa apaixonada.

Quando não demonstramos paixão por uma causa, um produto que vendemos, uma idéia, não nos consideram autênticos. Se os 93% não-verbais de nossa mensagem não expressarem o espírito de nossas palavras, ninguém acolherá o que dizemos nem nos dará crédito. Entre as palavras e a comunicação não-verbal, as pessoas intuitivamente optam pela última. Habitualmente, as palavras isoladas causam menos impressão que o tom de voz e a linguagem corporal, que dificilmente se consegue simular (embora isso não seja impossível).

Os grandes líderes, que nos eletrizam, contam com essa qualidade incomum da paixão autêntica. Também é verdade que muitas figuras públicas admiradas enganaram o público demonstrando uma paixão de todo incompatível com seus ideais apaixonadamente afirmados. A conseqüência é a perda da confiança. É claro que somos todos imperfeitos e que nossos líderes vivem num aquário cercado de câmeras. No entanto, é importante destacar três líderes que se elegeram com expressiva votação devido à retórica apaixonada: os presidentes Clinton, Reagan e Kennedy. Eles estavam representando ou sendo autênticos? Julgue você mesmo. Seja qual for a resposta, não se pode negar que esses líderes mexeram com as pessoas.

Três Passos para Cultivar a Paixão

A paixão requer que todas as suas engrenagens funcionem. Sendo assim, como mantê-las — o corpo, o intelecto, a psique e o espírito — funcionando em sincronia? Eu proponho três maneiras.

1. **Embarque numa viagem ao bem-estar holístico,** como descrevem os capítulos 4, 5 e 6. Seu desenvolvimento físico, psicológico e espiritual favorecerá os

vínculos interiores entre as palavras e os sentimentos. Para mim, essa foi a fase de remoção do lixo interior que estava causando estática. Foi uma etapa assustadora, e devo reconhecer que as coisas primeiro pioraram para só então começarem a melhorar. Caso você já tenha tentado melhorar o saque no jogo de tênis ou a maneira de empunhar o taco de golfe, saberá do que estou falando. Livrar-se dos velhos hábitos pode ser desnorteante e nos faz sentir como que tropeçando no escuro. Mas o aprimoramento é impossível sem eliminar o velho. Primeiro é preciso podar a roseira para que, depois, ela floresça. Seja corajoso e você verá a paixão emergir.

2. **Avalie se sua linguagem corporal e seu tom de voz condizem com suas palavras e se estas são adequados à situação em questão.** Aprender a prestar atenção nisso e conseguir o alinhamento requer que você observe a si mesmo. Eu me lembro de uma ocasião em que vi David, um de nossos principais treinadores, repreender Ken, um companheiro de equipe subordinado a ele. Depois de censurá-lo, David ensaiou um sorriso como que a pedir desculpas. Isso é coerência? De jeito nenhum. Ken não veria nenhum pedido de desculpa naquele sorriso amarelo. Depois de demonstrar uma preocupação genuína por Ken, fiz algumas sessões de treinamento com David. Ele então voltou a desculpar-se com Ken, com mais autenticidade.

3. **Observe como as pessoas reagem ao que você diz.** Elas o estão escutando de fato? As reações refletem o que você estava tentando comunicar? Isso expressa significativamente como está se dando a sua comunicação. Se a reação não for a que você espera, comece novamente de outro jeito. Independentemente daqueles outros 93 por cento de seu poder de comunicação, pode ser que você esteja falando outra língua. Existem cursos para se reaprender a língua materna. Associe-se aos Toastmasters. Faça um curso no Dale Carnegie. Ensaie. Conte a seus colegas o que está tentando comunicar e peça-lhes um retorno. Experimente repetir as tomadas, uma após a outra, até que o público perceba que há harmonia entre as palavras, a linguagem corporal, o tom de voz e a mensagem que você está tentando transmitir.

Talvez o esforço seja grande, mas sempre compensa. Suas palavras serão ouvidas. Suas idéias serão levadas a sério. Os produtos que você vende ou o serviço que presta farão sucesso. Seus pedidos de desculpas serão aceitos. E, o mais importante, seus sentimentos não ficarão reprimidos. Reconhecidos por você e ouvidos pelos outros, eles terão vazão.

Tome o cuidado de não imitar o clássico vendedor falastrão ou o apresentador de televisão excessivamente animado. Pode-se exprimir paixão com delicadeza, coisa que implica expressões subentendidas, pausas e emoções sutis.

Pode-se recorrer à representação de papéis como instrumento de aprendizado e para ajudá-lo a ter acesso à paixão, mas evite usá-la na prática real. Fingir para expressar uma paixão insincera é embuste e pode ter sérias conseqüências. Lance mão da paixão autêntica com bons propósitos. Deixe a encenação para Hollywood.

Não Faça Drama

Neste mundo atribulado, muita gente cultiva o hábito de temperar os dias com um dramalhão: é um meio de mobilizar as energias ou de chamar a atenção. É uma paixão que ultrapassa os limites. Você se lembra da fábula *Pedro e o Lobo*, do menino que sempre pedia socorro fingindo estar sendo atacado por um lobo? No dia em que ele estava deveras *em perigo*, ninguém acreditou nos seus gritos nem foi socorrê-lo.

Os chorões crônicos e os criadores de crise acabam tendo a impressão de que ninguém mais os ouve — e com razão. Os filhos e colegas de trabalho já não lhes dão a mínima. Quando o alarme dispara, todos pensam: *Ora, ele sempre diz isso. Não deve ser nada importante.* Se os chorões crônicos e os criadores de crise fossem mais seletivos na hora de acionar o alarme, seus filhos e colegas pensariam: *Opa! Ele não se abala assim com freqüência. Alguma coisa deve estar acontecendo!*

O que há por trás desse drama desnecessário? Retornando à fábula, o pequeno pastor sentia-se sozinho e provavelmente entediado. Achava que gritar "Socorro, o lobo!" era um meio seguro de chamar a atenção. Mas não era a maneira adequada de resolver o problema ou de se relacionar francamente com as pessoas.

Eu tenho o hábito de manter uma conduta uniforme em quase tudo. Quando demonstro urgência e um aumento da paixão a ela associada, as pessoas percebem que é verdade e reagem. Você descobrirá que é assim mesmo. Selecione com cuidado os seus itens urgentes. Meu pai, um veterano da II Guerra Mundial, diz: "Não é uma colina pela qual vale a pena morrer". Seja seletivo quanto à ocasião de dar grande importância às coisas e observe os princípios de comunicação do capítulo 8. Com paixão verdadeira, você será ouvido e as pessoas reagirão para solucionar o problema rapidamente.

COAPDP 4. Persistente

No capítulo 2, falei por alto da Lei de Coolidge, que afirma que nada vale mais que a persistência. É uma coisa que eu entendi perfeitamente, no final dos anos 70, ao superar os cinco obstáculos que se interpuseram ao meu ganha-pão. Veja o que aconteceu:

Minhas primeiras três lojas, em Mineápolis, eram pequenos postos de gasolina reformados que também vendiam combustível. Estávamos em plena crise do petróleo naquela época, e em todos os postos os carros faziam fila esperando a gasolina. Os postos obtinham combustível por intermédio das distribuidoras do Departamento de Energia. Minha cota era assustadoramente pequena. Ao mesmo tempo, eu estava lutando para honrar minha folha de pagamento. Tudo isso constituía o obstáculo número um.

Nessa situação, seguindo os trâmites legais, eu enviei um requerimento solicitando uma cota maior de gasolina. Foi indeferido. Obstáculo número dois.

A seguir, telefonei para o escritório do Departamento de Energia do Meio-Oeste, em Chicago, solicitando uma audiência com o diretor. Sua secretária tentou me dispensar: "Devido ao acúmulo de trabalho no departamento, ele não está recebendo ninguém". Obstáculo número três.

Sem hesitar, peguei um avião e fui para lá com a intenção de convencê-los a me receber. Quando cheguei, a recepcionista me apresentou o quarto obstáculo rosnando:

— O diretor não recebe ninguém sem hora marcada!

Com toda a delicadeza, esclareci que havia tentado agendar o encontro, mas fora inútil.

— Eu preciso falar com o diretor — disse respeitosamente. E acrescentei que ficaria esperando até que ele aparecesse.

Por sorte, eu já o conhecia pela fotografia nos jornais, de modo que o identifiquei ao vê-lo sair para ir ao banheiro: obstáculo número cinco. Mas o segui, aproximei-me quando ele estava se aliviando no mictório e comecei a falar. Apresentei-me, pedi desculpas pela invasão e, em seis segundos, expliquei por que minhas lojas estavam com as reservas tão baixas. Ao mesmo tempo que fechava o zíper da calça, ele disse:

— Ok, garoto, venha até o meu gabinete!

Eu fui.

Ele continuou me ouvindo. Minha cota foi aumentada. E a empresa resistiu àquele primeiro período de dificuldade porque eu consegui ultrapassar os cinco obstáculos. Moral da história: vale a pena persistir.

Devido à importância que dou à persistência, vou citar mais alguns exemplos. Aos vinte e poucos anos, quando trabalhava na Shell Oil, eu queria sair do setor administrativo (hoje chamado de recursos humanos) e transferir-me para o de atendimento aos postos de gasolina. Meu supervisor me disse:

— Você não vai agüentar.

Resolvi convencê-lo do contrário. Comecei dizendo que aceitaria atender a todos os distribuidores que os outros representantes não queriam. Depois de meses de insistência, ele cedeu. Eu consegui o que tanto queria — para nosso benefício mútuo. Minha "resistência" foi testada logo no primeiro atendimento: uma das regiões mais violentas de Chicago. Aconselharam-me a ir armado, mas não fiz isso. Adorei o trabalho e os comerciantes, e passamos a atuar em parceria para que seu negócio crescesse e atingisse níveis recordes.

A persistência me ajudou em 1976, quando meu sócio, Don Gullett, e eu estávamos tentando conseguir um empréstimo bancário para dar início à Tires Plus. Todos os bancos, sem exceção, recusavam-se a nos ajudar. Então, na décima tentativa, nós apresentamos uma proposta que acabou sendo aceita. Se tivéssemos desistido no oitavo ou no nono banco, não teríamos inaugurado nossa empresa. Ninguém sai de campo quando está prestes a marcar um gol. A lição é: persista.

"O Que Tiver de Dar Certo Dará"

Nada melhor que a persistência para neutralizar a Lei de Murphy. É infinito o número de percalços com que deparamos quando estamos empenhados em obter ou dar o que queremos. Como no jogo de damas ou de xadrez, é preciso estar pronto para os lances inesperados. Minha equipe e eu sempre tratamos de ajustar nosso ataque ao que a defesa nos apresenta. Em face da adversidade, trata-se de manter a persistência. Diante do inesperado, dos obstáculos imprevistos, no que é que sua mente, seu corpo e sua energia se concentram? Na solução? Se assim for, com que intensidade? Você "parte para a ofensiva" ou retrocede com a atitude resignada de quem diz: "É, eu sabia que não ia dar certo mesmo"?

Ao cultivar a persistência, eu nunca penso que uma coisa é impossível. Não desperdiço energia mental nesse tipo de exercício. Ele me desviaria da persistência. Quando aparece um obstáculo, pode ser muito tentador concentrar-se no quanto você está longe do seu objetivo e nos muitos obstáculos que ainda o esperam. Não faça isso. Procure pensar, tão exclusivamente quanto possível, em como superar o obstáculo imediato e todos os outros que surgirem depois. Essa atitude é uma extensão do otimismo, um contínuo "vamos lá".

Ganhar ou Ganhar

A persistência é a atitude de "não se recusar", principalmente nos momentos em que isso é importante: ao abrir uma empresa, ao conseguir uma promoção, ao iniciar um projeto delicado, ao lidar com um problema familiar urgente. É isso que se vê nos olhos das pessoas que se sentem fortes para conseguir o que querem nas horas críticas, quando os caminhos estão bloqueados. Diante da possibilidade de não realização de uma coisa que considero importante para a minha missão, eu me concentro com tanta determinação que faço aquilo que os atletas chamam de "ter raça", fico entre as alternativas "ganhar ou ganhar". Entro num estado de consciência em que minha Equipe Interior enfeixa uma energia física, mental e espiritual muito superior à normal. O efeito sinérgico me impulsiona a uma zona de criatividade que me expõe a uma tempestade mental de opções e mais opções, até que uma nova forma de encarar o problema faça brotar a solução real. Do universo infinito, em minutos chegam muito mais respostas do que eu julgava possível. E cabe a mim torná-las realidade no mundo.

Todo mundo pode *atingir* esse grau de persistência, mas esse é o tipo de coisa que não se *ensina*. Os grandes atletas, de Wayne Gretzky a Michael Jordan, sabem instintivamente quando chega a hora do ganhar ou ganhar — mesmo que, num determinado momento da partida ou do campeonato, não saibam explicar como ou por que isso acontece. O mesmo vale para as pessoas em qualquer empresa. E, quando acontece, a gente consegue ver em seus olhos.

As Armadilhas do Perfeccionismo

Eu descobri que a persistência pode ser uma enorme faca de dois gumes. Por um lado, avançar mais, insistindo até conseguir o que se quer ou aprimorando um projeto até a enésima etapa, é uma maneira de se sobressair na massa amorfa. Porém, mais importante que se destacar por ser "melhor" que os demais é dar tudo de si para servir àqueles a quem estamos aqui para servir.

Por outro lado, a persistência levada ao extremo do perfeccionismo, na maioria das vezes, acaba impossibilitando a felicidade. O perfeccionismo tende a concentrar-nos naquilo que está errado, e não permite comemorar o que está certo. Isso frustra tanto o perfeccionista quanto os que estão à sua volta. A escritora Anne Lamott diz: "Eu acho que o perfeccionismo se baseia na crença obsessiva em que, se caminharmos com cuidado, chutamos da maneira certa as pedras que aparecerem no caminho, nunca morreremos. Acontece que a gente morre, queira ou não, e aqueles que nem se dão ao trabalho de olhar para os pés fazem as coisas bem melhor e, ao fazê-lo, divertem-se muito mais".

A incapacidade de elogiar a si mesmo, relaxar e sentir-se satisfeito com o que fez é o duro preço que se paga pelo perfeccionismo. Na essência, o perfeccionismo nos predispõe a sucumbir mais depressa. Dá-nos uma desculpa para que agridamos a nós mesmos, sem valorizar o que fizemos, já que a perfeição absoluta é impossível. Na Índia, em 1996, minha companheira Mary Wescott e eu visitamos um templo jainista que abrigava um visível lembrete sobre isso: um sacerdote nos mostrou um pilar de sustentação construído propositadamente fora de prumo para simbolizar a imperfeição da natureza humana. Certas tribos indígenas americanas confeccionavam tapetes com defeitos deliberadamente, abrindo, assim, uma porta para a confecção seguinte: a perfeição pode significar o fim definitivo; a imperfeição pressupõe que ainda é preciso continuar trabalhando e, conseqüentemente, dá razão à nossa existência. O que essa gente já sabe e a cultura dos negócios precisa aprender é o seguinte: os seres humanos não foram criados para ser perfeitos. Nós fomos feitos para lutar, uma vez, outra vez, sempre, sem jamais atingir a perfeição, mas aprimorando-nos a cada passo. Eu comecei a me inclinar para as grandes realizações quando era jovem e, com os anos, acabei me tornando muito perfeccionista, o que culminou com o chamado despertador em 1989.

Com ou sem razão, eu achava a saúde de minha empresa tão precária que qualquer imperfeição podia nos tirar do mercado. Só que, mesmo quando ela ficou bem mais lucrativa e financeiramente estável, não consegui mudar de opinião. Esse perfeccionismo era o que meu filho Trent chama de "reação residual": uma característica desenvolvida no começo da vida e de que já não temos necessidade. Outros o descrevem como um recurso de sobrevivência aprendido nos tempos de crise e do qual não nos livramos quando a crise termina. Tenho feito muitos progressos na superação do perfeccionismo, da reação residual, mas ele continua à espreita e requer vigilância o tempo todo.

Onde está o equilíbrio na questão do perfeccionismo? Não imagine que você precisa fazer tudo sempre com perfeição. Mas quando a situação exige um desempenho irretocável, dê tudo de si. Persista. Tenha "raça". E, quando terminar, deixe o barco correr e espere o resultado em paz.

Insista

Filha da persistência e prima irmã do "ganhar ou ganhar" é a perseverança. Essa atitude é importante quando enfrentamos situações extremamente estressantes.

Em 1983, sete anos antes da fundação da Tires Plus, nós começamos a expandir o número de operações a varejo, que praticamente desapareciam em comparação com as de atacado, o coração do nosso negócio na época. A expansão provocou um grande prejuízo e quase comprometeu o faturamento do setor atacadista. O representante da instituição financeira com que trabalhávamos, Jeff Mack, que nos apoiara durante anos, informou que a diretoria do banco estava exigindo que os empréstimos fossem cancelados. Parecia que estávamos num beco sem saída.

Em vez de me dar por vencido, eu elaborei um plano detalhado para tornar lucrativo o nosso inexperiente setor varejista. Jeff obteve autorização para rolar a dívida durante mais sessenta dias. Nesse intervalo, o setor passou a dar lucro.

Outro exemplo de perseverança, mesmo quando submetido a grande *stress*, deu-se em 1991, quando eu estava passando férias nas Ilhas Caimã com meus filhos. Íamos sair do quarto para jantar quando o telefone tocou. Era John Berg, o contador de minha nova empresa, que, com o passar dos anos, tornou-se um dos meus mais valiosos aliados. Nesse dia, John e sua empresa de auditora, a Coopers and Lybrand, haviam terminado a auditoria da Tires Plus. Embora tivéssemos lucro marginal, o rápido crescimento nos havia colocado numa situação difícil. Na implantação de novas lojas, gastávamos muito mais do que ganhávamos. Era preciso que elas se consolidassem para poder começar a pagar o investimento inicial. Qualquer contador que aprovasse incondicionalmente o nosso balancete estaria garantindo, em termos de auditoria, que a empresa era uma entidade financeiramente viável. John me disse que, conforme as normas que ele era obrigado a observar, era difícil tirar essa conclusão.

Demorei uma hora para convencê-lo a assinar o balancete. Apresentei todas as informações de apoio que podia sobre a situação de fornecedor estratégico da empresa e de seu desempenho financeiro, e, depois de uma longa discussão, ele acabou concordando. Fui jantar tentando esquecer o incidente e procurando dar atenção às crianças. Era como se eu estivesse saindo ferido de uma batalha.

A pequena lição é: persevere. A perseverança saudável supera incontáveis obstáculos. No mercado imobiliário a palavra-chave é: localização, localização, localização. Para quem quer manifestar sua missão, o lema é: perseverar, perseverar, perseverar.

COAPDP 5. Disciplinada

Hoje em dia, fala-se muito na necessidade de as pessoas serem grandes pensadoras, de pensarem como empresárias e até como "revolucionárias". Há certa verdade nisso. Não precisamos de gente que só sabe dizer sim. Não precisamos estar presos ao passado quando pensamos. Não precisamos concordar com todo mundo, sobretudo numa época em que os fregueses, a tecnologia, os concorrentes, os empregados mudam de idéia quando mal acabamos de falar.

Ocorre, no entanto, que o apelo à revolução fica perigoso quando não levamos em conta os procedimentos, as políticas e os demais sistemas vigentes. Isso traz o caos. E, quanto maior for a empresa, maior há de ser esse caos. Embora uma dose de desordem não faça mal a ninguém e seja até necessária, muito caos acabará acontecendo naturalmente, mesmo quando se observam rigorosamente os sistemas. Estes fornecem uma linguagem comum destinada a favorecer a comunicação — a garantir que se compreendam as regras do jogo. Se todos estiverem autorizados a modificar as regras, o caos irá muito além do conveniente.

Pode-se dizer o mesmo de nossa vida pessoal. Antigamente, eu vivia procurando meios de ludibriar o sistema, de mudar as regras. Hoje percebo que jogar conforme as regras gera muito menos *stress* e respeita mais os outros.

O desprezo ao sistema geralmente acaba repercutindo em alguém seja lá onde for. O vendedor que preenche incorretamente um pedido de venda prejudica o pessoal da expedição, que por sua vez prejudica o comprador ou cliente. Lidar corretamente com a papelada é uma questão de atendimento ao cliente — e de apoio ao serviço de venda. O mesmo se aplica aos documentos encaminhados ao seguro para garantir, em caso de acidente, que os companheiros de equipe recebam o tratamento adequado e as compensações trabalhistas. Pouco importa que você seja um diretor ou um principiante; é preciso seguir os procedimentos e as orientações necessárias para que os outros não tenham de apagar os nossos incêndios.

Mesmo observando a disciplina do sistema, podemos examinar continuamente nossas políticas e normas. Quando encontramos formas de melhorar o sistema e deixá-lo mais eficiente, sem com isso comprometer os objetivos da equipe nem o serviço prestado ao cliente, podemos defender a mudança.

Ademais, é possível abrir exceções quando a flexibilidade se faz necessária. Se, em nome do espírito de organização ou da missão estabelecida, a política ou as normas atuais impedem a solução da queixa de um cliente ou de uma situação de emergência, é preciso que surjam heróis dispostos a arriscar-se em nome do cliente. O bom senso reside em obedecer às regras e, ao mesmo tempo, ter sensibilidade para saber a hora certa de se recorrer aos meios que estão fora dos parâmetros normais.

Portanto, faça o possível para evitar que a exceção se torne regra. Algumas pessoas não levam em conta o sistema por preguiça ou, o que é pior, por revolta ou sabotagem. Isso cria uma confusão desnecessária. Eu comparo essa situação ao que acontece quando um atleta desdenha a orientação do treinador e resolve agir por conta própria. A menos que os outros jogadores saibam da mudança, o desastre é inevitável. Informe-se sobre o regulamento da empresa (o manual com a política e as normas) e opine sobre as jogadas que você julga de efeito e as que lhe parecem inúteis. Depois jogue conforme o esquema.

COAPDP 6. Plena de Espírito

Em março de 1998 eu estive em Paris e tive a honra de conhecer François Michelin, 73 anos, proprietário da empresa que leva o seu nome.

— Puxa, você está muito bem — eu lhe disse. — Qual é o segredo para estar em tão boa forma?

— Espírito! — respondeu Michelin. — Em grego, a palavra *pneu* significa espírito. O ar está para os pneus assim como o espírito está para o corpo humano.

Ele me deu um abraço apertado. Eu me senti flutuando no ar, alçado pelo espírito daquele homem. Como era possível que o espírito tivesse tamanho efeito sobre o físico? Foram as lições aprendidas nesses dez anos de crescimento pessoal que me deram condições de entender o que Michelin estava querendo dizer.

Desenvolvendo minha discussão sobre as "seis grandes" qualidades de que trata este capítulo, eu cheguei àquela que faz a grande diferença, muito embora o nome com que a batizei não lhe faça justiça. Essa característica é ser *cheio de espírito*. O filme *Guerra nas Estrelas* nos deu o termo "a Força", como na frase "Que a Força esteja contigo". Outros preferem falar em Poder Superior ou em Deus. Eu levei anos para perceber que Michelin, Obi-Wan Kenobi e milhões de outras pessoas estavam falando da mesma coisa: o espírito, a poderosa Fonte Universal.

Com o novo milênio, começamos a ingressar numa era em que a espiritualidade é cada vez mais importante para as pessoas. A prova nos é fornecida pelas pesquisas e pelo número crescente de livros, seminários e vídeos sobre o assunto. Não se trata de modismo. É o ressurgimento do interesse pela experiência espiritual.

Deixe-se Levar pelo Espírito

Neste livro, eu uso a palavra *espiritual* em vez de *religioso*, embora as duas muitas vezes sejam sinônimas. Consultando o dicionário, surpreendi-me com a origem da palavra *religião*: força sobrenatural, sanção, prática religiosa, provavelmente oriunda de *religare*, restringir, conter. A religião é o todo em que se inclui a espiritualidade. A religião é a casa: o espírito é o ar que a envolve e nela circula. Embora todas as religiões pretendam ser espirituais, nem todas as práticas espirituais são consideradas religiões.

Em contrapartida, a definição de *espírito* que encontrei no dicionário revela um sentido de abrangência: "princípio animador ou vital que se considera que dá vida aos organismos físicos [...] princípio ativo ou essencial que influencia uma pessoa [...] qualidade animadora ou vital de uma pessoa ou dos atos de uma pessoa". E a de *espiritual*: "de ou relativo a assuntos sagrados". Eu alterno as expressões *espírito, pleno de espírito e espiritual*.

Para uma interpretação mais abrangente da espiritualidade, considere uma idéia dos filósofos Robert Solomon e Kathleen Higgins, que descobriram três temas na espiritualidade que, segundo eles, são comuns a todas as religiões:

+ Nós compartilhamos o mundo com outros seres.

+ Afetamos o mundo e, em troca, temos expectativas a serem atendidas.

+ É possível que tenhamos uma essência pessoal que perdura após a morte e torna a viver.

A noção dessa essência pessoal, que subsiste em outra vida depois desta, pressupõe a possibilidade de transformação do ser, que as diferentes religiões descrevem de diferentes maneiras: *o despertar, a transcendência* ou *a iluminação*, conceito no qual eu acredito firmemente. Joseph Campbell nos apresenta outra perspectiva: "Dizem que nós buscamos um sentido para a vida. Eu acho que o que procuramos é a experiência de estar vivo, de modo que nossas experiências, no plano puramente físico, sofrem as ressonâncias do nosso ser e da nossa realidade mais interiores, e nós sentimos verdadeiramente o arrebatamento de estar vivos".

Nos últimos anos, eu venho notando que sinto essa força vital com mais freqüência. Faz parte do meu despertar: o afastamento desse torpor causado pela negação, pelo álcool, pela alimentação errada e pela miríade de outros anestésicos espirituais. O filósofo russo P. D. Ouspensky ensinou que a maioria das pessoas passa pela vida como sonâmbulos. Nesse estado, eu não posso penetrar em minha espiritualidade porque não a reconheceria se a visse.

Fundamento Comum

Para mim, a palavra *espírito* abrange todas as crenças sagradas, todas as religiões. Observe o que todas elas têm em comum e admire-se. É o tipo de pensamento que nos protege do exclusivismo.

Embora tenha sido criado no cristianismo, eu respeito profundamente todas as religiões e todos os seres humanos que trilham caminhos espirituais. Sinto a força do espírito tanto numa igreja luterana quanto numa sinagoga, em Mineápolis, e também nas cerimônias dos índios norte-americanos de Minnesota, nas pirâmides do Egito, na catedral de Notre Dame, em Paris, e na maior mesquita do mundo, que fica em Casablanca, no Marrocos. Senti a força do espírito ao visitar os templos hindus e jainistas da Índia, ao entrar nos templos budistas do Japão e também num povoado aborígine na Austrália. Senti o poder do espírito em todos esses lugares, assim como o sinto na natureza e em minha própria casa quando estou meditando ou rezando.

A absoluta diversidade de caminhos, no mundo espiritual, impõe a prática da tolerância. Para mim, qualquer crença que reprove a fé alheia não é espiritual; não induz o amor a todos os habitantes da Terra. Ao longo dos séculos, isso causou muitas guerras, e nós sabemos que, na escala menor do bairro, do local de trabalho, as diferenças religiosas têm mais poder de dividir que de unir as pessoas. Eu imagino um mundo em que todos aprendamos a respeitar a maneira individual de cada qual.

Uma vantagem do fato de o mundo ter ficado pequeno é o maior conhecimento das diversas religiões. Por meio da Internet, da televisão e do acesso ampliado à possibilidade de percorrer o globo, temos oportunidade de romper as barreiras. Estamos mais ligados do que nunca. Tudo isso nos dá a chance de aprender e de construir o respeito mútuo pelos diversos caminhos espirituais.

A Verdadeira Essência da Espiritualidade

Para mim, ser pleno de espírito é estar ligado: a mim mesmo, a minha fonte, a minha missão e aos outros seres humanos. Eu me pergunto:

Quanta consciência eu demonstro a cada dia?
Estou plenamente presente física, psíquica, intelectual e espiritualmente?
Encaro meu trabalho com consciência e entusiasmo?
Estou plenamente ligado à minha família e aos meus amigos?
Estou aberto para realmente conhecer as pessoas que encontro pelo caminho?
Encaro a vida a partir de uma perspectiva verdadeiramente aberta para o que der e vier?

Antes de começar a me sentir pleno de espírito, precisei despertar e entrar em contato com o meu verdadeiro eu. Foi um grande desafio. Estava tão acostumado a usar máscaras para representar o meu papel e a só fazer o que me fizesse parecer bom aos olhos dos outros que mal podia avaliar o que *eu* verdadeiramente sentia ou pensava. O resultado? Falta de ligação comigo mesmo e com os que me rodeavam. Eu não podia me sentir pleno de espírito sem antes despir a máscara e readquirir a autenticidade em minha própria vida. Sinto que estou apenas no começo de um processo que há de durar a vida inteira, com muitos novos ciclos de crescimento pela frente. Elisabeth Kübler-Ross escreve: "Não é o fim do corpo físico que deve nos preocupar. Ao contrário, nosso interesse deve estar em *viver* enquanto estamos vivos — para livrar o eu interior da morte espiritual que provém do viver por trás de uma fachada construída para se conformar com as definições externas de quem e do que somos".

Estar pleno de espírito é também sentir-se ligado à fonte, que é ao mesmo tempo indefinível e indescritível. Quando estou "plugado", percebo isso em todos os níveis do meu ser. Meu passo é mais leve, e uma sensação de calma me invade. Quando tenho um propósito e estou ligado à fonte, minha maneira de ver as pessoas e a mim mesmo em relação à humanidade dos demais se altera.

Nossa cultura nos ensina a nos julgarmos com um número enorme de critérios, e isso geralmente nos faz sentir melhores ou piores que os outros. Mas, quando

| COMO VENCER no JOGO da VIDA |

estou pleno de espírito, eu olho as pessoas nos olhos, reconhecendo que, no nível do espírito, somos todos únicos e especiais. Sinto a ligação universal entre nós, e *isso* passa a ser o essencial para mim. Em vez de me ater às características pessoais externas dos outros — o *status*, a marca do relógio, o corte de cabelo, o tipo de carro —, quando estou pleno de espírito, minha atenção se concentra em quem é a pessoa, e não no que ela tem ou deixa de ter.

Quando estamos plenos de espírito, evitamos sentir ou agir como se fôssemos melhores que os outros devido à aparência, à condição financeira ou a outra circunstância qualquer. Esse tipo de comparação não dá em nada. Somos todos seres humanos por designação única de nossa Fonte, e a vida consiste em cumprir essa tarefa da melhor maneira possível. Não existe um sistema de pontuação universal que classifique o sucesso material acima de qualquer outra missão. Concordo com o ponto de vista de Margaret Mead: "Eu, pessoalmente, avalio o sucesso pelas contribuições que o indivíduo dá a si mesmo e aos seus semelhantes". Há uma infinidade de maneiras maravilhosas de servir nossa família, nossa empresa, nossa comunidade, nosso mundo, o universo, e *cada* caminho é vital à sua maneira única.

Concentrar-se primordialmente na busca da prosperidade material é a maneira mais segura de afastar-se do caminho espiritual, e a História demonstrou claramente que a riqueza não é pré-requisito para que alguém esteja pleno de espírito. Aliás, muito ao contrário. Eu costumava achar que me concentraria mais em Deus quando tivesse mais tempo, quando fosse promovido... quando ganhasse meu primeiro milhão... quando ficasse velho e não tivesse coisa melhor para fazer... Embora eu nem sempre falasse a sério, é importante perceber a mensagem implícita: "Não terei tempo a perder com a espiritualidade enquanto meu mundo não estiver perfeitamente em ordem e eu tiver coisa mais importante a fazer".

Mas é impossível pôr o mundo e nossas questões materiais em perfeita ordem. Esperar esse dia é esperar em vão. Mesmo quando você acha que conseguiu, as coisas dão um jeito de ficar de ponta-cabeça. O equívoco dessa estratégia ficou muito claro para mim em 1989, quando, apesar de todo o esforço anterior, meu casamento, minhas finanças e minha saúde ficaram piores do que nunca. Desapareceu a sensação de segurança que eu antes ia buscar nas coisas "lá fora", revelou-se a carência de uma segurança alicerçada no espírito, no "aqui dentro". Foi uma lição dolorosa, mas eu a trago comigo: o interesse material sem o espírito genuíno leva a um beco sem saída.

Desafie a si mesmo a enfrentar as barreiras que o impedem de estar pleno de espírito. O espírito não é um luxo. Ele nos sustenta como o ar que respiramos ou o alimento que comemos. Tanto faz se você pode pagar apenas um prato de sopa ou um banquete de centenas de talheres, você pode ser pleno de espírito.

Para viver a plenitude da existência humana, não podemos guardar o espírito numa prateleira para usarmos quando for conveniente. O espírito tampouco é uma moeda de barganha, como mostra tão bem a comédia *The End* [O fim]. Sonny, o personagem principal, joga-se no mar com a intenção de se matar, mas, depois de algum tempo, conclui que não quer morrer. Muito longe da praia e com uma renovada vontade de viver, percebe que não tem forças para nadar uma distância tão grande. Segue-se uma conversa com o Criador ao mesmo tempo hilária e sensata. "Por favor, meu Deus, eu lhe dou 50% de tudo o que tenho! Mas me transforme num grande nadador!" Porém, vendo-se mais perto da praia, ele refaz a proposta: "Eu vou lhe dar só 10%, Senhor! Sei que prometi a metade, mas 10% não é um mau começo!"

A mensagem é clara. Comece por onde puder. Os passos pequenos e honestos nos levam a estar plenos de espírito com mais facilidade que as promessas grandiosas. O único e verdadeiro pré-requisito? *Disposição para ouvir as respostas do espírito.*

O Espírito no Trabalho

No passado, o espírito no local de trabalho era praticamente um oxímoro. Em geral, parece que acontece de duas uma: ou se inibe o pensar ou discutir qualquer coisa relacionada, mesmo remotamente, com o espírito; ou um líder na empresa trata de impor, explícita ou implicitamente, uma religião particular ou um conjunto de conceitos espirituais acompanhados da idéia de obrigatoriedade. Isso serve para dividir o local de trabalho, não para uni-lo.

O meio-termo, que é o que tentamos encontrar na Tires Plus, consiste em dar liberdade aos companheiros de equipe e até estimulá-los *a sentir o espírito, no local de trabalho, da maneira que convém a cada um e permitindo que os outros façam o mesmo.* Com o amor, o cuidado e a união de que falamos acima, todos podem encontrar seu espaço espiritual sem pisar no calo dos colegas. Em vez de trazer uma coisa específica ao local de trabalho, nós criamos um ambiente que permite ao espírito aflorar, uma vez ele já está lá. Dar ouvidos aos empregados, permitindo-lhes expressar livremente suas idéias e demonstrando atenção é um dos caminhos que possibilitam ao espírito emergir no local de trabalho.

Isso também significa enfatizar a ajuda aos outros empregados e aos clientes. É estar alinhado com os valores espirituais. O poeta e prêmio Nobel Rabindranath Tagore encontrou uma bela maneira de dizer a mesma coisa: "Eu dormi e sonhei que a vida era alegria. Acordei e vi que ela era servir. Agi e descobri que servir era alegria".

Servindo um cliente externo ou interno, a disposição para servir o outro resultará em soluções em que todos ganham. Eu pergunto aos novos empregados: "O que você acha de se preocupar com nossos convidados (clientes) a ponto de sentir que está prestando um trabalho voluntário (naturalmente eles ganham para isso) para melhorar o dia de cada ser humano com que entramos em contato? Ponha um sorriso nos lábios de cada cliente nosso. Faça com que a empresa distribua atenção do mesmo jeito que distribui pneus, alinhamento de direção e freios". Essa é também uma maneira de manifestar a espiritualidade no local de trabalho.

Estar pleno de espírito desperta o desejo de uma vida equilibrada no trabalho e em casa: não se esqueça que esse é um processo importante e contínuo de construção da ponte que liga sua missão pessoal à sua missão na empresa. Há momentos, porém, em que a gente precisa dar tudo de si para concluir um trabalho, fazer hora extra para atender a um cliente. Muita gente não se importa de trabalhar mais —

aliás, isso revigora, e a recompensa é maravilhosa — contanto que o esforço extra esteja em harmonia tanto com sua missão pessoal quanto com a missão empresarial.

Nesse caso, o que significa ser um trabalhador cheio de espírito? É uma coisa que se pode medir não com instrumentos, mas com as atitudes pessoais. À parte amar e ter cuidado, ser pleno de espírito (dentro ou fora do local de trabalho) inclui o esforço para demonstrar competência, aceitar e pedir desculpas, elogiar e dar retornos construtivos. Coisa que também engloba a empatia e a consciência das ocasiões em que podemos compartilhar mais profundamente nossos pensamentos e sentimentos. Sem forçar, sem fazer pregações, mas reagindo às necessidades ou questões específicas.

Eu não obrigo as pessoas a serem espirituais. Procuro dar o exemplo (embora com imperfeição), esforço-me para criar um ambiente em que não se julgue os outros e faço o possível para responder às perguntas com franqueza, compartilhando o que deu certo para mim. É um processo lento e, por isso mesmo, funciona melhor.

Essa história de espírito no local de trabalho parece arriscada? Qual é a desvantagem? Imagine o que aconteceria se você se permitisse mais vezes esses pensamentos, sentimentos, palavras e atitudes com os colegas de trabalho e os clientes. Enquanto muita gente procura meios eficazes de estabelecer mais equilíbrio no trabalho, está surgindo uma nova forma de liderança, em parte devido ao aumento da presença feminina nos cargos mais altos de direção. Essa nova liderança funde a intuição com a lógica, combina o abastecer e o cuidar com a adesão a padrões mais elevados e coloca o sentimento de mãos dadas com o intelecto. A nova mensagem a acrescentar: orientar as pessoas como *pessoas* é melhor que administrá-las como *coisas*.

Muitas Vozes, uma só Mensagem

Assim como o comportamento pleno de espírito pode acontecer a qualquer hora, em qualquer lugar, as lições espirituais podem vir de diversas formas. Procure não julgar de quem vale a pena receber essas mensagens e a quem é melhor não dar ouvidos. O espírito não examina as credenciais, a conta bancária, o *status* social de ninguém para se manifestar.

Meu pai me relatou a experiência que teve com um desses mensageiros do espírito, um técnico que esteve em sua casa para consertar o aspirador de pó. Ao terminar a visita, o rapaz lhe entregou um cartão em que estava escrito: "Bom dia, aqui é Deus! Vou resolver todos os seus problemas hoje. Não preciso da sua ajuda. Portanto, tenha um bom dia!" Tendo sido tocado pelo espírito, meu pai sentiu o seu fardo mais leve aquele dia. E passou isso para mim. As lições podem vir de qualquer um, a qualquer hora. Aliás, são as pessoas mais humildes que geralmente trazem as grandes mensagens. Eu já recebi ensinamentos espirituais no metrô, ao conversar com um oleiro no interior da Índia e na fila do cinema. Abra o coração e ouça.

Assuma Seus Erros

Se você não estiver sendo sincero consigo, será mais difícil abrir-se para o espírito. Assumir os próprios erros é um passo importante para que você encare a si mesmo e os outros com clareza. Pouco importa que o erro seja grande ou pequeno, nada é mais irritante para os outros e danoso para nós do que acobertá-lo com negativas ou desculpas. Por mais elaborada que seja a sua lista de "motivos pelos quais", as pessoas acabam enxergando a verdade.

Assumir os próprios erros demonstra sua humanidade e permite que você e os demais se purifiquem e prossigam. Em vez de resistir ao mal-estar das pessoas afetadas pelo seu erro, você estabelece uma empatia com a dor que elas sentiram. Os três passos são simples, mas decisivos:

1. Assuma o erro.

2. Peça desculpas com sinceridade.

3. Explique que vai agir de modo diferente no futuro.

Assumir os próprios erros não deve ser uma tática para contornar uma situação ou obter a reação desejada. As pessoas geralmente sabem que o que foi feito não pode ser alterado. Mas esperam um pedido de desculpas e querem ter certeza de que será diferente dali em diante.

Eu presenciei o grande exemplo dado por Pete Selleck, o chefe de operações da Michelin America Small Tires. Em 1998, num encontro dos distribuidores estratégicos da North American Michelin, os participantes vieram carregados de queixas. Era muito precária a capacidade da Michelin de distribuir uma boa porcentagem de seus produtos no ano de 1997 e no verão de 1998. Ao elaborar a pauta da reunião, Pete sabia que teria de enfrentar a questão da deficiência no fornecimento, sabia que precisaria ser franco e humilde. Ademais, sabia que, para incentivar a discussão e centrar o foco nas soluções do problema, tinha de superar rapidamente a frustração dos distribuidores.

Tendo iniciado a reunião com uma breve introdução, ele fez desse o principal tópico do encontro de dois dias. Disse aos presentes que o desempenho do fornecimento da empresa era inaceitável tanto para os distribuidores quanto para a própria Michelin. Explicou as causas do problema e assumiu, pessoalmente, toda a responsabilidade pelo fracasso. Pediu desculpas, sinceramente, pelos prejuízos causados aos distribuidores e aos clientes. Só então esclareceu o que a Michelin pretendia fazer para solucionar o problema dali por diante e pediu o apoio de todos na implementação das medidas corretivas.

Era a presença do espírito no trabalho. François Michelin viu, com orgulho, Selleck ser ovacionado por todos. Se ele tivesse esquecido um dos três passos (assumir o erro, pedir desculpas e propor ações corretivas), teria sido fuzilado pelos participantes do encontro. E, embora não tenha sido esse o motivo do pedido de desculpas, todos acabaram percebendo que ninguém ganharia nada atacando-o mais do que ele mesmo já se havia atacado. E ninguém fez isso.

Pode-se dizer que o pedido de desculpas de Selleck tinha por objetivo conservar os clientes. Em vez de desmerecer os efeitos positivos atribuindo-lhes uma motivação cínica, eu prefiro ver as vantagens de um sincero pedido de desculpas.

Desculpe-se de Coração

O pedido de desculpas autêntico pelos erros cometidos produz um efeito benéfico em todos os envolvidos. Quando a situação exige e eu não apresento desculpas, fico debilitado no plano energético (emocional e espiritual) e, muitas vezes, também no nível intelectual. Este passa a ser um daqueles itens da lista de coisas a fazer que nunca é feito.

Em qualquer situação, um pedido de desculpas pode ganhar um significado e um poder extraordinários, desde o criminoso que mostra arrependimento genuíno e remorso até o presidente que se desculpa sinceramente perante a nação. O fundamental é que o pedido de desculpas seja autêntico e sincero; as falsas desculpas são óbvias a qualquer um. Você já não disse alguma vez na vida: "Droga, mas você continua zangado? Eu já pedi desculpas"? Será? Talvez a outra pessoa ainda não estivesse preparada para desculpá-lo. Mas pode ser que você não tenha sido completamente sincero. Ao pedir desculpas, verifique se o seu tom de voz e a sua linguagem corporal estão em harmonia com suas palavras.

"*Se*" e "*mas*" tornam um pedido de desculpas menos efetivo. As desculpas condicionadas — "Se o que eu fiz o magoou, desculpe", ou "Desculpe ter falado naquele tom, mas eu estava chateado com você" — não são completas. As pessoas transgridem diariamente essa regra básica e universal, até mesmo as pessoas famosas.

Entre em contato com o papel que você teve no mal-estar provocado na outra pessoa e assuma esse papel plena e incondicionalmente. Pense nisso: "Desculpe ter falado daquele jeito. Você merece um tratamento melhor. Eu realmente lamento". Se o seu tom de voz e a sua linguagem corporal (especialmente a expressão facial) espelharem essas palavras e elas vierem do coração, seu pedido de desculpas será benéfico para ambos os lados e a outra pessoa o aceitará. "Por favor, desculpe" é um poderosíssimo complemento. Mesmo que o outro não consiga aceitar imediatamente o seu pedido, criou-se uma ponte para um possível perdão. Talvez amanhã. Talvez no ano que vem. A questão é que você se abriu com sinceridade.

Em todos os meus encontros, eu tento pensar: e se eu nunca mais voltar a ver essa pessoa, será que ficou alguma coisa por dizer ou não esclarecida? Se a resposta for afirmativa, faço o possível para que tudo se esclareça. Muitas pessoas interpretam a expressão latina *carpe diem*, "aproveitar o dia", como "aproveitar ao máximo" ou "curtir cada momento". Mas, para mim, trata-se de "aproveitar o momento e dizer o que precisa ser dito". Não deixe para amanhã. Peça desculpas. Expresse o seu amor. Não deixe inacabado hoje o que você pode não ter condições de acabar amanhã.

Um conhecido meu deixou de falar com o filho adulto desde o dia em que o rapaz lhe confessou que era homossexual. Eles ficaram anos sem conversar. Por mais penoso que fosse para os dois, não havia espaço para o diálogo. Eu fico imaginando o que eles teriam perdido se pelo menos tentassem uma fresta.

Há tantas ocasiões na vida em que a gente não pode estar onde gostaria: no aniversário dos pais que moram longe, fazendo companhia a um amigo que está doente em outro país, com a filha que telefonou no horário de trabalho para contar que teve problemas na escola. A gente quer estar lá, mas nem sempre é possível. Não se pode estar em dois lugares ao mesmo tempo. É a natureza do mundo. Mas, e se a gente se comprometesse a dar o melhor de nós no lugar onde se encontra: pedindo desculpas, elogiando, orientando ou festejando quando surge a oportunidade? Isso não atenua o pesar de não poder estar em outro lugar, mas fizemos o melhor que podíamos. Ao assumir os próprios erros, você dá um exemplo efetivo a sua esposa, a seus filhos, aos colegas de trabalho, e cria condições para que eles sejam igualmente francos com você.

Perdoe e Liberte-se

Do outro lado do pedido de desculpas está o perdão. "Eu o perdôo." Se você diz isso a outra pessoa ou a si mesmo ou ouve quando lhe dizem, essas três palavras têm o poder de dissipar o ressentimento e abrir a porta de acesso à espiritualidade. Potencialmente, o ressentimento tem a capacidade de causar danos à pessoa de quem você se ressente num nível de energia sutil ou direto. Se valorizarmos o cuidado, o relacionamento, a plenitude de espírito, não seremos um poço de rancores. Ao contrário, compartilharemos nossos pensamentos e sentimentos de maneira saudável e respeitosa, perdoaremos e seguiremos em frente.

Acumular mágoas e negar o perdão são âncoras permanentes que nos puxam para baixo, que sempre ficam dentro de nós e nos impedem de sentir o amor verdadeiro. *Um Curso de Milagres* diz: "A mente que se nega a perdoar está cheia de medo e não oferece espaço a si mesma para ser autêntica; não tem onde abrir as asas e planar acima da agitação do mundo. A mente que não perdoa não vê erros, só pecados [...] só ataques [...] Mas considera irreversíveis os julgamentos que faz do mundo e não percebe que foi isso que a condenou ao desespero".

Eu recorro a visualizações para promover o perdão. Pode-se utilizar essa técnica em qualquer lugar e a qualquer hora do dia. Basta olhar dentro de si mesmo e pensar na pessoa de quem você guarda ressentimento, seja pelo motivo que for. Visualize-a. Agora, imagine uma luz cálida a envolvê-la. Cerque essa pessoa de perdão. Quando tiver oportunidade, manifeste o seu perdão diretamente, por meio das palavras, ou indiretamente, em sua mente, dependendo das circunstâncias e do que você é capaz de fazer.

Corajosamente Franco

Finalmente, estar pleno de espírito significa fazer as escolhas certas e ser corajosamente franco. Causa-me vergonha lembrar a época em que meus filhos eram menores e, de vez em quando, eu lhes diminuía a idade a fim de economizar no ingresso do cinema. Não é esse o tipo de modelo que pretendo ser. Hoje, quando percebo que me deram a mais no troco, devolvo o dinheiro. Do contrário, sinto-me como que desligado de meu espírito, sinto uma enorme desunião. Pôr de lado meus valores para encher o bolso é, na melhor das hipóteses, um lucro efêmero. A gente recebe aquilo que dá. Chame isso de conduta ética, de carma ou do que for; é uma lei universal no jogo da vida.

Recrute o Guerreiro Interior

Uma das interpretações mais equivocadas e mais comuns que se dá às atitudes de quem está pleno de espírito (educar, cuidar, ser franco, autêntico) é considerá-las sinônimos de subserviência. Pense em Martin Luther King ou em seu pai espiritual, Mahatma Gandhi, para se afastar dessa concepção. Todo ser pleno de espírito tem um guerreiro interior dentro de si. Não estou falando em combates armados nem em "odiar" os concorrentes. Ao contrário, a guerra espiritual refere-se às questões do dia-a-dia e faz que nos sintamos fortes. Ser um guerreiro espiritual significa ser duro e carinhoso ao mesmo tempo, firme e delicado, ousado e submisso.

Isso pode surpreender aqueles que entendem que ser pleno de espírito é ser influenciável. Na verdade, ser um guerreiro espiritual pressupõe a coragem de assumir posturas impopulares. Aliás, o espírito exige que não fujamos das situações que precisam de nós, principalmente quando outras pessoas podem sair perdendo com a nossa omissão. Mas, para o guerreiro espiritual, a batalha é um meio de restaurar uma ordem saudável, não um fim em si.

Martin Luther King deixou isso muito claro no seu último sermão de domingo: "Em certas situações, a covardia pergunta, isso é conveniente? Então, chega a conveniência e pergunta — isso é político? A vaidade pergunta — isso é popular? A consciência pergunta — isso é correto?"

Viajando no Ar

Como saber quando o espírito começa a permear mais profundamente o nosso local de trabalho e a nossa vida? A sensação de paz interior é o indicador de que a prática espiritual, interior e exterior, está se manifestando em seu mundo. No capítulo 6, você saberá mais sobre os modos potenciais de aumentar o bem-estar espiritual. Por ora, eis algumas dicas úteis para perceber quando você já está caminhando nesse rumo.

OS SINAIS DA TRANQÜILIDADE

- ✦ Aparece um sorriso. O que já existia se alarga.

- ✦ As curvas perigosas não parecem mais tão perigosas. Você tem a sensação de ser capaz de enfrentar todas as situações que surgirem.

- ✦ Aonde quer que você vá, há uma sensação de aventura no ar.

+ Você começa a reparar no cenário de modo diferente.

+ Você não se sente culpado quando pára para descansar.

+ Você passa a gostar de estar na rua com outras pessoas. O trânsito deixa de ser um fardo, você começa a ver os outros como companheiros de viagem.

+ Já não o preocupa que os outros sejam como são. Em vez disso, você sente curiosidade de saber por que tudo é como é.

+ Você sente menos necessidade de julgar os outros e fica mais aberto para aceitá-los.

+ Você aprecia a singularidade das outras pessoas e se sente disposto a aprender com elas.

+ Você aceita a sua missão pessoal e única — nem melhor nem pior que a de ninguém — como uma ligação vital com sua Fonte Universal.

Inclua o COAPDP no Seu Plano de Jogo

O cuidado, o otimismo, a paixão, a persistência, a disciplina e a plenitude de espírito: uma estratégia de jogo que inclua essas qualidades representa seis passos à frente no caminho de sua missão. Companheiras constantes, as qualidades COAPDP apoiam a sua Equipe Interior — o corpo, o intelecto, a psique e o espírito — e o ajudam a tornar-se uma pessoa com a bagagem necessária para cumprir a sua missão pessoal. Levando-o a um maior equilíbrio em casa e no trabalho, as qualidades COAPDP ajudam a suavizar a áspera trajetória que pode causar colapsos quando falta muito pouco para a realização de sua missão.

4

Fique em Forma para a Sua Missão: A Saúde Física

SE VOCÊ FOR como a maioria dos norte-americanos, certamente acha que está bem quando não se sente doente. É claro que podia emagrecer uns cinco quilos ou baixar um pouco a pressão arterial. E, naturalmente, seria melhor não ter as ocasionais enxaquecas e dores nas costas. Mas, em geral, você acorda de manhã convencido de que passará bem o dia.

Nos anos que antecederam os três toques do meu chamado despertador, eu achava que estava muito bem. Para ser exato, o *stress* era constante, e dias atordoados sucediam noites maldormidas. Mas eu sempre dava um jeito de seguir em frente.

Mesmo assim, comecei a me perguntar: eu estava realmente bem? Desconfiava que minhas decisões não eram tão lúcidas quanto podiam ser. Comecei a questionar meu relacionamento com os familiares, os amigos e os colegas. A sensação de estar perdendo alguma coisa tomou conta de mim. Mas o que é que eu estava perdendo, afinal?

A Saúde Física

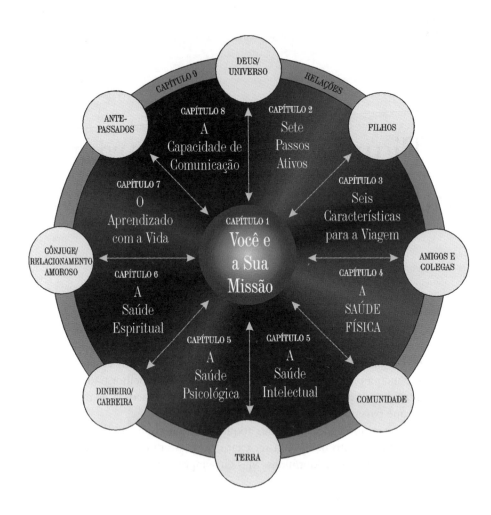

Como Abrir a Fonte da Saúde da Pessoa Como um Todo

Quando dei com a cabeça na parede, em 1989, minha concepção de bem-estar mudou definitivamente. O divórcio e a crise da empresa suscitaram questionários profundos sobre minha saúde psicológica e espiritual, ao passo que o câncer me levou a repensar o que significava estar fisicamente bem. Equilibrando tudo isso com a maneira como eu usava o intelecto, não tardei a perceber que o que estava perdendo era o vínculo existente entre os aspectos essenciais do ser: o corpo, o intelecto, a psique e o espírito. Estava perdendo aquilo que posteriormente vim a conhecer como a minha Equipe Interior.

Na época do meu chamado despertador, eu não tinha uma equipe, mas quatro jogadores que não se conheciam nem se comunicavam entre si. O intelecto jogava a maior parte do tempo, o espírito e a psique quase não saíam do banco da reserva. Meu físico mantinha a energia fluindo, mas aquele esforço constante do "vai, vai, vai!" jamais conduzia ao verdadeiro bem-estar. É assim que imagino o meu estado naquela época:

Sem um plano de jogo vitorioso, meu corpo, meu intelecto, minha psique e meu espírito não tinham a menor possibilidade de atuar em conjunto. Quando eu estava atravessando o período de crise pessoal e passei a desenvolver estratégias básicas de saúde para cada aspecto, eis o que começou a acontecer:

Integração. Maior equilíbrio. Ligações mais claras. Eu passei a ver e sentir o resultado de uma sinergia inexplicável: um salto quântico no bem-estar que ocorre quando nossos aspectos interiores estão sincronizados. É assim que a coisa se apresenta em seu estado ideal:

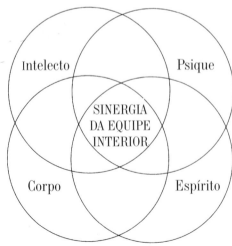

COMO VENCER no JOGO da VIDA

Naturalmente, a sinergia da Equipe Interior está em fluxo constante e nunca fica inteiramente equilibrada. As estratégias de autotreinamento buscam não a perfeição, mas igualar a atenção e o cuidado que dispensamos a cada aspecto da Equipe Interior. E, com o fortalecimento de um, todos os outros se beneficiam.

O Corpo a Bordo

Depois do meu despertar e do resultante crescimento, essa sinergia interior me pareceu óbvia. Por ingenuidade minha, talvez. Até então, eu acreditava que tinha tempo para atingir meus objetivos, que o futuro era um torno em eterno movimento, no qual eu podia modelar meu corpo e minha mente. Mas um tumor maligno veio dizer o contrário, pondo fim ao futuro e aniquilando meus sonhos.

Felizmente, uma intervenção cirúrgica removeu esse tumor. Mas o chamado despertador continuou soando em meu ouvido, mostrando-me que meu antigo modo de pensar chegara ao limite. Eu comecei a ler, a conversar com especialistas em nutrição, em medicina tradicional, em medicina alternativa, em saúde emocional, em saúde psicológica, em saúde espiritual. Busquei orientação no dr. Deepak Chopra e em John Robbins, autor de *Diet for a New America* [Dieta para uma nova América]. Aproximei-me do conselho regional da Sociedade Americana de Câncer e da Associação Americana do Coração e participei de suas pesquisas. Esses verdadeiros armazéns de conhecimento me abriram os olhos, mostrando-me meios de retroceder, afastando-me do limite, de modo a elevar o nível de saúde e bem-estar em minha vida.

Meu pensamento mudou, e, como um filhote que acompanha a mãe, meu comportamento foi se adaptando gradualmente. Aprendi que a saúde física, que eu sempre considerara o principal componente do bem-estar, era apenas uma parte da matriz do bem-estar composta por todos os aspectos da pessoa. Para redefinir a equação do bem-estar, precisei abrir mão das antigas certezas. O que é saúde física? O que significa estar "em forma"? É bem mais do que participar de "maratonas" de fim de semana ou ingerir doses imensas de vitaminas para compensar as dietas erradas. Evidentemente, o bem-estar pessoal é tão sistêmico quanto a Terra. Assim como o efeito borboleta da teoria do caos, que mostra que o bater de asas de uma borboleta em Tóquio é capaz de provocar um furacão em Nova York, cada uma das minhas ações me havia reforçado ou minado os alicerces físicos.

Objetivo: Ficar em Forma para a Vida

Durante a convalescença do câncer, meus novos hábitos de saúde começaram a fazer parte de um plano de bem-estar para toda a vida. Eu passei a encarar esse bem-estar como uma conta bancária: as opções alimentares inadequadas, o dormir mal, a tensão emocional e outros fatores estressantes eram saques, ao passo que os depósitos se faziam por meio de exercícios, relações de apoio, uma dieta saudável e outras coisas positivas. Com mais crédito que débito, ganhei mais energia, mais lucidez e uma serenidade mais profunda para continuar no curso de minha missão

— aliás, uma motivação bem maior que o simples medo de que o câncer voltasse. Além disso, eu sabia que não adiantava superar o câncer, arranjar uma nova companheira e recuperar minha empresa só para voltar ao estilo de vida anterior. Era preciso encarar a vida de outro modo, elevar o meu nível de saúde, o que significava que já não bastava simplesmente não voltar a adoecer. Eu merecia coisa melhor de mim e para mim — sem falar no que queria dar às pessoas ao meu redor.

A Equipe da Saúde

Durante toda a minha vida, o paradigma segundo o qual o corpo era uma máquina me parecera perfeito. Bastava abastecer o motor, certificar-me de que as engrenagens estavam lubrificadas e pronto! — enquanto e até onde eu quisesse, minha máquina funcionaria como um Mercedes-Benz bem regulado. Decerto o corpo é uma impressionante máquina de altíssimo desempenho, mas essa analogia falseia a verdadeira natureza do nosso ser, que é bem maior que a mera soma das partes.

Em vez disso, pense em seu corpo como um dos quatro jogadores de sua Equipe Interior. Os outros membros da Equipe da Saúde são a saúde intelectual, a psicológica e a espiritual. Ombro a ombro, eles constituem a saúde completa; no jogo, você precisa de todos para dar o melhor de si. Não há um só momento em que uma parte do seu ser não esteja incrementando (ou prejudicando) as outras. Durante o exercício, você estimula não apenas o corpo, mas também o intelecto, a psique e o espírito. Ao analisar o projeto de um novo negócio, você não faz uso unicamente do intelecto; também seu corpo, sua psique e seu espírito estão envolvidos, dando apoio à função intelectual por intermédio de uma sinergia descontraída de atenção, abertura e perspectiva.

"Mas Eu Não me *Sinto* Doente..."

As pessoas próximas de mim devem ter achado difícil compreender que eu não estava bem. Afinal, elas me viam fazer exercícios com regularidade, seguir uma dieta relativamente saudável e raramente adoecer. De acordo com sua maneira de pensar, já que eu não parecia doente, devia estar bem.

Não é bem assim. Mesmo trocando raramente o óleo do carro, você pode rodar meses — anos até — sem ter problemas mecânicos. Por dentro, no entanto, o motor está morrendo lentamente, e um dia vai parar. Eu não entendo por que tanta gente dá mais atenção ao automóvel que aos nossos corpos físico e não-físico — que nos transportam na jornada da vida. A média dos norte-americanos fica de três a dez anos com um carro. O corpo, o intelecto, a psique e o espírito têm de durar muito mais que isso.

Sendo difícil de definir, o conceito de saúde e bem-estar é facilmente desdenhado. Defini-lo como a ausência de doença é um começo. Por outro lado, é a mesma coisa que dizer que você venceu uma partida de tênis muito embora seu adversário nem tenha aparecido para jogar. Se seu corpo não apresenta nenhum sinal de enfermidade, você pode sentir que não está perdendo. Mas deixar de perder não é sinônimo de ganhar. Descobri que, até 1989, eu estava numa quadra vazia esperando que a doença aparecesse. Quando ela deu as caras, desafiadora, eu me vi entre duas opções: ou entregava os pontos, ou articulava um plano vitorioso no jogo da saúde.

Eu não estava disposto a desistir. Mas, de repente, vi-me escalando jogadores que eu nem sabia que existiam. De certo modo, foi constrangedor admitir que eu nunca tinha convocado nem a metade da minha Equipe Interior e não sabia sequer que os jogadores estavam esperando pacientemente no banco da reserva. Já no mundo dos negócios, eu era bem diferente. Nunca deixei ociosa metade do meu poder de fogo; no entanto passei anos desprezando a metade de minha força interior.

Com o tempo, o caminho do pouco-caso com a saúde vem sendo pavimentado com tristes estatísticas. Além da perda diária dos benefícios do aumento de energia, de concentração e de presença, há o trauma do prejuízo a longo prazo. Pelos atuais níveis nacionais de saúde, está previsto que um em cada três norte-americanos vai morrer do coração e um em cada quatro sucumbirá ao câncer. Muitos desses óbitos ocorrerão cedo, custando anos e anos de vida potencial. Ainda por cima, muitos dos que morrerão dessas doenças, juntamente com outros tantos que sobreviverão, terão de submeter-se a tratamentos desagradáveis e suportarão anos com a qualidade de vida comprometida. Poucos estão a salvo disso.

A Natureza Não-natural da Doença

Sabendo-se que os seres humanos podem viver mais de cem anos, por que a maioria de nós não chega a essa idade avançada? Considerando o crescimento dramático, neste século, das moléstias crônicas e das relacionadas com o estilo de vida, tudo indica que muitos adoecem e morrem antes que seus corpos cheguem a se exaurir.

A saúde é o estado que o corpo procura naturalmente, ao passo que a doença não é natural. Os sistemas de cura do organismo estão em constante atividade, de inúmeras maneiras, reequilibrando e recalibrando as mensagens químicas e elétricas que mantêm o corpo sintonizado. Da cicatrização de uma ferida à calcificação de um osso fraturado até um músculo que dói num dia e pára de doer no outro, o corpo tem uma assombrosa capacidade de regeneração.

Aliás, neste momento, seu sistema imunológico está combatendo doenças antes que elas se manifestem. As células cancerígenas, por exemplo, estão presentes em qualquer um. Mas o sistema imunológico do corpo detém grande parte dessas células renegadas antes que cheguem a fazer muito estrago. É quando ele engasga, começa a bater o pino e a falhar que elas rompem a barreira e se desenvolvem sem controle. Lamentavelmente, muitas vezes esse ideal é afetado pela predisposição genética, por fatores ambientais e também por deixarmos a saúde em segundo plano em vez de colocá-la na frente e no centro de tudo.

Jogue com Suas Chances

É como se o homicídio não fosse mais considerado um crime. Nossos dois maiores matadores, a cardiopatia e o câncer, tornaram-se tão comuns que a maioria das pessoas já se resignou, como se ambas as moléstias decorressem do envelhecimento. *Mas as cardiopatias e o câncer não são, necessariamente, produtos naturais do envelhecimento.* Assim como outros grandes assassinos na História foram drasticamente controlados no século XX, as cardiopatias e o câncer ganharam importância, tornando-se duas das três causas principais (a terceira são os acidentes) de perda de anos potenciais de vida. Essas duas doenças são fortemente influenciadas pelo estilo de vida e por fatores ambientais que escapam ao nosso controle.

Em 1996, as cardiopatias e o câncer mataram, juntos, 1,3 milhão de pessoas: em um único ano, quase o dobro do número de óbitos resultantes dos envolvimentos dos Estados Unidos nas guerras do século XX. O Centro Nacional de Estatística da Saúde afirma que, se as principais cardiopatias fossem eliminadas, nossa expectativa de vida aumentaria quase dez anos.

Leve para Casa

Alguma coisa se pode fazer. Enquanto os pesquisadores buscam as soluções médicas, nós podemos trabalhar em outra frente, bem mais perto de casa. As evidências demonstram cada vez mais que a alimentação e o estilo de vida têm um papel importante na incidência das enfermidades. *O Relatório Geral dos Cirurgiões dos Estados Unidos sobre a Alimentação e a Saúde*, publicado em 1988, afirma que o alimento nos expõe ao risco de várias das principais causas de morte dos norte-americanos, as quais são responsáveis por dois terços do total anual. Citando o relatório: "Enquanto as doenças provocadas pela deficiência alimentar diminuem, outras, decorrentes de dietas excessivas e inadequadas, estão tomando o seu lugar: problemas que hoje figuram entre as principais causas de enfermidade e morte nos Estados Unidos". O Instituto Nacional do Câncer, uma fundação federal, afirma que, entre homens e mulheres, 35% de todos os tipos de câncer fatal estão relacionados com a dieta.

E se isso lhe parece uma coisa muito distante, leve em conta que boa parte das consultas médicas está diretamente relacionada com reações causadas pelo *stress* diário, sintomas que incluem dor de cabeça, dor nas costas, problemas gástricos, falta de ar, pressão alta e variação do peso. O *stress* faz subir a pressão arterial e força o coração, contribuindo para a incidência de moléstias cardiovasculares. Adicionado mais *stress* ao bem-estar psicológico e físico, um em cada três norte-americanos e uma em cada duas norte-americanas declaram que fazem dieta permanentemente. Mesmo assim, segundo o Instituto Nacional de Saúde, 55% da população adulta está acima do peso normal ou é obesa.

Qual a moral dessa história estatística? Muitas das "doenças dos Estados Unidos" são causadas por fatores *controláveis*.

O Agente Livre: DNA

Alguns dirão que apesar dos fatores relacionados ao estilo de vida sobre os quais temos controle, continuamos prisioneiros de nossos genes. Todos já ouvimos falar no maratonista Jim Fixx, que morreu vítima de um ataque cardíaco durante uma corrida. Aqueles que gostam de desacreditar a valiosa contribuição que os exercícios representam para a saúde tomam essa história como exemplo de uma pessoa que, a despeito de exercitar-se, sucumbiu a um histórico familiar de cardiopatia. Eles omitem, porém, que Fixx, com 52 anos, viveu nove anos mais que o pai, que faleceu de ataque cardíaco aos 43. John Fixx, o filho de Jim, conta: "Sabemos que papai acreditava que, correndo, acrescentaria vida à sua vida, e nós da família sabemos que isso também acrescentou alguns anos a sua vida". Embora não tenha revertido completamente a herança genética, Jim Fixx superou-a de forma significativa.

Não podemos culpar os genes pelo aumento expressivo de certas moléstias. Afinal, eles não mudaram tanto assim nas últimas gerações. Cada indivíduo tem, no DNA, a sua assinatura única, porém a vitória ou a derrota nunca são determinadas pelo jogo que temos na mão, e sim pela maneira como se negociam as cartas. Muito embora as tendências genéticas sejam predeterminadas, suas conseqüências não são. Se não forem impelidas por fatores ambientais ou alimentícios, as tendências genéticas negativas podem permanecer inativas a vida inteira. Sendo assim, enquanto não for possível alterar os genes, podemos jogar boas cartadas por meio da administração positiva do que comemos diariamente, do hábito de fazer exercícios, de fatores ambientais, da reação ao *stress* e da saúde psicológica e espiritual.

A Curto e Longo Prazo

Incrementar a saúde física gera benefícios tanto hoje quanto no futuro. Aqui vão uns poucos efeitos positivos que as pessoas experimentam:

A CURTO PRAZO

+ Aumento da energia física e da lucidez

+ Melhores padrões de sono

+ Serenidade e melhor administração do *stress*

A LONGO PRAZO

+ Mais tempo produtivo, acrescentando anos à sua vida e vida a seus anos

+ Recuo das doenças "à espreita" decorrentes do acúmulo de maus hábitos

+ Níveis mais normais de peso

+ Menos ferimentos associados ao declínio da saúde na terceira idade

108 | Tom Gegax |

Do ponto de vista das empresas, a saúde física é benéfica em termos de moral mais elevado, aumento da produtividade, redução da ocorrência de doenças e redução nos custos de convênio médico devido ao uso menos freqüente do seguro. O custo da prevenção da doença é insignificante em comparação ao do tratamento.

Viver Bem

É da natureza humana imaginar que viveremos para sempre. Mas essa ilusão acaba dando lugar à resignação. Como disse certa vez Bob Burr, um velho amigo da família: "Se eu soubesse que ia viver tanto tempo, teria cuidado melhor de mim". Isso é tão verdadeiro hoje como quando Mickey Mantle tornou essa frase famosa. A saúde não é só uma questão de *quantidade*; é também de *qualidade*. Viver mais anos significa pouco se não se consegue vivê-los melhor.

O que é necessário para que despertemos? Para algumas pessoas, o desejo de sentir-se melhor é suficiente para motivar a mudança. Para outras, um contato com a doença tem resultado rápido. E há aquelas para as quais bastam as assustadoras estatísticas de óbitos e moléstias. Para mim, as três se fundiram numa sinistra motivação impossível de não levar em conta.

No entanto, há quem acredite que a morte nunca baterá em sua porta. A cultura popular norte-americana, com os esportes radicais e o insaciável apetite pelas fontes da juventude sintéticas, cultua o risco e a juventude de modo incompatível com a idéia de urdir padrões sadios no tecido da vida. Os trabalhadores de todos os estratos financeiros e de todo tipo de local de trabalho sentem a pressão tanto quanto seus pais em casa. Para os que percorrem o trajeto tradicional de ascensão em uma empresa, é difícil escapar ao excesso de atividade, à vida agitada, às barganhas, ao esforço para subir na carreira, ao estilo de vida estressado, principalmente quando o modelo de sucesso, no local de trabalho, impõe esses valores.

No fim, obviamente, é você que tem de decidir o que lhe convém. Talvez o preço que paga por seu estilo de vida lhe pareça razoável. Você é o seu próprio treinador; a decisão é sua. Se chegar à conclusão de que há espaço para aperfeiçoamento, talvez as idéias deste capítulo, assim como as dos dois próximos, que tratam da saúde intelectual, psíquica e espiritual, mostrem caminhos que você nunca considerou.

Você É o Treinador

Nós somos treinados para colocar a saúde nas mãos dos profissionais, para acreditar piamente na sabedoria dos jalecos brancos. Decerto nos beneficiamos com o conhecimento desses profissionais preparados. Mas isso não é motivo para que abdiquemos da responsabilidade por nossa saúde. Com a explosão de informações sobre o tema, nunca estivemos em melhores condições de assumir o controle mediante dietas, exercícios, a redução do *stress*, para citar uns poucos meios.

Evidentemente, se você fraturou o pé, não é hora de ir à biblioteca. Mas, quando do voltar do pronto-socorro, vale a pena folhear um livro sobre os suplementos nutricionais que ajudam a regeneração óssea. Informe-se sobre exercícios de alongamento que o mantenham em forma durante a convalescença. Faça o que puder. Interagir com a equipe de profissionais da saúde, seja ela tradicional ou alternativa, é melhor do que esperar docilmente que lhe apresentem a cura. Participe e assuma o comando de sua saúde, dirija-a como faria com qualquer outra parte importante de sua missão pessoal.

Eu era da opinião de que a única maneira de avaliar a matriz dos riscos de saúde era ir ao médico. Atualmente, os programas de algumas empresas e convênios médicos oferecem testes de avaliação dos riscos que podemos usar com a freqüência que quisermos. Esses testes avaliam fatores do estilo de vida, assim como a predisposição genética, permitindo-nos acompanhar nossa pontuação à medida que ele chega a novos níveis na tabela. Consulte seu plano de saúde e pergunte se ele oferece alguma avaliação de riscos de saúde que você possa usar para motivar-se.

Eu melhorei meus hábitos de saúde ao longo de trinta anos, com um salto substancial nos últimos dez, e continuo aprimorando meu plano. Algumas mudanças no estilo de vida ajudaram muito, ao passo que outras tiveram efeitos mais sutis. Porém, seja em períodos de maior crescimento, seja nos de estabilidade, agora tenho equilíbrio para reagir às situações que requerem tanto ação quanto reflexão. Ademais, o pensamento mais lúcido e uma intuição mais apurada melhoraram muito minha capacidade de julgamento pessoal e profissional. Essas avaliações impulsionaram-me a dar os Sete Passos Ativos que ajudam a manifestar minha missão pessoal.

Sem saúde, não posso cultivar as qualidades COAPDP nem sentir ou viver os hábitos que me dão suporte no caminho de minha missão. Por mais que tente, não me sinto cuidadoso, otimista nem apaixonado. Tampouco me sinto persistente, disciplinado, consciente do tempo, pleno de espírito. Quando não estou bem no jogo, tendo a gastar mais tempo em coisas fáceis, pouco importantes, e me atemorizo com dúvidas cruciais, muitas vezes mais arriscadas e desconfortáveis. Como dizia Chuck Hurley, meu treinador de basquete no colégio: "O cansaço nos torna covardes".

Hora de Fazer um *Check-up*

Algumas perguntas: você tem uma escala de saúde? Está satisfeito com ela? Está disposto a aventurar-se num novo território onde possa descobrir uma nova saúde? Se estiver, talvez você precise fazer um *check-up* e elaborar um plano para chegar aonde quer em termos físicos. A vida é uma maratona, e acelerar demais o passo acaba logo com as energias. Para cumprir sua missão, é preciso estar em forma para enfrentar os longos percursos. É preciso saber lidar com a taxa de mudança diária — e muitas vezes horária — da era digital, assim como com as demandas incessantes e conflitantes.

Se estiver disposto a pôr o pé na estrada de uma saúde melhor, comece aí mesmo onde está, neste momento, e trate de viajar no rumo certo. Basicamente, a saúde física compreende quatro elementos:

110 | Tom Gegax |

+ Alimento, água, ar (o que ingerimos)

+ Exercícios (o que fazemos)

+ Sono (renovação passiva do corpo)

+ Trabalho corporal de apoio (renovação ativa do corpo)

As mudanças específicas no estilo de vida que você promove ou deixa de promover são escolha sua. Elas não se destinam a fazer com que você tenha certa aparência nem a prendê-lo num cubículo de hábitos prescritos. Eu ofereço essas idéias como uma bússola, para mostrar-lhe um nível de saúde que pode proporcionar mais bem-estar, mais alegria de viver e melhor realização de sua missão. Você decide que hábitos o ajudarão a atingir essas metas. Não se trata de uma imposição. Ao ler este capítulo e os seguintes, consulte especialistas dentro e fora: os profissionais da saúde em quem você confia e o seu eu intuitivo mais sábio. E vá em frente.

Abasteça-se para a Jornada

O corpo depende de três combustíveis principais. O alimento nos dá energia e outros valores nutritivos. A água nos mantém hidratados, transporta os nutrientes e é decisiva no equilíbrio do metabolismo. O ar nos fornece oxigênio para metabolizar a energia dos outros combustíveis.

Abasteça-se de Alimento

Eu tinha trinta e poucos anos quando topei com *Please, Doctor, Do Something!* [Por favor, doutor, faça alguma coisa!], do dr. Joe Nichols, na época, presidente da Natural Foods Association [Associação de Alimentos Naturais]. Até então, comia a comida americana típica: Big Mac com queijo extra, *pizza* com bastante calabresa e *cookies* bem crocantes. Nichols dizia que as opções alimentares tipicamente norte-americanas nada tinham de saudáveis, argumento que ele reforçava com montanhas de dados. Li esse livro de ponta a ponta, depois parei para pensar. Eu me via espelhado naquelas páginas. Estava onze quilos acima do peso normal, vivia estressado e tinha dificuldade para reunir energia. Que fazer? Podia negar o óbvio, ou arriscar e tentar seguir seu conselho. Quanto mais refletia, mais me dava conta de que não tinha nada a perder.

Parei de comer certas coisas: açúcar, frituras, carne vermelha, pão branco. Foi uma mudança radical de hábitos. Mas representou apenas meio caminho rumo ao plano alimentar que o livro recomendava, o que haveria de resultar na minha passagem para a saúde física. Em todo caso, emagreci onze quilos em poucos meses, e meu nível de energia subiu. Passei a me sentir muito melhor. Não estava doente, eu pensava, portanto devia estar bem.

| COMO VENCER no JOGO da VIDA | 111

Dez anos depois, descobri o nódulo canceroso no pescoço e, de súbito, compreendi que a pessoa sã tem muitas esperanças; e a doente, só uma: sarar. É claro que o câncer me motivou a reavaliar o que comia. Muito embora a empresa e os problemas pessoais me dissessem que tinha chegado a hora de melhorar mais meus hábitos alimentares, ainda me foi preciso um pouco de fé para acreditar que uma coisa tão simples como o que eu ingeria pudesse ser parte importante de uma vida melhor.

Em 1989, num retiro de tai chi de uma semana, tive oportunidade de provar uma maneira diferente de comer. No primeiro dia, o cardápio vegetariano orgânico não tinha gosto de nada. Senti falta do frango e do leite a que estava acostumado. Com o decorrer da semana, porém, a comida que nos serviam passou a ficar cada vez mais saborosa. À medida que meu paladar despertava, eu também despertava. Na volta, submeti o interior de minha geladeira a uma verdadeira reforma, substituindo boa parte do meu alimento regular por outro mais nutritivo. Nunca me ocorrera que simplesmente comer os produtos da terra — verduras, frutas, cereais — em vez de alimento processado, embalado, me ajudaria a sentir mais embasado psicológica e espiritualmente.

O Combustível dos Campeões

Podem me chamar de otário, mas antigamente eu tinha certeza de que a comida dos supermercados e do cardápio dos restaurantes era indiscutivelmente sadia. Da próxima vez que você estiver esperando na fila do supermercado, dê uma olhada no rótulo dos ingredientes e repare no valor nutritivo do que está no seu carrinho. Examine o quanto é "saudável" a comida congelada ou a sopa enlatada. Vai aprender muita coisa.

Nossa cultura geralmente valoriza, em primeiro lugar, o *gosto* da comida, em segundo, a *praticidade*, e só em terceiro o *valor nutritivo*. Todo mundo conhece a pergunta: "Você come para viver ou vive para comer?" Os Estados Unidos recompensam o trabalho árduo com a indulgência. No entanto, ocorre que, dando importância ao que é mais gostoso, esquecem-se de uma parte importantíssima da equação: o efeito do alimento, em nós, depois de passar pelas papilas gustativas e ir para o estômago. Por sorte existe um equilíbrio consumado: podemos nos beneficiar do gosto bom *e* do efeito nutritivo do que comemos.

Para começar a aproximar-se desse equilíbrio, lembre-se do motivo mais básico pelo qual comemos: para nutrir os músculos, os ossos, o sangue, os órgãos e outros tecidos. A alimentação depende da capacidade do corpo tanto de processar a comida quanto da de absorver os nutrientes. Assim, duas perguntas passam a ser importantes: você está alimentando seu corpo com comida rica em nutrientes valiosos? Seu corpo é fisicamente capaz de fazer o melhor uso deles?

Mais Eficiência — Menos Nutrição

As alterações profundas na produção e nas opções de alimento, nos Estados Unidos, prejudicaram nossa capacidade de dar ao corpo uma nutrição excelente. Muitos sentem que as mudanças na quantidade dos alimentos disponíveis comprometeram a nutrição em nome da eficiência econômica. Reflita sobre as alterações no consumo de alimentos:

✦ Os cereais integrais, que eram a alimentação básica da geração anterior (correspondendo a 50% da dieta), representam, atualmente, uma pequena porção do que se come. E a maior parte dos cereais que consumimos é refinada, alvejada e despida de nutrientes.

✦ O feijão, nossa fonte tradicional de proteína, atualmente é usado (assim como o cereal) principalmente como ração de gado. O irônico é que, ao substituir o feijão e o cereal por carne, perdemos de 80% a 90% em termos de valor nutritivo.

✦ A carne, as aves, os ovos e os laticínios substituíram o feijão e o cereal integral no centro da alimentação moderna. Essa comida tem lá o seu valor nutritivo, mas muitos norte-americanos dependem excessivamente dela. O resultado é uma dieta drasticamente mais rica em gorduras saturadas — uma das causas principais das doenças cardíacas — do que aquela que os seres humanos consumiam tradicionalmente.

✦ O açúcar e os ingredientes a ele relacionados são onipresentes. Antigamente, era considerado um luxo pouco freqüente, mas hoje o açúcar é habitual em muitas dietas norte-americanas.

✦ Quilo por quilo, muitos legumes e frutas oferecem menos nutrição atualmente. As técnicas de conservação artificial e o uso intenso de produtos químicos produzem pepinos vistosos e os mais fotogênicos tomates doze meses por ano, sendo que o armazenamento mais prolongado e a rapidez dos transportes possibilitam o consumo de frutas exóticas — por um bom preço. Enquanto a produção agrícola cresce e o desperdício diminui, a pergunta permanece: até que ponto esse aumento de produção comprometeu o valor nutritivo dos alimentos?

✦ A comida contém uma quantidade cada vez maior de aditivos sintéticos. Sem saber, muita gente faz dos fertilizantes químicos, inseticidas, conservantes e corantes artificiais parte integrante de sua dieta.

✦ O alimento altamente processado tem uma participação cada vez maior no que comemos — resultado direto de nosso estilo de vida ocupado e prático. A base desses víveres geralmente é a farinha de trigo, a gordura, o açúcar ou uma combinação dos três, já que duram muito tempo e atraem um grande contingente de consumidores.

Vício e Compulsão: Nós Somos o Que Comemos

Os comportamentos viciosos e compulsivos disseminados na sociedade têm relação direta com nossa dieta. O que comemos afeta nosso modo de pensar, e nosso modo de pensar afeta o que comemos. Nos ciclos dependentes e compulsivos, o corpo e a psique são apanhados numa dança de escolhas insalubres que, longe de rompê-lo, perpetuam o círculo vicioso.

Em maior ou menor grau, muitos norte-americanos lutam cotidianamente com relações viciosas ou compulsivas com a comida e a bebida. As escolhas alimentares específicas podem modificar a fisiologia de certos círculos viciosos compulsivos, melhorando o estado de espírito e eliminando alguns gatilhos bioquímicos de comportamento insalubre. A comida afeta o nosso estado de espírito, e o estado de espírito afeta a nossa capacidade de fazer escolhas saudáveis. A correção do equilíbrio químico interno pode reduzir a ansiedade e os sentimentos impulsivos, fornecendo uma fundação sólida para o trabalho psicológico e espiritual. Essa combinação possibilita avanços para quem se empenha em alterar o comportamento vicioso e compulsivo. Romper com a dependência de escolhas alimentares insalubres é uma das coisas mais contundentes que podemos fazer para melhorar a saúde e incorporar nosso espírito verdadeiro.

O Trio Problemático

Certas escolhas alimentares comuns a muitos norte-americanos geralmente estão associadas a comportamentos compulsivos. O açúcar, o álcool e o café (assim como a nicotina) são particularmente problemáticos. Não admira. Olhe a sua volta. Eles estão em toda parte.

O AÇÚCAR: DOCE CAPITULAÇÃO ✦ Quem não gosta de açúcar? Seja um *crème brûlée* para coroar um jantar elegante, seja uma guloseima durante a tarde, nós associamos o açúcar à idéia de recompensa. E quem não merece ser recompensado?

Eu sou um ex-viciado em açúcar. Sentia-me absolutamente dependente. Quando menino, minha rotina, no café da manhã, consistia em embeber biscoitos de chocolate em chocolate quente. Aos vinte e poucos anos, devorava fôrmas inteiras de bolo de chocolate quente, meio cru. Eu adorava o açúcar, mas ele não gostava de mim. Depois da euforia inicial, eu ficava derrubado, mal-humorado, irritadiço. E isso não era fácil de esconder. As pessoas que conviviam comigo naquela época diziam sempre: "Tom comeu açúcar! Sai da frente!"

Como a cafeína, o açúcar proporciona um breve pico de energia. Na I Guerra Mundial, os soldados ingeriam pacotes e pacotes dessa matéria branca para ficar mais agressivos ao sair das trincheiras e entrar em combate. O açúcar altera o estado de espírito porque afeta o equilíbrio da glicose e prejudica o estômago e o pâncreas. Também se acredita que ele enfraquece o aparelho digestivo e está ligado a diversos problemas de saúde, incluindo a cárie dentária, o diabetes e a obesidade.

As estatísticas mostram um acentuado aumento do consumo *per capita*: de vinte quilos anuais de açúcar por pessoa, em 1875, para 69 quilos em 1998. Mesmo que você ache que não come muito açúcar, pense bem. Somente um quarto do consumo se deve ao açúcar que pomos na comida. O resto — uma média de 51 quilos por ano — são as fábricas que colocam nos alimentos industrializados.

Como o açúcar o afeta? No que me diz respeito, descobri que minha suscetibilidade ao açúcar era uma forma de anestesia. Ele me mantinha entorpecido para as emoções reais. Os seres humanos são criaturas tão adaptáveis que eu não conseguia enxergar a neblina que havia criado apesar dos anos que passara entupindo o corpo com alimentação inadequada e apesar dos altos e baixos do açúcar e do álcool. Eu estava ansioso? Um copo de uísque me acalmava. Estava triste? Uma barra de chocolate me consolava.

Como o sujeito que só percebe o quanto seu pára-brisa estava sujo quando o lavam, só me dei conta do quanto o açúcar me fazia mal quando parei de comê-lo. O desejo de doce se deve ao comer demais e muito depressa, à ingestão de alimentos refinados ou ao excesso de proteína. O primeiro modo que encontrei de superar o intenso desejo de ingerir açúcar foi adotar uma dieta geral mais sadia. Inicialmente, o mais difícil foi suportar o período de adaptação.

Naturalmente eu sentia falta do gosto do açúcar no começo. Porém, em questão de semanas, meu paladar e minha fisiologia se ajustaram à nova dieta estável, e o desejo de comer doces diminuiu. Hoje, quando sinto vontade de comer açúcar, eu pego uma banana ou passo geléia de maçã na torrada.

Inevitavelmente, as pessoas pensam em doce durante a tarde. Nada mais lógico que procurar uma dose extra de energia para terminar a jornada de trabalho e agüentar até a hora do jantar. Em vez de ingerir açúcar, pense em outras maneiras de ganhar energia — e aplacar o desejo do paladar.

- Coma uma fruta fresca.

- Faça uma caminhada curta em ritmo acelerado.

- Respire fundo durante cinco minutos, concentrando-se em relaxar e afirmando um bem-estar maior nas próximas horas.

- Substitua-o por geléia ou suco de fruta.

- Tome uma xícara de chá.

- Tome um copo de água aromatizada com uma fatia de limão.

Ocorre que a maioria das pessoas acha que o enorme prazer proporcionado pela ingestão de açúcar — os estudos mostram que o chocolate produz a mesma e efêmera "sensação de bem-estar" da maconha — compensa os seus efeitos negativos. Se for esse o seu caso, procure comer açúcar com uma atitude positiva e peça a seu corpo que o processe da melhor maneira possível.

O ÁLCOOL: EUFORIA ENGARRAFADA ✦ Eu fazia o que se costuma chamar de beber socialmente. Aos vinte e poucos anos, o uísque Johnnie Walker era a

| COMO VENCER no JOGO da VIDA | *115*

minha bebida predileta. A partir dos 30, com uma renda um pouco maior que a do meu tempo de estudante, troquei-o pelo vinho: tomava três ou quatro cálices três ou quatro dias por semana. Bebia para me distrair e para sacudir o *stress* do dia. Como dizia um amigo: "Tome um drinque. Adquira um pouco de personalidade". Nas festas, minha inibição desaparecia como as de todos os presentes. De repente, sentíamo-nos mais ligados. Mas essa euforia durava precisamente o mesmo tempo que o zumbido na cabeça. No dia seguinte, o entusiasmo e a profundidade davam lugar à ressaca, levando-me a questionar a integridade de minhas emoções e das de meus colegas de copo. Lembro-me claramente de ter ouvido uma noite: "Tom, você é um cara fantástico! Um amigo para a vida inteira!" No dia seguinte, a mesma pessoa olhou para mim como se eu fosse um desconhecido. Por fim, compreendi que não era eu que estava ligado às pessoas. Era o pileque.

A sedução do cenário social não passava de uma pequena parte da história. Duro mesmo era enfrentar a ressaca depois, que durava 24 horas. Para o observador casual, as minhas eram sutis. Nenhuma dor de cabeça insuportável, nenhuma dificuldade para ir trabalhar no dia seguinte, apesar da noite maldormida. Porém, uma vez no trabalho, eu não conseguia pensar com tanta clareza. Tomar decisões me custava mais esforço. Enfim, eu ficava na marcha lenta a maior parte da semana. Era visível que, depois de cada ressaca, minha Equipe Interior lutava para se lembrar do plano de jogo e, em geral, entrava em campo apenas para que a garrafa seguinte de Chardonnay tornasse a colocá-la no banco da reserva.

Por fim, descobri que o problema não era a bebida. O problema era que o que eu queria do álcool durava apenas enquanto durasse o porre. Eu tinha de aprender a encontrar entusiasmo, intimidade, relaxamento e diversão por outros meios mais duradouros. Atualmente, às vezes tomo um cálice de vinho, mas me sinto bem por não estar com um copo de bebida na mão mesmo quando todas as outras pessoas estão. No outono de 1998, percebi o quanto meu modo de pensar havia mudado quando um passageiro do avião em que eu viajava pediu uma "chave de fenda"* à comissária. E eu pensei seriamente cá comigo: "Phillips ou comum"?

Tive sorte. Apesar de minha compulsão pelo álcool, nunca cheguei a ser viciado, como acontece com algumas pessoas. O vício e a compulsão são diferentes nas suas dimensões e nas dificuldades que acarreta, mas o objetivo de superar ambos é o mesmo: encontrar um meio de tomar as decisões conscientemente em vez de deixar que o álcool as tome por nós. Com a ajuda do programa de suporte de doze passos, de um poder superior ou de outros métodos comprovados, qualquer um pode aprender a colocar o álcool em seu devido lugar.

CAFÉ: EU TORRADO E MOÍDO ✦ O café — esse ótimo companheiro — é a microbeberagem em voga no milênio. Aliás, os cafés (os estabelecimentos em que se serve a bebida) substituíram os bares da moda como ponto de encontro. Há um

---

* *Screwdriver*, em inglês, significa chave de fenda, mas é também o nome de um coquetel preparado com suco de laranja e vodca (que no Brasil é conhecido por "hi-fi"). E a chave Phillips é uma chave de fenda mais incrementada. Daí o gracejo do autor. (N. do T.)

café em cada esquina, uma máquina de café expresso em cada escritório, pó de café bem moído em cada despensa: É praticamente impossível evitar o ouro negro da produtividade do trabalhador, reputação que se deve a suas qualidades estimulantes e excitantes. Porém, como seus dois companheiros do trio problemático, ele tem uma bagagem nutricional que fica encoberta pelo seu prestígio cultural.

Por trás dos altos e baixos que acompanham uma dose de cafeína, o café inibe a capacidade do corpo de absorver nutrientes de suma importância como o cálcio. Não é novidade para ninguém que a cafeína provoca dependência à medida que estimula o sistema nervoso central. Em grandes quantidades, pode provocar insônia e palpitações. Você passou o fim de semana com dor de cabeça porque não tomou o seu café matinal? Pois isso é síndrome de abstinência de cafeína. Embora muita gente o situe ao lado do oxigênio como os únicos conservantes da vida num dia marcado pelo *stress*, a verdade é que o café contribui com o *stress* criando um ciclo excitação e cansaço que tende a se perpetuar. Livrar-se disso exige um esforço consciente.

Se você quiser parar, procure ir diminuindo gradualmente, durante algumas semanas, antes de passar para o café completamente descafeinado. Largar de uma vez geralmente provoca dor de cabeça durante dias ou semanas.

Os chás, inclusive os de diversas ervas, são excelentes alternativas para o café. Passei a gostar muito de chás sem cafeína, como o de camomila e o de hortelã. Na fase intermediária, experimente os chás pretos ou verdes, que têm variados graus de cafeína, mas não provocam nos nervos os efeitos colaterais do café. Esses chás também são ricos em componentes antioxidantes capazes de ajudá-lo a evitar o crescimento de tumores e a reduzir alguns fatores que colaboram para o aparecimento de doenças cardíacas.

ESCOLHA CONSCIENTEMENTE ✦ Agora reconsidere a sua relação com o trio problemático — o açúcar, o álcool e o café — à luz de seus poderosos efeitos. É claro que, no momento certo, qualquer um deles pode ser adequado e até mesmo saudável. Tomados regularmente, porém, o mais provável é que não lhe façam bem. Se você estiver sob a sua influência, considere isso um aviso no seu painel pessoal solicitando um *check-up* interno. Veja até que ponto seu corpo lida com eles e repare no grau de efeitos colaterais e riscos que você está disposto a aceitar. Tomar consciência dos efeitos desses prazeres pode motivá-lo a mudar, mas, se você acha que vale a pena comer uma barra de chocolate, tomar um martini ou saborear um *cappuccino*, satisfaça essa vontade. Aproveite as três coisas com plena consciência do que está fazendo.

Assuma o Controle

Apesar de todas as desvantagens mencionadas, neste mundo repleto de estatísticas pode-se encontrar uma cifra que apóie qualquer comida ou bebida que existe. É a natureza maleável das estatísticas. Não confie nelas. O acúmulo de evidências a partir de múltiplos estudos fornece um quadro mais completo. Acolha todas as

COMO VENCER no JOGO da VIDA

informações sobre a saúde — incluindo as que você está lendo aqui — com abertura e parcimônia.

Acompanhar os prós e os contras das várias escolhas alimentares pode ser desnorteante, quando não uma lição em enigmas. O que está claro é que as escolhas dietéticas e as reações biológicas são tão diversas quanto as formas dos flocos de neve. Leve em conta suas necessidades particulares, assim como quaisquer predisposições genéticas a doenças específicas, de modo a criar hábitos alimentícios adequados ao seu plano de vida. Por exemplo, eu faço uma dieta principalmente vegetariana, mas não a recomendaria a todo mundo. Em todo caso, tenho certeza de que ela serve para qualquer um aprender mais sobre as necessidades nutricionais individuais e sobre as vantagens e desvantagens de suas escolhas. Experimente novos alimentos. Procure eliminar outros. Repare no sabor da comida durante algumas semanas, enquanto seu paladar se adapta à mudança. Com a informação certa e uma auto-avaliação sincera, você tem mais possibilidade de fazer as escolhas corretas.

À medida que eu me informava mais sobre o alimento e a nutrição, uma pergunta surgiu: por que os médicos não me orientaram melhor? Descobri que o problema é que os médicos (que figuram, inquestionavelmente, entre os profissionais que mais trabalham) têm dificuldade para exercer um papel na saúde preventiva, especificamente nas mudanças de dieta. Primeiro, observe quanto tempo os hospitais e as organizações de saúde reservam para que os médicos aconselhem os pacientes na prevenção de moléstias. É difícil que isso aconteça. Em segundo lugar, nos sistemas administrativos dos hospitais, são raros os incentivos para que eles ajudem as pessoas a prevenir as doenças. Basicamente, os médicos são pagos não para ajudar as pessoas a *permanecer* bem de saúde, e sim para *curá-las* quando adoecem. E, terceiro, a alimentação ocupa um dos últimos lugares na lista de prioridades das faculdades de medicina dos Estados Unidos; muitas não oferecem sequer um curso de nutricionismo. Em todo caso, isso está mudando graças a uma nova geração de médicos que vem demonstrando cada vez mais interesse pela nutrição; ela vai fazer a diferença.

No entanto, ainda há grandes desafios pela frente. O dr. Jim Calli, um grande amigo meu, é cardiologista. Estudioso, formou-se em medicina pela Johns Hopkins University. Eu o provoquei para uma discussão sobre a nutrição. Jim procurou livros sobre o tema nos congressos anuais de cardiologia da American Heart Association. No congresso de 1995, em meio aos milhares de livros disponíveis, ele não encontrou nenhum sobre nutrição — muito embora os especialistas e a AHA reconheçam que a dieta é uma das causas principais das cardiopatias. Eu transmito a ele as informações nutricionais que obtenho, e ele lamenta que não sejam mais acessíveis nas fontes "oficiais". Creio que o melhor preparo dos médicos e do público no que diz respeito à alimentação sadia (inclusive à maneira de preparar a comida e onde obtê-la) precisa receber uma parcela da verba destinada à pesquisa. Em face da influência do fator dietético em um grande número de enfermidades, não estaremos fechando os olhos para uma parte importante da cura?

Sei que a medicina beneficiaria mais as suas organizações (para não falar nos clientes) se a elite médica norte-americana dedicasse mais tempo aos pacientes, recompensasse mais a conservação da boa saúde e divulgasse mais informações sobre a alimentação. A American Medical Association, assim como as faculdades de medicina do país, as companhias de seguro, as organizações de saúde e os hospitais, faria bem em dar atenção ao que escreveu o pai da medicina, Hipócrates: "Que o alimento seja o teu remédio". O dr. Mitchell Gaynor, chefe do departamento de oncologia do New York Strang Cancer Prevention Center, diz: "Nós vimos o futuro, e o futuro é comida". Enquanto o futuro não chega, nós, leigos, precisamos tomar a iniciativa no que se refere às necessidades nutricionais em vez de fingir que aquilo que os médicos *não nos contam* não pode nos fazer mal. Repito: as moléstias que resultam em 66% dos óbitos, anualmente, são causadas ou agravadas pela dieta. Não fique esperando até que nossas instituições acordem. Depositar confiança no lugar errado pode ser letal.

Assuma o controle. Você não precisa ser prisioneiro da genética nem das sinistras estatísticas que prevêem nossas possibilidades de contrair uma doença fatal. Pergunte aos profissionais da saúde sobre a nutrição e não desista enquanto não encontrar quem leve a sério o papel da alimentação e tenha respeito por seus pontos de vista e por sua curiosidade. Comece pelo seu médico; há um pequeno grupo de pessoas — mas que não pára de crescer — que está se tornando nutricionalmente consciente. Mas não pare aí. Os quiropráticos, os nutricionistas, as enfermeiras, os médicos naturalistas ou homeopatas e outros profissionais da saúde — toda essa gente é uma fonte potencial de conhecimento. Geralmente, as lojas de alimentos naturais vendem bons livros sobre nutrição, além de oferecer cursos de culinária sadia. Consulte as livrarias, eletrônicas ou não. Examine a seção Recursos, no fim deste livro, em busca de pontos de partida específicos.

Sua vida pode depender disso. E o modelo que você escolher pode muito bem influenciar os hábitos alimentares e a saúde de seus filhos e das pessoas próximas. Os efeitos positivos espalham-se muito mais do que você imagina.

Mude a Marcha

Certas pessoas modificam sua dieta gradualmente, ao passo que outras preferem o caminho da mudança brusca. Se decidir mudar, faça-o da maneira que for melhor para você, e faça disso uma mudança definitiva. Construa seus hábitos de modo que eles lhe sirvam feito uma luva — tão confortáveis que passem a ser sua segunda natureza.

Não sabe ao certo por onde começar? Eis um passo na direção certa, algumas orientações dietéticas baseadas em recomendações da American Cancer Association, até certo ponto semelhantes às da American Heart Association. Se quiser conhecê-las mais precisamente, entre em contato com a ACA e com a AHA e peça a apostila completa. Essas são abordagens viáveis e sadias que podem aumentar o seu nível de saúde física.

1. Retire a maior parte do alimento de fontes vegetais.

✦ Coma cinco ou mais porções de frutas e verduras por dia (uma porção corresponde a mais ou menos uma xícara).

✦ Inclua cereais em todas as refeições (arroz, macarrão, pão).

✦ Prefira os cereais integrais aos processados.

✦ Troque a carne por feijão, que tem pouca gordura e muita proteína.

2. Limite a ingestão de alimentos gordurosos, sobretudo os de origem animal.

✦ Substitua os alimentos gordurosos por frutas, legumes, cereais e feijão.

✦ Prefira os alimentos assados ou cozidos às frituras.

✦ Escolha os laticínios semidesnatados ou desnatados.

✦ Dentre os alimentos embalados, os salgadinhos, os pré-cozidos e os lanches, prefira os pobres em gordura.

3. Restrinja o consumo de carne, principalmente as gordurosas.

✦ Se comer carne, prefira a magra.

✦ Coma porções pequenas.

✦ Troque a carne de vaca, de porco e de cordeiro por feijão, peixe, frutos do mar e aves.

✦ Prefira assados e cozidos às frituras.

Meu Plano Alimentar para o Resto da Vida

Aqui estão as escolhas alimentares que fiz para me manter sadio:

HÁ REGULARMENTE NA MINHA MESA

✦ **Cereais integrais**, incluindo arroz, painço, aveia, assim como pão e massas integrais.

✦ **Feijão**, incluindo *tempeh* (do feijão-soja) e hambúrgueres vegetais.

✦ **Condimentos/óleo**, incluindo *tamari* (molho de soja natural) e azeite de oliva (muito bom para o coração).

✦ **Sopas**, incluindo as minhas prediletas, de cenoura, de missô (pasta feita de soja, sal e cereais fermentados) e de cebola.

✦ **Algas marinhas**, incluindo nori, arame e hijiki.

✦ Uma grande variedade de **frutas, verduras e legumes** nas saladas e guarnições.

120 | Tom Gegax |

✦ **Doces de frutas naturais**, incluindo uva-passa e geléia de maçã.

✦ **Bebidas orgânicas e naturais**, incluindo água mineral, suco de cenoura, chás de ervas sem cafeína e sucos de frutas.

OCASIONALMENTE NA MINHA MESA

✦ Peixe, queijo, ovos e manteiga.
✦ Nozes.
✦ Bebidas alcoólicas.

EU EVITO

✦ Produtos processados e pré-embalados que contenham açúcar refinado, cereais e farinha refinados, gorduras hidrogenadas, corantes artificiais e conservantes.

✦ Carne vermelha e branca.

✦ A maioria dos laticínios.

✦ Café, refrigerante, leite, água da torneira.

✦ Condimentos e molhos salgados, gordurosos e açucarados.

A VANTAGEM ORGÂNICA ✦ Quando não janto fora, como frutas, verduras e legumes orgânicos. Orgânico é o alimento que não foi tratado com pesticidas ou fungicidas. Recentemente, a agricultura orgânica tornou-se uma indústria em rápido crescimento. Trata-se de uma mudança importante, não só para a saúde das pessoas como também para a saúde da terra e dos pequenos agricultores pressionados pelas fazendas industriais. A agricultura orgânica é um nicho que as fazendas industriais estão mal equipadas para ocupar.

Não faltam médicos, cientistas e administradores da saúde que menosprezam a preocupação com a proliferação de agrotóxicos. Mas é importante notar que eles se baseiam nos efeitos a curto prazo de um único pesticida numa única fruta ou verdura. Essa, na sua opinião, não é uma quantidade perigosa de toxina. No entanto, sua metodologia suscita importantes indagações científicas:

✦ Quais são os efeitos cumulativos a longo prazo dos agrotóxicos no sistema imunológico e na capacidade de cura do corpo?

✦ O que acontece quando se ingerem, ao mesmo tempo, dois ou mais pesticidas comuns em diferentes legumes ou verduras? Os estudos constatam que podem ocorrer reações perigosas.

À frente dessa discussão encontra-se o renomado dr. Andrews Weil, empenhado em relacionar os agrotóxicos com a moderna epidemia de câncer de mama e com os distúrbios de imunodeficiência. Tendo contraído câncer e observado o aumento extraordinário de ocorrência dessa doença, assim como de outras enfermidades, não posso deixar de indagar até que ponto o acúmulo de produtos químicos empregados na produção de alimentos nos afeta a saúde. Não faz muito tempo que tanto a EPA* quanto o USDA** autorizavam o uso do DDT nas plantações norte-americanas. Em todo caso, na falta de provas conclusivas, eu procuro eliminar os riscos potenciais comprando produtos orgânicos sempre que possível. Muita gente também vê alternativas mais sadias nas aves "caipiras" (criadas soltas) e nas carnes sem hormônio. Infelizmente, esses produtos são um pouco mais caros que as variedades convencionais, situação que há de mudar à medida que cada vez mais consumidores apóiem e insistam nesses produtos livres de substâncias químicas.

Remova os Obstáculos

Isso lhe parece muita mudança em pouco tempo? Decerto a maioria das pessoas está apegada a sua dieta atual, do mesmo modo que eu era apegado ao açúcar, ao álcool, à carne e ao leite. Nós adquirimos nossas preferências dietéticas na juventude. Na idade adulta, nosso paladar já está doutrinado. Acrescente-se a isso o vínculo emocional que temos com certos alimentos, e pode parecer impossível mudar os hábitos alimentares. Mesmo assim, muitos adultos alteram a dieta. E você também pode fazê-lo se quiser.

COMIDA SADIA EM CASA ✦ Em casa, é mais fácil controlar o que se come porque temos controle sobre o que há na despensa e na geladeira. Minha companheira, Mary, e eu fazemos compras — produtos orgânicos sempre que possível — nas cooperativas agrícolas locais e nos mercados especializados em alimentos saudáveis. Algumas grandes redes de supermercados estão ampliando as seções de comida natural, uma iniciativa que merece aplauso, embora geralmente eles tendam a oferecer mais produtos pré-embalados que alimentos orgânicos frescos.

COMIDA SADIA NO RESTAURANTE ✦ Quando for jantar fora, informe-se sobre os restaurantes que anunciam cardápios saudáveis. Há cada vez mais estabelecimentos reorganizando esse segmento em expansão e oferecendo amplas opções. Eu consigo escolher uma comida sadia praticamente em qualquer restaurante: salada, sopa de legumes, peixe grelhado ou cozido, verdura, arroz, feijão. Peça essas coisas mesmo que não figurem no cardápio. É raro um restaurante que não prepare algo assim quando o cliente quer. Mesmo nos casos em que o cardápio é pobre em opções saudáveis, não se desespere. Eu simplesmente como o melhor alimento disponível e imagino o meu corpo convertendo-o num combustível mais propício.

---

* EPA, Environmental Protection Agency, o órgão norte-americano de proteção ambiental. (N. do T.)
** USDA, United States Department of Agriculture, o Ministério da Agricultura dos Estados Unidos. (N. do T.)

COMIDA SADIA NO TRABALHO ✦ O escritório é um dos lugares mais difíceis para alimentar-se corretamente. Todas as mesas têm uma gaveta cheia de guloseimas. As cafeteiras estão sempre cheias e fumegantes. As máquinas de venda automática, repletas do que todo mundo sabe que não passa de calorias inúteis, ficam irresistíveis às três horas da tarde.

Como se os deveres diários não bastassem para preocupar, o local de trabalho é onde devemos procurar mais ativa e obstinadamente as boas escolhas alimentares. Embora as sugestões abaixo nem sempre sejam viáveis, as atitudes que elas pressupõem funcionam em toda parte. Tenha iniciativa. Saiba onde estão as boas opções em qualquer hora do dia. Do contrário, você vai acabar ficando com fome e sem ter aonde ir, a não ser à insípida máquina de venda automática.

- ✦ Solicite que a máquina de venda automática do seu escritório ofereça pelo menos algumas opções pobres ou totalmente sem gordura nem açúcar e, se possível, maçã, banana e laranja no lugar de alguns doces.

- ✦ Fale de suas preferências alimentares com o gerente da cantina da empresa.

- ✦ Traga o almoço de casa.

- ✦ Crie uma cooperativa do almoço. Ache colegas com gosto parecido com o seu e faça o rodízio da responsabilidade de levar a comida.

- ✦ Mantenha uma reserva dos seus chás prediletos no local de trabalho. Na falta de uma fonte de água quente, engarrafada ou filtrada, traga de casa um ebulidor ou peça ao chefe que providencie o fornecimento de água quente.

- ✦ Quando viajar, informe-se, no hotel, sobre os estabelecimentos que servem alimentos saudáveis.

O ZEN NA ALIMENTAÇÃO

- ✦ Coma sentado e saboreie a comida devagar. O ritmo mais lento dá tempo ao cérebro para registrar quando o estômago estiver cheio. Se comer muito depressa — ou diante da televisão —, o garfo será mais rápido que o seu cérebro, e você vai acabar comendo demais.

- ✦ Mastigue bem, pois isso ajuda o aparelho digestivo a metabolizar o alimento (geralmente eu sou o último a sair da mesa).

- ✦ Cultive um estado mental positivo. Afastando do pensamento os fatos estressantes e concentrando-se no aspecto nutritivo do que está comendo, você reforça, em seu corpo, a capacidade de absorver o que há de bom na comida. Há ocasiões em que eu almoço no escritório, embora não goste disso. Quando acontece, esforço-me para respirar fundo e relaxar durante dois minutos antes de começar a comer. Isso me permite afastar-me mentalmente das preocupações do momento e ingerir o alimento com uma atitude melhor. Depois, volto ao trabalho com uma sensação de bem-estar.

Os Supersuplementos

Para aumentar ainda mais o bem-estar, tomo diversos suplementos nutricionais: vitaminas, minerais, elementos básicos e ervas. Eu nunca recomendaria substituir a alimentação sadia pelos suplementos. Uso-os para eliminar o *stress* extra deste mundo poluído e enfrentar a agenda por vezes lotada. Encare os suplementos como reforços que conservam o seu sistema imunológico em bom funcionamento.

Há centenas de suplementos úteis no mercado, e os consumidores os estão adotando. Entre 1994 e 1997, as vendas anuais subiram de 8 bilhões para 12 bilhões de dólares. Não faz muito tempo, a American Medical Association considerava os suplementos vitamínicos e minerais um desperdício de dinheiro. Ela mudou de opinião e, atualmente, recomenda-os a quem sofre de deficiências dietéticas específicas — e, em nossa época, eu acredito que quase todo mundo está incluído nesse grupo. Lembre-se, suas exigências alimentares variam conforme os níveis de *stress*, a idade, a atividade física, a dieta e o gênero. Embora seja tentador confiar nas recomendações genéricas que, por imposição da FDA*, aparecem nos rótulos dos alimentos ou nas Recommended Daily Allowances [Quantidades diárias recomendadas] (RDAs) de vitaminas, minerais e elementos básicos, sua situação pode melhorar com uma abordagem mais personalizada, que inclua uma variedade maior de suplementos RDA e outros.

Além dos suplementos RDA, incluindo as vitaminas B, C e E, o ácido fólico, o selênio, o cálcio e o magnésio, as prateleiras dos varejistas da saúde ficam mensalmente mais lotadas de suplementos herbáceos e de alimento integral. Alguns migraram da medicina tradicional de outras culturas, particularmente da chinesa. A FDA faz muitas restrições aos efeitos benéficos anunciados pelos fabricantes, porém, com um pouco de esforço, podem-se obter as informações necessárias para decidir o que faz bem. Assim como não aceitamos uma receita sem submeter o médico a um verdadeiro interrogatório sobre suas vantagens e desvantagens, é preciso estar bem informado sobre os suplementos herbáceos e integrais. Para começar logo, você pode entrar na loja de alimentos naturais mais próxima. Alguns dos suplementos mais comuns que você vai encontrar são a erva-de-são-joão, a *echinacea*, a hidraste, o *ginkgo biloba*, a *saw palmetto*, a raiz de valeriana, o astrágalo, o *ginseng* (coreano e siberiano), a alga marinha, a coenzima Q-10, os ácidos saturados ômega-3, e a spirulina e os acidófilos.

Pronto ou Não?

Você está pronto para pôr essas idéias em prática? Eis algumas maneiras de começar:

✦ Leia e aconselhe-se com os especialistas sobre suas necessidades específicas.

---

* FDA, Food and Drug Administration, órgão norte-americano que controla os alimentos e os medicamentos. (N. do T.)

124 | Tom Gegax |

✦ Reserve algum tempo — um retiro ou umas férias relaxantes — para formular e concentrar-se em suas metas alimentares, assim como para dar ao seu paladar a oportunidade de adaptar-se. É mais fácil inaugurar novos hábitos em lugares desconhecidos, onde você está mais aberto para a mudança.

✦ Mude o conteúdo da sua geladeira.

✦ Peça aos amigos que o acompanhem a restaurantes que sirvam cardápios mais sintonizados com seus novos objetivos dietéticos.

✦ Procure apoio. Se você tiver um amigo que está fazendo mudanças parecidas, troque informações e estímulo com ele. Mas esteja preparado para continuar no seu rumo caso esse amigo desista.

✦ Adote um programa estruturado, como o proposto pelo dr. Andrew Weil em *8 Weeks to Optimum Health* [Oito semanas para uma ótima saúde].

✦ Não subestime a força do antigo hábito. Disponha-se a perdoar-se quando "escorregar" — e retome o caminho com entusiasmo.

✦ Se não houver uma alternativa saudável no restaurante, relaxe. Coma a melhor opção, mesmo que escape ao seu plano. Esses são momentos sedutores que testam sua vontade dietética e podem parecer desculpas perfeitas para descer do bonde da saúde e pedir a comida mais gostosa do cardápio. Persista.

✦ Divirta-se com isso. Esqueça o "ter de", o "ser obrigado a". Só faça alterações se for bom para você. Do contrário, continue comendo exatamente como come, com amor no coração e uma atitude positiva.

Abasteça-se de Água

Como ocorre com a própria Terra, mais da metade do corpo é constituída de água. É deveras difícil de acreditar — já que não nos esparramamos por aí —, mas a água é o vínculo vital de todas as nossas funções físicas. O oxigênio, os nutrientes, os hormônios e os mensageiros químicos viajam pelas quedas-d'água em nosso corpo. Tal como as mensagens numa garrafa jogada num rio, os órgãos vitais enviam comunicados entre si por meio da água das células. A digestão e o metabolismo, assim como a lubrificação das articulações, dependem da água.

Diariamente, o adulto médio processa quase três litros de água pela respiração, a transpiração, a urina e a eliminação. O *stress*, a doença, o ferimento, o exercício físico e o suor excessivo afetam dramaticamente essa produção. Isso pode ser perigoso. A escassez de água faz que o corpo se volte contra si mesmo, liberando as toxinas dos resíduos. As impurezas aumentam no sangue, e nossos rins pedem socorro. Ademais, quando estamos desidratados, o corpo declara "estado de calamidade" e canaliza a maior parte da água disponível para os órgãos mais vitais, como o cérebro, os pulmões e o coração. Isso deixa as partes menos vitais desamparadas, incluindo a pele, as unhas, o cabelo, os ossos e as articulações. O efeito desse processo é uma escassez de energia que leva ao desequilíbrio. Sem o abastecimento adequado de água, o corpo, basicamente uma bateria de células de água, não tem como produzir, armazenar e transmitir energia eficaz e plenamente.

Para conservar uma hidratação sadia, beba água entre as refeições. Uma boa regra prática é tomar diariamente, em litros, o correspondente a 1/30 de seu peso. Um homem de noventa quilos, por exemplo, deve beber pelo menos três litros de água por dia. Um indicador da ingestão adequada de água é a saúde da pele, do cabelo e das unhas. No entanto, a hidratação inadequada manifesta-se mais insidiosamente na queda no desempenho, na falta de lucidez, no mal-estar e nas doenças. A verdade é que muitos norte-americanos sofrem de desidratação crônica. O dr. F. Batmanghelidj, autor de *Your Body's Many Cries for Water* [As muitas maneiras de seu corpo pedir água], diz: "Você não está doente; está é com sede".

Água, Água em Toda Parte

Com as incontáveis opções de água, às vezes fica difícil saber qual é a melhor. Em casa, eu bebo água filtrada; na rua, engarrafada. Embora a água fornecida nos Estados Unidos geralmente não contenha germes causadores de moléstias, contém produtos químicos tóxicos oriundos da indústria e da agricultura. Mais de um terço dos sistemas de fornecimento de água estão aquém dos padrões de pureza da EPA. Detectaram-se mais de duzentos produtos químicos tóxicos na água fornecida em todo o país. Qualquer que seja a sua preferência, água filtrada, engarrafada ou da torneira, saiba o que está bebendo e contente-se com o papel importante que a água tem no seu bem-estar geral.

Água, das Nove às Cinco

Agora você tem mais um motivo para estar sempre perto do bebedouro. Um bebedouro que forneça água fresca e gostosa é um grande aliado contra o *stress* do local de trabalho. Para aproveitar bem, tenha um bom jarro no escritório e coloque nele algumas fatias de limão ou de lima. Tenha também um copo de água especial que o lembre do poder vital dessa bebida básica.

Em um dia de muita atividade, é fácil esquecer de beber água suficiente. Minha solução? Levo sempre comigo uma garrafa de água e vou bebendo aos poucos durante o dia, voltando a enchê-la de água filtrada e gelada em casa ou no escritório.

Também tomo água quente ou à temperatura ambiente. Os Estados Unidos são um dos poucos países do mundo que bebem principalmente líquidos gelados. Há quem diga que refrigerar o interior do corpo com líquidos gelados desgasta o estômago e o aparelho digestivo. Enquanto não houver uma resposta decisiva para a questão, eu imagino que morar em Minnesota já me expõe suficientemente ao frio; não preciso de bebida gelada.

Abasteça-se de Ar

Você já viu a cena muitas vezes. Shaquille O'Neil está na linha de lance livre, na cabeça do garrafão pronto para arremessar, ou Venus Williams está na linha de base, pronto para a próxima jogada. Antes de mais nada, porém, os dois param e respiram fundo, prolongadamente.

A respiração correta pode ser uma excelente redutora do *stress* e produtora de energia. Nos Estados Unidos, normalmente considera-se a respiração uma prática boa para a saúde. Nós simplesmente supomos que fazemos isso direito. Mas a verdade é que não. Em termos gerais, a respiração natural ocupa uma pequena porcentagem da capacidade dos pulmões. Não estou me referindo às situações de *stress*, que contraem os músculos e aumentam a ansiedade, fazendo que a respiração seja ainda mais superficial.

Pense nisso. Podemos ficar dias sem comida ou sem água, mas quando tempo resistiremos sem ar? É o elemento mais necessário para a produção de energia — para promover a sobrevivência. Quando o cérebro deixa de receber oxigênio, o dano é quase imediato. Sem respirar, não conseguimos pensar; e, embora o cérebro corresponda a apenas 2% do peso do corpo em repouso ele consome 20% do oxigênio respirado.

Acenda o Cigarro e Tussa

Respirar fundo o ar puro é um dos prazeres simples da vida. Fumar, vício da família do açúcar, do álcool e do café, é uma das maneiras mais comuns de as pessoas deixarem de beneficiar os pulmões com oxigênio puro. O tabagismo é a causa principal do câncer do pulmão e a causa principal dos óbitos por câncer nos Estados Unidos. Prova da influência viciosa da nicotina é que, apesar dessas estatísticas, estima-se que 46 milhões de norte-americanos estão presos ao maço de cigarros.

Como tantos outros hábitos, o de fumar pode ser superado e substituído por outro — *o de não fumar* —, como atestam mais de 44 milhões de adultos que conseguiram abandonar o tabagismo. Por diversos meios — modificação do comportamento, terapia de nicotina com prescrição médica e até o simples parar de fumar —, muitos estão avançando no sentido de purificar o ar e respirar mais fundo.

Entra... e Sai... Entra... e Sai...

Nas culturas asiáticas, a respiração observada é considerada uma prática vital para a saúde. Respirar é mais que o ato mecânico de pôr e tirar ar dos pulmões. É uma articulação do ser em algum lugar entre o físico, o não físico e o metafísico. Os bons instrutores de técnicas de relaxamento meditativo ensinam que respirar é uma forma de arte que nos dá poder. Os discípulos de algumas dessas tradições passam anos observando a respiração. Nas tradições yogues, a respiração é um vínculo vital entre a mente e o corpo: sem ela, não há vitalidade, não há vida.

O primeiro passo para compreender o seu próprio padrão de respiração consiste simplesmente em reparar em como você respira. Como os anéis de uma árvore, que registram as variações de temperatura, a incidência de chuva e outras influências, cada respiração se reflete no estado psicológico e emocional. Os momentos estressados, irritados, produzem pouca inspiração e muita expiração. As situações de medo provocam uma respiração rápida, entrecortada. Quando tiver observado esses padrões em si mesmo, você poderá trabalhar conscientemente com eles, de modo a levar o corpo a um estado de relaxamento, compensando o *stress* momentâneo e os efeitos cumulativos da tensão. Experimente da próxima vez em que estiver tenso. Você vai descobrir que consegue se acalmar respirando consciente, profunda e regularmente.

Preste atenção em sua respiração agora. Não demora mais que alguns segundos. Primeiro, concentre-se na respiração. Limite-se a observar o ciclo completo de inspiração e expiração...

Que mudanças você notou simplesmente por ter se concentrado na respiração? Pode ser que tenha respirado fundo sem a intenção de fazê-lo. Sinta a respiração deslizando em sua boca e em seu nariz, passando pela garganta e entrando nos pulmões. Repare se é agradável ou se seu peito ou seu estômago estão rígidos. Observe que uma respiração profunda não só enche os pulmões como também, o que é mais importante, dilata o diafragma e o ventre, relaxando o resto do corpo. Os músculos tensos não absorvem tão bem o oxigênio quanto os relaxados. Respirar fundo e soltar conscientemente a tensão muscular desencadeia um efeito dominó que ajuda todo o corpo a reequilibrar-se.

Para otimizar o benefício, é preciso muita prática para aprender os padrões que retiram o máximo de cada respiração. Mas qualquer um pode observar seus padrões diários; este já é um passo inicial rumo à respiração relaxada e à saúde melhor. Só o fato de fazer essa observação em diferentes momentos do dia produz uma respiração mais profunda, um dos meios mais facilmente disponíveis de compensar o *stress*. Ele abre a porta para que eu fique mais relaxado, no aqui e agora, e mais consciente do que está acontecendo à minha volta e dentro de mim.

O Ar Estimula

São três horas da tarde, e você está precisando de uma dose instantânea de energia. Antes de apertar o botão para que a máquina de venda automática lhe forneça uma barra de chocolate, passe alguns minutos energizando-se com a respiração.

Ponha uma das mãos na barriga e a outra no peito. Qual deles se dilata mais quando você inspira? A barriga? Ótimo! Significa que você está enchendo mais os pulmões de oxigênio. Agora feche os olhos e respire lentamente pelo nariz. Enquanto faz isso, simplesmente repare em seu ciclo de inspiração e expiração. Concentre-se no ritmo de modo a encontrar um ponto relaxado. Abra os olhos e continue a respirar. Será que ainda precisa da barra de chocolate?

Procure respirar mais plenamente. A própria consciência de si fará com que você avance um passo em direção ao equilíbrio. Que instrumento fantástico nós temos na respiração; é um recurso prontamente disponível, conveniente, que não depende de hora marcada nem precisa de autorização. Está sempre aí, com você. Dispensa equipamento e bateria. E é uma das coisas mais saudáveis que podemos fazer por nós.

O Exercício Físico

Nós somos muito sedentários em comparação com nossos ancestrais. Vamos de carro a um supermercado que fica a quatro quadras de casa. Usamos rampas e escadas rolantes, tomamos o elevador. Alguns quarteirões são o máximo que caminhamos, e só subimos escadas quando há treinamento para caso de incêndio. Já não sendo obrigados a caçar para comer (graças a Deus), fazemos compras na mercearia ou almoçamos no restaurante. Em vez de cultivar a terra ou fazer trabalho braçal, ficamos diante do computador, à escrivaninha, onde a coisa mais pesada que erguemos é um telefone ou um grampeador. Nossos filhos assistem à televisão, jogam videogame ou passam o dia no *shopping*, diversões que recentemente se tornaram acessíveis. Acrescente-se a isso a síndrome do sofá com salgadinhos, ou seja, passar horas diante da televisão, coisa que nos preocupa há apenas algumas gerações. Já não precisamos nos mover nem mesmo para mudar de canal. Basta "surfar" com o controle remoto (uma metáfora irônica para um passatempo tão estático). Conclusão: menos movimento, menos exercício, a decadência do corpo.

Um Pouco de Flexão por Dia Mantém o Médico a Distância

Nada disso seria problema não fosse uma coisa: a Mãe Natureza sabe muito bem que precisamos de atividade física regular para conservar a flexibilidade, manter e aumentar a massa óssea, melhorar as funções pulmonares e cardíacas, ativar o equilíbrio químico e mobilizar o sistema imunológico.

O exercício ajuda o corpo a processar com mais eficiência os 20 mil litros de oxigênio que ele inspira por dia. Conserva e aumenta a força e o tônus muscular. Nas primeiras dez ou doze semanas de exercícios, seu pulso diminui uma batida por minuto por semana ou a cada quinze dias.

As pessoas que fazem ginástica moderada têm até menos infecções. O exercício provoca uma euforia natural graças às endorfinas, substâncias químicas liberadas pelo cérebro com capacidade de produzir um prazer semelhante ao do ópio. Recomenda-se a ginástica também aos que sofrem de depressão. A intensificação da circulação sangüínea, as endorfinas e o reequilíbrio químico resultantes proporcionam um alívio que parece mágico. O papel do exercício na longevidade e na prevenção de doenças é decisivo e incontestável.

| COMO VENCER no JOGO da VIDA | 129

Por melhores que sejam, não são esses benefícios que me levam a praticar exercícios físicos. Eu corro e jogo basquete porque isso me deixa mais lúcido e me enche de entusiasmo para cumprir minha missão no dia-a-dia. Quando sinto uma baixa de energia, o exercício me recarrega. E também alivia o *stress*. Um exercício vigoroso restaura a perspectiva e me alivia das preocupações que me pareciam excessivamente graves. É claro que algumas preocupações merecem atenção, mas elas não precisam ser motivo de *stress*.

Do mesmo modo, a mente sempre fica mais aguçada depois do exercício físico. Ele nos permite tomar decisões mais lúcidas. Também notei que quando não pratico exercícios regularmente, seja por causa de uma contusão ou de uma doença, não sou tão meigo e tolerante com os outros. O sono melhor e o controle do peso completam os efeitos incrivelmente positivos do exercício físico.

Sinta-se Bem, Ganhe Tempo

A grande pergunta: em face de tantos benefícios, por que você não tem atividade física regular? Por falta de motivação? Ora, basta compreender os benefícios acima. Concentre esses efeitos em um comprimido e escreva a lista de benefícios na embalagem: você terá um remédio capaz de vender mais que o Viagra. Mas ele não existe na forma de comprimido. Exige tempo e esforço.

Como muita gente, eu analiso informalmente a relação custo-benefício das coisas que escolho fazer. De vez em quando, dedico cerca de sessenta minutos a uma combinação de ginástica aeróbica, alongamento e musculação. Essas três ou quatro horas semanais (que não passam de 3% do tempo que passo acordado) oferecem um grande RTI (retorno do tempo investido); os benefícios superam em muito o custo do tempo. Pelos meus cálculos, cada sessão produz 48 horas de bem-estar, além do sadio subproduto de fortalecer os sistemas imunológico, cardiovascular, nervoso e muscular.

Apenas para testar o seu valor, faz duas décadas que, de vez em quando, experimento passar essas três ou quatro horas semanais fazendo outra coisa que não a ginástica. É sempre um desastre. O *stress* acaba comigo; eu perco a serenidade, a energia e a clareza, perco a agilidade mental. E, no fim do dia, acabo constatando que não ganhei tempo nenhum. Aliás, perdi. Não é exagero dizer que, sem exercício regular, eu não estaria passeando neste planeta atualmente. Os enormes desafios da vida já teriam acabado comigo há muito tempo.

No Seu Ritmo

A nossa é a época do tudo ou nada. Certas pessoas dizem que, se for para praticar exercícios, tem de ser para valer, do contrário, é preferível não fazer nada. E não fazem mesmo, alegando que é impossível encaixar em sua agenda duas horas de ginástica por dia. O extremismo do estilo de vida prepara o terreno para o fracasso. O fato é que ninguém precisa ser extremo para tirar proveito da atividade física.

Por exemplo, correr vinte minutos, de vez em quando, faz-me muito bem, embora me pareça um exagero participar de uma maratona. Seja qual for a atividade que você escolher, pratique-a porque gosta dela e porque lhe faz bem. Não é preciso ser o melhor da academia para colher benefícios. Você notará a mudança dedicando, dia sim, dia não, apenas vinte minutos à aeróbica e quarenta ao alongamento e à musculação. Se não se der bem com a cansativa ginástica aeróbica, procure o tipo de atividade que se ajusta a você: caminhar, dançar, andar de bicicleta ou cuidar do jardim.

Comece de Novo

Se você não está acostumado a praticar esporte e não passou por uma vistoria médica recentemente, comece por aí, por um *check-up*. Use essas informações básicas para avaliar seu progresso, assim como para assegurar-se de que está pronto para recomeçar — lenta, porém metodicamente. Conforme o Consumer Product Safety Comission [Comitê de segurança do produto ao consumidor], quase 96 mil pessoas foram parar no pronto-socorro, em 1994, em virtude de traumas oriundos da ginástica, muitos dos quais provocados pelo excesso de esforço físico.

Motivar-se para o esporte muitas vezes é um obstáculo enorme. Quem não se exercita regularmente não sente disposição para fazê-lo. Depois de iniciar a prática regular, você se sentirá mais propenso a continuar. É possível transformar o círculo vicioso da inatividade no círculo virtuoso da atividade física comprometida. Eu fui ativo na juventude, mas parei de praticar exercícios durante algum tempo a partir dos trinta e poucos anos. Quando recomecei, tentei o *jogging*, mas descobri que, apesar do meu passado atlético, correr algumas quadras me deixava exausto. Para não desistir, passei a alternar a corrida com a caminhada até completar o circuito. Isso durou algum tempo até que, com a prática repetida, minha resistência aumentou. Não demorou para que eu passasse a correr vinte minutos completos, percorrendo quatro quilômetros, sem andar nem parar.

Escolha o Exercício de Que Você Gosta

É simples. Se você gosta do que está fazendo, é grande a possibilidade de que prossiga nessa prática. Pois bem, aplique essa lei natural à atividade física. O esporte de que eu mais gosto é o basquete; nasci e fui criado em Indiana, de modo que essa é uma espécie de tendência congênita. Do que você gosta mais? Da corrida, do tênis, do futebol, do ciclismo, da natação?

Praticar esses passatempos sadios com os entes queridos, com os amigos é uma fonte inesgotável de motivação. Sempre que possível, eu redobro o prazer praticando exercícios com meus filhos, com Maria, minha companheira, ou com os amigos. Mas tome cuidado para que isso não se transforme num obstáculo. Quando a agenda deles não combinar com a sua, exercite-se sozinho.

Seja Persistente

Os atletas de fim de semana são os melhores candidatos à contusão. Faça o possível para manter uma atividade constante, evitando longos intervalos, e tenha cuidado quando retomar os exercícios depois de abandoná-los durante algum tempo. O basquete foi o meu esporte principal até os 46 anos de idade, quando meu apego à bola teve de dar lugar à conveniência de fazer exercícios em casa. Contudo, não tardei a descobrir que tinha muita saudade do esporte que praticava desde menino. Aos 50 anos, retomei-o. Não é preciso dizer que foi difícil e, mesmo retornando à prática lentamente, fiquei com muita dor nas pernas. Não importa, pensei. Faz parte do programa de recuperar o esporte que eu costumava praticar. Mas uma noite, quando estava jogando, tive uma distensão no dedo. Pouco depois de me recuperar, desloquei o tornozelo direito. Assim que sarei, voltei à quadra. Meses depois, quando estava tentando recuperar a forma física, desloquei o outro tornozelo. A segunda contusão foi frustrante. A terceira deixou-me arrasado.

Eu me achava numa encruzilhada. Devia persistir ou desistir? A lógica e a sensatez me mandavam pendurar a chuteira, porém o basquete tem em mim um efeito mágico e revigorante. É uma espécie de meditação em movimento. Durante o tratamento do meu segundo deslocamento no tornozelo, eu disse a minha médica:

— Acho que eu não posso mais jogar basquete.

— Jogar você pode — respondeu ela. — O que não pode é jogar além da conta.

Eu compreendi. Posso continuar jogando desde que me mantenha dentro dos meus limites. A persistência foi o remédio. Meu retorno continuou sendo gradual, apesar do fato de eu ter perdido a velocidade, o salto vertical, a exatidão dos lances. Era como se tivesse voltado à estaca zero, mas eu me recusava ao típico lamento: "Estou muito velho para *jogar*".

Muita gente acha que envelhecer é abrir mão cada vez mais daquilo de que a gostamos. Eu prefiro ver a idade como um processo em que vou adquirindo novas forças ao mesmo tempo que me acostumo a outras coisas que simplesmente exigem certa adaptação. A sabedoria que acumulo com o tempo ajuda-me a competir de maneira diferente (e mais inteligente) do que quando eu era mais moço. Seja seletivo quanto à maneira de encarar o futuro. Os pensamentos têm poder. Concentre-se na força que a idade lhe dá em vez de lamentar a juventude perdida. Sim, é um desafio quando um rapaz de vinte e poucos anos grita na quadra: "Ei, tio, olha só!" E ainda gosto de jogar mano a mano com meu filho mais velho, que eu sempre vencia até chegar aos 40. Hoje em dia, não sou páreo para ele — por enquanto. Que fique claro: não deixe ninguém dizer que você é muito velho para fazer o que quer que seja, principalmente para entrar no jogo. A decisão é exclusivamente sua, e você há de saber quando chegar a hora de pendurar a chuteira e entregar-se a outra atividade revigorante.

A-l-o-o-o-n-n-g-u-e-se

Minha coleção de contusões trouxe-me à memória um princípio importante: sempre equilibre a ginástica aeróbica com o alongamento e a musculação. O alongamento, antes e depois dos exercícios, conserva a flexibilidade dos músculos, ao passo que a musculação mantém o tônus. Ambos reduzem drasticamente a possibilidade de contusão. A musculação também ajuda a prevenir a osteoporose, um risco que corremos com o envelhecimento. Além disso, o alongamento impede o enrijecimento geralmente associado à idade avançada. Minha mãe, que já passa dos 80 anos, não se cansa de enaltecer sua rotina diária de alongamento, e eu conheço por experiência própria os benefícios da yoga diária para a agilidade.

Peça que a própria sabedoria de seu corpo lhe diga o que você precisa alongar. Alongue-se até que seus músculos comecem a doer, então diminua um pouco. Segure firme durante alguns segundos, respirando fundo. A fisiologia da ginástica, como as outras disciplinas, desenvolve-se e aprimora-se constantemente, portanto não pense que o que você aprendeu nas aulas de educação física, no colégio, ainda é atual. Atualize-se sobre as rotinas recomendadas com os treinadores profissionais ou consulte os livros sobre alongamento existentes no mercado.

Faça Ginástica em Qualquer Lugar

Ninguém disse que adotar e manter um programa de exercícios é fácil. Eu divido o meu tempo entre a ginástica em casa — esteira, bicicleta ergométrica, halteres — e uma academia a dez minutos de distância, onde jogo basquete. Em casa, eu tenho a possibilidade de praticar sempre que preciso, ao passo que a academia oferece o apoio de pessoas com o mesmo interesse, um grande motivador.

Viajar é outro problema geralmente desafiador. Quando viajo, eu levo meus aparelhos e procuro hospedar-me em hotéis que tenham salas de ginástica. Na falta disso, corro ao ar livre. E, quando o mau tempo impede até isso, corro nos corredores atapetados do hotel (fazendo o mínimo de barulho possível). Muitos hotéis têm piscina, e a maioria das cidades tem parques onde é possível correr, caminhar ou alugar uma bicicleta.

Marque Hora e Não se Atrase

A saúde deve fazer parte de seu plano de ação anual. Coloque-a na agenda do mesmo modo que um encontro de negócios ou uma consulta médica. É um compromisso com você, portanto dê-lhe a mesma importância que daria a uma reunião com seu cliente mais importante. Ou seja: não perca. Quando me sinto tentado a "furar" um compromisso com a ginástica, finjo que vou me encontrar com um cliente, visto o agasalho e trato de fazer tudo até o fim. A atmosfera da academia, a música e o autotreinamento positivo ("Muito bem, Tom! Você conseguiu! Agora vamos para o aquecimento...") são coisas que animam. Antes de aprender isso, eu oscilava entre a languidez e o excesso de energia posterior à ginástica.

A única ocasião em que deixo de me exercitar é quando estou doente, machucado ou extremamente (não só um pouco) sem energia. Interpreto esses sinais como mensagens do corpo dizendo que é hora de descansar e recuperar-me. Mesmo quando não estou me sentindo bem, procuro fazer um pouco de alongamento ou algum tipo de movimento. Mas retomo a rotina habitual assim que possível, geralmente em um ou dois dias.

Ginástica no Local de Trabalho

Não estou brincando. Você não precisa voltar para casa nem ir à academia para se exercitar. Mesmo durante a jornada de trabalho é possível energizar-se com a ginástica.

+ Faça uma rápida caminhada de dez minutos na hora do almoço. Peça aos colegas que o acompanhem para redobrar o prazer e aproveitar o benefício da sua motivação nos dias em que você estiver com carência de energia.

+ Suba a escada em vez de tomar o elevador.

+ Tenha consigo uma tabela ou um livro de exercícios que você possa fazer no escritório. Faça-os durante cinco minutos de manhã ou à tarde. Isso também vale para as viagens de avião ou os longos percursos de automóvel; ajuda a chegar mais bem-disposto.

+ Alongamento, alongamento, alongamento. Principalmente se você trabalhar com computador, levante-se a cada 45 minutos, dê uma volta, estique os braços, os pulsos, o pescoço e os ombros.

+ Estimule sua empresa a fazer o possível para promover a atividade física dos empregados. Na sede da Tires Plus, oferecemos esteiras, bicicletas ergométricas, aparelhos de musculação e outras opções. O basquete ao ar livre e o pingue-pongue são ótimos jogos improvisados. As feiras de saúde, algumas vezes por ano, ampliam o acesso dos colegas de equipe a uma variedade de opções nessa área, enquanto o time de basquete patrocinado pela empresa, no qual eu jogo, participa do campeonato local. Uma competição estimula os iniciantes a se envolverem e ajuda a motivar aqueles que têm pouco compromisso com o exercício físico.

+ Peça ao seu departamento de recursos humanos que patrocine aulas de yoga ou de alongamento.

Cultive Esse Hábito a Vida Toda

A atividade física promove o bem-estar e a longevidade como nenhuma outra coisa — os remédios, os suplementos, a cirurgia — é capaz de promover. Aos 99 anos de idade, o campeão olímpico Leon Stukey aconselhou: "Envolva-se, mexa-se e persista até o fim da vida".

Seja qual for a sua rotina, faça dela um hábito definitivo. Eu pretendo jogar basquete até os 65 anos, tênis até os 90 e caminhar e jogar golfe até...? Mas, até lá, tenho certeza de que haverá novos esportes e exercícios que me lubrifiquem os membros e me permitam continuar em atividade. Você conhece o ditado: é pegar ou largar.

O Sono

A peça seguinte do quebra-cabeça da saúde é o sono, que tem um impacto importantíssimo sobre a lucidez, a energia e a serenidade. Certamente eu enfrento dias precedidos de noites maldormidas. Todo mundo está sujeito a passar por isso e sabe que, nessas ocasiões, mesmo as coisas mais simples exigem muito mais esforço. O estado de espírito, as relações, o trabalho, tudo fica prejudicado. As noites maldormidas perturbam-nos o corpo e a mente de um modo que não conseguimos compreender, mas naturalmente nós sabemos como nos sentimos.

Pouca gente sabe de quanto sono precisa e se dormiu pouco. James Maas, autoridade no assunto da Cornell University, diz que perder uma hora de sono por noite, durante uma semana, equivale a ficar uma noite inteira sem dormir e reduz em 25% a produtividade do indivíduo. A National Commission on Sleep Disorders Research [Comissão nacional de pesquisa dos distúrbios do sono], criada pelo Congresso em 1989, constatou, em 1992, que atualmente os norte-americanos dormem 20% menos do que há cem anos. A comissão calculou que o custo, em perda de produtividade, acidentes e decisões equivocadas, chegou a 15,9 milhões de dólares só em 1990.

Quanto É o Suficiente?

A necessidade de sono varia de pessoa para pessoa. Algumas precisam dormir dez horas, a média noturna dos norte-americanos até o advento da luz elétrica. Outras, como Bill Clinton, o escritor Harvey Mackay e a empresária Martha Stewart, contentam-se com quatro ou cinco. Eu me sinto melhor com sete horas de sono por noite. Independentemente da dosagem, para estar em forma e passar bem, nós precisamos daquilo que o bom sono nos dá: um sistema imunológico em perfeito funcionamento, um corpo renovado e descansado. Do contrário, ficamos com as conseqüências dos maus hábitos de sono: a irritabilidade, a falta de energia e de lucidez.

De quantas horas de sono você precisa realmente? Afinal, dormir pouco nos atordoa tanto quanto dormir demais. À medida que puser em prática as outras dicas de bem-estar deste capítulo, você passará a entender naturalmente sua verdadeira necessidade de sono. Se continuar acordando cansado e pouco disposto para enfrentar o dia que o aguarda, examine os outros fatores de sua vida até conseguir dormir o sono ideal.

Madrugador ou Notívago?

Você é madrugador ou notívago? Os madrugadores se levantam com um sorriso nos lábios e um brilho no olhar. Os notívagos, por sua vez, ficam acordados até tarde e se põem mais contentes e satisfeitos à medida que o dia avança. Se você conseguir identificar o padrão que mais combina com seus ritmos naturais, tanto melhor. Eu sou uma coruja e, embora nem sempre possa manter a agenda de ave noturna, tenho consciência de que minha energia começa a aumentar no final da manhã e durante a tarde, para chegar ao pico tarde da noite.

Assegure uma Boa Noite de Sono

O *stress* normalmente prejudica o sono. As preocupações profissionais que não se evaporam quando vamos nos deitar nos incomodam a noite toda. Localizar as fontes de *stress* e neutralizá-las favorece um sono sadio noite após noite. Quanto às técnicas de relaxamento, meditação e saúde emocional e psicológica, os próximos dois capítulos explicam tudo que me ajudou a dormir bem. Uma das coisas mais simples, no entanto, é reservar de quinze a trinta minutos para ficar lendo tranqüilamente na cama. Então observe sua respiração e tente relaxar, não dormir. Sem perceber, você acaba pegando no sono.

O poder das afirmações e das sugestões positivas ajuda a criar um estado de sono reparador e saudável. Dizer sinceramente a si mesmo "Hoje eu vou dormir profundamente e amanhã vou acordar descansado e pronto para enfrentar o dia" pode abrir-lhe a mente para uma expectativa que, em breve, se tornará realidade.

A escuridão, o silêncio e uma cama confortável são essenciais para dormir bem. Embora a fisiologia do sono seja um tanto misteriosa, os cientistas sabem que a química do corpo se altera quando estamos dormindo. Evidentemente, é mais fácil controlar os fatores ambientais em casa do que viajando, contudo, em lugares estranhos, é possível recorrer às máscaras e aos protetores de ouvido para facilitar o sono. Reduzir ou eliminar a cafeína, principalmente a partir do fim da tarde, também ajuda muito.

Os padrões de sono regular são como os tambores; mantêm as coisas sincronizadas. A tendência de alguns é dormir pouco nos dias úteis e compensar o sono atrasado nos fins de semana. Mas isso só serve para acostumar ainda mais o corpo a ritmos nocivos. Por mais que sejam inevitáveis as ocasionais irregularidades do sono, os hábitos regulares pavimentam o caminho da saúde a longo prazo.

Finalmente, se você tentou tudo isso e nem assim consegue dormir bem, experimente a ajuda das ervas e dos óleos da aromaterapia, como a lavanda por exemplo. Foi o que eu fiz, em raras ocasiões, e deu certo. Dentre as ervas que favorecem o sono, prefiro a raiz de valeriana porque é mais fraca que as outras.

Revigore-se com uma Soneca

A soneca não tem boa reputação nos Estados Unidos. Usada com sensatez, é uma excelente maneira de descansar. Eu consigo passar facilmente da sonolência e do atordoamento ao estado de alerta e plena vigília com um cochilo de vinte minutos. Encontrei recantos criativos para fazer isso: o sofá do meu escritório, a sala de meditação ou de massagem da sede da minha empresa, o avião, o carro (só quando sou passageiro, naturalmente).

Em *The Art of Napping* [A arte de cochilar], William Anthony, professor de psicologia da Boston University, escreve: "Os Estados Unidos são uma sociedade cochiladora com preconceito contra a sesta devido ao seu afã de produzir". Muitos norte-americanos acreditam equivocadamente que a soneca e o trabalho se opõem rigorosamente, quando, na verdade, um cochilo pode ser um excelente fator de aumento da produtividade. Duas coisas importantes são: não dormir tanto a ponto de cair num sono profundo (geralmente depois de vinte ou trinta minutos) e planejar um período de quinze a trinta minutos, depois do qual você acorda e retorna ao pico da vigília. A "soneca revigorante" é uma tendência cada vez mais generalizada nas grandes empresas, embora ainda continue estigmatizada devido à falsa aparência de preguiça. A história comprova: nunca chamaram Winston Churchill nem John Kennedy de preguiçosos.

Geralmente é difícil arranjar um lugar para tirar uma soneca no local de trabalho. Mas talvez não seja impossível. Se você encontrar um cantinho particular, e seu chefe tolerar a idéia, experimente cochilar dez minutos em vez de fazer uma pausa para o café.

O Trabalho Corporal de Apoio

Os nervos, os músculos e os ossos trabalham diariamente e, embora um plano vitorioso no jogo da vida os favoreça com a ginástica, a boa nutrição e o sono, ainda se pode fazer mais por eles. Antigamente, o trabalho corporal de apoio — as terapias que afetam diretamente o corpo físico — era o reduto dos excêntricos ou dos famosos. Hoje em dia, estima-se que mais da metade dos norte-americanos já recorreu a esse tipo de tratamento complementar para aumentar o bem-estar. A massagem, a acupuntura, acupressão, a osteopatia, a quiroprática e a terapia corporal são alguns métodos de trabalho corporal de apoio que estão ficando cada vez mais acessíveis e aceitos em todo o país.

O Efeito do *Stress*

Ninguém ignora que o *stress* é uma epidemia nacional. Mas deve-se reconhecer que ele é uma parte natural da vida. Toda vez que nos vemos confrontados com a mudança (o que é freqüente), vivemos a experiência do *stress* — as reações do corpo a qualquer exigência, independentemente de sua origem. A maneira como reagimos — administrando-o conscientemente ou deixando que ele nos governe — determina se o *stress* será uma oportunidade de crescimento ou uma ameaça à saúde. Eliminá-lo por completo é impossível. Mas administrá-lo e reduzi-lo é perfeitamente viável.

O *stress* nos afeta fisicamente de tal modo que envia turbulências aos nossos "corpos" emocional, psicológico, intelectual e espiritual. O *stress* a curto prazo é conhecido. Uma pessoa salta à sua frente e seu coração dispara, seus músculos se contraem para fugir, seu peito se dilata e fica tenso. A longo prazo, essa reação física pode se tornar o *status quo*. Se você ficar dia após dia diante do computador, seus ombros parecerão mais uma formação rochosa que uma parte do corpo. Então, estando às voltas com um colega de trabalho ou um parente que o irrite, é provável que você respire cada vez mais superficialmente, contraia o peito e cerre os punhos sem perceber.

Sem um alívio consciente, esses ciclos cotidianos de *stress* se acumulam e se ativam externamente: dores nas costas, na cabeça, nos maxilares, rigidez na nuca, músculos tão tensos que mal conseguimos nos mover. Isso acontece tão gradualmente que muitas pessoas simplesmente se adaptam à dor que acompanha esses estados físicos não naturais, alheias à liberdade de movimento que perderam — até que o chamado despertador soe.

Na juventude, o corpo tem uma capacidade tremenda de se recuperar do *stress*, seja provocado por longas horas numa escrivaninha ou por um estilo de vida agitado que não separa o dia da noite. Com o passar dos anos, porém, o corpo passa a exigir mais tempo e mais ajuda para se recuperar do mesmo *stress*. Em qualquer idade, nós podemos nos beneficiar aprendendo a reconhecer os sinais de tensão crônica e a aliviá-la. É quando os diversos tipos de trabalho corporal de apoio podem fazer a diferença.

O *Check-up* do *Stress*

Examine o seu corpo e descubra onde você armazena a tensão. Preste atenção na cabeça, no rosto e no pescoço. Enrugue bem a testa, depois relaxe-a por completo. Vire a cabeça de um lado para outro. Sente tensão? Respire fundo e alivie-a onde quer que se manifeste. Concentre-se no resto do corpo, nos ombros, nos braços, nas mãos, no peito, na parte superior das costas, na inferior, nas pernas, nos tornozelos, nos pés. Seu nível de tensão muda quando você está em casa ou no trabalho? De manhã, de tarde ou de noite?

Quando fiz meu primeiro *check-up* pessoal do *stress*, descobri que não fico tenso somente em reação a um fato: isso também me acontece quando *antecipo* o *stress*. Havia dias em que eu estava todo blindado, mesmo antes de ter motivo para estar. Nós não usamos armaduras verdadeiras contra as ameaças, como na Idade Média, portanto nos protegemos com o corpo tenso e a mente hiperalerta. A linguagem corporal (os braços cruzados, as costas tensas, os maxilares duros feito pedra) e a defesa emocional que diz "não é possível" e "não se atreva a perguntar isso" antes mesmo de ouvirmos a pergunta são maneiras de nos fecharmos. Quando agimos por ter detectado uma necessidade de autodefesa, acabamos nos fechando para o potencial de novas experiências e de ligação mais profunda com os outros, assim como para a possibilidade de viver sinceramente as emoções.

Quando eu me submeti regularmente à quiroprática, ao trabalho energético com o corpo e à massagem, meu pescoço, que era uma verdadeira tábua, voltou a ser a articulação maleável e relaxada entre a cabeça e o coração. À medida que os profundos nós musculares do meu peito relaxavam, minha respiração foi ficando mais profunda, e eu me senti como se tivesse tirado uma armadura de verdade do coração. Que alívio. Os anos de *stress* que me comprimiam os músculos começaram a se desmanchar, abrindo a porta para as alterações emocionais e psicológicas que complementaram os métodos que serão discutidos no capítulo 5. Os sentimentos passaram a ser mais imediatos e claros. Eu me sentia ligado ao meu Poder Superior. Quando aquela armadura atordoante caiu, minha Equipe Interior começou a fazer alongamento, e eu consegui sentir uma plenitude que havia anos não sentia.

O corpo armazena e retém as lembranças emocionais e psicológicas mais literalmente do que em geral percebemos e compreendemos. Embora se possa progredir muito com as abordagens psicológicas tradicionais, descobri que o trabalho corporal de apoio também facilita a cura e o alívio de problemas não-físicos. Aliás, o trabalho consistente com o corpo estabelece um vínculo claro com meu bem-estar emocional, psicológico e espiritual, mais fácil de conservar e aumentar.

A Riqueza do Trabalho Corporal de Apoio

Os métodos de trabalho de apoio ao corpo enfocam vários tipos de pressão, estímulo e manipulação dos músculos, dos órgãos e dos ossos. Abaixo há uma pequena lista de alguns dos tipos mais acessíveis desse trabalho de apoio. Para se informar sobre os que melhor se ajustam a suas necessidades ou encontrar os profissionais mais competentes, peça indicação aos amigos, pergunte nas associações profissionais, pesquise ou consulte a lista telefônica.

+ A **quiroprática** enfoca o bem-estar geral do corpo mediante a manipulação da coluna vertebral; é em geral combinada com o tratamento muscular.

+ A **osteopatia** procura corrigir a mecânica do corpo pelo tratamento dos músculos e dos ossos.

+ A **massagem** (sueca, **Esalen**, neuromuscular, *deep-tissue*, esportiva) estimula a circulação e facilita a cura de maneiras específicas, dependendo da técnica.

+ A **acupuntura** estimula o fluxo de energia mediante a aplicação de finas agulhas em pontos específicos do corpo.

+ A **acupressão** e o *shiatsu* são técnicas de massagem com a pressão dos dedos para estimular o fluxo de energia.

+ As **terapias de integração estrutural**, como o Rolfing, a técnica Alexander, o método Rosen, o método Feldenkrais e o Trager, favorecem uma liberdade de movimento maior e mais natural por intermédio de diversas combinações de técnicas musculares, ósseas, de massagem e psicológicas.

✦ As **terapias integrativas**, como o equilíbrio craniossacral visceral e a reflexologia, são técnicas de toque que afetam pontos específicos do corpo para estimular sua capacidade de reequilibrar-se.

A Massagem de Três Minutos

Eu acrescento à massagem semanal do terapeuta uma automassagem de três minutos toda manhã antes de ir para o chuveiro. Inspirada na oficina "A Sedução do Espírito", de Deepak Chopra, há anos faço quase toda manhã esse ritual de energização. É uma massagem que alivia a tensão, estimula a circulação e melhora a textura da pele. (Você encontrará mais informações sobre essa rotina em *Perfect Health* [Saúde perfeita], de Chopra.)

✦ Espalhe no couro cabeludo um pouco de óleo de sésamo, de amêndoa ou qualquer outro óleo de massagem da sua preferência. (Se achar melhor não passar óleo no cabelo, você pode fazer essa parte da rotina a seco). Com a palma da mão (não com a ponta dos dedos) massageie vigorosamente todo o couro cabeludo com pequenos movimentos circulares, como se estivesse espalhando xampu. Faça o mesmo no rosto, nas têmporas, nas orelhas, embora com mais delicadeza.

✦ Unte as mãos com o óleo e massageie o pescoço, na frente e atrás, e depois os ombros.

✦ Massageie os braços com força, fazendo movimentos circulares nos ombros e cotovelos e longos vaivéns nas outras partes. Não se esqueça das mãos, na palma e entre os dedos.

✦ É importante ser menos vigoroso ao chegar ao tronco. Com amplos e delicados movimentos circulares, massageie o peito, a barriga e o baixo-ventre. No esterno, são recomendáveis os movimentos retos, para cima e para baixo.

✦ Massageie as pernas com força, como fez com os braços: movimentos circulares nos tornozelos e nos joelhos, para a frente e para trás nas partes longas.

✦ Com mais um pouco de óleo, massageie vigorosamente os pés. Tome cuidado para não escorregar se estiver no chuveiro, e não se esqueça dos artelhos.

O Trabalho Corporal no Escritório

Quanto mais ligações fizermos entre as necessidades físicas e o trabalho adequado com o corpo, mais maneiras descobriremos de integrar a saúde no local de trabalho. Você sente o corpo relaxado quando vai trabalhar, mas acaba ficando tenso logo nas primeiras horas? Pergunte a si mesmo: "Será que eu posso mudar alguma coisa, em meu ambiente, para reduzir o *stress*?"

As pessoas que trabalham com computador geralmente enfrentam problemas de postura. Se for o seu caso, tente ajustar a cadeira de modo que a tela do monitor fique bem na sua frente, não mais acima nem mais abaixo. Procure manter os braços em ângulo reto quando estiver digitando. Se necessário, invista em uma cadeira ergometricamente correta ou solicite uma ao seu superior. Levando em conta que muitos de nós ficamos tanto tempo sentados à escrivaninha quanto passamos dormindo, uma cadeira que ajude em vez de prejudicar não é um benefício insignificante. Arranje um apoio para os pés: isso os deixa mais altos e desestimula o cruzar as pernas.

Os especialistas em teclado sempre detectam problemas com a tensão do antebraço e das mãos. Pode ser que você precise de um apoio melhor para os pulsos. Os teclados articulados, que se flexionam no meio, muitas vezes ajudam. Simplesmente fazer mais pausas para alongar-se alivia muito. Abrir e fechar rapidamente as mãos cinqüenta vezes ou sacudi-las, soltas, relaxadas, melhora muito a circulação da energia. Quando estiver viajando, subindo e descendo do carro com pastas e malas, faça um favor para suas costas e trate de distribuir bem o peso da bagagem. Se usar mochila, não esqueça da regra dos 10%: o peso que os ombros suportam não deve ultrapassar 10% do peso do corpo. Algumas visitas ao quiroprático e ao massagista podem revelar que o culpado pela dor que você sente no pescoço é o tempo que passa com a cabeça inclinada para o lado, segurando o telefone entre ela e o ombro. O remédio é modificar o ambiente de modo que ele seja mais amigável para o seu corpo.

A Saúde Física ao Seu Alcance

À medida que toma mais consciência das necessidades do corpo, você vai descobrindo mais e melhores maneiras de atendê-las aprimorando a qualidade do combustível, do sono e do trabalho com o corpo. Nunca é tudo ou nada — coisa importante a lembrar durante as inevitáveis interrupções. Também não se trata do que os outros acham que é melhor para você. A primeira etapa do autoconhecimento consiste em receber seu corpo com todo o potencial e com todos os defeitos que ele tem. Isso leva à auto-estima, a viver e a avançar com o corpo colaborando para que o resto de sua Equipe Interior o ajude a sentir-se o melhor possível — independentemente do que isso significa para você.

As mudanças podem ser implementadas gradual ou rapidamente. É a consistência ao longo dos anos que traz os benefícios reais. Para mim, a vantagem da saúde física não tem nada a ver com o sonho da imortalidade física ou da eterna juventude, e sim com o aumento da quilometragem de qualidade de que disponho para passar com a família, os amigos, e cumprindo minha missão. E a energia, a lucidez e a tranqüilidade subseqüentes são grandes companheiras de viagem no jogo da vida.

5

Fique em Forma para a Sua Missão: A Saúde do Intelecto e da Psique

GRAÇAS À SAÚDE física, agora um dos membros da Equipe Interior está firme no jogo. Chegou a hora de dar uma olhada nos jogadores associados à mente: o intelecto e a psique. Como não são corpos feitos de átomos, que se possa pesar ou medir, fica difícil entender o que significa estar "em forma" no caso deles. Mas você vai aprender a saber quando o sentir.

Muita gente passa a vida agindo e reagindo ao sabor dos instintos, dos hábitos e dos desejos ou orientando-se pelo que os outros dizem que é a maneira certa de pensar ou sentir. Para uns poucos sortudos, essa visão *pinball* da vida leva a experiências fantásticas e à felicidade. A esmagadora maioria, no entanto, é obrigada a tentar deliberadamente otimizar a forma intelectual e psicológica.

O Intelecto Sadio

O dicionário define *intelecto* como "inteligência", ou seja, "a faculdade de aprender, apreender ou compreender", em oposição à capacidade de sentir e querer. A era digital não pára de cantar o mantra "Saber é poder" e, aliás, a chave do conhecimento abre mesmo portas (tanto no mundo interior quanto no exterior) que não

A Saúde Intelectual

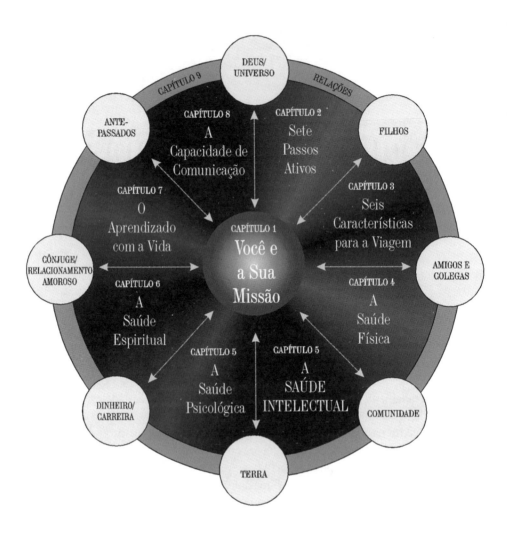

podem ser abertas de outro modo. Um sinal expressivo de que a era industrial deu lugar à da informação apareceu em 1991, o primeiro ano em que as empresas investiram mais em comunicações e computação do que em equipamento agrícola, industrial, de mineração e de construção.

Conseqüentemente, a cada instante somos bombardeados com noticiários da televisão, entrevistas de rádio, com a Internet, os livros, as revistas, os jornais, os seminários, as fitas cassete, os vídeos, os DVDs, os PDAs — infinitas ondas digitais ou analógicas, de zeros e uns, todas destinadas a nos fornecer mais informação mais depressa. À medida que o milênio nos ultrapassa, uma massa crítica de pessoas se levanta para perguntar o óbvio: tanta informação é uma bênção ou um fardo? Quantos dados úteis se perdem simplesmente porque não temos energia ou espaço mental para absorvê-los? A quantos programas assistimos sem compreender realmente?

O Excesso de Informação

As palavras, os fatos e as cifras que nos atropelam a vida inspiram uma sensação descontrolada e inexorável de superestimulação. A carga dessa avalanche de informação é o grande fator criador de *stress* e esgotamento nervoso, duas graves ameaças que se estabeleceram nos últimos vinte anos. Estima-se que um único exemplar do *New York Times* contém mais informação do que um cidadão inglês do século XVII recebia durante a vida inteira.

Em geral, a capacidade das pessoas de *entender* a informação está aquém de sua capacidade de *obtê-la* e, sendo ela excessiva e exageradamente rápida, leva à confusão mental. "Poluição de dados" é a expressão que o escritor David Shenk cunhou para esse fenômeno. "A poluição de dados não se limita ao acúmulo de catálogos e anúncios indesejáveis que chegam diariamente a nossa casa e ao nosso computador. É também a informação que pedimos e pela qual pagamos muito bem: a rápida, sedutora e hipnotizadora propaganda da televisão e os noticiários que cobrem as últimas 24 horas até o minuto presente. São os faxes que solicitamos, assim como os que não solicitamos; os números errados que discamos e os adoçados anúncios de liquidações na hora do jantar; e são também os *sites* da Internet que visitamos avidamente antes e depois do jantar, a pilha de revistas que devoramos todo mês, as dúzias de canais que sintonizamos sempre que nos sobra um momento livre."

Só nos últimos cinqüenta anos o excesso de informação invadiu até mesmo a paisagem, criando um abismo entre nossa capacidade evolutiva de processá-la e a necessidade de dar sentido ao vendaval da mídia. Os modelos de mundo nos quais muitos de nós fomos criados nem sempre resistem diante de paradigmas permanentemente cambiantes. Sendo um *baby boomer*, os hábitos intelectuais que adquiri na escola não podiam ter me preparado para as mudanças tecnológicas que, diariamente, de hora em hora, colocam o mundo à minha porta em Mineápolis. Inevitavelmente há um ponto de ruptura. A pergunta passa a ser: como sair de baixo das ondas agitadas e subir à tona, onde a visão é clara e a viagem serena? Parte da resposta está no vínculo decisivo entre ter a informação e compreender o que fazer com ela.

Uma mulher assiste a um seminário sobre a administração do tempo, volta ao local de trabalho, joga o material do seminário no fundo de uma gaveta e continua fazendo tudo como sempre fez. Outra, depois do mesmo seminário, chega ao trabalho no dia seguinte, repassa suas anotações, separa algumas idéias que aprendeu no dia anterior e as põe em prática. As pessoas são capazes de enumerar prontamente os diversos seminários de que participaram ou as inúmeras revistas que leram. Mas o que importa é quantas idéias absorveram e se elas realmente resultaram numa mudança de vida significativa.

Os Estados Unidos têm muito respeito pelos que absorvem informação em grande quantidade e a descartam quando querem. No entanto, verdadeiramente útil é a capacidade de converter todo esse acúmulo de dados em conhecimento, coisa que só acontece se agirmos sobre a informação na vida cotidiana. E, quando essa experiência é coerente com nossa missão e nossa vontade, o resultado é a sabedoria: o instrumental do autotreinamento bem-sucedido.

A informação que não pode ser transformada em conhecimento abarrota a mente como um excesso de bagagem. Aprender a discerni-la e descartá-la converte a informação em "exformação", um termo cunhado pelo escritor científico dinamarquês Tor Nørretranders. Considere isso uma arrumação doméstica mental, uma maneira de manter limpo o caminho que você precisa trilhar em sua próxima jornada.

A Paixão do Intelecto

A paixão intelectual é uma das maiores forças que moldam o mundo. Embora às vezes taxada de tolice, a curiosidade intelectual é o germe da inovação. Antes de fazer uma coisa nova com as mãos, precisamos contemplá-la com os olhos da mente. O desejo de fazer coincidir a visão interior com a invenção externa é tão antigo quanto moderno, coisa que entendi ao ver as pirâmides do Egito, construídas tanto com paixão intelectual e engenho como com suor e pedra. "A paixão do intelecto", escreveu Leonardo da Vinci, "produz o fruto da sensualidade". Ademais, a curiosidade intelectual é um componente do carisma e um hábito que nos conserva lúcidos até a idade avançada. Por exemplo, Eleanor Wishart, que mora na Flórida e tem 92 anos, atribui sua clareza mental à paixão pelo bridge, que ela joga quase todo dia desde que passou a levar isso a sério aos 79 anos. Com toda a certeza, o intelecto também tem um componente espiritual. Em geral, as pessoas que se viram muito próximas da morte voltam à vida espiritualmente despertas e impulsio-

| COMO VENCER no JOGO da VIDA |

nadas por uma enorme avidez de conhecimento e pelo desejo de entregar-se a empreendimentos intelectuais.

Não há escassez do alimento que nutre o intelecto. O perigo está em satisfazer o apetite intelectual à custa da saúde emocional, espiritual e física. No curso natural do dia, quase todos empregamos uma grande quantidade de tempo em atividades intelectuais. Mesmo assim, é preciso indagar se estamos usando toda a nossa capacidade intelectual. A resposta contém outra peça do quebra-cabeça da administração da informação.

Pensar com a Metade do Cérebro

Durante anos, eu enfoquei a força linear, lógica, do intelecto. Aquilo que, às vezes, é chamado de pensamento com o "lado esquerdo do cérebro" foi essencial para enfrentar os desafios de minha empresa em crescimento. Aproximadamente de três em três anos, eles ultrapassavam minha capacidade de liderança. Toda vez que eu deparava com um novo ciclo, era obrigado a aprimorar minha capacidade intelectual em planejamento estratégico, na solução de problemas, em comunicação e em delegação de tarefas, assim como outras faculdades de caráter mais pessoal: estabelecer metas, planejar, organizar, administrar o tempo.

As abordagens estruturadas quase sempre abasteciam o tanque que me mantinha em movimento. Do mesmo modo, às vezes me levavam a falhar. Eu comecei a perguntar o que é que estava faltando. Descobri que era, em parte, a outra metade do meu cérebro.

Pensar com o Cérebro Inteiro

Como tantos homens de negócios, eu nunca me considerei criativo. Ao contrário, via-me como uma pessoa de pensamento retilíneo. A palavra *criativo* sugere pintores, músicos, escultores, *designers*, não alguém que faz negócios. Um dia, porém, conversava com um amigo sobre o organograma que eu estava concebendo para a Tires Plus. No lugar da costumeira estrutura de compartimentos hierárquicos, imaginei uma série flutuante de círculos concêntricos, como as ondulações na superfície de um lago provindas de uma fonte comum.

No lugar da típica atitude "de cima para baixo", a estrutura sugere uma visão do centro para a periferia.

— Caramba! — disse ele. — Que idéia criativa! Como você conseguiu bolar isso?

Boa pergunta: como? É óbvio que não sou o primeiro a rever a relação de uma empresa com os empregados e os clientes. Ao encontrar a resposta, no entanto, acionei uma parte do meu intelecto que ia muito além de simplesmente juntar duas quantidades conhecidas para chegar a outra quantidade conhecida. O pensamento lógico diz que um mais um é igual a dois. O pensamento criativo diz que um mais um pode ser igual ao que você quiser. Por outro lado, o pensamento lógico estreita as possibilidades, ao passo que o pensamento criativo as dilata. No fim do dia, uma abordagem combinada iluminará as melhores soluções.

Em maior ou menor grau, todo mundo tem acesso às duas maneiras de pensar. Parece que uma lei não escrita dita que a criatividade está reservada aos artistas, ao passo que o ramo dos negócios fica por conta de quem está enfrentando um desafio criativo. Obviamente, a coisa não é tão simples. Assim como um artista pode empregar os princípios da geometria para compor suas pinturas, nós podemos usar a criatividade como instrumento de trabalho.

Se você sempre se viu como exclusivamente lógico, como eu fazia, desperte o lado criativo do seu intelecto. Em breve, também terá a liberdade de experimentar coisas novas. Ora, em vez de "processar a informação", eu penso em *compor quadros*. Na solução dos problemas com meus companheiros de equipe, na Tires Plus, em geral eu uso um painel branco para visualizar os caminhos e opções que podemos adotar para sair do problema e encontrar as soluções potenciais. Listar os aspectos negativos e positivos de cada saída ajuda-nos a encontrar mais depressa a solução criativa — e, às vezes, esta não é um caminho ou outro, mas a fusão de muitos.

Sem acrescentar a criatividade à nossa receita de solução dos problemas, é difícil fazer um bolo que contemple os gostos cambiantes do mundo de amanhã. Inversamente, sem um pouco de organização no lado criativo, o caos produz a dispersão e a mensagem resulta confusa. É bem melhor mobilizar todo o intelecto.

Silêncio... Não Estou Conseguindo Ouvir o Meu Pensamento!

Você está disposto a mobilizar seu intelecto? A pergunta agora é: ele consegue ouvi-lo? Com milhões de *bytes* de informação a circular diariamente em sua cabeça, dificilmente seu intelecto ficará estagnado. Você conhece as conseqüências. O pensamento frenético torna o sono uma coisa inalcançável. Acordamos com a mente funcionando a todo o vapor. Começamos a falar com uma pessoa e pensamos em outra coisa. Deixar os pensamentos correrem soltos leva à falta de concentração e prejudica tanto o trabalho quanto as relações.

Serenar a mente é o primeiro passo para recuperar o foco e mobilizar a força total do intelecto. Com o ritmo agitado de hoje em dia, isso chega a parecer um luxo. Mas é uma necessidade. A menos que saiamos da floresta para ver as árvores, o incêndio pode estar a apenas uma faísca de distância.

Eu me livro do turbilhão dos pensamentos optando por um de três diferentes níveis de relaxamento. O primeiro envolve atividades relaxantes como um dia na praia, um jantar com os amigos e os familiares, um jogo, um passeio, uma viagem. Essas coisas oferecem ao meu corpo e à minha mente um alívio parcial dos ciclos de *stress* que desenvolvi em torno de uma variedade de problemas. Todavia esse alívio é apenas parcial, pois mesmo durante uma caminhada ou um jogo de xadrez, eu continuo remoendo os pensamentos — que incluem, inevitavelmente, a fonte atual de *stress*: *Estou muito ansioso por causa do trabalho que vou apresentar amanhã. Devia ter dado outra resposta ao meu companheiro de equipe hoje cedo...*

Em busca de um alívio mais direto, passo para o segundo e o terceiro níveis de relaxamento. O segundo é o que eu chamo de meditação em movimento, prática que permite à pessoa entrar em estado de relaxamento mesmo que continue mentalmente alerta. Respirar fundo, praticar yoga, jogar basquete, correr: essas são as minhas meditações em movimento. Meus filhos, por exemplo, têm as deles: Trent toca bandolim e joga basquete, e Chris toca piano e corre. Outros preferem a jardinagem, um passeio no bosque ou uma pescaria como tônico mental. Pense numa atividade que lhe relaxe a mente e inclua-a em sua agenda semanal.

O relaxamento dirigido, como a meditação em repouso (que discutiremos no capítulo 6), é o terceiro nível. Há quem ache as visualizações orientadas, o *biofeedback* e a hipnose métodos eficazes para serenar e concentrar o intelecto.

Fazer um intervalo mental mediante qualquer um desses níveis de relaxamento traz muitos benefícios. Primeiro, assim como o corpo físico, o intelecto tem um desempenho melhor depois de um descanso. Segundo, relaxar a mente agitada purifica as ondas para as mensagens alheias — dos entes queridos, do seu ser mais sábio, de sua Fonte Superior. Em outras palavras, você ouve mais claramente sua própria sabedoria interior, coisa que ajuda a tomar decisões melhores. Um lago sereno reflete mais claramente o céu. Quando as águas se encrespam, o céu aparece distorcido.

O Cuidado e o Alimento do Intelecto

Como você recicla seu intelecto? Insistir, dia após dia, nos padrões conhecidos cria rotinas capazes de nos estagnar. Renove a mente expondo-se a temas e maneiras de pensar que normalmente não lhe são familiares. Eis algumas sugestões:

+ **Aprenda uma coisa nova.** Faça cursos de disciplinas que você sempre quis aprender. Desafie-se a si mesmo a pensar em novas direções, e não apenas na de sempre.

+ **Use os jogos para se conservar alerta.** As palavras cruzadas e os jogos de tabuleiro são grandes aeróbicos mentais, sem falar que divertem muito. Mary, minha companheira, faz quase diariamente as palavras cruzadas do *The New York Times*, e nós adoramos jogos como *Boggle*.

+ **Adie a tomada de decisões.** Quando estiver às voltas com um problema difícil, adie a solução durante um determinado período. Aliviar a pressão libera a mente criativa e dá espaço para que seu eu mais sábio entre em ação. Adiar a urgência de tomar decisões cala a voz da crítica que pode entrar em cena e secar a sua fonte de soluções criativas.

+ **Acalme a mente.** Relaxe. Respire fundo. Conte até cem. Repita vinte vezes uma frase curta e tranqüilizadora. Passeie um pouco. Faça o que for preciso para desacelerar os ciclos de pensamento e alterar a consciência.

+ **Modifique o ambiente.** Arrume a escrivaninha, pendure um novo quadro na parede ou troque a mobília. Se em seu escritório há uma cadeira para os visitantes, experimente ficar alguns minutos sentado ali, observando a vista do outro lado da escrivaninha.

+ **Faça uma coisa em que você não é bom,** ou algo que o faça parecer tolo. Isso me ajudou a libertar-me do ego e da tendência a ele associada de permanecer no território das atividades conhecidas. Colocar o ego em cheque libera o lado criativo do intelecto.

+ **Avalie seus esforços.** Abrir-se para um novo aprendizado nos energiza e, ao mesmo tempo, nos torna humildes. Congratule-se consigo mesmo por assumir o risco.

+ **Examine ocasionalmente o seu estado.** Se você está irremediavelmente deprimido ou se sente esmagado, a saúde intelectual pode lhe parecer inalcançável. Mas não é. Peça ajuda a um profissional, aos colegas, aos familiares, aos amigos.

Vença os Obstáculos com um Intelecto em Forma

Há outras dicas para ficar intelectualmente em forma nos capítulos 2, 7 e 8, e, sem dúvida, você se expõe a inúmeras maneiras de expandir o intelecto durante a semana. Dentre todos os membros da sua Equipe Interior, o intelecto é o que mais fica na berlinda em virtude do elitismo intelectual de nossa sociedade. Mesmo assim, o equilíbrio entre os lados lógico e criativo do intelecto deixa algo a desejar. Embora você possa ter um intelecto privilegiado, leve em conta o potencial de um intelecto em *pleno* funcionamento.

O intelecto funcionando como um relógio impulsiona a pessoa a ver o mundo com mais paixão e menos medo. O magnetismo da estrutura e da estratégia, da lógica e da criatividade leva-nos a um estado intelectual muito além de nossas limitações normais. Nesses momentos mágicos, tudo é possível.

A Psique Sadia

A psique, recipiente da saúde emocional e psicológica, é o terceiro membro da sua Equipe Interior. O dicionário define *psicologia* como "a ciência dos fenômenos psíquicos e do comportamento". Sendo o centro do pensamento, da emoção e do comportamento — consciente e inconsciente —, ela é a parte infinitamente fascinante de nós que traduz os pensamentos interiores em comportamentos exteriores. Compreender a psique é, em grande medida, compreender o jogo da vida.

O que pensamos e sentimos por nós mesmos orienta as nossas ações. Assim como o treinador estabelece uma estratégia antes de colocá-la em prática, a psique define certos padrões interiores que se manifestam nos jogos da vida cotidiana. O nível de saúde psicológica determina uma boa parcela da qualidade de nossas relações, de nosso trabalho e, assim, a qualidade de nossa vida.

Freud definia a saúde mental simplesmente como a capacidade de amar e trabalhar. O psicólogo Daniel Goleman afirma que, no local de trabalho, o que define o empregado que sobressai não é o Q.I., e sim o que ele chama de "I.E." — a inteligência emocional —, que inclui aspectos como o autocontrole, a empatia, a inspiração e a cooperação.

Para mim, a saúde psicológica é, interiormente, um forte aperto de mão entre os pensamentos e os sentimentos sadios e, exteriormente, os comportamentos e hábitos positivos. Quando sigo essa trilha, eu ajo a partir do desejo de cumprir minha missão, e não do de representar papéis para chamar a atenção ou adquirir poder. Observando-me, consigo ver até que ponto meus atos magoam ou ajudam a mim mesmo e as outras pessoas. Então, posso corrigir meu rumo para conservar minha saúde num caminho ascendente.

A palavra *psique* associa-se à alma, ao eu e à mente. Contudo, sua origem é mais abrangente, compreendendo associações com o grego antigo e o sânscrito que

A Saúde Psicológica

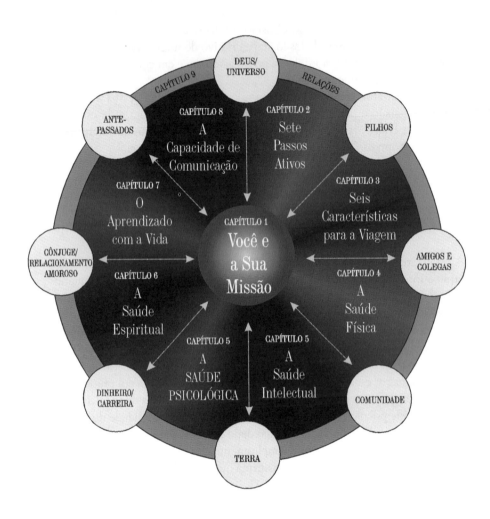

COMO VENCER no JOGO da VIDA | *151*

evocam idéias de alma, respiração e energia vital elementar. É um fundamento que constitui a ponte entre o intelecto e o espírito. Para resumir, usarei o termo "psique" para designar os aspectos psicológico e emocional daquilo que somos.

Durante anos eu tentei controlar intelectualmente a dor emocional das relações pouco sadias e da falta de vínculo com minha natureza interior e sobretudo com uma fonte superior. Ao contrário de minhas suposições anteriores a 1989, um intelecto ágil não compensa a atrofia psicológica e emocional. Cedo ou tarde, as emoções minam o intelecto. Minhas manobras terminaram com a crise que descrevi anteriormente que, em muitos aspectos, foi uma coisa boa. Compreender melhor minha psicologia e meu comportamento estimulou em mim o crescimento em todas as outras áreas da vida, incluindo a intelectual. O que demorei mais a entender foi que, ao suprimir meu desenvolvimento psicológico, eu estava retardando involuntariamente o pleno desenvolvimento da minha Equipe Interior.

Por que gastei tanta energia evitando esse aspecto da vida? É simples. Porque meu intelecto era um terreno conhecido, ao passo que minha psique e minhas emoções eram cavernas escuras e inexploradas. As regras do empreendimento intelectual não funcionam necessariamente no reino da psicologia. Ainda que fosse uma parte de mim, entrar em contato com meu lado psicológico foi, no primeiro momento, como chegar a um país estrangeiro cujo idioma eu não falava.

Você tem comportamentos ou atitudes pessoais que obstruem seu plano de jogo vitorioso? Acredita que seus papéis principais seriam mais bem-sucedidos se...? Há outras pessoas, em sua vida, cujo comportamento você gostaria de entender melhor? As idéias deste capítulo exploram os potenciais de crescimento e educação psicológicos. Seja para aplicá-lo em sua própria vida, seja como uma perspectiva sobre os que o cercam, o aprendizado da dinâmica da psique nos ajuda a avaliar as dimensões do ser humano que inspiram respeito.

As Fontes da Psique

Nosso comportamento nasce num solo repleto de elementos: os genes, o meio socioeconômico e a influência dos pais, dos irmãos e dos colegas. Há debates fascinantes sobre a influência relativa desses fatores, porém a maioria dos psicólogos concorda que a combinação dessas forças imprime padrões indeléveis de comportamento, alguns benéficos, outros perfeitamente dispensáveis.

Hoje, quando os comportamentos bloqueiam o caminho de sua missão, a mudança pode começar pela identificação de sua fonte. A origem de um comportamento revela muito sobre o que influencia nossa vida atualmente e aponta para um comportamento melhor no futuro. Todavia, independentemente de quem ou do que plantou a semente do comportamento, é possível alterar-lhe o curso por intermédio de nossas próprias decisões. Cultivá-lo? Podá-lo? Arrancá-lo? Se um comportamento não serve, venha ele de onde vier, cabe a nós modificá-lo. Trata-se de modificar, não de culpar.

Segundo os especialistas no desenvolvimento das crianças, grande parte de nossa auto-imagem solidifica-se por volta dos 6 anos de idade, quando ainda somos extremamente dependentes dos outros. A mente impressionável da criança é um terreno fértil para que as pessoas e o meio imprimam nela lições e hábitos. Compare o tamanho e a força de uma criança com os de um adulto. Pense no pouco acesso que ela tem à nutrição física e emocional — a não ser que a receba de outra pessoa. A criança não pode revidar ou procurar um novo relacionamento quando as coisas não estão dando certo. E os pais vêm equipados com o legado de seus próprios pais. Os padrões familiares geralmente são tão profundos quanto o conjunto das gerações da árvore genealógica, trazendo o bom e o ruim em cada uma delas.

Os colegas também têm uma influência decisiva na formação do comportamento e das atitudes da criança. Algumas são virtualmente criadas pelos colegas, enquanto outras vinculam-se menos com as de sua idade. Nós todos sabemos o que é querer ajustar-se a um grupo na esperança de ser considerado "da turma". Principalmente nos primeiros anos, quando a identidade e a confiança em si mesmo estão se desenvolvendo, as crianças podem modificar a maneira de pensar, de vestir-se, de andar, de falar, copiando os colegas que elas admiram, e ampliar determinadas partes de sua personalidade.

Reprises Emocionais

Em todo caso, não se pode subestimar o poder dos pais. Apesar dos colegas, os valores e princípios que aprendemos com a família que nos criou orientam-nos inconscientemente na escolha dos colegas e amigos. Por outro lado, muitas vezes nos relacionamos com nossos pares até certo ponto baseados no comportamento que aprendemos com nossos pais e irmãos, dependendo da idade e das circunstâncias.

Considere que os adultos têm muitas opções quando se trata de obter o que precisam; um bebê só tem duas: chorar e, quando estiver exausto, parar de chorar. Esse mesmo ciclo — o pedido de socorro e a "desistência" resignada — manifesta-se às vezes na vida adulta, se bem que de modo mais sutil. Quanta gente não se queixa porque o marido ou a namorada não lhe dá ouvidos? "Quando eu pergunto, ninguém responde — portanto, é inútil perguntar." Brenda, minha psicóloga, explicou-me que, numa relação, se nós pedimos aquilo de que precisamos e não somos ouvidos, geralmente nos afastamos dessa relação e vamos procurar em outra o que necessitamos, ou simplesmente abandonamos nossas emoções, suprimindo a necessidade por trás dos pedidos.

Todos os problemas psicológicos — a melancolia, o *stress*, o medo do fracasso, a pouca auto-estima, o ego inflado, o comportamento compulsivo — começam com o desligamento emocional básico oriundo de alguma experiência da primeira infância. Tenhamos nós consciência ou não dessas impressões precoces e de seus efeitos psicofísicos, nosso corpo e nossa mente os armazenam. Eles se transformam nos prismas a partir dos quais passamos a avaliar toda situação nova e a agir sobre ela. No começo, eu estava cego para o fato de que as defesas que construí na infância não funcionam na vida adulta. Por exemplo, quando menino, desenvolvi a defesa de sorrir — "tudo está ótimo" — para me proteger de problemas grandes demais que eu não podia enfrentar. Depois de grande e contando com mais recursos para enfrentar esses problemas, continuei com o sorriso estampado nos lábios, muito embora há anos ele tivesse se tornado inútil. Muita gente se comporta, inadvertidamente, com base em parâmetros de referência ultrapassados em situações que exigem reações bem diferentes.

Já adultos, muitos de nós começamos a olhar para trás, para a infância. Se você olhar bastante e com atenção, aquilo que recebeu em abundância e o que foi rigorosamente racionado ficarão cada vez mais claros. Essas são as encruzilhadas de mudança nas quais podemos tomar um novo rumo e seguir pelo caminho das possibilidades mais sadias.

Os Obstáculos para a Descoberta de Si Mesmo

Eu conheço o medo. Parece fácil dar um passo rumo à descoberta de si mesmo, porém, colhido entre o que já foi e o que pode vir a ser, o futuro se mostra obscuro. Até certo ponto, talvez pareça mais fácil deixar quietas as nossas inadequações, escondendo-as da melhor maneira possível e esperando que ninguém repare nelas.

Mas logo atrás do medo vinha a dor do comportamento que atrapalhava minha missão. Por mais medo que eu tivesse de avançar, a idéia de recuar era pior.

As Racionalizações Intelectuais

Por que é tão doloroso? Distinguir e remediar o comportamento nocivo muitas vezes nos obriga a ficar frente a frente com o passado e com fatos que não são precisamente um passeio no parque. É quando as pessoas tentam jogar a cartada do intelecto. "Ora, eu não preciso de terapeuta nenhum", dizem. "Tenho muitas maneiras de resolver isso. Basta elaborar uma estratégia melhor. Sou o senhor do meu universo." O intelecto é astuto. Eu sei. Eu manipulava intelectualmente minhas emoções a curto prazo, só para, no fim, ser enganado por minha psique e seu estoque de comportamentos imprestáveis. Não é possível burlar as emoções eternamente. Como diz o ditado, pague agora ou pague depois. Eu preferia ter pago antes.

As Racionalizações Espirituais

Certas pessoas procuram passar ao largo dos problemas psicológicos e ir diretamente ao espírito, na esperança de que Deus resolva tudo. "Ponha nas mãos de Deus", reza o dito popular. Parece uma coisa boa. Mas se não concorrermos com nosso próprio esforço, é como pedir a Deus que nos faça ganhar na loteria sem que tenhamos comprado um bilhete. Para simplificar: Deus não há de fazer aquilo que nós mesmos podemos fazer com Sua ajuda. Realçar os sentimentos espirituais serve para mascarar, durante algum tempo, a dor psicológica de nossa disfunção, mas, cedo ou tarde, acaba resultando tão inútil quanto esconder-se atrás do intelecto.

Acho que eu não teria conseguido sequer chegar perto de conhecer a Deus se não tivesse começado por me conhecer melhor. Para mim, a lucidez psicológica foi um pré-requisito — não a conseqüência — para ser mais pleno de espírito. No meu modo de pensar, não tenho plenitude espiritual se confundo pôr meus problemas pessoais nas mãos de Deus com fugir à responsabilidade de encarar meus próprios obstáculos.

A Culpa Não É Minha!

Quando minhas racionalizações não resolviam, sempre era possível encontrar um bode expiatório. "Afinal, eu não sou o responsável aqui", dizia. "A culpa não é minha." De quem *era* então? Dos pais? Dos colegas? Do vizinho? Da posição do Sol no mapa astral? Da economia? De Deus? No trabalho, os gerentes e chefes são os alvos mais fáceis. Há uma infinidade de pessoas e desculpas ao nosso dispor quando queremos empurrar a culpa para o outro. Porém, ao aceitar qualquer coisa que não a responsabilidade total, estamos sabotando a oportunidade de educar e promover nosso bem-estar psicológico. A psique pode se esquivar da culpa, mas não da responsabilidade.

Estudando meu comportamento, comecei a ver claramente o papel que eu tinha nas relações ásperas, tanto pessoais quanto profissionais. Sem dúvida alguma, quando um não quer, dois não brigam. Eu costumava anexar a cada *percepção* psicológica a seguinte observação: "Puxa, eu queria que *ela* escutasse isso", em vez de aceitar que era eu quem estava precisando daquela *percepção*. Pouco a pouco, aprendi a resistir ao impulso de desviar de mim o questionamento, dirigindo-o ao que não estava sob o meu controle (as outras pessoas), e a manter o foco sobre aquilo que eu *podia* controlar, ou seja, o meu comportamento. É aí que tem início a verdadeira mudança. À medida que eu me transformava, as pessoas passaram a reagir de maneira diferente. A dança traiçoeira a que estava preso começou a mudar conforme eu mudava de tom. As portas do progresso se abriram: aproximei-me mais de certas pessoas e me afastei de outras.

O Conforto do Conhecido

Nós somos filhos do hábito. O que nos é familiar pela repetição, mesmo que se trate de uma coisa insalubre que nos causa dor, oferece um estranho e confortável abrigo. Muita gente se apega a padrões negativos não por acreditar que eles são bons, mas porque nos conservam num terreno conhecido. A mudança, mesmo para melhor, sempre vem acompanhada de um potencial de mal-estar. O medo do futuro, a culpa com relação ao passado, o sentir-se prisioneiro por vaidade, egoísmo, desejo, pretensão — tudo isso nos ata a ciclos perniciosos. O medo engendra o medo. A culpa entra em cena unicamente para devolver outra leitura interior. E o ego sempre quer mais. Quando insistimos nesses ciclos negativos só para preservar o conforto do que nos é familiar, conhecido, ficamos sem tempo nem energia para escapar à rotina e achar o caminho.

Às Vezes É Errado Ser Forte Demais

Um dos obstáculos mais difíceis interpostos entre você e a ajuda pode ser... você mesmo. É conhecido o fato de que muitos geralmente acreditam que pedir socorro, principalmente socorro emocional ou psicológico, é sinal de fraqueza. Talvez isso se deva ao imperativo particularmente norte-americano do individualismo ríspido ou à mentalidade do "nunca dizer que não sabe". Seja qual for a causa, admitir que não temos a resposta representa um golpe no coração da auto-estima de muita gente. Aliás, esse é o primeiro passo no sentido de procurar uma força psicológica mais profunda.

O pensamento rígido que nos impede de pedir ajuda é, na melhor das hipóteses, machista e, na pior, perigoso. Depois de anos acreditando que eu era capaz de tudo, descobri que não podia alcançar nada aqui dentro sem estender a mão para fora.

Expandir — Não Encolher — a Psique

É um paradoxo curioso. As pessoas têm professores e mentores do corpo, do intelecto e do espírito, mas recuam diante da idéia de receber orientação psicológica. Ocorre que o aconselhamento é uma das indústrias mais florescentes do futuro, repleta de consultores empresariais, palestrantes da motivação, conselheiros espirituais e religiosos, *personal trainers*, professores de culinária e de golfe. No entanto, o tom muda nitidamente quando se fala na orientação de um psicólogo. Embora conte com algumas das melhores faculdades de psicologia do mundo, os Estados Unidos continuam sofrendo a proibição cultural de procurar esse tipo de apoio e orientação.

Dispensar os benefícios da psicologia porque não tenho nenhum distúrbio mental grave é a mesma coisa que dizer que não vou ao médico porque não preciso de cirurgia. Os problemas psicológicos assumem todas as formas e todos os tamanhos. É verdade que certas pessoas são vítimas de distúrbios mentais graves, porém a vasta maioria das pessoas que poderiam beneficiar-se da educação psicológica a cada ano, tem problemas mais brandos que, embora não cheguem a ameaçar a vida, também merecem atenção.

Para gozar o máximo de saúde em todas as áreas de minha vida, eu precisei passar da administração reativa das crises para a educação preventiva. Isso inclui o tratamento da minha psique. Os diversos graus de educação podem beneficiar qualquer um. Não é vergonha procurar ajuda, seja vasculhando as prateleiras da seção de saúde de uma livraria, entrando nos *sites* de saúde da Internet ou deitando-se no divã do psicanalista.

Um Carro Quebrado não se Conserta Sozinho

"Um carro quebrado não se conserta sozinho", diz Earnie Larsen, um behaviorista de Mineápolis. Um automóvel com o pára-lama amassado continua sendo um automóvel com o pára-lama amassado até que o desamassem. O amassado passa a ser parte dele, assim como a curvatura do capô ou a cor da pintura. Olhando à sua volta, você vê outros carros amassados. E não tarda a acreditar que é assim que eles devem ser: amassados. Vai ver que eles saem da fábrica nesse estado.

O fato, obviamente, é que nós podemos nos acostumar de tal modo aos "amassados" que eles passam a se confundir com nosso caráter. Operamos com eles, quer nos ajudem ou não. Em vez de procurar o funileiro, não fazemos caso deles ou então os contornamos, às vezes tortuosamente — para não ter de empreender uma incômoda mudança. No entanto, o preço da estagnação é inevitavelmente mais alto que o da mudança.

A primeira vez que reparei em meu pára-lama amassado foi difícil. Em meio à dor de ter ouvido o chamado despertador por três vezes, dei-me conta de que, embora me sentisse amado na infância, eu reagia a determinadas situações familiares desenvolvendo ansiedades que se cristalizaram na vida adulta.

Olhando para trás, ter-me casado aos 19 anos foi traumático. De certo modo, minha esposa e eu tivemos de crescer juntos, duas crianças do interior de Indiana aprendendo a ser pais e a tocar a vida — antes que tivéssemos idade para votar. Fizemos o melhor possível com o pouco que sabíamos. Enquanto meus amigos iam relaxar na praia, eu trabalhava todas as horas que podia para pagar as despesas. De repente, os meses de verão deixaram de ser a temporada exuberante em que eu ia tomar sol. Fui obrigado a aceitar o emprego mais bem pago que apareceu, o de faxineiro numa montadora da Ford Motors Company, que ficava a duas horas de Indianápolis. "Faxineiro número um, apresente-se imediatamente na seção número quatro!" Ainda ouço o alto-falante mandando-me correr com o pano de chão, o rodo e o balde para limpar a sujeira no chão. Pensando bem, essa faxina não era nada em comparação com a sujeira emocional que eu ainda teria de limpar.

O crédito educativo pendendo sobre minha cabeça feito uma espada de Dâmocles, um filho no berço e, pela frente, mais cinco anos de batalha para me formar e ganhar a vida — não foi exatamente o tipo de experiência emocional que gera segurança. Aos 29 anos, larguei um emprego na Shell Oil para abrir minha empresa, sem ter a menor idéia de onde estava me metendo. A não ser quando já era tarde demais. A única saída foi fugir para a frente, com muito medo a me acompanhar. No meu primeiro dia fora da folha de pagamento da Shell, levei meus filhos a uma sorveteria e fiquei me perguntando como eu pagaria o picolé seguinte. Os cheques que chegavam automaticamente toda quinzena, o carro da empresa, a ajuda de custo, a participação nos lucros: tudo tinha virado coisa do passado.

Uma ética profissional obsessiva e um perfeccionismo incontrolável me empurraram e arrastaram durante aqueles anos. Na política da empresa, eu me aproveitava do papel de pacificador que aprendi a representar na infância, negociando armistícios entre as pessoas mais próximas. "Acho que o que ele está querendo

| COMO VENCER no JOGO da VIDA | 157

dizer é...", eu sugeria brandamente. "Você pode fazer esse favorzinho a ela?", recomendava em tom sedutor. "Acho que ele ficaria contente se você..." Mas esses hábitos se revelaram uma tendência para controlar tanto o cenário quanto as pessoas dentro dele.

Também na qualidade de pai eu não resistia à tentação de bancar o conciliador. Certa ocasião, meus filhos, que já estavam entrando na idade adulta, começaram a discutir, e eu, como fizera tantas outras vezes, interferi para "ajudar". Os dois se voltaram para mim e disseram em coro:

— Pode deixar, papai, nós mesmos resolvemos isso!

Foi duro reconhecer que, de fato, eles *podiam* resolver o problema sozinhos, que já era tempo de eu abandonar aquele papel tão pesado — o qual, aliás, ninguém nunca pediu que eu representasse. Resolver os problemas dos outros era, para mim, um dever admirável. Na verdade, eu estava tirando-lhes a oportunidade de aprender com seus próprios problemas — e me esgotava no processo. Controlar dá muito trabalho. Quando passei a refrear essa tendência de bancar o dr. Resolve-tudo, aprendi a ser genuinamente útil aos demais em vez de oferecer assistência por obrigação. Isso pode ser simplesmente dar ouvidos a uma pessoa que está se esforçando parar encontrar soluções próprias; ou oferecer uma solução, indicar um caminho, mas logo recuar para deixá-los chegar aonde quiserem por si mesmos.

O interminável paradoxo de minha personalidade – o abismo entre a máscara externa de confiança e um mundo interior cheio de medo — foi dolorosamente real. Estava na hora de sair de trás do sorriso. No entanto, eu estava firmemente assentado na negação; era tanta coisa que eu não estava disposto a admitir cá comigo. Nada mais óbvio: quanto mais sincero eu fosse comigo, mais sincero seria com os outros. O único meio era substituir a supressão pela expressão genuína.

Foram necessários anos de terapia e educação para que eu me livrasse dessa postura inspirada no medo. Por fim diplomei-me, deixei de ser apenas um ator e assumi a função de diretor, sendo meu Poder Superior o produtor executivo. Passei a ser tanto o treinador quanto o jogador. Foi o que consegui ao encontrar a perspectiva do observador mais distanciado, que vê minha vida assim como o treinador observa o time. Enxerguei as forças e as fraquezas com menor carga emocional defensiva ou de negação. Essa aptidão de treinador mostrou-me o caminho dos hábitos produtivos e me afastou dos hábitos vazios.

Investigando retrospectivamente minha infância, não foi difícil detectar os incidentes que produziram as perturbações emocionais duradouras. Era tentador bancar a vítima e pensar: *Ah! É por isso que eu sou assim!* Para entender e modificar os padrões de comportamento, vale a pena ajustar contas com sua origem; do contrário, corre-se o risco de ficar irremediavelmente preso ao passado. Em todo caso, por mais importante que seja saber como e por que eu ajo como ajo, mais importante ainda é perguntar até que ponto estou disposto a alterar o que não serve para mim. Temos a possibilidade de mudar, se quisermos, e conseguirmos na medida em que estamos dispostos a isso.

Imagine os efeitos positivos, na família e no trabalho, se todos abandonarmos os padrões nocivos e os substituirmos por uma dinâmica sadia. Romper o ciclo dos comportamentos imprestáveis — ficando com o que temos de melhor, em termos genéticos, e deixando o resto de lado — é um dos melhores presentes que podemos dar a nós mesmos, aos nossos filhos, aos nossos colegas de trabalho.

Caso você ache essa conversa muito distante e sem relação com a sua realidade cotidiana, pense um pouco na epidemia de *stress* e de moléstias relacionadas com o *stress* em nosso país. Muita gente acredita que o *stress* só tem a ver com o que acontece "lá fora", mas ele tem a ver com o que se passa "aqui dentro". Se procurarmos, diz Mary, minha companheira, "não faltam elementos criadores de *stress*". Contudo, parece que é um tema comum entre as pessoas que vivem muito o fato de elas não fazerem tempestade em copo d'água e de terem a flexibilidade de assimilar os golpes.

Como o *stress* o afeta depende sobretudo de como você o afeta. E isso depende, em parte, de sua saúde psicológica. Se você foi criado aprendendo a fazer o possível para agradar aos outros, como há de dizer não quando o patrão resolver dobrar sua já insuportável carga de trabalho? Você pode pôr a culpa nele, mas até que ponto não está simplesmente fazendo o papel que sempre fez?

Passando dos Limites

Os milhões de norte-americanos que têm comportamentos compulsivos e viciados testemunham um aspecto potencialmente ainda mais problemático do distúrbio. Desvinculados de uma franca compreensão de nossas motivações interiores, nós amadurecemos para o abuso da comida, das drogas, do álcool, da nicotina, do jogo, das compras, do trabalho e do sexo (para mencionar apenas as "substâncias" de escolha mais comuns).

Se o comportamento se enquadra no âmbito da moderação sadia, da compulsão ou do vício é uma questão de grau interior. Muita gente, por exemplo, diverte-se jogando e o faz com responsabilidade. Consegue estabelecer limites razoáveis, sabe quanto dinheiro pode arriscar e vai embora com uma sensação de satisfação. A diferença, que nem sempre se consegue observar de fora, é a distância entre entregar-se a uma atividade dentro de limites sensatos e o afã implacável de continuar.

Uma pessoa que atravessou o limite do comportamento compulsivo ou viciado se dispõe a arriscar a reputação, a carreira, as relações e a segurança financeira por conta desse comportamento. Quando a relação com uma atividade ou um objeto (comida, sexo, trabalho) chega a prejudicar o relacionamento com as pessoas, é evidente que nosso vínculo conosco e com os demais está comprometido. Muitos precisam de ajuda externa para romper o ciclo e compreender a dinâmica específica que distingue esses comportamentos.

Talvez o alcoolismo seja o mais amplamente reconhecido de todos os vícios. O vício no jogo vem se agravando à medida que proliferam as loterias e os cassinos em todo o país. O trabalho compulsivo, discutido no capítulo 9, é um vício que muita gente não detecta porque ser excessivamente produtivo geralmente beneficia os empregadores e o trabalho árduo é socialmente aceitável. O vício de comer ou fazer compras afetava principalmente as mulheres, porém, com a mudança nos

COMO VENCER no JOGO da VIDA | 159

papéis sociais e de sexo, verifica-se que esses e outros vícios e compulsões passaram a oferecer "igualdade de oportunidades".

Embora o movimento de recuperação e os pioneiros programas de doze passos tenham ajudado a tirar o vício do armário, o vício do sexo, em particular, continua cercado de incompreensão. Muitas vezes confundido com desvio sexual, ainda que seja totalmente diferente, o vício do sexo é mais difícil de detectar que o alcoolismo ou a compulsão de comer em excesso. Mais ligado à necessidade de provar a feminilidade ou a virilidade que à falta de saúde, o vício do sexo pode levar a situações que ameaçam tanto a vida pessoal quanto a pública, um preço muito alto para conviver com esse distúrbio.

Os programas e os centros de recuperação oferecem uma maneira mais estruturada de abordar as questões psicológicas específicas dos comportamentos de alto risco, viciados e autodestrutivos, assim como o apoio de profissionais treinados nessas áreas. Para os que lutam com a intensidade desses problemas, os centros de recuperação e os programas permanentes de apoio comunitário podem ser a passagem de volta para uma vida satisfatória. Tenho grande admiração pelos que reconhecem os problemas frente aos quais se sentem impotentes e participam voluntariamente desses programas de mudança de vida. Embora muitos cheguem a viciar-se em programas de recuperação e fiquem estagnados, a maioria é constituída de verdadeiros guerreiros com uma coragem tremenda para enfrentar essa que pode ser a maior batalha de sua vida.

Eu acredito que uma das coisas mais importantes que se pode aprender sobre as compulsões e os vícios é que eles não são o resultado da falta de força de vontade nem de um caráter indisciplinado. O autocontrole, por si só, raramente é suficiente para superar a poderosa dinâmica, tanto fisiológica quanto psicológica, das compulsões e dos vícios; humilhar as pessoas que apresentam essas inclinações ou comportamentos não as ajuda em nada. Estimulá-las a procurar auxílio, se estiverem dispostas, é a atitude mais solidária para com os que lutam com esses comportamentos destrutivos. Se você ou um ente querido sentir que pode se beneficiar com o conhecimento cada vez maior a que se tem acesso, indague junto aos profissionais da saúde e à variedade de sistemas de apoio disponíveis.

Investigações: Em Contato com a Sua Psique

Seja no caso de um comportamento compulsivo ou viciado, seja no de uma coisa menos problemática, pode ser que você queira examinar melhor o que lhe obstrui o caminho do sucesso na sua vida. Se os seus comportamentos se alinham com a sua missão e dão suporte a ela, a consciência de si já é uma parte integrante de sua vida. Contudo, se você sente que pode se beneficiar com um elo mais forte entre a psique e o eu, tornar-se mais consciente é o primeiro passo.

160 | Tom Gegax |

Certas pessoas acham úteis os sistemas como o Myers-Briggs Type Indicator [Indicador de tipo Myers-Briggs] (MBTI) e o menos conhecido Enneagram. Como instrumentos de auto-revelação, os indicadores de personalidade ajudam a compreender como a pessoa se enquadra no espectro dos tipos de comportamento humano.

A consciência de si nem sempre depende da avaliação externa. Abaixo, apresentamos três breves investigações que você pode fazer aqui mesmo, neste instante, para dar uma olhada no seu comportamento e no dos outros, assim como em suas raízes. Caso você esteja satisfeito com seu nível atual de autoconhecimento, essas investigações o ajudarão a entender os demais de maneira diferente e lhe fornecerão uma rápida vistoria de confirmação. São apenas métodos para aumentar a consciência, não critérios de julgamento do grau de saúde ou doença.

Antes de empreendê-las, deixe o julgamento de lado na medida do possível. Se você as estiver usando para investigar sua própria vida, ponha-se no lugar do observador, procure olhar para si mesmo de fora, limitando-se a observar o que o impulsiona rumo a sua missão e o que lhe bloqueia o caminho. Não se trata de sentir vergonha ou culpa – é apenas o potencial sincero de abrir os olhos e enxergar claramente os obstáculos enquanto você se prepara para removê-los. Quando estiver pronto, respire fundo algumas vezes e entre num estado de serenidade e abertura.

Investigação 1. O Nascimento dos Comportamentos

1. Reveja sua declaração de missão do capítulo 1. Se ainda não a preparou, pense em sua meta na vida.

2. Divida uma folha de papel em branco com uma linha no centro.

3. No lado esquerdo, faça uma lista de atitudes, comportamentos e hábitos que o impulsionam rumo a sua missão ou meta. Por exemplo, eu coloco "persistência" nessa coluna.

4. No lado direito, relacione as atitudes, os comportamentos e os hábitos que o estorvam. Em alguns casos, você há de sentir que tem pouco controle sobre essas coisas, coisas que você faz muito embora saiba perfeitamente que não correspondem ao seu interesse. Tudo bem, simplesmente liste-as. Por exemplo, eu costumava enterrar a cabeça na areia quando tinha de enfrentar problemas emocionais incômodos, de modo que "negação" constava (e ainda consta, se bem que em menor grau) na minha lista.

5. Escreva, ao lado de cada hábito ou atitude, onde foi que você o adquiriu, se com sua mãe, com seu pai, com algum irmão, com um colega ou com outra fonte. Eu aprendi a ser persistente com minha mãe. Aprendi a negar com diversas outras fontes, incluindo um colega.

Investigação 2. Comparação das Soluções dos Problemas

1. Identifique o comportamento que gostaria de alterar — algo que não corresponde ao seu interesse, mas que você continua fazendo. Se tiver terminado a

| COMO VENCER no JOGO da VIDA | *161*

investigação 1, escolha um item da lista. Pense em mudar o comportamento e pergunte a si mesmo:

- ✦ Como minha mãe faria essa mudança?

- ✦ Como meu pai faria essa mudança?

- ✦ Como meu irmão faria essa mudança?

- ✦ Como o meu melhor amigo, na infância, faria essa mudança? (Não faz mal se você não conseguir responder todas as perguntas acima.)

- ✦ Como um observador sadio e distanciado faria essa mudança? (Se não tiver certeza, não faz mal.)

2. O que estou fazendo atualmente para favorecer a mudança?

3. O que devo fazer no futuro para mudar?

Agora examine todas as respostas. Que estratégia se parece mais com a de sua mãe? Com a de seu pai? Com a de seu irmão? Com a de seu melhor amigo na infância? Com a do observador? Pode ser que algumas sejam semelhantes ou se sobreponham. Repare nas semelhanças e nas diferenças e veja como seu método se relaciona com os outros.

Muitos tomam decisões com base nos métodos das pessoas que os cercam, deixando-se influenciar pelos parentes ou colegas. Se seus métodos de mudança não estão funcionando bem, pense em orientar-se pela atitude de um observador distanciado, que tem mais clareza e objetividade.

Um exemplo: Jake tende a se enfurecer com as pessoas que o ofendem. Não só fica furioso como também quer pagar com a mesma moeda. Em situações parecidas, sua mãe e seus irmãos negariam a raiva, sorririam, negariam o ressentimento. Seu pai e seu melhor amigo da infância ficariam zangados e se vingariam. Agora ficou um pouco mais claro que exemplos Jake segue.

Um observador mais afastado conversaria com as pessoas que o magoaram, procurando compreender suas intenções antes de imaginar o pior. Se queriam de fato magoá-lo, ele lhes contaria, direta e sinceramente, o que estava sentindo. Caso não fosse essa a intenção delas, ele esqueceria a raiva e o mal-entendido.

Ora, Jake pode querer desfazer-se do modelo de comportamento de seu pai e do melhor amigo da infância para imaginar como o observador se comportaria se estivesse novamente confrontado com essa situação. Naturalmente é muito mais fácil dizer que fazer, mas identificar o modelo original de comportamento que não está dando certo hoje pode ser um primeiro passo em direção à mudança se for esse o seu objetivo.

Investigação 3. Rastreando as Tendências

Leia essas situações e simplesmente verifique se alguma delas tem qualquer correspondência com você. Se a situação lhe parecer conhecida, anote-a como uma área potencial de novas investigações.

1. Quando um colega ou amigo aparece com um problema pessoal, você tem a impressão de que não pode encerrar a conversa enquanto não encontrar uma solução para ele? (tendência potencial ao controle)

2. Quando um colega de trabalho faz uma crítica construtiva, você ouve ou acha, imediatamente, que ele está errado e justifica seus atos sem jamais ouvi-lo abertamente? (tendência potencial a ser defensivo)

3. Uma colega que não está preparada para uma reunião lhe pede que vá em seu lugar. Mesmo sem tempo para se preparar, você concorda em substituí-la? (tendência potencial à onipotência)

4. Seu chefe aparece com uma idéia realmente idiota e o manda implementá-la sem tempo nem recursos suficientes. Você engole as objeções e fica ressentido? (tendência potencial a agradar as pessoas)

5. Seu colaborador tem uma ótima idéia, tão boa que você gostaria que fosse sua. No entanto, o seu papel é decisivo no sucesso do plano. Você se esforçaria só parcialmente, preservando energias para as idéias de sua autoria? (tendência potencial à sabotagem)

6. Há um importante evento familiar. Mesmo tendo trabalhado muito em um projeto durante toda a semana, você sabe que ele ficaria melhor se lhe dedicasse mais uma noite e não fosse ao evento. Você continuaria o projeto? (tendência potencial à compulsão do trabalho)

7. Você acaba de concluir um projeto de seis meses que foi elogiado por toda a empresa. Todos o aconselham a descansar um dia e apreciar o que realizou. Sua satisfação diminui muito com a sensação de que podia ter feito coisa melhor? (tendência potencial ao perfeccionismo)

8. Você censura duramente um colega por um erro sem importância. Mais tarde, percebe que não foi justo com ele e que a maior parte de sua irritação deveu-se a uma briga com sua esposa no café da manhã. (tendência potencial a exprimir raiva indiretamente)

9. Falando em termos gerais, você sente que sempre leva a pior, tanto pessoal quanto profissionalmente, que, embora a glória vá para os outros e o trabalho para você, essa é a cruz que você deve carregar? (tendência potencial a mártir)

10. Embora você não se considere uma pessoa intimidadora, tem prazer na perspectiva de levar os outros a fazerem o que você quer que façam, mesmo quando elas não querem? (tendência potencial à prepotência)

11. Você geralmente sabe as respostas para as perguntas, mas escusa-se de falar temendo estar equivocado ou ver-se numa situação desconfortável? (tendência potencial ao distanciamento)

Resumo do Comportamento

Nas investigações acima, a resposta a uma pergunta qualquer não indica necessariamente que você tem um comportamento ou hábito específico. As investigações são tão-somente portas abertas para a compreensão de sua tendência a determinados comportamentos, de modo que você possa se ver mais claramente e encontrar um caminho mais suave rumo ao cumprimento de sua missão.

Quem Está ao Volante?

Os padrões de comportamento apresentados nas Investigações 1 e 3 são muito comuns em nossa cultura. Caso você tenha se identificado com qualquer um deles ou conheça outras pessoas que se identifiquem, saiba que não é o único a fazê-lo. O importante no autoconhecimento é, primeiramente, tomar consciência dos problemas e, depois, detectar sua origem: dois passos decisivos que o ajudarão a descobrir os poderes assestados contra você (as Investigações 1 e 2 são úteis aqui). É mais difícil lidar com uma coisa da qual não temos consciência e cuja dinâmica e origem não compreendemos.

Quase todo comportamento é, de um modo ou de outro, a tentativa de obter o que todos querem: atenção, amor, aprovação. As pessoas que se mostram prepotentes com as outras, que sabotam ou gostam de bancar o mártir procuram satisfazer essas necessidades básicas à sua maneira, talvez sem se dar conta dos anseios sadios que estão encobertos por camadas e camadas de expressão negativa. Mesmo aquele que se mostra distante pode estar se servindo do segredo e do mistério para fisgar os curiosos que se inclinam a imaginar as pessoas ou a buscar informação sobre os mais retraídos. Essas operetas psicológicas se encenam todo dia, a toda hora, de forma sutil ou ruidosa.

Um dos objetivos da saúde psicológica é atingir um estado sadio que anule a necessidade de jogos indiretos para chamar a atenção ou obter poder. É um estado em que lidamos com as pessoas de maneira direta, gentil e sincera, abrindo mão de antigos comportamentos que não têm mais serventia, de modo a ficarmos emocionalmente disponíveis para nos vincularmos ao amor e à aceitação da Fonte Superior. Nossos atos passam a orientar-se não pelo afã de receber atenção e aprovação, mas pelo desejo de manifestar nossa missão no mundo. Agindo por amor, não precisamos reagir com medo. Livres para sermos nós, acabamos explorando mais o nosso mundo interior e o exterior. A vida se alinha naturalmente com a nossa missão pessoal, que, se tivermos mergulhado em nós mesmos e ouvido nossa voz interior, se orientará não pelo ímã da natureza, da nutrição e dos colegas nem pelo apetite insaciável por atenção e aprovação, mas pela sabedoria superior inata em todos nós.

Oito Jogadas-chave para Treinar o Eu Psicológico

Agora, tendo averiguado rapidamente a origem de nosso comportamento, estamos prontos para olhar para as jogadas-chave que ajudam na melhor sintonização daquilo que funciona e na retificação do que não funciona. Meu auto-exame pediu uma combinação de recursos para remover as camadas de atitude defensiva, negação, os comportamentos e pensamentos habituais, assim como para empregar meu talento em um novo plano de jogo. De certo modo, em 1989, senti que, sendo um homem de 42 anos, meus hábitos estavam de tal modo encravados que eu precisaria de todo o esforço possível, e não de um mero empurrão, se quisesse navegar nas águas desconhecidas da minha psique.

Há muitos níveis de educação, desde a simples observação do eu e dos outros até o trabalho intenso com os profissionais da psicologia. Alguns métodos são estruturados, ao passo que outros ocorrem no curso normal do dia. Se você já tem um plano de jogo vitorioso para a saúde psicológica, conserve-o. Se não, experimente um dos muitos métodos de educação psicológica que tenha sentido para o seu propósito. Para os iniciantes, eis aqui oito opções:

Jogada Nº 1. Autotreinamento: Simplesmente Diga Não

Importante: mudar de comportamento implica a capacidade de tomar decisões positivas para o nosso próprio bem. Antes de mais nada, a educação e o apoio psicológicos eram e são instrumentos que me preparam para "simplesmente dizer não" ao comportamento que magoa os outros ou me impede de avançar. Certas pessoas têm a capacidade inerente de, ainda numa idade precoce, criar um plano de jogo vitorioso para si. Se você é capaz de identificar os comportamentos que bloqueiam a sua missão, de ter consciência de como e por que eles ocorrem e de aprender a dizer não, pode parar nessa etapa. Esse método lhe basta. Se isso lhe ocorre naturalmente ou se você segue, como eu, um caminho mais variado para se diplomar em saúde psicológica, está se preparando para as ocasiões que lhe dão poder, nas quais um "não" a determinado comportamento se transforma num "sim" à vida.

Jogada Nº 2. O Instrumento de Poder da Psique: as Afirmações

As afirmações expressam aquilo que desejamos como se já existisse. Não é um "querer". É um "já ter". A afirmação de uma pessoa que quer ser mais amável pode ser, por exemplo, "eu sou uma pessoa amável". As afirmações ajudam a reprogramar os ciclos comportamentais defeituosos que desenvolvemos em nosso computador mental, padrões resultantes do acúmulo de milhões de mensagens emocionais e psicológicas que recebemos na vida. Meu pai, atualmente na casa dos 80 anos, usa

COMO VENCER no JOGO da VIDA

a afirmação "Eu me amo" para compensar o efeito do fato de seu pai ter abandonado a família quando ele era menino. As afirmações encurtam a distância entre o que você é e o que deseja ser, um encantamento por meio do qual o futuro fica um passo mais próximo.

As afirmações são malvistas por certas pessoas, e é verdade que, se não houver compromisso com as palavras, elas não passam de ridículos gritos vazios. Os sentimentos e pensamentos vinculados às palavras dão-lhes poder, sendo que a visualização as liga em um programa coerente. Quanto mais intensamente você sentir a afirmação, ao pronunciar as palavras, tanto mais poder ela terá (coisa que funciona tanto nas mensagens positivas como nas negativas: uma excelente razão para que você controle os pensamentos e os oriente no sentido positivo).

As afirmações são o instrumento que usei muito nos primeiros anos de crescimento psicológico e continuo usando, ainda hoje, na forma de sutras (vide o capítulo 6). Uma de minhas primeiras afirmações foi "Eu sou autêntico e verdadeiro". Para gravar isso ainda mais, visualizei-me sendo muito meigo com um amigo sobre uma questão difícil — situação que normalmente não tenho a coragem de enfrentar cara a cara. Com essa imagem firmemente ancorada na mente e uma idéia do quanto eu me sentiria bem se conseguisse ajudar esse amigo, repeti a afirmação dez vezes, lentamente. O vínculo entre as palavras, a imagem e os sentimentos é a chave que aciona o motor do comportamento mais positivo e mais coerente com o que estamos afirmando.

Se você identificou um comportamento ou atitude que deseja alterar, evoque palavras que captem um comportamento positivo capaz de compensar o negativo. Por exemplo, se você anseia por ter abundância suficiente na vida, frases como "Eu sou abençoado" podem ser adequadas. Afirme-as dez vezes, visualizando o quanto você é abençoado e quanta coisa importante na vida já tem. Se quiser adotar esse método, comece fazendo afirmações toda manhã, toda noite ou em ambas as ocasiões.

Outro excelente recurso consiste em conservar um "arquivo de afirmações" com anotações estimulantes de outras pessoas, retratos dos entes queridos ou lembretes de idéias inspiradoras. Percorra o arquivo e não esqueça de sempre trazer para o presente os registros do passado.

É inerente às afirmações a declaração positiva de ser o que você quer em vez de não ser o que não quer. "Eu sou autêntico" conduz à autenticidade, ao passo que "Eu não sou falso" faz com que a falsidade seja o pensamento dominante — apesar da intenção de não ser falso. Isso ficou conhecido como Efeito Wallenda, do nome do grande equilibrista Karl Wallenda. Depois de décadas andando no arame com sucesso, aos 74 anos de idade ele caiu e morreu. Algumas pessoas que o conheciam bem dizem que Karl deixou de se concentrar em andar no arame e só pensava em não cair.

Jogada Nº 3. Um por Um

A parte mais importante e mais lógica de meu crescimento psicológico foi aprender com a orientação de uma psicóloga. O craque de beisebol Mark McGwire fez da terapia o instrumento que o ajudou a sair de uma péssima fase, na carreira, para enfim quebrar o recorde em 1998. Aliás, quase todos os que buscam a ajuda dos profissionais da psicologia estão à procura de instrução sobre uma parte de si que eles não entendem ou não usam com a eficácia que gostariam. É como contratar um guia turístico num país estrangeiro. Pode-se dizer que os psicólogos são profissionais da "expansão". Afinal, conseguem expandir nossa consciência, nossa eficiência e, em muitos casos, a probabilidade de cumprirmos nossa missão. Ainda que esse método possa não ser o melhor para muita gente, foi importantíssimo para mim.

Sem nunca deixar de ser o prático homem de negócios que sou, eu conversei com quatro psicólogos antes de conhecer Brenda Schaeffer, na qual encontrei a mistura certa de sensibilidade, intuição e conhecimento para inspirar a confiança de que eu necessitava para explorar minhas qualidades essenciais. Durante quatro anos, uma vez por semana, expus a ela meus pensamentos mais íntimos, contando-lhe tudo quanto me vinha à mente. Às vezes Brenda confirmava minha consciência em crescimento, ao passo que outras, chamava-me a atenção para coisas que eu não conseguia ver. Com delicadeza e sem jamais me ameaçar, teve a habilidade me desafiar a compreender a mim mesmo e, simultaneamente, soube ajudar-me a superar os limites do meu entendimento. Em certas ocasiões, isso chegou a ser desagradável. Contudo, era-me impossível negar o crescimento e a mudança que eu estava vivendo, e eu sabia que aquele era o rumo certo.

Brenda facilitou muito a descoberta de minha missão de vida. Juntos, estabelecemos marcos para avaliar as metas de crescimento psicológico. Anos depois, ela tirou uma licença prolongada, tendo me ajudado a realizar grande parte do que eu havia estabelecido na primeira fase de crescimento. Passei o ano seguinte trabalhando sob a orientação do behaviorista Earnie Larsen, que me ajudou a reforçar e a praticar o que havia aprendido com Brenda.

Nesse período, passei pela decisiva transição de jogador inconsciente a observador consciente da minha vida. Conhecer os métodos de auto-exame — e também vivê-los — ensinou-me a aplicar essas lições no futuro. Em outras palavras, Brenda e Earnie entregaram-me, efetivamente, os instrumentos que me permitiram ser meu próprio terapeuta. Dá certo, embora esteja sempre presente o potencial de períodos difíceis: não hesitarei em pedir ajuda a esses especialistas se eu tornar a precisar de aconselhamento sábio.

Há uma tremenda variedade de abordagens terapêuticas: a junguiana, a freudiana, a adleriana, a gestalt, a análise transacional, a PNL (programação neurolingüística), a EMDR (Eye Movement Desensitization and Reprocessing), a experimental e a humanista (só para começar). Empregam a conversa direta, o desempenho de papéis, a interpretação dos sonhos, a visualização e muitos outros métodos de investigação. Por mais importantes que sejam, esses métodos, em si, acabam sendo menos decisivos do que achar um terapeuta competente, que inspire confiança.

Como me explicou Brenda mais tarde, a maior parte dos problemas pessoais com que deparamos tem a ver com violações da confiança, com uma traição emocional ou comportamental em algum ponto da nossa história. Quem não confia totalmente no terapeuta não é capaz de abrir com candura seus pensamentos e sentimentos nem terá confiança para agir de acordo com o conselho recebido.

Como em qualquer outra profissão, variam muito os níveis de competência. Se você escolher esse caminho, antes de tudo pense no que quer de um terapeuta, no que pretende ganhar ou em que medida espera mudar. Peça referências aos amigos (parte importante da busca), confira-as, e eu sugiro que converse com diversos terapeutas como se estivesse entrevistando um candidato a um emprego. Aliás, não é outra coisa que você está fazendo: contratando o consultor e instrutor de um membro importantíssimo da sua Equipe Interior. Eis algumas amostras de perguntas nas quais vale a pena pensar depois de esclarecer brevemente seus problemas e metas gerais:

+ Que abordagem o terapeuta pretende usar? Como ela se traduz na realidade prática do seu tempo com ele?

+ Que instrução, experiência, sucesso com os outros e felicidade na vida pessoal o terapeuta tem nas áreas que você quer aprimorar (por exemplo, a intimidade com a esposa, a satisfação no trabalho, o papel de pai ou mãe de uma família harmônica, a administração da raiva, dos vícios ou do comportamento compulsivo)?

+ O terapeuta é forte a ponto de lhe mostrar seus jogos caso você não seja muito dócil ou tente controlar o processo e o resultado? Melhor que escolher um terapeuta que você sabe que consegue enganar é continuar enganando a si mesmo sem perder tempo nem dinheiro.

+ O que o terapeuta espera de você?

+ Como ele avalia o seu progresso?

+ Qual é o preço da consulta?

+ Os honorários têm cobertura do convênio? Durante quanto tempo? Planeje sua estratégia financeira para ser atendido no nível que deseja. Eu comecei pagando uma parte da despesa quando estava na pior situação financeira possível; sem isso, porém, não teria progredido pessoal nem profissionalmente.

Com a resposta a essas perguntas abrangentes, você sentirá, intuitivamente, a compatibilidade, o nível de confiança e o potencial do terapeuta de corresponder a suas necessidades e desejos.

Jogada Nº 4. Dinâmica de Grupo

Inicialmente, eu desconfiava muito — era quase paranóico — da terapia de grupo. Antes de mais nada, a perspectiva de me abrir emocionalmente numa sala cheia de estranhos me parecia simplesmente insensata. No entanto, ao ver Brenda dirigindo o grupo, tive de renunciar a minhas defesas habituais. Não conseguia controlar a conversa esquivando-me sutilmente dos tópicos desagradáveis ou desviando-os para atingir o telhado de vidro de alguém. A terapia de grupo me obrigou a parar com a manipulação e me relacionar com meus pares como seres humanos. O que não tardei a perceber foi que todos estávamos no mesmo barco. Não entráramos no grupo para provar que éramos mais estruturados que os demais. Comecei a ver a mágica simbiótica daquele tipo de terapia: cada um aprendia com o meigo *retorno* do outro. Observei o comportamento sadio ou nem tão sadio assim das pessoas e aprendi com suas vitórias e derrotas, assim como elas aprenderam com as minhas.

Foram as lições desagradáveis que mais me fizeram crescer. Numa sessão, uma participante do grupo descreveu certa situação que a assustava. Para mim, aquilo não era nada. Desdenhando de sua preocupação, eu perguntei: "Qual é o problema?" No mesmo instante, o grupo inteiro se colocou contra mim. Fiquei desconcertado, confuso, mas aprendi a lição.

O grupo também fez um retiro de uma semana, um "laboratório de teste" onde, apartados das distrações costumeiras da vida cotidiana, tivemos oportunidade de praticar novos comportamentos. Eu estava disposto a enfrentar o desafio, porém, no fim do primeiro dia, comecei a procurar maneiras de me distrair. Enquanto os outros se preparavam para tranqüilas noites de reflexão, eu só pensava em ir me divertir na cidadezinha mais próxima. Até certo ponto, estar naquele retiro fez com que eu me sentisse como um carro de corrida que subitamente colocaram em ponto morto: pronto para sair em disparada, mas sem ter aonde ir. Notando minha agitação, Brenda me fez uma pergunta simples: você está querendo fugir de alguma coisa?

Devo admitir que ter me convencido de que aquilo não passava de uma excursão inocente foi apenas outra distração. Embora soubesse perfeitamente o que tínhamos ido fazer lá, simplesmente não me sentia à vontade sendo forçado a uma introspecção tão íntima com outras pessoas. Era um desafio maior do que eu previra. Guardei a chave do carro e vi que estava tremendo. Mas o terremoto não vinha de fora. Vinha de dentro.

Aquela semana marcou uma guinada. Empenhando-me em abrir mão das distrações, eu me propus a conhecer a mim mesmo e aos meus colegas de terapia. Como nos ensaios ou nas escaramuças, pusemos em prática o que havíamos aprendido recentemente para ser sinceros com nossas emoções e ter compaixão.

Fiquei cerca de dois anos no grupo. Depois disso, passei a integrar um grupo informal de amigos que estavam no mesmo nível de crescimento. Os encontros tinham um formato simples: cada um de nós começava com um breve relato e depois passava para o problema específico em pauta na semana. Cada um decidia se precisava apenas que os amigos emprestassem o ouvido solidário para escutar ou se queria *retorno* para testar o que estávamos pensando e como tencionávamos agir. A empatia e a perspectiva do grupo ajudaram-me a dar continuidade ao meu trabalho anterior. O ambiente tanto do grupo formal quanto do informal foi excelente para testar as idéias e verificar se a lente com que eu enxergava a realidade estava fora de foco ou não.

Jogada Nº 5. Medicamentos

Embora eu geralmente não conserve medicamentos prescritos em minha caixa de remédios, acredito que há um lugar para eles. O Prozac, o mais procurado, e uma infinidade de outros antidepressivos que exigem receita médica ajudaram multidões. No campo da fitoterapia, a erva-de-são-joão, na forma de pílulas ou de chá, tem contribuído para melhorar a vida de muita gente.

A pancada tripla do câncer, do divórcio e dos problemas financeiros, em 1989, levou-me a tomar durante nove meses um antidepressivo e um ansiolítico receitados para me ajudar a enfrentar as quase insuportáveis transições pelas quais estava passando. Anteriormente, eu sempre conseguia recompor-me sem remédios, mas descobri que o *stress* prolongado ou grave altera a química básica do corpo, tornando quase impossível a recuperação sem auxílio. Os medicamentos me ajudaram a recuperar o equilíbrio de modo a encontrar energia e motivação para participar plenamente de minha educação psicológica.

Embora melhorassem meu estado psicológico, eles não diminuíram meu desejo de crescimento pessoal. Os comprimidos eram uma providencial solução a curto prazo, mas eu sentia que não atingiam a causa que me levara a usá-los. Firmemente empenhado em melhorar minha saúde psicológica, novas *percepções* e novos hábitos começaram a se cristalizar com o passar dos meses, permitindo-me abandonar os remédios.

Seja como ponte para atravessar um período difícil, seja como solução a longo prazo, muita gente viu a vida mudar para melhor porque se dispôs a aceitar o apoio do medicamento. É essencial a orientação de um profissional confiável e capaz, que tome judiciosamente as decisões mais adequadas à situação de cada um.

Jogada Nº 6. Cure-se com os Amigos

Descobri que era muito mais agradável contar com companhia com a qual praticar a linguagem que eu acabara de aprender, de modo que comecei a fazer amizade com pessoas que pensassem da mesma maneira e estivessem seguindo um caminho parecido com o meu. Conheci gente por intermédio dos grupos de terapia, do curso de tai chi e das aulas sobre *Um curso de milagres*, assim como por outros meios. Mediante a discussão sobre o território novo que estávamos explorando e o exemplo da vida de cada um, aprofundou-se minha recém-encontrada perspectiva. A amizade com pessoas comprometidas com o crescimento tanto psicológico quanto espiritual continua sendo um importante círculo de relações que me mantém seguindo meu caminho. Você vai saber mais sobre as relações com os amigos no capítulo 9.

Jogada Nº 7. Em Busca da Alma com as Almas Gêmeas

Uma de minhas primeiras relações amorosas, depois do divórcio, foi com uma mulher que tivera uma prolongada educação psicológica. Era muito culta, conhecia a diferença entre o comportamento sadio e o nocivo e não tinha o menor receio de me chamar a atenção quando necessário. A vantagem foi que passei a contar com uma orientadora psicológica em boa parte das minhas horas de lazer. Às vezes ficava defensivo, mas, até certo ponto, escutava e aprendia.

Passamos três anos juntos. Quando nosso relacionamento acabou, ela disse:

— Eu não vou empreender outro projeto como você. Deu muito trabalho colocá-lo nesse estágio!

Eu entendi o que aquilo queria dizer. Desafiar e avaliar constantemente o meu comportamento exigiu muita energia. Mesmo assim, estou agradecido pelo papel dela em me ajudar a romper hábitos construídos em mais de quarenta anos. Esse "período de treinamento" complementou de maneira agradabilíssima a terapia individual e a de grupo, assim como o apoio dos amigos.

Quando uma pessoa íntima questionar o seu comportamento, eu o aconselho a abrir-se para a mensagem. Nem sempre conseguimos ver nossos próprios atos e, nesses momentos, quando falha a auto-observação, podemos aprender com o que os outros vêem.

Jogada Nº 8. Ligue-se ao Mundo ao Seu Redor

Há anos que eu entro em contato com numerosos recursos para chegar a uma compreensão mais profunda da psicologia e do comportamento humano. Os livros, as fitas, os seminários, os grupos de estudos e os retiros são complementos excelentes para os outros métodos mencionados acima. Levando em conta o número de anos que me foram necessários para desenvolver novos hábitos comportamentais, imaginei que uma abordagem abrangente, com um bom estoque de recursos, seria uma bênção se me desse oportunidade de colocar a psique em campo. Procure informar-se sobre outras idéias sobre o cuidado com a saúde desse membro vital da sua Equipe.

Caminhos Diferentes, um Só Destino

As mudanças em meu desenvolvimento psicológico foram um caminho lento e, por vezes, doloroso. No entanto, gradualmente, a ladeira foi se aplainando à medida que grande parte de minha nova maneira de pensar e de ser transformou-se em hábitos. Descobri que demora cerca de seis meses de prática para fixar um novo hábito. Conforme eles iam se fixando, devagar mas seguramente, minha vida ficou menos estressada e mais agradável.

É importante notar que, na saúde psicológica, o mesmo manequim não serve para todo mundo. Há diferenças entre nós, portanto nossas escolhas, prioridades, missões e desejos hão de ser diferentes também. Certas pessoas chegam naturalmente às verdades psicológicas, ao passo que outras se dão melhor recorrendo a métodos estruturados para aprender e crescer em termos comportamentais. Seja qual for o seu caminho, a meta é ficar mais consciente de suas ações no presente e fazer o possível para alinhá-las aos seus valores, de modo que amanhã você possa olhar para trás com menos remorso.

Decerto há fatores externos capazes de criar problemas reais para a tranqüilidade e o bem-estar. A doença, a morte de um ente querido, o divórcio ou a ruptura de um relacionamento, a perda do emprego e inúmeras outras situações difíceis podem bater à porta. Estar bem psicologicamente não nos isenta dos problemas da vida. No entanto, os hábitos sadios nos equipam melhor para enfrentá-los, compreendendo e aprendendo o que for possível, e para voltar mais cedo do que tarde ao estado de equilíbrio.

As emoções e os comportamentos são habituais e podem ser alterados pelo mesmo processo que você desencadearia para mudar um exercício ou um hábito de trabalho. Aqui estão seis passos capazes de ajudá-lo a desmascarar a motivação por trás de um hábito e de dar-lhe uma mão quando chegar a hora de mudar:

1. Reconhecer a fonte: onde eu adquiri esse hábito?

2. Reconhecer os sentimentos que acompanham o hábito: como eu me sinto quando estou agindo conforme esse hábito? Como me sinto depois?

3. Reconhecer por que o hábito me foi útil: o que eu ganho agindo assim? Existe uma maneira mais saudável de satisfazer a mesma necessidade?

4. Reconhecer como é o hábito hoje: o que o desencadeia? Isso mudou com o passar dos anos? Ainda é adequado?

5. Reconhecer as conseqüências: este hábito implica um risco potencial? Ele me liga ou me separa das outras pessoas? Aproxima-me ou me afasta do cumprimento da minha missão?

6. Reconhecer a lição: que mensagem ou valor oculto está embutido nesse hábito? Se sou infeliz com as conseqüências dele, posso fazer um esforço para interrompê-lo mediante a compreensão de sua origem e o reconhecimento daquilo que o impulsiona e dos sentimentos a ele associados?

Fazer essas perguntas une os pontos entre a origem do hábito e suas conseqüências na vida. Iniciando-se como um mero pensamento, ele se instala na psique e se transforma em ação. Em outras palavras, a maneira de pensar está ligada à maneira de sentir; esta está ligada à maneira de agir. E a maneira de agir está ligada às conseqüências positivas ou negativas que damos e recebemos do mundo. É bem possível que passemos a dedicar mais tempo a esse tipo de auto-exame se compreendermos essa equação e pensarmos no que ouviríamos se gravássemos nossos pensamentos e depois os escutássemos.

172 | Tom Gegax |

Superando os Aspectos Negativos

Uma consciência maior do Autotreinamento pode levá-lo, como aconteceu comigo, a livrar-se dos hábitos emocionais mais inúteis que um casaco de pele no verão. Entretanto, alguns deles não desaparecem facilmente. O medo, a raiva e a culpa merecem atenção especial. Embora muitas vezes consideradas puramente inúteis, a verdade é que essas emoções têm aspectos tanto negativos quanto positivos. Seu lado positivo pode mobilizar nossos instintos protetores e fortalecer-nos para mudar para melhor. Já o negativo deita sombra no futuro e nos tira a capacidade de estar no momento presente. Gravada no limite, entre a face positiva e a negativa dessa moeda, está a pergunta que podemos fazer toda vez que nos virmos confrontados com o medo, a raiva ou a culpa: "Que utilidade tem essa emoção para mim?"

Numa situação perigosa no trânsito, o medo e a raiva levam o motorista a frear rapidamente para evitar a colisão com o veículo que lhe cortou a passagem. As emoções potencializam a sua reação, salvando-o do perigo. Isso é positivo. Agora, ainda com raiva do "barbeiro" (que há muito tempo desapareceu na estrada), ele continua pensando no incidente e nas coisas que diria se o outro ainda estivesse por perto. Essa é a encruzilhada onde o positivo e o negativo se encontram. O perigo real já passou, sendo que o motorista expressou sua raiva da única maneira sadia possível, o que foi positivo. Se continuar irritado depois disso, será que a raiva ainda o estará ajudando? Por exemplo, perseguir o "barbeiro" em busca de um confronto pessoal o ajudará ou prejudicará? Ou, se ele decidir deixar o outro motorista em paz, mas chegar ao escritório ainda com raiva, isso o ajudará a fazer com que a reunião das nove horas tenha sucesso? Sua raiva ainda lhe estará sendo útil ou terá passado do positivo para o negativo, transformando a proteção em flagelação?

Embora os aspectos positivos dessas emoções difíceis tendam a entrar em nossa vida, em nosso trabalho, para depois sair, os negativos são capazes de colar-se às paredes mentais, alimentando-se e criando ainda mais negativismo. A "placa" negativa nos faz viver com medo do futuro, sentindo-nos culpados com relação ao passado ou aprisionados pelas necessidades do ego. A pesada carga desses remanescentes negativos chega a nos impedir de enfocar o aqui e agora.

O filósofo russo P. D. Ouspensky expressou sua visão inequívoca dos aspectos negativos da emoção ao dizer que eles "não ajudam nossa orientação, não nos dão conhecimento, não nos guiam de nenhuma maneira sensível. Pelo contrário, estragam-nos o prazer [...] A única coisa boa neles é que, sendo inúteis e artificialmente criados pela imaginação [...] podem ser destruídos sem perda nenhuma. O homem precisa sacrificar seu sofrimento". Como sacrificar nosso sofrimento? Podemos aprender a reconhecer uma emoção que já não tem serventia, senti-la e, então, separá-la de nossos hábitos interiores.

Mesmo quando já sentia que estava ficando mais saudável, muitas vezes eu colidia com os aspectos negativos do trio problemático formado pelo medo, pela raiva e pela culpa. Embora seja importante administrar essas emoções em determinadas situações, precisei parar de administrar os sintomas para ir até a raiz desses problemas.

Empurrado pelo Medo

A maior parte do medo que sentimos não está vinculada a situações que nos ameaçam a vida. Não costumamos ser caçados feito animais selvagens nem estamos na frente de batalha. Muitos dos nossos medos são de caráter simbólico: sentimo-nos ameaçados ou sitiados pelas exigências do trabalho e das relações, sentimo-nos emocionalmente atacados pelas pessoas que não nos compreendem.

Em face do medo, temos três reações instintivas: lutar, fugir ou paralisar-nos. Na época atual, o "fugir" se expressa no recuo ou na depressão. O "lutar" manifesta-se na raiva; e o paralisar-se, no torpor emocional. Você conhece a sensação: não consigo pensar, não consigo me mexer, não sei o que fazer.

Já houve ocasiões em que me senti paralisado pelo medo, se bem que (graças a Deus) atualmente isso aconteça mais raramente. Quando estou à mercê do medo, o tempo muda. Tudo parece se acelerar, porém a solução capaz de abrandar o temor dá a impressão de se aproximar de mim feito lava derretida. Eu sinto um tremor interno, perturbador, que me diz que o mundo está virando de ponta-cabeça. Tudo fica fora de foco. A vista escurece. As coisas positivas ficam turvas e negativas, acrescentando peso ao ciclo do medo. Minha capacidade de pensar diminui. Minha capacidade de aprender se anula. A voz de qualquer informação que não alimente o medo fica mais difícil de ouvir. O que poderia tranqüilizar e acalmar afunda no rumor dos pensamentos negativos.

O resultado é que o amor — por mim mesmo e pelos outros — desaparece nessas ocasiões, porque, se o amor aumenta as possibilidades, o medo nos diminui. Nesses momentos fica claro: a mente que vive no medo não pode viver no amor.

ENFRENTE O MEDO ✦ Eu desenvolvi uma série de instrumentos a serem usados quando o medo e sua companheira inseparável, a ansiedade, batem na porta.

- ✦ **Recorra à sabedoria de uma frase inspiradora.** "O medo bateu na porta. A fé foi atender e não havia mais ninguém lá fora."

- ✦ **Concentre-se na respiração.** Como os sintomas da ansiedade se manifestam no corpo do mesmo modo que na mente, reparar na respiração pode acalmar o medo. Respirar mais regular e profundamente ajuda a desacelerar o ciclo da paralisia emocional e conserva a mente aberta para se locomover em meio aos sentimentos. Quando uma situação se mostra mais temível, eu me lembro do que diz meu ex-colega de faculdade em Atlanta, o psicoterapeuta Bob Simmermon: "Ninguém morre se continuar respirando".

- ✦ **Agradeça as bênçãos que recebeu.** Concentrar-se na gratidão e repassar uma lista de bênçãos restaura uma importante perspectiva de tempo e proporção. Qual é o tamanho do medo em comparação com as coisas boas que

174 | Tom Gegax |

aconteceram e continuarão acontecendo em minha vida? Rever essa lista pode diminuir rapidamente o objeto do medo.

✦ **Visualize um cenário pior.** "Tudo bem", digo comigo, "a coisa deve andar mesmo mal para que eu esteja sentindo tanto medo. *Mas até que ponto pode piorar?*" Pensar no pior resultado possível chama a atenção para os fatos e, às vezes, confirma um motivo real de preocupação. Com mais freqüência, grande parte do medo desaparece à luz da evidência. Levar o medo às últimas conseqüências abre caminho para ver que, sim, eu ainda estou bem e, então, conceber uma solução em vez de deixar que os fantasmas me paralisem. Em todo caso, o medo se esvai.

✦ **Invoque a sabedoria superior interior** para ajudá-lo a estabelecer um novo rumo. A mente aberta para a sabedoria interior se abrirá para encontrar soluções para a origem do medo. Desenvolver um plano de ação, um cronograma e uma lista do que fazer minimiza o impacto do medo e transforma o negativo em positivo. Esse passo oferece uma sensação de bem-estar, mostrando-nos que fizemos o possível para cuidar do problema no mundo exterior.

✦ **Invoque seu Poder Superior** e peça ajuda para que você veja uma saída em harmonia com sua missão.

✦ **Recupere o sentimento de amor e abertura.** Eu consigo fazer isso pensando em minha família, numa recordação boa ou em Deus. Quando orientamos os pensamentos e os sentimentos para o amor, sobretudo enviando pensamentos amorosos para a fonte do medo, sobra pouco espaço para a paralisia e a ansiedade.

✦ **Faça o melhor possível e aguarde o resultado em paz.** Saiba que você deu o melhor de si para enfrentar o medo, que fez o possível para minimizar o seu potencial de se tornar realidade, e deixe estar. Você fez o que era preciso.

SEJA COMO O GATO ✦ Algumas pessoas que foram muito medrosas na vida desenvolvem um senso de hipervigilância, antecipando sempre o que pode estar errado. Embora o preparo geralmente seja uma boa qualidade, levado ao extremo acaba destruindo a nossa capacidade de aproveitar o momento. Os hipervigilantes vivem esperando que o céu desabe ou que aconteça o pior.

Eu, ao contrário, nos últimos dez anos passei a imitar o gato. Agora prefiro o modelo felino de vigilância: preparado, mas não assustado; tranqüilamente consciente, mas não tenso para a ação. Alerta e relaxado. Esse é o estado que me esforço para alcançar.

Empurrado pela Raiva

A raiva também está intimamente ligada ao medo. Se você arranhar a superfície da raiva, quase sempre acaba encontrando o medo por baixo, porque é culturalmente

| COMO VENCER no JOGO da VIDA | 175

mais aceitável ficar com raiva que com medo. Em nossa cultura, muitos aprendem a suprimir a raiva e a encará-la como um resquício da vida primitiva anterior à civilização. Porém ela é natural e pode ser saudável quando nos ativa o instinto de protegermos a nós e aos outros diante de uma ameaça real. A raiva nos dá energia para enfrentar o que, sem ela, pareceria grande demais para nós. Desde o Movimento pelos Direitos Civis, passando pelos cidadãos que se zangam com a poluição da água que bebem, até o garoto disposto a defender o amigo no pátio do colégio, a raiva pode gerar pequenas e grandes revoluções positivas.

No entanto, ela muitas vezes se exprime e é usada de modo a controlar os demais, e não a melhorar a vida. É um poder *sobre* as pessoas, não *para* elas. A raiva pode se manifestar em sarcasmo, em crítica, em julgamento. Pode se manifestar em ofensas pessoais que nada têm a ver com a verdadeira origem do problema. As pessoas com que lidamos acabam ficando confusas e irritadas: por que não? Estamos atacando-as, e elas nem sabem por quê. *Um Curso de Milagres* afirma: "Se nos ocuparmos da idéia de ataque e contra-ataque, como há de ser possível a paz de espírito? É uma fantasia criada por nossa mente. A única coisa que ela tem de bom é que não é real".

Embora o drama esteja apenas em nossa mente, as conseqüências podem ser fatais, como me lembro toda vez que estou na estrada. Quando me dei conta dos riscos envolvidos se deixasse a raiva me controlar, passei a dar prioridade ao esforço de minimizá-la. Se a raiva direta pede a supressão, há outra opção bem melhor: não deixar que a roda da raiva comece a girar. Se estou frustrado, há maneiras melhores de purificar o ar. Quando fico com raiva, eu me pergunto se estou tendo uma reação exagerada ou se não compreendi bem alguma coisa. Respiro fundo algumas vezes para rever a situação e, então, com todo o respeito, dirijo-me à pessoa envolvida para resolver o conflito com cuidado. É mais sadio para mim e para ela. Seja dirigindo, seja em qualquer outra situação, não sinto necessidade de brigar. Há outros casos em que ainda acabo brigando, mas não são muito freqüentes.

DESARME-SE, EVITE O CONFLITO, AFASTE-SE ✦ Às vezes, ficamos tão chocados com o ataque verbal de uma pessoa que não sabemos o que fazer. Mesmo porque não fazer nada é o melhor começo. Em seguida, repare em sua reação. Preste atenção em sua respiração. A situação não se parece com outras que você já viveu no passado? Como você costuma reagir quando está nesse tipo de situação? Suas reações habituais lhe fazem bem?

Então, pense nas reações possíveis. Examine-as mentalmente para ver que tipo de reação a sua vai gerar. Lembre-se, a cada ação corresponde uma reação. Pense bem. Imagine como você se sentiria e determine, a partir do Eu superior, se ela abranda ou aumenta a raiva. Afastar-se pode ser a coisa mais difícil do mundo. Geralmente, queremos muito o prazer de ver o objeto da raiva sofrer ou, pelo menos, ficar com a última palavra. Pergunte-se sinceramente se vale a pena a dor que vai causar em si e nos outros ao entrar no drama com seu próprio arsenal de raiva.

Em qualquer desavença, é essencial perguntar: "O que é mais importante? A melhor resolução, ou minha necessidade de ter a razão?" Se minha raiva estiver enraizada no desejo de vencer, o melhor a fazer é respirar fundo e retirar-me até que eu possa enxergar melhor o problema real.

Quando confrontado com a raiva de outra pessoa, é importante levar em conta os sentimentos dela. "Eu vejo que você está muito zangado. Conte por quê. O que você quer que eu faça para resolver isso?" A raiva de muita gente se evapora quando você convida a um diálogo verdadeiro sobre o que a aborrece. Às vezes basta trocar uma situação de conflito por uma de harmonia. Não quer dizer que você tenha de concordar; trata-se do senso de respeito e de comunicação, de honrar os sentimentos e as necessidades da outra pessoa, coisa que aparta a raiva, abrindo caminho para a discussão do problema real. Sem esse senso de solução, nossa mente tende a ruminar, a insistir e a tornar os problemas ainda mais graves do que são.

Resolver o fluxo constante de dificuldades que encontramos é vital para conservar o tanque da raiva quase vazio e o da tolerância cheio até a boca. A maneira como resolvemos as coisas determina como evoluímos. A dra. Viktoria Sears, médica em Mineápolis, diz: "Evolução pela melhor resolução".

Empurrado pela Culpa

Último elemento do trio problemático, a culpa não é de modo algum o menos importante. Enquanto o medo nos mantém ansiosos em relação ao futuro e a raiva nos agita quanto ao presente, a culpa prende-nos à vergonha dos acontecimentos passados. Ela tem um extraordinário poder de ficar, de durar, de alimentar a si mesma.

Em meu dicionário, a definição de culpa tem dois sentidos: "o fato de haver cometido uma transgressão" e "sentimento de culpabilidade, principalmente por delitos imaginários ou devido a uma sensação de inadequação: auto-recriminação". De acordo com a primeira definição, ela pode ter raízes em coisas que fizemos e das quais nos arrependemos. No entanto, de acordo com a segunda, pode estar ligada não a nossas ações, mas às percepções vergonhosas que temos de nós mesmos. Como Brenda Schaeffer me ensinou, a culpa é um sentimento capaz de se perpetuar e geralmente tem origem nas acusações ou afrontas de outrem. Ou seja, *nós* acabamos nos acusando daquilo que os outros nos acusam. Sentindo-nos condenados pelos demais, acabamos condenando-nos e agimos de modo a reforçar esse mau conceito.

O arrependimento, por outro lado, é o reconhecimento sadio de que fizemos uma coisa que contraria os nossos próprios valores. Quem está disposto a ver onde foi que errou, pode usar o arrependimento como catalisador da mudança positiva.

Compreender a diferença entre culpa e arrependimento ajudou-me quando eu estava às voltas com a sensação de fracasso como pai, como marido e como empresário. Desfazer-me da culpa e sintonizar-me com o arrependimento, no fundo do coração e da alma, ajudou-me a virar uma página, retomar o jogo da vida e reparar os erros da melhor maneira possível.

O ANTÍDOTO PARA A CULPA ✦ Lamentar a perda de uma oportunidade ou ficar triste porque uma coisa não deu certo, como eu descobri, são partes importantes do processo de cura. Nós somos humanos e, com enorme freqüência aprendemos errando, corrigindo e seguindo em frente. Certa vez, numa entrevista, Charlie Rose perguntou ao cineasta Mike Nichols se ele gostava do processo de editar um filme. "Se também pudéssemos editar a vida, seria fantástico", ele respondeu. Ninguém pode eliminar os próprios atos como se não tivessem existido, mas todos podemos anular o efeito deles no filme da nossa vida.

O antídoto para a culpa? Seguir em frente, a partir do erro, mediante pedidos de desculpas, a começar pela dolorosa visão do arrependimento. Treinando-nos com um plano de não insistir no erro e, então, perdoando-nos a nós mesmos e aos demais. Para muitos, perdoar-se é bem mais difícil que perdoar os outros e pode levar mais tempo. Como isso é importantíssimo para minha saúde emocional, eu o incluo em minha prece diária.

Demonstração de Coragem, Não de Fraqueza

Cinismo, frieza, impassibilidade — seja qual for o nome, esconder as emoções dificulta o crescimento emocional. Em meados dos anos 90, no aniversário da Guerra do Golfo, acompanhei atentamente uma palestra do ex-presidente George Bush perante um numeroso grupo de executivos em Orlando, na Flórida. Estando na quinta fila, eu conseguia ver cada nuance da sua expressão. Naquele dia, ele leu trechos do diário que escreveu durante o conflito e, pouco antes de concluir, mostrou-se visivelmente comovido. Continuando a leitura, começou a chorar. De uma sinceridade pungente, aquelas lágrimas diziam mais sobre suas lembranças da guerra que um caminhão cheio de palavras. O moderador se aproximou sem jeito, agradeceu-lhe por compartilhar aquela experiência tão pessoal, tão íntima. Bush apressou-se a se esconder atrás de sua armadura emocional dizendo:

— Bem, isso não vai acontecer outra vez. Palavra!

O grupo, quase inteiramente masculino, riu com certo mal-estar. A maioria havia entendido muito bem.

Fiquei perguntando qual teria sido o resultado das eleições de 1992 se George Bush tivesse mostrado suas emoções nos debates pela televisão e durante a campanha. Se o carisma é o resultado do vínculo efetivo com todos os aspectos de quem somos (com as emoções, assim como com o corpo, o intelecto e o espírito), as lágrimas são menos uma ameaça que um apoio vital.

Um dos hábitos mais difíceis de abandonar foi minha resistência às lágrimas. Muitos adultos, particularmente os homens, estão treinados para não mostrar vulnerabilidade emocional, muito menos uma lágrima. "Nunca deixe que o vejam chorar" é o derivado natural da mentalidade do "nunca deixe que o vejam suado".

No entanto, ao vincular minha realidade interior com minha reação externa, fui obrigado a admitir que a tristeza faz parte da experiência humana. As lágrimas são a resposta natural para ela, uma parte do ser humano que não precisa de explicação. Lembro-me de que, na primeira vez em que chorei muito na vida adulta, aos

42 anos, eu me senti verdadeiramente ameaçado. Disso eu me lembro perfeitamente. Estava sozinho e, quando as lágrimas cessaram de rolar, fui verificar se ainda estava inteiro. Para minha surpresa, descobri que estava mais vivo que nunca. O poço de lágrimas se transformou num poço de esperanças: uma revelação.

Recordo outra ocasião, um dia de trabalho particularmente estressante em 1991. Naquele dia, duas pessoas muito importantes pediram demissão. Também o homem que havia aceitado ocupar o posto de chefe do departamento financeiro subitamente voltou atrás, preferindo continuar no cargo em que estava. Para dourar a pílula, disse que seus colaboradores da costa leste não paravam de atormentá-lo, fingindo tiritar de frio toda vez que passavam por seu escritório, numa referência ao inverno rigoroso de Minnesota. Eu não achei graça nenhuma. Três golpes no mesmo dia. Fui cabisbaixo para casa e conversei com meu filho Chris. Disse que estava precisando de um abraço e comecei a chorar. Graças à empatia e ao ouvido atento de Chris, consegui reencontrar o núcleo da motivação que o *stress* havia deslocado temporariamente. As lágrimas me ajudaram a melhorar.

"Refrear" é uma expressão que dá uma nota negativa a algo que aprendi que, em última instância, é uma experiência positiva. Há um ponto em que você começa a sentir as lágrimas chegando e pode refreá-las ou deixá-las correr. Experimente soltá-las quando estiver na companhia de alguém em quem você confia. É claro que a gente se sente vulnerável, mas eu acabo me sentindo ainda mais próximo da pessoa em que posso confiar nessas horas. E é um ótimo exemplo para os nossos filhos e para os que nos são próximos mostrar que exprimir a dor e a tristeza também faz parte da vida. Quando um companheiro de equipe ou um amigo chora na minha presença, as lágrimas vêm quase sempre acompanhadas de um pedido de desculpa pela "fraqueza". E eu digo:

— Não precisa se desculpar. Foi uma demonstração de *coragem*, não de fraqueza.

A Psique em Ação

É natural que, na vida adulta, levemos para o família e para o local de trabalho os hábitos psicológicos e emocionais desenvolvidos no passado. Os colegas tomam o lugar dos irmãos; os superiores, o dos pais. Retomando *a linguagem* aprendida na infância, nós repetimos tanto os padrões sadios quanto os prejudiciais. Aliás, tendemos a continuar procurando esses mesmíssimos padrões naqueles que nos rodeiam. Se nossa família tiver funcionado como um relógio, a "família" do local de trabalho será semelhante. Se, ao contrário, nosso histórico familiar incluir estratégias que "tropeçavam", também tropeçaremos nas relações profissionais, a não ser que encaremos nossa história honestamente e nos esforcemos para mudar. As táticas que você usava com sua mãe podem reaparecer nas negociações com seu chefe. Pensando bem, como havia de ser diferente? Esses são os padrões básicos de relacionamento que aprendemos, a menos que escolhamos conscientemente estudar a nossa própria psicologia e façamos os ajustes necessários.

COMO VENCER no JOGO da VIDA

Foi exatamente o que vi acontecer no meu trabalho. Antes de abrir os olhos, eu participava dos dramas muito mais ativamente. Na época, não percebia isso em mim nem nos outros, muito menos era capaz de lidar com o problema.

Essas Coisas Não Acontecem Perto de Você?

Os maiores problemas no local de trabalho, hoje em dia, não procedem das questões profissionais, mas das de relacionamento. As tendências ao controle, à atitude defensiva, à necessidade de agradar, à onipotência, à compulsão do trabalho, ao perfeccionismo, à procrastinação, à sabotagem, a transferir a raiva: essas coisas não lhe são familiares? Eu mesmo presenciei e me deixei levar por muitas delas, e, sem dúvida, elas estão operando em algum lugar bem perto de você. O custo para as empresas e os empregados é elevado. Perde-se muita produtividade e muita paz de espírito quando a energia se transfere da colaboração para os dramas emocionais. O trabalho fica comprometido, os níveis de *stress* sobem verticalmente, e a saúde física e emocional dos empregados começa a sofrer.

Minha educação psicológica tem sido uma aliada fiel que me ajuda a atuar com mais eficiência como líder e companheiro de equipe. Na Tires Plus, começamos a criar um ambiente emocional mais saudável com as seguintes medidas:

+ Comprometer-me pessoalmente a modelar o melhor possível o bem-estar psicológico em atos, sentimentos e expressão.

+ Compartilhar o retorno sobre os mais profundos problemas comportamentais com os companheiros de equipe quando — e unicamente quando — eles estiverem abertos para a discussão.

+ Convidar psicólogos a ministrar palestras aos meus companheiros de equipe.

+ Recomendar e estimular o uso de recursos, incluindo os do programa de assistência ao empregado, que abordem problemas psicológicos.

+ Discutir amigavelmente os benefícios que tive com meu crescimento emocional.

+ Estimular um ambiente no qual todos sejam abertos e francos com os sentimentos e capazes de discutir, de maneira respeitosa, com os companheiros de equipe os comportamentos nocivos.

+ Promover sessões de relaxamento, nas equipes, para estimular os colegas a entender em que medida seus companheiros são afetados pelo *stress*, dando-lhes tanto autorização como uma linguagem para oferecer apoio.

Não posso me imaginar trabalhando e muito menos liderando uma empresa sem dar prioridade ao estudo da psicologia — da minha própria e da psicologia em geral. A maioria dos empregados, principalmente os que ocupam cargos de chefia, pode se beneficiar aprendendo alguns recursos básicos de que se servem os psicólogos para observar, fazer as perguntas adequadas e treinar a si e aos outros no sentido de melhorar a comunicação, as atitudes e o comportamento.

Muitas vezes, empregados de outras empresas vêm me perguntar como contribuir para criar um ambiente aberto a esse tipo de pensamento. Eu os aconselho a desafiar os diretores da empresa com delicadeza e persistência. Na minha opinião, o que realmente precisa acontecer com um grande número de executivos é, antes de mais nada, trabalhar seus próprios problemas psicológicos e comportamentais, seja lá como for, e então levar as lições aprendidas ao local de trabalho.

Entre no Jogo

Mesmo os mais sábios dentre nós topam diariamente com barreiras psicológicas e intelectuais. Para superar as suas, pense nos recursos que você já tem à mão e em como acrescentar ou aprimorar outros. Abasteça seu plano vitorioso de jogo de um bom estoque de

+ auto-exame sincero por meio da investigação;

+ desejo de operar mudanças comportamentais;

+ disposição de pedir ajuda externa, a menos que o autotreinamento, por si só, realize as mudanças;

+ métodos necessários para apoiar sua mudança;

+ estratégias que lhe parecem eficazes para administrar a culpa, a raiva e o medo;

+ disposição de expressar os sentimentos, tristes e alegres, quando conviver;

+ desejo de rever e defender idéias para criar um ambiente mais sadio no local de trabalho.

Remover os obstáculos da psique o ajudará a ser uma pessoa mais sadia dentro e fora do local de trabalho — um presente para você e para todos os que o rodeiam.

6

Fique em Forma para a Sua Missão: A Saúde Espiritual

No CAPÍTULO 3, eu disse que a plenitude de espírito é uma qualidade essencial ao plano vitorioso no jogo da vida. Discuti meus pontos de vista sobre a diferença entre "religioso" e "espiritual" e como o comportamento pleno de espírito se manifesta em casa e no local de trabalho. Neste capítulo, vou me aprofundar mais nos motivos pelos quais acredito que o espírito é o jogador mais importante da Equipe Interior e compartilhar com você minha prática espiritual e o "jogo verdadeiro". Quando a saúde espiritual permeia uma área da vida, todas as outras são afetadas.

De todos os modos de saúde e bem-estar, a prática espiritual é a mais pessoal e a mais aberta à interpretação. É inerentemente difícil falar em Deus, porque nenhum pensamento consegue definir de maneira adequada e não há palavras que descrevam plenamente essa força essencialíssima. As veredas espirituais variam tanto quanto os que as trilham. Muita gente encontrou orientação e paz, ao passo que outros tiveram experiências religiosas pouco inspiradoras ou até nocivas, o que os deixou cínicos e defensivos toda vez que ouvem falar em "Deus" ou "espírito".

Na infância, quase ninguém tem controle sobre suas práticas espirituais. Adultos, no entanto, temos a possibilidade de redefinir e redescobrir o significado do espírito em nossa vida e de restabelecer um vínculo com a fonte divina da qual porventura nos sentimos apartados. Eu acredito que o Poder Superior quer ter uma comunicação mais clara com cada um de nós. Tenham sido boas ou más as experiências do passado, nós podemos encontrar o caminho certo hoje, dada a nossa mistura particular de história e circunstância.

A Saúde Espiritual

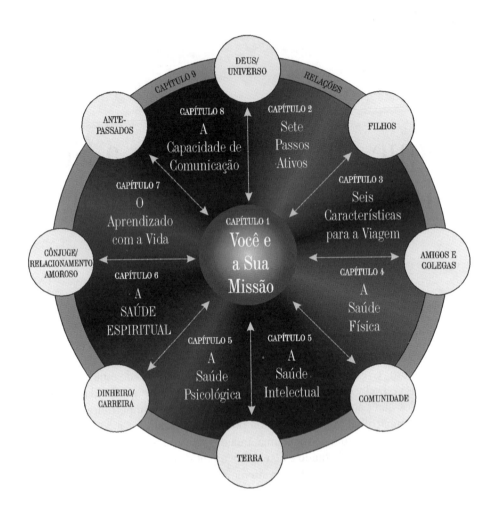

Do mesmo modo que a saúde física, intelectual e psicológica, a saúde espiritual precisa de atenção e de uma prática que mantenha acesa a sua chama. Certas pessoas preferem esperar que o espírito apareça e, de fato, sem mesmo tentar, muitos receberam uma luz de inspiração espiritual ou uma revelação. Todavia, o perigo de deixar o vínculo espiritual nas mãos da "inspiração" é que se perde muito tempo à espera de um contato ao qual se pode ter acesso de maneira mais ativa e consciente. Assim como eu não deixo meu exercício físico à mercê de um capricho, não vou deixar minha boa forma espiritual definhando até que me venha um estado de espírito mais favorável. Se alguma das idéias seguintes lhe interessar como um começo ou um complemento de sua prática espiritual atual, considere-as passos capazes de ajudá-lo a manter o vínculo com o espírito em forma para a vida toda.

Sobre a Atribuição

Um dos pensamentos espirituais de que mais gosto está em *Um Curso de Milagres*: "Minha única função é a que Deus me deu: o amor e o perdão". Por atribuição de Deus... um é conforto. Minha parte? Aparecer, abrir a boca, pôr o lápis no papel, conservar a intenção alinhada com a minha atribuição (cuja raiz é o amor e o perdão) e, em todos os momentos, estar disposto a aceitar a ajuda da minha Fonte para avançar. Conversando com os membros novatos da equipe da Tires Plus, analisando as cifras numa reunião sobre o orçamento ou jogando na quadra de basquete, eu me lembro dessa relação poderosíssima, por mais que esses lugares possam parecer inadequados. Sinto-me como um piloto recebendo instruções da torre de controle, recebendo mensagens de Deus. Quando não estou sintonizado, fico ansioso, os pensamentos nebulosos me impedem de aterrissar. Estando sintonizado, a serenidade se transmite ao longo do meu dia.

Supere os Obstáculos

Seguir um caminho espiritual é um processo de estabelecer relação com uma fonte divina. Ficar no caminho espiritual que lhe convém pode não ser fácil. Incorporar os princípios espirituais na vida cotidiana é um desafio permanente. Às vezes é como óleo e água. O espírito não tem limites; nós, na condição de seres humanos, nos lembramos dos nossos a cada dor muscular, a cada estalar dos ossos. O espírito abraça o infinito, os seres humanos acompanham o relógio. Pense no esforço contínuo necessário para que duas pessoas se conheçam. Agora imagine o salto adicional de complexidade quando um ser humano busca o divino.

É complicado, mas não impossível. Buscar já é um começo, um simples gesto que pode ser anulado por nossas necessidades e temores baseados no ego.

Indevidamente concentrado na ária predileta do mundo, "eu, eu, eu", o ego rouba a cena de um propósito de vida mais amplo.

Deixe o Meu Ego em Paz

Um dos temas principais na discussão tanto sobre a espiritualidade quanto sobre a psicologia é o papel do ego em nosso comportamento. A cultura norte-americana geralmente considera a falta de força e auto-estima do ego um importante obstáculo para a saúde psicológica e espiritual. A pouca auto-estima e um ego ferido são tidos como os principais fatores que levam as pessoas aos sentimentos de culpa, de medo e de falta de valor. Sentindo-se indignas de amor, elas realmente são incapazes de amar: duas condições que fazem parte do vínculo espiritual.

Recentemente, eu ouvi a história de um pequeno grupo de prisioneiros que, numa sessão de terapia, foram convidados a enumerar as coisas de que gostavam em si mesmos. O silêncio foi tão denso que daria para cortá-lo com uma faca. Esforçando-se para achar algo bom para dizer, um deles finalmente arriscou:

— Me detonaram, mas eu continuo "cagando" para as pessoas.

A luz trêmula da compaixão e da esperança que reconhecemos em nós mesmos abre caminho para um futuro melhor. Se você tem dificuldade com a premissa básica de que merece ser amado e é capaz de amar, saiba que um ego ferido pode sarar e leve em conta os métodos do capítulo 5 para encontrar apoio para desencadear o processo. O lado inverso da pouca auto-estima é o ego inflado. A força excessiva do ego eleva a pessoa acima dos outros e transforma as relações em manobras pelo poder em vez de trocas cooperativas.

Os filósofos orientais vêem os problemas relacionados com o ego sob uma luz diferente. Também ali a preocupação básica é a exagerada atenção que se dá ao ego. Até mesmo perguntar se o ego é forte demais ou fraco demais põe a energia nele, retirando-a do espírito. Essa atenção sobre o ego provoca um desligamento do espírito, fazendo com que nos sintamos separados de nossa Fonte e dos outros. O foco excessivo no ego cria um abismo entre o indivíduo e o mundo, até que aquele se sinta uma ilha isolada e não mais uma parte do *continuum* de toda a vida.

Quem está certo, o Oriente ou o Ocidente? Para mim, os dois pontos de vista têm uma semente de verdade. Parece-me que nós, primeiramente, devemos desenvolver uma base sadia de auto-estima e de ego, a confiança em nós mesmos que nos dá segurança para agir no mundo e ser autêntico sem medo. Aquele que desenvolveu um ego saudável (o que é mais difícil do que você imagina) acaba chegando a uma encruzilhada. Um caminho leva o ego à busca do poder. Embriagado com a capacidade de realizar, arrumar, estruturar, fazer e criar, ele esquece sua origem divina, perde o contato com um propósito superior e com os demais. As *coisas* adquirem mais valor que as *pessoas*. *O que temos* passa a ser mais importante que *para onde vamos*. Todo mundo conhece essa gente. Ela existe dentro de cada um de nós.

Recordo que, quando menino, na igreja, eu ouvia o pastor falar na "salvação". Embora não compreendesse bem o que era ser "salvo" do "inferno", tinha algumas imagens vivas na cabeça. No entanto, agora vejo que um aspecto da salvação é a graça que me "salva" da dor de um ego desequilibrado, capaz de criar seu próprio inferno em vida. Lançando mão dos recursos que tem, um ego forte pode escapar ao controle e destruir tudo. Insensatamente alimentado, ele não consegue apoiá-lo quando você precisa.

Eu acho que o antídoto contra os comportamentos prejudiciais com base no ego, por mais simplório que pareça, são o perdão e o amor. Insistir no drama da vergonha, da culpa e do medo só serve para nos separar de nossa Fonte. Começando conosco mesmos e avançando para os outros, o perdão abre caminho rumo à cura e ao abandono da defesa em nome do cuidado com os demais. Quanto mais perdão vivenciamos, mais tolerantes ficamos e menos medo sentimos. Sem isso, não chegamos a um lugar onde nos sintamos merecedores do amor de Deus. Um antigo filósofo budista disse certa vez: "Há muitos caminhos na vida. Todos dão em nada. Um está alinhado com o coração e, nos outros, sua vida é amaldiçoada". Com um ego equilibrado no caminho, há muito espaço para o coração.

Respeito Sim, Medo *Não*

O medo é um obstáculo espiritual que se mostra de maneira sutil ou escancarada. Muita gente vive com medo de outras pessoas e do meio que a cerca. Embora o instinto de defesa seja natural e sadio, muitos desses temores são despropositados e causam desligamento espiritual. Quem vive com uma postura defensiva diante das relações e do ambiente não consegue agir com plenitude de espírito.

O medo da mudança e a incerteza são outros fantasmas que desvinculam muita gente do progresso espiritual. As buscas espirituais quase sempre levantam questões que não têm resposta. Nessa sociedade orientada para a realização, muitos acham desagradável viver com indefinições desse tipo ou mudar a maneira de pensar para acomodar essa falta de soluções rápidas e seguras.

Algumas doutrinas religiosas afirmam a necessidade de temer a Deus, coisa que, na infância, eu entendia mais ou menos como o medo que eu tinha do menino grandão que morava na rua de cima. Em 1995, fui ao enterro de meu tio Dick Alexanders em uma igreja do sul de Indiana. Ouvi quando o pastor disse que devemos temer a Deus e me lembrei do quanto isso sempre me pareceu estranho. Por que ter medo de Deus? Seria medo do castigo? Das terríveis ameaças do Juízo Final?

Parece-me que Deus nos ama incondicionalmente, mais ainda do que um pai ou uma mãe amam o filho, e perdoa nossos erros inevitáveis. A idéia de um Deus cheio de amor ajuda-nos a perdoar e amar a nós mesmos. Pois, se não acreditarmos nesse amor incondicional e vivermos constantemente tremendo de pavor do castigo, corremos o risco de nos deixar levar pela culpa, pela vergonha e de ser implacáveis conosco e com os demais, já que o amor fica sendo uma realidade tão remota.

Já o respeito é diferente do medo. O respeito expulsa o medo. Se este paralisa, aquele inspira. Pode-se entender o respeito a Deus como o desafio de levar a compreensão e a prática a um novo nível. Eu sinto respeito toda vez que reparo deveras na criação. Ouvir o meu coração bater, olhar para a estrutura intrincada de uma árvore, apreciar a beleza admirável de uma obra de arte ou do lago perto de casa num dia de outono, o sonho que tive ontem, a idéia que me ocorreu há pouco: tudo acaba achando sua fonte em Deus, e esse reconhecimento gera respeito.

Se o medo motiva pela ameaça do castigo, o respeito motiva pela admiração profunda, pelo amor e pelo desejo de estar mais perto da fonte de tais maravilhas.

A Paz É Graça

Minha maior dificuldade para desenvolver a espiritualidade? É fácil: aprender a ir mais d-e-v-a-g-a-a-a-r. Uma vez eu ouvi uma pessoa perguntar a um grupo: "Alguém aqui está com a agenda lotada e a alma vazia?" Eu sempre vivi com pressa e sempre cheguei uns quinze minutos atrasado a praticamente todos os lugares. Continuo acostumado a me precipitar um pouco, durante o dia, quando estou "fazendo negócios", embora tenha adquirido um ritmo muito mais saudável, menos apressado, mais compassado. E ainda quero progredir nessa área. Aliás, quando consigo desacelerar um pouco, aproveito mais a vida e a experimento mais plenamente. Embora isso possa parecer um problema para a produtividade, o autor Eknath Easwaran escreve: "Não confunda lentidão com indolência, que gera o descuido, a procrastinação e a ineficiência generalizada. Ao diminuir o passo [...] preste atenção nos detalhes". Em certos ambientes empresariais, eu achei isso difícil. Quando escolho ir mais devagar (é sempre uma opção, quer a gente admita isso, quer não), sinto-me muito bem e descubro que não faço menos, e sim mais.

O Espírito Assume o Controle

Quanto a isso não há dúvida: o espírito é exigente. Ele é a fonte da consciência, a qual, por vezes, nos faz entrar em conflito com os desejos do ego e com o que sabemos que é a escolha de nível mais alto. Escolher o que é melhor para mim pode ser visto como uma atitude egoísta, mas só quando essa decisão é tomada por um interesse mesquinho e limitado. Quando se tomam decisões coerentes com a missão, a escolha de nível mais alto, que é a correta ou melhor para quem decide, também gera benefício do mais alto nível para os outros (e vice-versa), mesmo que, da nossa limitada perspectiva humana, muitas vezes sejamos incapazes de enxergar o propósito comum e o encadeamento.

Com um senso de vínculo espiritual, temos mais chance de encontrar a força de que precisamos nos momentos em que as boas intenções não bastam para nos impulsionar. Embora possamos ser boas pessoas mesmo sem ter consciência espiritual, eu acho que praticamos o amor e o cuidado com mais consistência estando ligado a uma fonte divina. É no comportamento cuidadoso que o espiritual e o humano se encontram. Um dos objetivos habituais da prática espiritual é afastar a consciência das necessidades baseadas no ego e voltá-la para considerações de um bem superior. Quanto menos me concentro em meu poder baseado no ego, mais benéfico, presente e sereno eu consigo ser.

Com Defeitos e Tudo

Todos nós temos desejos e anseios que achamos que não devíamos ter. Todos temos tendências de que não gostamos, coisas de que nos envergonhamos e que preferimos não contar para os outros, coisas que tratamos de esconder. O nosso lado sombrio guarda esses segredos. Embora isso possa ser equacionado como um problema psicológico, também atinge o núcleo da espiritualidade. Muita gente pensa que ser espiritual é ser perfeito ou, pelo menos, ser muito, muito bom. Talvez seja o que nos ensinam na infância, mas isso foge à questão da *luta* real para construir um vínculo com a fonte divina, luta essa que nada tem a ver com a perfeição.

Uma parte importante da plenitude de espírito consiste em abraçar a nossa própria humanidade, com defeitos e tudo. Como podemos amar a criação de Deus — nós — sem amar o Deus dentro de nós? A vida é um trabalho em progresso, e o aprendizado exige que cometamos erros. Aprender com os erros ("expiando", "arrependendo-se" ou "voltando ao estado de graça", na linguagem de algumas tradições religiosas) é o ritmo básico da vida. Martinho Lutero empregava a expressão *simul iustus et peccator*: "ao mesmo tempo justo e pecador". Paulo, o apóstolo cristão, tinha suas imperfeições e se considerava "o maior dos pecadores". As palavras desses homens incorporam o paradoxo com o qual todos convivemos: a cada instante temos lições a aprender e, ao mesmo tempo, somos amados e valorizados assim como somos. Aceitar a idéia de que estamos "no meio do caminho" de nos tornarmos mais espirituais, não no fim dele, torna mais fácil enfrentar nossas partes obscuras.

Há um perigo real em suprimir o conhecimento de nossas tendências ruins. É muito mais sadio — bem que geralmente mais difícil — reconhecer e aceitar esse conhecimento. Deixado por sua própria conta, um lado sombrio suprimido ou negado é capaz de criar um poço de indignidade que arruína completamente os sentimentos bons que adquirimos no trabalho, na família ou nas velhas e boas amizades. Todas as bênçãos do mundo perdem o significado se você não sentir que as merece e não conseguir aceitá-las.

Como qualquer outra parte de nós, o lado sombrio contém informações importantíssimas. Sendo negadas, essas mensagens não desaparecem, apenas saem "pelo ladrão", controlando o nosso comportamento das maneiras mais inesperadas. Nunca lhe acontece de agir de modo completamente contrário a sua missão e, mesmo assim, não ter podido evitar? A gente *sabe* muito bem, mas não consegue *fazer* muito bem. Pode ser obra do lado sombrio. Enquanto não compreendermos como e por que a sombra nos coloca do lado errado da cerca do comportamento, as tendências mais obscuras continuarão prevalecendo sobre nossa sabedoria superior.

Reagir ao lado negativo com segredo e vergonha só serve para fazer que tomemos o partido de nossas limitações, reforçando a falsa idéia de que "eu sou ruim, e as pessoas ruins fazem coisas ruins". A não ser que nos apropriemos conscientemente de nossas imperfeições e nos perdoemos, essas sombras criam uma profecia que se cumpre sozinha, perpetuando o ciclo da vergonha.

Quando, porém, olhamos para o nosso lado sombrio com franqueza, abertos e sem julgar — mesmo que essa franqueza seja desagradável — temos a possibilidade de recuperar, gradualmente, todas as partes de nós que ficaram na escuridão. Esse processo não é nada fácil e, em geral, requer a ajuda de um guia de confiança, pelo menos nos estágios iniciais. No entanto, é possível, e o esforço de começar a sair da sombra vale a pena.

Espelho, Espelho Meu

Ver o bem nos outros é a marca registrada da visão espiritual. A tendência a enxergar com muita persistência qualidades negativas nos demais indica uma orientação negativa insuspeita. É o que conta a história do sábio que ia pelo caminho entre duas aldeias. Um viajante que passava lhe perguntou:

— Como é a gente da próxima aldeia?

O sábio disse:

— Como era a gente da outra?

— Ruim e sovina — respondeu o homem.

Ao que o sábio replicou:

— Então você não vai gostar da próxima aldeia: lá eles também são todos ruins e sovinas.

Pouco depois, apareceu outro viajante e também perguntou:

— Como é a gente da próxima aldeia?

O sábio disse:

— Como era a gente da outra?

— Muito boa e generosa!

Ele sorriu e balançou a cabeça.

— Então você vai gostar da próxima: lá eles também são todos bons e generosos.

Você procura os aspectos positivos das outras pessoas ou só os negativos? Nós podemos escolher, e essa escolha tem mais a ver com o que sentimos por nós mesmos do que propriamente com os outros.

Aqueles que nos rodeiam podem ser, de fato, um espelho das características que achamos doloroso ver em nós; o que mais nos irrita nos outros geralmente é aquilo que precisamos enfrentar em nós mesmos. Porém, assim como o viajante da história, é fácil ver o problema como se estivesse "lá", não "aqui".

Eu creio que esse sentimento de mal-estar em relação a quem somos está no cerne de nossa obsessão por acompanhar a mídia quando ela "pega" alguém devido ao seu comportamento. Quem se sente pior do que os outros sempre gosta de vê-los rebaixados ao seu nível. A miséria adora ter companhia. Nossa cultura enaltece de tal modo os políticos, as celebridades e outros que, inevitavelmente, acabamos querendo assistir a uma "queda" compensadora que venha equilibrar nossas expectativas irreais em relação a essas pessoas, que são, todas elas, simplesmente humanas. Nós queremos os heróis, mas não gostamos de nos sentir "menos que eles" durante muito tempo. Não seria delicioso se nossa auto-estima fosse tão firme que

| COMO VENCER no JOGO da VIDA | *189*

pudéssemos dar compreensão e apoio às pessoas, quando necessário, em vez de ridicularizá-las e ficar com raiva? "Quem dentre vós estiver sem pecado, seja o primeiro a lhe atirar uma pedra", disse Jesus.

Embora possamos esconder do mundo o nosso lado sombrio, não temos como escondê-lo de nosso Eu superior mais sábio nem de Deus. Essas forças orientadoras já sabem e sempre souberam de nossos lados mais obscuros e continuam nos amando com defeitos e tudo. Se conseguirmos perdoar a nós mesmos, aceitar o perdão de nosso Poder Superior e usar o melhor de nossa imperfeição para reparar o mundo, nosso vínculo espiritual se ampliará.

Um Observador da Jornada

Quanto mais formos capazes de observar a nós e aos outros sem julgar, melhor cumprimos nossa missão. Empenhados em etiquetar os fatos da vida, bons ou maus, impomos nossos próprios valores a coisas que, com nossa percepção limitada, não podemos compreender totalmente. Eu adoro a história do camponês que, certa manhã, ao despertar, descobriu que seus cavalos haviam arrebentado a cerca e fugido. Um vizinho solidário lamentou a perda. O camponês respondeu:

— Não foi bom nem ruim, aconteceu.

Alguns dias depois, os animais acharam o caminho de volta e ainda retornaram acompanhados de alguns garanhões selvagens. O mesmo vizinho admirou-se.

— Que sorte a sua!

Ao que o camponês respondeu:

— Não foi bom nem ruim, aconteceu.

Pouco tempo depois, o filho de 20 anos do camponês caiu de um dos cavalos e se machucou. O vizinho comentou:

— Que pena!

E o camponês, é claro, respondeu:

— Não foi bom nem ruim, aconteceu.

Passadas mais algumas semanas, o rapaz foi convocado para o serviço militar, mas acabou dispensado devido ao ferimento.

— Puxa, que bom! — exclamou o vizinho, que sabia o quanto o rancho dependia do trabalho do pai e do filho.

— Não foi bom nem ruim, aconteceu — respondeu o camponês.

Esse homem demonstra um importante aspecto de ser espiritual (mesmo que ele caísse na gargalhada se você lhe dissesse semelhante coisa). Só quando desenredamos nossos dramas emocionais do mundo que nos rodeia é que conseguimos ver os fatos como são, não como gostaríamos que fossem. A capacidade de simplesmente observar o que *é* pode ser um grande passo no sentido de orientar a energia e a intenção para aquilo que realmente importa. Quem se ocupa de avaliar o resto do mundo (e, com muita freqüência, os demais) está fadado a oscilar, feito um pêndulo, entre o entusiasmo e a depressão, conforme o que acontecer for "bom" ou "ruim". Porém, como demonstrou o camponês e a história, julgar uma coisa boa ou ruim é uma invenção inteiramente humana. Renunciando a julgar os fatos, assim como a nós mesmos e os outros, aceitando tanto o lado sombrio quanto o bom e luminoso, começamos a experimentar e apreciar uma nova visão de mundo. As possibilidades se expandem. As palavras que mal se ouviam passam a ser sonoras. As visões que estavam muito distantes para que as enxergássemos ficam nítidas.

Eu experimentei isso tanto na vida profissional quanto na pessoal. Na época do meu chamado despertador triplo, não podia imaginar coisa pior que me pudesse acontecer. No entanto, graças ao terremoto, fui levado a crescer muito mais e muito mais depressa do que me teria sido possível sem ele. Bom ou ruim? Nem uma coisa, nem outra. Aconteceu.

Oito Jogadas-chave para a Prática Espiritual

Como o simpático alienígena E.T., eu praticamente fico incandescente quando estou ligado a minha fonte espiritual. Sentimentos cálidos, cheios de amor, altamente energizados, meigos e tolerantes me acompanham como amigos. Quando a ligação é fraca, porém, a energia mergulha num deserto triste e estéril. Basta observar-me com meus companheiros de equipe, amigos e familiares para saber se estou ligado ou não a minha Fonte Superior.

Até 1989, eu não tinha a menor idéia de como a gente se sente quando está espiritualmente sintonizado. Deus era uma força vaga e distante, com outro prefixo de cidade, cujo número eu não tinha. Agora considero-o o mais fiel companheiro, sempre disposto a me atender se eu telefonar. Cheio de respeito na Sua presença, eu sinto Deus mais disponível. Ainda que não seja essa a maneira como você o vê, eu acho que todas as formas de relação com o Poder Superior ajustam-se a nós da maneira necessária para nos apoiar, dar-nos liberdade e amor e aproximar-nos mais de nossa missão terrena.

Jogada Nº 1. Palavras Sábias

Minha prática espiritual compreende a leitura de diversas fontes, inclusive *Um Curso de Milagres*, a Bíblia, o *Tao Te King* e os textos védicos, assim como outros ótimos livros. Também uso com freqüência as lições de *Um Curso de Milagres*, exercícios experimentais que combinam a teoria com a prática. Depois de ler uma lição de manhã, há dias em que a pratico várias vezes até o anoitecer. Pensar, sentir e fazer permitem que os conceitos penetrem profundamente.

Jogada Nº 2. Bom Dia, Deus

Além de ler, toda manhã eu entabulo uma "Conversa Universal" de quatro etapas. Esse processo me ajuda a encontrar minha freqüência inspiradora, como sintonizar uma determinada estação de rádio. Fique à vontade para ligar-se ao espírito usando esse método se sentir que é bom para você.

1. **Peça perdão** a Deus e a si mesmo. Eu acho que Deus perdoa rapidamente, em geral mais depressa do que nós nos perdoamos. Peça perdão pelas ações que magoaram os outros e continue pedindo até sentir que o perdão chegou. Perdoarnos por atos específicos possibilita que nos livremos da culpa insistente que interfere em nossa capacidade de amar a nós mesmos e aos demais.

2. **Felicite-se** pelas coisas boas que você fez e que ajudaram os outros. Pendurar uma medalha nessas lembranças aumenta as possibilidades de ser movido a repetir o mesmo desempenho. Orgulhar-se um pouco do que se fez pelos demais ajuda a pessoa a se sentir melhor no aqui e agora, é um grande impulso capaz de gerar atitudes positivas o resto do dia. Por mais importante que seja, muitos acham isso difícil. Eu conheço gente que faz tanta coisa boa no mundo, incluindo reconhecer o desempenho alheio, mas não consegue aceitar a si mesma. Ocorre que nós merecemos sentir os efeitos satisfatórios de nossos atos, principalmente porque eles nos animam a fazer o bem no futuro. Se não nos acariciarmos com elogios de autotreinador — ou não permitirmos que os outros o façam —, não tardaremos a fracassar.

3. **Agradeça** pelas coisas com que você foi abençoado (por exemplo, a saúde pessoal; o bem-estar da família, dos amigos e dos colegas; a oportunidade de mais um dia para viver a sua missão; os recursos para realizar seu plano de jogo). Esse sentimento de gratidão ajuda a concentrar a atenção naquilo que temos, não no que nos falta. A mentalidade da escassez, do "eu não tenho o bastante", tão comum em nossa cultura, impede-nos de aceitar e gozar aquilo que somos agora. A idéia de sempre querer mais aparta-nos das vontades e dos desejos vinculados a nossa missão. Decerto nós todos temos coisas que queremos, mas adquiri-lo não deve ser a força motriz do nosso cotidiano. Meus planos de ação e compromissos refletem o que eu gostaria de realizar, mas penso nisso em termos de construir sobre o que já possuo. Quando os examino no começo do dia ou da semana, faço o possível para não colocar o que me *falta* no topo da lista. O que vem em primeiro lugar? Estar no aqui e agora, ligar-me aos outros, aproveitar o dia ao máximo, avançar lenta mas seguramente no caminho de minha missão.

4. **Peça que certas coisas entrem em sua vida hoje.** Antes de pedir, primeiro eu penso rapidamente e de maneira desprendida em minhas vontades e peço que meus desejos só sejam atendidos se estiverem de acordo com o plano de Deus para mim. Tanto meu Poder quanto meu Eu superiores têm consciência de minhas vontades, no entanto eu também aceito que essa visão superior é mais sábia que a minha e é mais do que boa para mim.

Jogada Nº 3. O Espírito na Afirmação

As afirmações que uso agora diferem um pouco das descritas anteriormente. No seminário "A Sedução do Espírito", de Deepak Chopra, aprendi as 28 afirmações enfocadas no espírito chamadas *sutras*. Desde então, elas passaram a ser parte integrante de minha prática espiritual. Conforme a antiga tradição yogue, os sutras só são transmitidos oralmente, de modo que você não vai encontrar livros sobre o tema. Minha prática, aqui descrita, é uma breve visão de como eu uso os sutras, mas não consegue descrever adequadamente o poder verdadeiro dessa prática.

Os sutras vinculam palavras como *sagrado* e *iluminação* com centros energéticos específicos do corpo denominados *chakras*. Estes formam uma rede de sete centros de energia física ou espiritual no corpo. Eu aprendi quatro afirmações para cada chakra, perfazendo um total de 28 sutras.

A técnica é simples; talvez o mais difícil seja concentrar-se e estar aberto para o efeito. Faça as afirmações em voz alta, visualize e sinta o significado da palavra e concentre a atenção no centro energético correspondente à afirmação. Por exemplo, "paz e harmonia" é um sutra correspondente ao quarto chakra, o do coração. Feche os olhos, diga "paz e harmonia" e concentre-se no coração. Eu também visualizo pessoas que corporificam a paz e a harmonia ou em relação às quais desejo sentir essas emoções, deixando que os sentimentos amplos me inundem. Eu os chamo de "supersutras", capazes de sondar as profundezas e trazer riquezas que nunca obtive simplesmente lendo ou pensando nessas idéias.

Jogada Nº 4. Treinadores Espirituais

Treinadores espirituais? Por que não? Se você nunca imaginou desse modo os líderes religiosos e os mestres espirituais, pode ser que queira considerá-los treinadores especiais em seu plano de jogo. Inspiradoras, desafiadoras e confortantes, essas pessoas são capazes de criar fagulhas espirituais em ocasiões nas quais pode ser que esteja lhe faltando fogo interior. Elas podem ser particularmente úteis nos estágios de transição do desenvolvimento espiritual, quando eventualmente não sabemos que rumo tomar ou estamos perto demais do nosso caminho para enxergar com clareza.

Jogada Nº 5. Companheiros de Espírito

Quando pessoas que têm uma crença comum se reúnem para estudar ou praticar boas ações, surge um propósito superior que nos ajuda a conservar o curso espiritual e lembrar-nos de que não estamos sozinhos em nossas convicções e em nosso destino. No culto grupal sincero, a comunidade adquire uma força que não está ao alcance do indivíduo isolado. Como a força entre duas pessoas que se amam, o amor que emerge entre a comunidade e a Fonte Superior pode se tornar um poder em si, impulsionando ações que se disseminam no mundo com maior efeito.

Jogada Nº 6. Abrace a Vida, Abrace a Morte

Eu passei a acreditar que a consciência da morte também tem um papel importante na saúde espiritual. Muita gente prefere deixar a idéia da morte escondida nos cantos mais escuros, temendo que ela venha dissipar a alegria de viver, mas é só compreendendo-a que se pode avaliar plenamente o presente.

A consciência da morte é tão importante na filosofia budista que muitos adeptos chegam a visualizar a própria morte em detalhes gráficos. Foi o que eu fiz, e senti com que poder isso aprimorou minha avaliação da existência presente. Nós todos conhecemos histórias de gente que desperta para o milagre da vida em face de um diagnóstico terminal. Quando a morte é iminente, os mínimos detalhes transformam-se num prisma que refrata o conjunto da vida. O filósofo russo G. I. Gurdjieff escreveu que os seres humanos abandonariam o egoísmo e o ódio se houvesse, em nosso meio, um constante lembrete da morte, da nossa e da de todos os que nos rodeiam. Em face dessa finalidade, os dramas emocionais são vistos em perspectiva e as ninharias deixam de preocupar. Pode ter certeza de que, na hora final, muitas coisas que hoje nos parecem gigantescas se mostrarão insignificantes a partir dessa perspectiva.

A consciência da morte realça a importância da prática espiritual, que geralmente ocupa um lugar secundário, depois das preocupações mais mundanas deste planeta apressado. Consciente de meu eventual falecimento, eu me sinto estimulado a pensar em como hei de empregar o tempo depois desta existência, em como empregar o tempo aqui na Terra e em como relacionar as duas coisas. A ponte entre elas? O estudo e a prática espirituais. Sua Santidade o Dalai Lama nos aconselha a pensar no tempo que nos cabe aqui na Terra em comparação com a eternidade. Em seguida, comparar o tempo que dedicamos às preocupações mundanas com o que devotamos ao estudo espiritual (à preparação para nossa "vida" na eternidade). A maioria das pessoas dedica pouquíssimo tempo à preparação para esse período infinito e se concentra demais na relativamente curta existência terrena: uma quantidade de esforço inversa à quantidade de tempo que teremos para desfrutar os benefícios. Usar a consciência da morte para nos motivar na prática e no estudo pode nos preparar melhor para a transcendência: no momento derradeiro e no presente.

Jogada Nº 7. Silêncio!

Sem uma mente quieta, a prática espiritual tem pouca chance de ser mais que uma coleção de técnicas e textos. Você já ouviu um pouco sobre calar a mente em benefício da saúde intelectual e psicológica. Pois também a saúde espiritual se beneficia do poder do silêncio.

As mensagens espirituais estão à disposição de todos, mas para ouvi-las temos de reduzir o ruído e purificar as ondas. Essa pausa pode ser difícil, em nossa cultura do fazer e mais fazer, coisa que leva muita gente a se sentir culpada. É certo simplesmente "ser"? Será que somos obrigados a estar constantemente fazendo, criando, produzindo, operando? Lembre-se, antes de mais nada, somos seres humanos, e tudo que fazemos provém disso. A serenidade de uma mente tranqüila é diferente de qualquer sentimento que venha dos meus outros afazeres. Há uma satisfação incrível no serviço bem-feito. E a abrangente tranqüilidade de uma mente tranqüila torna essa satisfação ainda mais profunda.

ZONA DE SILÊNCIO ✦ A meditação é o principal método que uso para acalmar a mente. Emprego-a com freqüência e com grande sucesso. Desde que foi introduzido nos Estados Unidos, nos anos 60, a meditação foi sendo adotada, pouco a pouco, pela maioria das pessoas. No princípio, muitos norte-americanos a marginalizavam. Talvez desconfiassem de seus proponentes, gente que não se ajustava ao molde dos líderes espirituais consagrados — gente de cabelo comprido e roupa larga que (e isso era o pior) havia transformado os Beatles em pessoas quase irreconhecíveis. Além disso, a serenidade da meditação era uma bofetada no rosto dessa cultura do "fazer". Valorizar o sentar-se em silêncio e o *não* pensar era uma coisa que os americanos médios da década de 60 simplesmente não podiam admitir.

No entanto, há milênios a meditação faz parte de muitas tradições religiosas, espirituais e místicas. O cristianismo primitivo tem uma história de meditação, e faz muito tempo que as religiões orientais a consideram um prática espiritual indispensável.

Na década passada, a meditação passou a ser mais respeitada nos Estados Unidos. Sem dúvida, o aumento do interesse pela ligação mente-corpo preconizada por filósofos como Andrew Weil, Deepak Chopra e Dean Ornish estimulou o ressurgimento meteórico dessa prática antiqüíssima. São também sinais da nossa época o crescimento natural do interesse pela espiritualidade e a necessidade cada vez mais premente de um aspecto superior em nosso mundo tão tecnológico.

A forma mais conhecida de meditação é a que se faz sentado e imóvel. Há diversos tipos de meditação assim: a meditação transcendental (MT), o *zazen*, a *vipassana*, a *vajrayana* e a cabalística. A MT, introduzida nos Estados Unidos por Maharishi Mahesh Yogi em 1959, é a mais amplamente divulgada. De lá para cá, mais de 15 milhões de norte-americanos tiveram aula de MT.

É cada vez maior o número de pessoas que freqüentam cursos de meditação, sendo que atualmente as aulas são acessíveis praticamente em toda parte. Os clubes de saúde e os centros de bem-estar locais oferecem cursos. O convênio médico da Tires Plus organizou um curso de meditação para os membros de nossa equipe no local de trabalho. Também os hospitais estão começando a participar, incluindo instituições respeitáveis como o University of Massachusetts Medical Center.

Serenar a mente diminui a ansiedade e promove um estado mental positivo. Portanto, também reduz o *stress* e induz a precisamente o contrário, ou seja, o relaxamento. Eu tenho lampejos de suprema alegria quando minha mente não volta ao seu estado pensante normal. Quando as marés de pensamento são substituídas pela respiração cadenciada, os lampejos de vazio são surpreendentemente compensadores. Lembro-me de uma frase de pára-choque de caminhão que dizia: "Não se limite a fazer alguma coisa. Fique aí sentado!"

O principal benefício é que a meditação nos amplia a consciência, despertando-nos gradualmente, de modo que nos tornamos realmente capazes de ouvir mais claramente em qualquer nível de comunicação: verbal e não-verbal, humana e divina. Em geral, as pessoas tomam mais consciência do meio em que vivem e ficam mais tranqüilas após a meditação. Embora eu às vezes tomasse alguma bebida alcoólica para relaxar, acho que a meditação produz um estado de calma do qual o álcool nunca sequer me aproximou. Ele me entorpecia; a meditação me desperta. E a ressaca que ela provoca é uma lucidez aumentada, o oposto diametral da ressaca etílica.

O ato de meditar é um dos fenômenos mais interessantes, fascinantes e mal compreendidos que já encontrei.

Mito Nº 1: É complexo. *Fato:* Não é. É muito simples.

Mito Nº 2: Só existe uma maneira correta de fazê-lo. *Fato:* Não é verdade. Há muitas opções para ajudá-lo a atingir esse objetivo tão simples: ser.

Em vez de perpetuar as três atividades que mais empreendemos — pensar, falar e fazer —, como entrar num estado por meio do qual vivemos aquilo que somos: seres humanos? Meditando.

Eis um método básico e simples que eu uso:

1. Vá para um local tranqüilo e privado.

2. Sente-se no chão ou numa cadeira de encosto reto. Mantenha o corpo aprumado, com a cabeça, o pescoço e a espinha eretos. Se estiver numa cadeira, que é mais fácil para a maioria dos iniciantes, escolha uma que permita que seus pés repousem totalmente no chão e que suas coxas fiquem paralelas ao piso.

3. Feche os olhos.

4. Preste atenção na respiração. Não tente controlá-la; apenas preste atenção nela. Isso o ajuda a passar do estado de fazer para o de ser.

5. Use um dos seguintes métodos para conservar-se atento à respiração:

   a. Concentre a atenção em seu peito e visualize-o se dilatando e contraindo, subindo e descendo, cada vez que você inspira e expira.

   b. Em silêncio, conte suas respirações.

   c. Em silêncio, repita uma palavra ou frase, um mantra que centre o foco na repetição, afastando-o de pensamentos que o distraiam. Mahatma Ghandi usava o *Rama-Rama*. Outros preferem passagens fáceis de recitar que tenham significado espiritual para eles, por exemplo, *Om* ou *Shalom*.

6. Quando surgirem pensamentos dispersivos, coisa que com certeza ocorrerá, aparte-os delicadamente e volte a prestar atenção na respiração e/ou no mantra. Não se preocupe com a freqüência com que os pensamentos hão de voltar. Em nossa sociedade, que não faz senão contar pontos, é uma excelente oportunidade para abandonar essa prática. Limite-se a fazer o possível para ficar suavemente atento e não esperar nenhum resultado específico; o resto virá por si.

Embora existam sistemas de meditação mais avançados, esse método básico produz resultados reais. Em geral, eu medito de manhã, depois da ginástica, dos três minutos de automassagem, do chuveiro e dos sutras. Se não acontecer nessa ocasião, provavelmente não acontecerá durante o correr do dia.

Seja como for, eu também aproveito as oportunidades, durante o dia, em que posso reservar cinco ou dez minutos para acalmar a mente. No começo, ficava preocupado e constrangido durante a meditação. Contudo, à medida que experimentei o seu poder de mudança de perspectiva e fui ficando disposto a abrir mão das preocupações baseadas no ego com o modo como eu seria percebido, essa inibição desapareceu. Atualmente, quando tenho de aguardar um encontro (pessoal ou profissional), aproveito para fechar os olhos e me concentro em minha respiração em vez de ficar tenso, andando de um lado para outro, como costumava fazer.

Tendo chegado quinze minutos mais cedo a uma reunião com minha agente literária e um editor potencial em Nova York, no começo de 1998, percebi que podia aproveitar muito bem o tempo para assentar meus pensamentos e concentrar a mente. Achei um lugar mais reservado (embora não houvesse nenhum canto completamente fora da vista) no saguão do prédio da editora, sentei-me, fechei os olhos e comecei a meditar. Ao chegar, minha agente disse que um executivo da editora (não o que ia se reunir conosco) entrara na frente dela e olhara para mim escandalizado. Eu achei graça, deixei o nervosismo no saguão e fui para a reunião com uma sensação muito maior de presença. Constrangedor? Não. *Fortificante*.

A meditação, como o exercício físico, tornou-se para mim um hábito adquirido. O aprimoramento da psique, a dieta e as práticas espirituais ajudaram-me a preparar a mente para a meditação. Sem os outros membros da Equipe Interior a bordo, fica muito mais difícil deixar o intelecto descansar um pouco. Não espere benefícios imediatos. Persista. Eu vi o "tesouro", e uma maneira de alcançá-lo é entrar em si mesmo. Ao contrário dos tesouros monetários, que se reduzem a nada em comparação com este, você não precisa se vestir para o sucesso e não precisa tomar um avião para chegar lá. Não precisa, digamos, fazer nem pensar nada. Basta *ser*.

A MEDITAÇÃO EM MOVIMENTO ✦ Também é possível praticar a meditação de modo a combinar o movimento com a consciência plena. O ritmo lento, cadenciado, de exercícios como a yoga, o tai chi e o aikidô serenam a mente ao mesmo tempo que estimulam o corpo a adquirir mais força, mais flexibilidade e mais equilíbrio. A caminhada, quando praticada com atenção, também pode ser considerada uma meditação em movimento.

No lugar do ritmo vigoroso de uma ginástica ao estilo norte-americano, muitas rotinas de meditação em movimento são fisicamente delicadas e, assim, adequadas à maior parte das pessoas de qualquer idade. A hatha-yoga passou a ser uma parte regular de meu programa de bem-estar. Com a sua série de posturas judiciosamente assumidas e da atenção à respiração, perdi a rigidez e ganhei flexibilidade e tônus: benefícios que se manifestam quando estou jogando basquete ou praticando outros exercícios, assim como nos movimentos normais ao longo do dia.

Não se engane pensando que a cadência graciosa das meditações em movimento não o desafia fisicamente ou que seus benefícios não são reais. Os resultados podem parecer vagos ao iniciante, já que os norte-americanos típicos querem ver e sentir mudanças imediatas. Os benefícios mais profundos das meditações em movimento aumentam com o passar dos anos.

Jogada Nº 8. Temporadas Espirituais

Eu descobri que os retiros e oficinas intensivos eram uma ótima maneira de iniciar novas práticas espirituais. Aliás, foi no retiro de tai chi, em 1989, que aprofundei minha compreensão da meditação em movimento e parada. Alguns anos depois, aprendi outras variantes de meditação em seminários prolongados dirigidos por Deepak Chopra.

Em todas as épocas, afastar-se do mundo foi um dos caminhos do enfoque espiritual. Considere isso um modo de purificar o espaço físico para facilitar a purificação do espiritual. As buscas pela visão e os rituais de suor dos índios norte-americanos criam um tempo prolongado concentrado no espírito. Buda passou anos meditando numa caverna. A tradição cristã apresenta Jesus muitas vezes afastando-se em busca de um "lugar apartado" onde comungar com Deus. Em Marcos 3:31, ele pede aos apóstolos: "Vinde vós sozinhos a um lugar deserto e descansai um pouco". Faz 21 anos que o dr. Ron Fronk, do Phoenix Training, reserva anualmente três dias de retiro silencioso, ambiente que, para ele, gera introspecção, reflexão e vínculo espiritual, e, como muitos outros participantes, ele volta todo ano.

A tradição judaica tem uma forma de retiro semanal. O sabá, que vai do pôr-do-sol de sexta-feira ao de sábado, é, para os que o observam, um dia em que não se executa nenhuma tarefa nem se faz nenhum negócio. Todo ele é dedicado à família, aos amigos, à comunidade, à oração e ao estudo. Uma pessoa novata nessa prática me contou o quanto foi duro, no começo, ficar semanalmente um dia inteiro sem "fazer". Aliás, ela diz que isso lhe mostrou o quanto sua auto-estima dependia do fato de ser produtiva. Foram-lhe necessários dois meses de adaptação, no pensar e no agendar, para aprender a dar conta, em seis dias, do que ela mal conseguia fazer em sete. Mudar as prioridades poupou-lhe tempo para o que era necessário. Ela descobriu o que muitos judeus confirmam: retirar-se, uma vez por semana, do corre-corre habitual ajuda a restaurar a perspectiva vital do que realmente importa na vida. A propósito, há uma frase famosa segundo a qual não são os judeus que conservam o sabá, e sim o sabá que conserva os judeus. Seja qual for o seu ponto de vista espiritual, a lição é clara: os períodos de renovação religam-nos aos nossos fundamentos mais essenciais e nos abastecem para o que vem pela frente.

O desejo de um período intenso de renovação tranqüila levou-me à decisão de passar quinze dias nas ilhas gregas em 1992. O plano principal para a segunda semana era não fazer nada, apenas meditar. Pode parecer um tanto esquisito percorrer meio mundo e instalar-se num lugar para não fazer nada. Todavia, ainda não completamente recuperado do safanão que tinha recebido em 1989, eu queria ficar num lugar distante de tudo quanto conhecia, longe dos negócios, do telefone, do fax, longe das preocupações do dia-a-dia. Seria a primeira vez que passava as férias sozinho. Quando contei a Brenda Schaeffer que ia viajar sem ninguém, sua observação me animou:

— Vai viajar *consigo* mesmo. Você é uma ótima companhia para você!

Meditei aquela semana inteira em meu quarto de hotel, sentado na cama, sem noção de limite de tempo. Não ter encontros nem compromissos urgentes, não ter agenda foi extremamente libertador. Era uma das primeiras vezes na minha vida, até então, em que eu estava simplesmente existindo. A não ser quando telefonava para o serviço de quarto, não fazia quase nada, falava e pensava pouquíssimo. Depois de uma semana de meditação virtualmente ininterrupta, fiquei sumamente admirado com a sensação que impregnava todo o meu ser. Eu sempre me havia considerado uma pessoa muito linear, muito objetiva, mas estava sentindo uma coisa totalmente diferente de tudo quanto já sentira, uma coisa só comparável à visão das duas pessoas na cena da piscina do filme *Cocoon*. Embora não se tocassem, elas estavam completamente unidas, eram totalmente íntimas de mente e corpo. Nunca me senti mais vivo, mais desperto, mais ligado a mim mesmo e ao meu Poder Superior.

No fim dessa semana, em plena madrugada, vivi minha experiência mais estranha. Absolutamente acordado, vi no travesseiro ao meu lado uma reluzente arca do tesouro. Não se tratava de uma aparição; era uma coisa muito sólida, detalhada, pesada. Ocupava aproximadamente três quartos do tamanho do travesseiro. Fiquei uns trinta segundos olhando para ela, depois estendi a mão para tocá-la. Mas bastou essa aproximação para que a arca se dissolvesse lentamente. Assombrado com a nitidez do que acabava de testemunhar, tratei de anotar imediatamente o que havia acontecido, caso minha mente linear e cética de homem de negócios tentasse me dissuadir na manhã seguinte. A simples interpretação da mensagem de minha Fonte: se eu dedicasse tempo à renovação, haveria muitos tesouros à minha espera.

Nos dias restantes e na viagem de volta, continuei sentindo aquela incrível leveza. As cores eram muito mais vivas, as formas, muito mais enfocadas. Interiormente, sentia-me em êxtase, num nível de excitação elevadíssimo, embora sereno. Ao voltar, passei a meditar com mais regularidade, ainda que não com a mesma duração nem a mesma intensidade. O grau de vivacidade que eu provara na Grécia diminuiu, e, três dias depois, não me restava senão uma fração daquele sentimento. Porém essa fração que ficou era sinal de que o resto me aguardava, estava ao meu dispor.

A partir dessa noite, passei a sentir a vida mais plenamente que antes. Noto que, assim como na ginástica, quanto mais medito, mais me sinto centrado, calmo e com os pés no chão. No entanto, a meditação nem sempre é um ponto alto. Quando os aspectos negativos das emoções se introduzem e precisam ser aliviados, ela pode ser temporariamente desagradável. Eu sei que isso é apenas temporário, e logo volto a um estado mais tranqüilo. Atualmente, os retiros anuais são uma parte indispensável do meu crescimento espiritual.

Tempo para o Espírito

Certas pessoas acham que a prática espiritual toma muito tempo, ao passo que outras não têm tempo nenhum devido às exigências concorrentes. Embora eu mantenha uma média diária de sessenta minutos de prática espiritual, há ocasiões em que dedico duas horas a diversos métodos. Em outra oportunidade, escolho uma versão "cinco por quatro", um pouco mais breve: Cinco Minutos de Oração, Cinco Minutos de Leitura, Cinco Minutos de Meditação e Cinco Minutos de Sutras. Quando sou pressionado pelo tempo, mesmo essas versões abreviadas e uma Conversa Universal de quatro etapas, no carro, a caminho do trabalho, melhoram substancialmente o meu dia.

Pense que trinta minutos diários correspondem a apenas 3% das horas de vigília do norte-americano médio: mas que diferença fazem esses 3%! Embora mais seja melhor, menos (ainda que só cinco minutos) é muito melhor do que nada. Se não nos esforçarmos para ficar de olho nas matérias espirituais, elas tendem a nos escapar do plano visual, encobertas pelo resto da nossa já tão lotada vida. Quando me sinto tentado a deixar de lado o meu estudo espiritual, lembro-me das palavras de Sua Santidade o Dalai Lama: "O estudo é a arma que elimina a inimiga ignorância. É também o melhor amigo para nos orientar nos tempos difíceis".

Mas por que estudar? Não podemos ser pessoas cuidadosas, meigas, espirituais sem nos concentrarmos no estudo? Certamente que sim; porém a regra do desejo diminuído e a nossa tendência a esquecer o que não é consistentemente reforçado demonstram que, quanto mais fortalecemos os hábitos positivos com a estrutura do estudo, mais aptos ficamos a ser cuidadosos, meigos e espirituais: mais profundamente e com mais freqüência. O estudo cotidiano ajuda a nos concentrarmos nas coisas importantes e protege o nosso pensamento contra os melodramas inúteis que nos cercam permanentemente. Do mesmo modo que um programa dietético ajuda a selecionar o que pomos na boca, a prática espiritual ensina a selecionar os pensamentos que nos passam pela cabeça.

A forma que assume o compromisso com o espiritual é tão singular quanto a relação de cada indivíduo com seu Poder Superior. Enquanto alguns escolhem dedicar-lhe tempo e energia consideráveis, pode ser que outros prefiram não lhe dar mais que cinco minutos por dia. Uns procuram um sistema estruturado, outros gravitam em torno de métodos mais livres e espontâneos. Há os que acham melhor estudar com a orientação de um mestre ou guia espiritual, mas também há os que preferem ser autodidatas. Seja qual for a sua decisão, escolha o regime espiritual mais conveniente para você. A mesma coisa não serve para todo mundo.

Lembre-se de Seu Ser Espiritual

Eu vejo a vida como uma jornada de desenvolvimento espiritual. Neale Donald Walsch escreve sobre as três fases distintas que ele vê: "Quando você vive como uma criatura de face única, fica profundamente fixado nas coisas do corpo: o dinheiro, o sexo, o poder, a propriedade, a segurança, a fama, o lucro financeiro [...] Vivendo como uma criatura de duas faces, você amplia seus interesses de modo a incluir as coisas da mente. O companheirismo, a criatividade, novos pensamentos, novas idéias, a criação de novas metas, o crescimento pessoal [...] Quando você vive como um ser de três partes, finalmente entra em equilíbrio consigo mesmo. Seus interesses incluem as matérias da Alma, a identidade espiritual, o propósito da vida, a relação com Deus, o crescimento espiritual, o destino supremo [...] À medida que você evolui para estados de consciência mais elevados, vai levando cada aspecto de seu ser à plena realização. No entanto, a evolução não exige que você abandone alguns aspectos do seu ser em benefício de outros. Significa simplesmente ampliar o foco [...] rumo ao amor genuíno e à apreciação de todos os aspectos".

Parece que esquecer o lado espiritual de nosso ser faz parte da experiência humana. Mesmo a linguagem de nosso documento de despedida, o testamento, é seca, burocrática, e não evoca o amor neste mundo nem no outro.

— "Com o meu passamento..." — o dr. Sid Kaplan, meu advogado, começou a ler quando, há vários anos, estávamos redigindo meu testamento.

Eu o interrompi.

— Espere aí. Você está querendo dizer "com a minha transcendência"?

Ele respondeu:

— Claro. Nunca ninguém me pediu que alterasse o termo "passamento", mas eu posso mudar.

E mudou.

Quando, no almoço, eu contei a história a um de meus mentores, Curt Carlson, fundador e presidente das Carlson Companies, ele achou muita graça:

— Passamento. É. Dá a impressão de que você passou para o lado errado!

Para mim, a consciência espiritual é parte de uma grande retificação na mente, que gera pensamentos, sentimentos e ações positivos — ou negativos.

O Jogo Real

Ao mesmo tempo que é importante, a prática espiritual é a verdadeira *prática* do jogo real: o serviço para os outros. Afinal de contas, todo esse esforço é só para mim? Ou será também para ajudar os demais quando e onde for possível? Se a única coisa que tenho para dar, na vida, forem dores de parto à minha mãe para, depois, passar décadas e décadas gastando os recursos naturais, será que basta? De que serve entregar-me à prática espiritual e, em seguida, fazer cara feia para o homem sentado à minha frente no metrô? De que serve construir uma grande empresa só para mim e não compartilhar esse sucesso com os outros? De que serve meu próprio bem-estar e prosperidade se não os uso para ser uma presença benéfica no

| COMO VENCER no JOGO da VIDA | 201

planeta? Estudar os valores espirituais e, depois, não conseguir concretizá-los em forma de ação no mundo real seria um desperdício terrível. Tirar lições dos livros e colocá-las na rua dá vida aos ensinamentos.

Dar aos demais — seja tempo, atenção, amor, dinheiro ou nossos outros recursos únicos — é a extensão natural do sentimento de gratidão por estar vivo. Se colhemos o bem, temos a obrigação de plantar as sementes que ajudarão os outros a fazer sua própria colheita, assim como a reabastecer a nossa. Quem quer conservar precisa dar. Ter a sorte de contar com recursos para compartilhar não nos torna melhores que ninguém; ao contrário, aumenta nossa obrigação. É prejudicial à espiritualidade concentrar-se mais nas coisas que acumulamos e consumimos que no imaterial, no espiritual. Afinal, as bênçãos que recebemos provêm da fonte divina, nós somos apenas seus depositários.

A tradição judaica tem um termo, *tzedakah*, ao qual por vezes se atribui o significado de "caridade", embora a tradução correta seja "justiça". Quando reciclamos o bem recebido, devolvendo-o ao círculo do cuidado, participamos da justiça cósmica. Ver os outros passando necessidade é um apelo à ação. Geralmente, aprendemos a pensar primeiro e agir depois. Aliás, certas tradições ensinam que, se a intenção espiritual não estiver em harmonia com a ação, melhor é *não* agir. Mas, quando o bem-estar de outrem está em perigo, eu acho que não há tempo de ponderar a pureza do nosso coração. Estejam as nossas intenções em harmonia ou não, uma pessoa com frio continuará com frio enquanto não lhe oferecermos um agasalho. Primeiro dê, depois analise. Como disse Stephen Grellet: "Eu espero passar só uma vez por este mundo. Portanto, toda coisa boa que puder fazer, toda gentileza que puder mostrar aos meus semelhantes quero fazer e mostrar agora. Não vale a pena adiar ou negligenciar, pois pode ser que eu não volte a passar por este caminho".

A Compaixão sob Fogo Cerrado

E quando fica difícil sentir cuidado, amor ou ser espiritual? Quando uma pessoa o irrita ou aborrece, quando o desafiam com raiva ou o atacam verbalmente, é difícil e, por vezes, até mesmo perigoso permanecer meigo e aberto. Minha reação natural é, como a da maioria das pessoas, blindar-me emocionalmente e preparar-me para a batalha. Os sentimentos meigos são rapidamente substituídos pela vontade de "dar o troco".

Nos últimos anos, com a prática espiritual, eu tomei mais consciência dessa reação defensiva. Aprendi a vê-la mais claramente como um observador distanciado de meu próprio comportamento em muitas situações — se bem que não em todas. Tive um lembrete gráfico da necessidade de uma observação constante e alerta no outono de 1998, quando estava participando de um jogo de basquete. Um jogador adversário e eu nos desentendemos. Ele estava, como se diz na quadra, "me cobrindo", ou seja, obstruindo-me o caminho, impedindo-me de me aproximar do homem que eu devia marcar, coisa perfeitamente de acordo com as regras. O problema foi eu ter percebido que ele corria e me agarrava, impedindo-me de esquivar-me — algo que o regulamento *não* permite. Uma cotovelada aqui, um tranco ali, e não tardou para que nos puséssemos a gritar, cada um achando que o outro estava tentando machucá-lo. Vendo as coisas mais claramente agora, não havia como provar quem estava certo, mas, impulsionado por uma justa indignação, fiz questão de lhe mostrar que era eu que tinha razão: até a última palavra.

No entanto, como diz o reverendo Mark Holman, de Mineápolis: "Não há como obstruir nossa própria humanidade. Graças a Deus, ela sempre consegue contornar a barreira". Quando a adrenalina baixou, eu senti um terrível mal-estar. A despeito do meu esforço para deixar no passado remoto aquele comportamento agressivo, baseado no ego, eis que ele estava aqui novamente, feito um mascote há muito esquecido. Depois de um ano de boas relações na quadra de basquete, fiquei chocado ao ver como era fácil voltar aos modos destrutivos. O ego autoprotetor estava em toda a parte, e o espírito tinha fugido. Quando fizemos fila para o aperto de mãos, como é o costume das equipes depois do jogo, eu estendi a minha para ele: uma oferta de paz. Ele não quis apertá-la. O mal já estava feito, e a lição foi clara.

Uma vez mais, eu me esforcei para refrear o impulso de me vingar. Entrando numa zona emocionalmente neutra, onde me era possível ver além do rosto defensivo da outra pessoa, ver-lhe o coração, lembrei-me de que a raiva mascara o medo. Melhor seria se eu tivesse procurado a origem daquela raiva em vez de me fixar em sua expressão.

Consciente de que aquilo que eu envio retorna para mim, eu sei que, quando reajo com raiva à negatividade alheia, não prejudico apenas a outra pessoa, mas também nego a mim mesmo a paz e a alegria que Deus me reservou. Quando consigo renunciar à minha parte na dinâmica do ódio, posso manter o controle do meu estado de espiritualidade e a capacidade de ser uma presença benéfica. A conselheira Louise Hay diz: "Ninguém tem o poder de me irritar ou aborrecer. Eu me concentro em meu bem supremo e deixo que ele me inspire". Esse é um ideal que nem sempre eu consigo incorporar, mas faço o possível para agir da melhor maneira quando posso. Reporto-me à filosofia que diz que temos a medida da nossa evolução espiritual quando tentamos diariamente ser um pouco mais humildes, um pouco mais generosos e tolerar um pouco mais as coisas irritantes.

Marianne Williamson escreveu: "Toda situação que aperta os nossos botões é uma situação em que não temos a capacidade de amar incondicionalmente. Cabe ao Espírito Santo chamar nossa atenção para ela e ajudar-nos a superá-la. Nossas zonas de conforto são áreas limitadas nas quais achamos fácil amar. Cabe ao Espírito Santo não respeitar essas zonas de conforto, e sim destruí-las. Só teremos chegado ao topo da montanha quando todas as zonas forem confortáveis. O amor só é amor quando é incondicional [...] e o Espírito Santo tem um currículo altamente individualizado para todas as pessoas. Todo encontro, toda circunstância podem ser usados para esse fim". Essa capacidade de tolerar e não permitir que me apertem os botões é, para mim, uma das principais medidas do meu crescimento espiritual.

A Última Fronteira Real: o Espaço Interior

Um tibetano antigo escreveu: "Todos sabemos que estamos numa época de confusão quando voam pássaros de ferro, quando nós comemos de pé e abandonamos a meditação para nos colocar diante do altar das falsas imagens e dos sonhos falsos". Como sair da confusão? Não há de ser recuando, fugindo dos avanços da vida moderna. Precisamos participar do fluxo da vida, com um pé neste mundo e um no outro. O antídoto, parece-me, está em voltar-se para dentro, equilibrando os aspectos do corpo, do intelecto, da psique e do espírito, de modo a depois poder sair para o mundo com clareza. Equilibrados e totalmente despertos, podemos usar os instrumentos que o mundo nos oferece para nos aproximar mais de nossa missão e dos nossos semelhantes, transformando a confusão em conexão. Com nossa Equipe Interior em campo, podemos utilizar o que o mundo tem de melhor para oferecer — em vez de deixá-lo tomar o melhor de nós.

Minha vida é perfeita devido ao crescimento pessoal e a um nível mais elevado de bem-estar? Claro que não. Há dias e momentos em que sinto uma alegria, um afeto, uma simpatia e uma confiança incríveis. Também há ocasiões em que fico zangado, triste ou com medo. No entanto, vivo com muito mais autenticidade e alegria do que antes. E, quando estou zangado, triste ou com medo, sinto, expresso e supero isso mais rapidamente. Sei que haverá alguns dias sombrios no futuro, no entanto há consolo em saber que esses dias podem ser meros pontos num campo em tudo o mais claro.

A última fronteira não é o espaço exterior, e sim o interior. Ela o acompanha aonde quer que você vá, porém, para muita gente pode estar a milhões de quilômetros de distância. Meu ex-instrutor de tai chi, Robert Larsen, ensinou-me essa valiosa lição em 1990. Eu estava tomando aulas, mas não praticava o bastante entre elas, e ele quis saber por quê.

— Não consegui arranjar tempo — respondi — entre o trabalho e a ginástica.

E ele perguntou:

— Quer dizer que o trabalho se opõe à ginástica?

Eu fiquei sem defesa.

Uma vez que abandonamos a necessidade de fazer constantemente e nos sintonizamos com as freqüências espirituais, começamos a nos voltar para dentro, a ouvir as mensagens de nossa Fonte que reside dentro e fora. Conta uma história que um grupo de anjos ficou encarregado do segredo do sucesso, mas eles tinham um problema: onde escondê-lo? Não queriam que ninguém se apoderasse do segredo. Um deles propôs que o colocassem no alto de uma montanha. O outro discordou:

— Os seres humanos estão subindo cada vez mais. Acabarão encontrando-o um dia.

Um terceiro anjo sugeriu que o enterrassem no mais profundo dos vales.

— Não — opôs-se outro. — Os seres humanos vivem cavoucando em busca de respostas. Acabarão achando-o lá também.

— Então vamos mandá-lo para o espaço.

— Não — replicou outro anjo. — Os seres humanos nunca se contentam em ficar no chão. Vão aprender a voar no espaço sideral e acabarão encontrando-o.

Exausto, um anjinho propôs:

— Vamos escondê-lo dentro deles. Lá, nunca o procurarão.

Tempo para a Saúde da Equipe Interior

Eu não trocaria por nada deste mundo os benefícios da saúde melhorada da Equipe Interior — o corpo, o intelecto, a psique, o espírito — discutidos nos últimos três capítulos. No entanto, muita gente pensa que isso simplesmente toma muito tempo. Caso você não saiba se vai arranjar tempo, dê uma olhada nas muitas horas que uma pessoa realmente tem, em média, comparadas com as que exige um programa de saúde e bem-estar. Obviamente, escolha as práticas adequadas a você:

168 horas por semana (24 horas **x** 7 dias por semana)

— 49 horas de trabalho (alguns estudos indicam que essa é a média, incluindo o transporte)

— 49 horas de sono (7 por noite)

70 horas de vigília, sem trabalhar, por semana

Dessas setenta horas de vigília, sem trabalhar, um programa balanceado de saúde pode incluir o seguinte:

5 horas de instrução (leitura, estudo, palestras, cursos)

4 horas de exercício físico

1 hora de trabalho corporal de apoio (quiroprática, massagem etc.)

1 hora de terapia

2 horas de meditação em movimento (caminhada, yoga, tai chi etc.)

5 horas de meditação parada/oração/culto/afirmações

18 horas por semana para a saúde e o cuidado consigo

Se você dedicar dezoito horas semanais à saúde — 26% do seu tempo de vigília fora do trabalho —, ainda é menos do que a média dos norte-americanos passa diante do televisor. Isso deixa à sua disposição 74% das horas de vigília e de folga para todas as outras coisas da vida à parte o trabalho, o sono e o cuidado consigo. Aposto que você vai estar mais disponível para os outros e viverá uma vida mais consciente valorizando, desse modo, a si mesmo e a saúde da sua Equipe Interior.

Como a saúde é um processo contínuo, trate de se manter motivado com atividades contínuas. Tenha sempre um livro na cabeceira e leia um pouco todo dia. Tenha em sua agenda pelo menos uma atividade semanal ao ar livre e um curso ou um grupo de estudos permanentes. Procure um mentor com o qual você possa fazer avaliações regularmente para conservar as metas e o progresso.

O lugar onde você vai cuidar de sua própria vida depende de seus objetivos, prioridades e outros compromissos. Sustentar uma jovem família, começar num novo emprego ou cuidar de um pai ou de uma mãe idosas, tudo pode desafiar a sua capacidade de empenhar-se no cuidado de si. Seja qual for a sua situação, concentre-se no que *é* possível. Se estiver numa fase da vida pessoal ou profissional que não lhe deixa muito tempo, dedique-se a coisas que não exijam tanto tempo. Ficar alguns minutos sentado à escrivaninha, prestando atenção na respiração e procurando abrir o coração trará maiores benefícios a longo prazo do que passar esse mesmo tempo lamentando o que não dá para fazer. Faça o que puder com o que você tem, esteja onde estiver, e fique em paz com isso.

A Equipe Interior exige trabalho tanto dentro quanto fora. Assim como uma criança em fase de crescimento, que precisa desenvolver tanto a grande coordenação muscular quanto o toque sutil necessário para segurar a mais leve pluma, também nós precisamos desenvolver todos os níveis de habilidade: a física, a intelectual, a psicológica e a espiritual. A agilidade e a flexibilidade da saúde física dá pés às asas do intelecto, cuja criatividade e cuja lógica ampliam as dimensões do mundo. A intuição e as percepções da plenitude psicológica dão voz ao corpo e profundidade ao intelecto, alcançando o espírito. E o espírito conserva tudo isso na grande corrente do vínculo universal, orientando a equipe rumo a um propósito superior.

7

Dez Lições para o Aprendizado com a Vida

Nunca deixe o poço do aprendizado secar. Ao dar os agora conhecidos Sete Passos Ativos que alinham o caminho até sua missão, o aprendizado da vida é uma companhia essencial. Como minha bisavó teuto-suíça Seifert dizia sempre ao meu pai, que ela achava que tinha o rei na barriga:

— Bill, o que conta é o que você aprender *depois* de saber tudo isso.

Essa sabedoria do senso comum, popularizada nos últimos anos, é tão válida hoje quanto no tempo em que meu pai era menino.

A cultura popular norte-americana está saturada de atitudes cínicas na base do "eu fiz isso e aquilo". O conceito de "viver e aprender" ameniza esse cinismo lembrando-nos que, independentemente de como estamos na vida, independentemente de quanto somos bem-sucedidos ou inseguros, sempre há o que aprender. É o que Deepak Chopra chama de "mente de iniciante". Para mim, a lente do aprendizado da vida é bastante sensível para reconhecer as lições do dia-a-dia. Em vez de recear o desafio de aprender algo novo ("não é assim que *eu* faço isso"), ela procura a lição que cada situação oferece.

Conservar a curiosidade e a disposição de aprender exige um esforço consciente. O presente capítulo visita dez áreas potenciais para "extrair o suco" dessa disposição. A recompensa é mais combustível para abastecê-lo na jornada rumo a sua missão.

Por que é importante aprender com a vida? Ocorrem-me três motivos. Primeiro, como o mundo não pára, tampouco nós podemos nos dar ao luxo de parar. As

O Aprendizado com a Vida

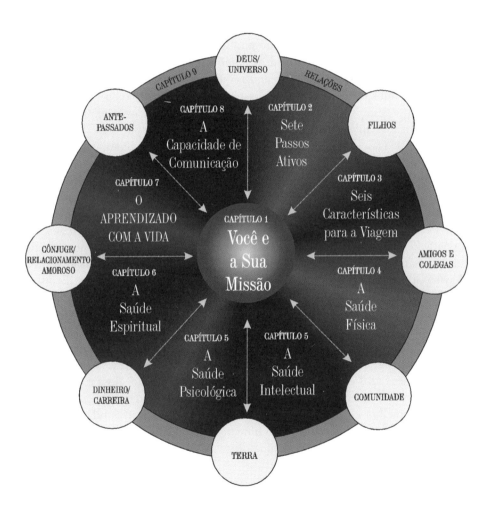

mudanças ocorrem cada vez mais depressa, a cada folha que arrancamos do calendário. Pense, por exemplo, que o que chamamos de civilização já dura milênios, no entanto, há apenas duas gerações ou pouco mais que isso contamos com motores e rádios elétricos. Não faz tanto tempo assim que temos televisão, computador, matéria plástica, penicilina, cartão de crédito, ar-condicionado — e que mandamos o homem à Lua. Infelizmente, toda essa tecnologia não significa que ficamos necessariamente mais inteligentes. Como escreveu o historiador G. M. Trevelyan: "A educação produziu uma vasta população que sabe ler mas é incapaz de distinguir o que vale a pena ler".

As relações, tanto pessoais quanto profissionais, são movediças. A tecnologia, a concorrência, os clientes, as técnicas administrativas, tudo sofre mudanças no mundo cotidiano dos negócios. Um amigo que estava fazendo um curso de administração da mudança conta que um dos alunos, confuso, explodiu:

— Administração da *mudança*? Mas eu pensei que este fosse um curso sobre *como mudar nossa administração!*

E não é só isso. Entram também a evolução dos papéis de gênero, as expectativas cambiantes com relação aos demais, as inúmeras transformações nas relações familiares: tudo afeta profundamente o estilo de vida. Se não nos atualizarmos de vez em quando, se não nos inteirarmos do rumo que as coisas estão tomando, acabaremos ficando para trás. No jogo de hóquei, absorver a mudança chama-se "estar à frente do disco", antecipando aonde ele há de ir. Desse modo, você conserva a energia e chega aonde precisa chegar simplesmente para estar à frente quando for necessário em vez de ficar sempre mordendo o próprio rabo. Foi isso que tornou Wayne Gretzky "o Grande". Procure aprender, e sempre estará à frente do disco. Você pode confiar na mudança, pois, como diz o adágio, é a única constante na vida.

A segunda razão pela qual é importante aprender com a vida é que, lamentavelmente, os seres humanos tendem a esquecer parte do que aprenderam. Se você não estiver alerta, é fácil enveredar por caminhos comportamentais e mentais que divorciam seus atos de seus princípios. Às vezes, quando silenciosa e misteriosamente o nosso conhecimento fica obsoleto, não faz mal esquecer. Nesse caso, geralmente o melhor é despojar-se da carga inútil (os arquivos redundantes consomem a valiosa e finita memória RAM humana). Todavia há uma grande porção de conhecimento esquecido que era e ainda é útil. O bom é saber que sempre é possível reaprender as lições.

Por fim, as lições da vida são importantes porque muitos de nós desejamos evoluir a planos superiores. Aprender é o caminho capaz de nos levar a lugares variados e maravilhosos: à saúde física, intelectual, psicológica e espiritual; ao avanço na carreira, a relações mais estreitas ou a uma compreensão mais profunda de nosso próprio potencial.

Os infinitos ciclos de crescimento pelos quais passa minha empresa lembram constantemente que eu devo superar o hábito natural de ficar à mercê de rotinas ultrapassadas já que a Tires Plus dobra de tamanho aproximadamente a cada três anos. Em qualquer situação, se sua empresa estiver crescendo, você vai precisar de novas aptidões para fazer o mesmo trabalho em maior escala. Dirigir é a minha função. Mas eu não seria capaz de dirigir nem uma quitanda sem aumentar a minha capacidade de liderar uma empresa que não pára de crescer, assim como a minha capacidade de me adaptar ao ritmo furioso do mundo dos negócios. Ao mesmo tempo, essa e muitas outras aptidões podem ser úteis na vida pessoal. Eu mergulhei de cabeça pela primeira vez no aprendizado da vida em 1989, um encontro que me forneceu um fundamento mais firme sobre o qual construir as relações com os familiares e os amigos. Minha única mágoa? Levei 42 anos para descobrir o valor das lições da vida em todas as áreas da existência.

Faces e Fases do Aprendizado

Nós passamos por quatro fases, aprendendo e desaprendendo, ao entrar em novas relações e enfrentar novos desafios:

1. **Incapaz e consciente.** Inicialmente, temos perfeita consciência de nossa falta de conhecimento e nos empenhamos em chegar a um nível respeitável de competência. Somos iniciantes e sabemos disso.

2. **Capaz e inconsciente.** Passado algum tempo, compreendemos o básico da situação e temos esperança de vir a dominar todas as aptidões necessárias. Tornamonos capazes, embora não o percebamos, e, assim, vamos adquirindo cada vez mais aptidão.

3. **Capaz e consciente.** De súbito, pensamos que já sabemos tudo. Passamos a ler nossas clipagens, a reviver nossas glórias, a dormir sobre os louros das realizações. Aprender torna-se secundário. Este, muitas vezes, é o começo do fim: uma espiral que leva a considerar a competência uma coisa líquida e certa. Somos seduzidos pelos atalhos. Os princípios e técnicas provados e consagrados são rapidamente postos de lado em nome da conveniência e da rotina fácil. O que se aprendeu com esforço perde-se graças à preguiça.

4. **Incapaz e inconsciente.** Tendo contornado as arestas do provado e consagrado, enveredamos por um novo caminho chamado esquecimento. Já sem base em princípios sólidos, somos incompetentes. Mas não nos damos conta disso. Aqui se desintegram até mesmo as mais bem-sucedidas relações pessoais e profissionais.

Para escapar a essa quarta fase — ou melhor, para não chegar a ela —, é preciso retornar à fase 1 e admitir que devemos aprender e reaprender aquelas coisas elementares que, antes de mais nada, tornaram-nos conscientes e capazes.

O Que Querem os Empregadores Que Aprendem

Ironicamente, poucas aptidões desejadas pelos empresários figuram nos currículos escolares. Por exemplo, uma pesquisa do Departamento do Trabalho norte-americano, de 1995, concluiu que o empregado perfeito:

210 | Tom Gegax |

1. ouve espontaneamente os pontos básicos dos problemas do cliente (escutar)

2. pensa por si só (solução dos problemas)

3. produz soluções inovadoras (pensamento criativo)

4. orgulha-se de si e de seu potencial de sucesso (auto-estima)

5. sabe fazer as coisas (estabelecimento de metas e motivação)

6. percebe de que aptidões precisa para ter o melhor desempenho no local de trabalho (desenvolvimento pessoal e da carreira)

7. entende-se com os clientes, os fornecedores e os colegas e esforça-se para atingir os objetivos comuns (trabalho de equipe)

8. dá as respostas adequadas (comunicação verbal e escrita)

9. percebe as metas da empresa e o que ele pode fazer para contribuir (eficiência empresarial)

10. assume a responsabilidade (confiabilidade)

11. motiva os colegas (liderança)

Além dessas aptidões, eu valorizo muito algumas outras, em mim e nos companheiros de equipe da Tires Plus. Nós todos nos empenhamos em

1. desenvolver as características COAPDP: o comportamento cuidadoso, otimista, apaixonado, persistente, disciplinado e pleno de espírito

2. desenvolver a intuição, o sexto sentido capaz de perceber o que está acontecendo (coisa que ajuda a antecipar a mudança imprevisível)

3. ter acesso à energia da Equipe Interior e manter o pico de saúde

É claro que muita gente adquire algumas dessas aptidões na juventude, graças à orientação dos professores, dos pais, dos responsáveis, dos irmãos, dos colegas e amigos. Hoje em dia, as escolas avançadas ensinam a ouvir e a estabelecer metas. No entanto, a maior parte das pessoas jamais teve oportunidade de aprender, de forma abrangente, o mais elementar e básico dos fundamentos da vida. Tomamos lições aqui e ali, ora temos sucesso, ora fracassamos.

À parte algumas aptidões mencionadas acima, pense em todas as outras coisas elementares que não aprendemos na escola, como, por exemplo, compreender a nós mesmos, selecionar as amizades e os interesses afetivos sadios, cultivar relações, ser pai ou mãe, administrar nossa relação com o dinheiro, planejar e agendar, executar tarefas múltiplas ou administrar múltiplas exigências.

Diariamente nós empregamos muitas dessas aptidões com graus variados de efeito. Mas esquecemos o modo como as adquirimos, assim como esquecemos um resfriado ou uma eventual tarde ensolarada. A vida é a escola em que aprendemos essas coisas. A aula já começou. Você está presente?

Embora seja humano esquecer, também é humano tornar a juntar as peças do quebra-cabeça tantas vezes quanto for necessário. Respeite e exercite a capacidade

| COMO VENCER no JOGO da VIDA |

de sua mente, tome consciência de seu processo de aprendizagem e reforce os princípios que acrescentam valor a sua existência e a sua missão.

Dez exercícios do aprendizado com a vida conservam ágeis as minhas aptidões na vida e na carreira. Eles eliminaram a minha tendência a enferrujar e contribuíram para a minha instrução.

Aprendizado 1. Quem, Eu?

Parafraseando Yogi Berra, podemos observar muita coisa em nós mesmos simplesmente olhando. Por mais óbvio que isso pareça, a maioria das pessoas acha mais fácil ver (e analisar) os outros que a si mesma. E, com isso, perde o melhor do espetáculo. Observar a própria dinâmica é uma aptidão que se aprimora com os métodos expostos no capítulo 5.

O ponto de observação? Pense bem: um treinador não pode melhorar aquilo que não vê. Para tornar vitoriosa uma estratégia perdedora, primeiro é preciso observar todos os ângulos do jogo da vida.

Quando eu me dispus a me analisar, foi ficando cada vez mais evidente o que era preciso mudar. Atualmente, meu eu mais sábio elabora regularmente as jogadas, assim como o tipo de *retorno* construtivo que meu treinador de basquete costumava me dar no colegial. "Não faça isso, Tom", digo comigo. "Esse é um padrão antigo. Evite-o." Ou: "Muito bem, Tom, você fez uma boa palestra. Conseguiu oferecer uma coisa realmente útil". Ou ainda: "Tom, você precisa pedir desculpas. Seus comentários não foram adequados e não fizeram bem a ninguém". Afinal, quem me conhece melhor do que eu? Quem conhece melhor os problemas que enfrento e suas soluções? Quem sempre os presencia? Todo dia faço o possível para prestar atenção, para estar plenamente consciente e para me orientar com sinceridade, baseado no que eu me vejo fazer.

Três Obstáculos

Avalie se você se observa e se orienta bem. O que o impede de fazer um trabalho melhor? Como lidar com isso? P. D. Ouspensky identifica três obstáculos no estudo de si mesmo.

1. **Superestimar seu conhecimento e significado bloqueia-lhe o incentivo a observar e aprender.** Solução: cultive uma atitude humilde para com o aprendizado da vida. Considere-se um novato universal e abra-se para as lições da vida.

2. **Deixar-se levar pelos sentimentos negativos — o ódio, o medo, a culpa, a ansiedade — desvia-o do curso bem mais produtivo da auto-análise.** Em vez de olharmos para dentro, para o que podemos aperfeiçoar, com muita freqüência

nós olhamos para fora, para os objetos da emoção negativa. Solução: enfrente esses pensamentos negativos com as técnicas da saúde psicológica e espiritual descritas nos capítulos 5 e 6.

3. **A conversa excessiva, tanto interior quanto exterior, dificulta o observar-se e o orientar-se.** Os ciclos de monólogo interior, a tendência a ficar ruminando cada incidente não nos levam a um plano mais positivo. Do mesmo modo, insistir no mesmo incidente também nos impede de buscar as respostas que já temos. Solução: guarde os pensamentos, respire fundo e veja-se em câmera lenta percorrendo a vida, observando e orientando a si mesmo. Aproveite o que lhe resta do dia e pratique a auto-observação e o autotreinamento construtivo.

Aprendizado 2. A Experiência: Sua Melhor Mestra

A experiência é uma grande mestra. Por mais que isso seja um clichê, reflita sobre o seu estoque de experiências, que alguns chamam de "tentativa e erro", e trate de usá-lo. A experiência é a sala de aula de incontáveis lições da vida. Eu encaro minha empresa e minha vida pessoal como laboratórios que geram resultados tanto dolorosos quanto estimulantes. E procuro aprender com as trapalhadas e os tropeções de modo a não repeti-los. Também aprendo com o que é bom.

Quando deparo com situações novas, no cotidiano, pergunto: "Eu já não passei por isso?", e invoco a experiência que indique meu próximo passo. Reconstituo literalmente os cenários passados e neles busco as semelhanças. Lembro o modo como tratei das coisas, o que deu certo, o que deu errado. Então me volto para as circunstâncias alteradas: outros companheiros de equipe, outros concorrentes, outros fatores.

É decisivo equacionar as diferenças. Embora a dinâmica básica seja a mesma, cada situação é única. No lado pessoal, quase todo mundo já sofreu uma desilusão amorosa, se bem que poucos possam concluir que todos os relacionamentos estão fadados ao mesmo desfecho. Porém, se eles fracassam um após outro, aí pode estar a dica de um padrão potencial. É o caso de colher alguma coisa dessas relações, algum tipo de mudança necessária para que sua próxima experiência amorosa seja mais gratificante.

A Responsabilidade Acaba Aqui

As lições da experiência começam com a capacidade de enxergar seu próprio papel nos fatos passados, sucessos e fracassos. Um terreno de aprendizado particularmente fértil são as relações com os outros, pessoais ou profissionais. Aprendendo com meus erros ao tratar com os demais e liderá-los, eu aproveitei a experiência em vez de simplesmente passar por ela. Faço o possível para abandonar o que é falho em mim e repetir o que deu certo. É simples.

Depois de me ver reiteradamente andando em círculos com alguém em uma relação familiar negativa, admito que só há uma de duas possibilidades: ou eu criei uma negatividade, ou escolhi relacionar-me com alguém que traz negatividade. Em ambas as hipóteses, o responsável sou eu.

Aprendizado 3. A Troca entre Pares

Olhe à sua volta. Veja toda essa gente cuja carreira e cujas relações refletem as suas. O poder do companheirismo é o que se desenvolve quando você aprende a ter uma relação de troca com os seus pares. Por um lado, dizemos que o sucesso é contagioso e, por outro, que a miséria adora ter companhia. Seja como for, há muito que aprender com as pessoas que estão passando pelo mesmo que nós. Não se deve confundi-las com os mentores, (aqueles que já enfrentaram os mesmos problemas): os pares são os amigos e colegas que viajam ao seu lado mais ou menos na mesma estrada pessoal e profissional. Vocês experimentam simultaneamente pensamentos e sentimentos semelhantes, e a concomitância e a intimidade que compartilham é capaz de produzir *percepções* invisíveis às pessoas que ficaram distantes dessa situação devido ao tempo e à experiência.

Há um reconfortante sentimento de camaradagem com o par que está no mesmo barco. Participando seja dos mesmos triunfos, seja dos mesmos reveses, muito se pode ganhar com as relações de respeito mútuo. Esclarecem-se os pensamentos. Os sentimentos são confirmados e validados. Planejam-se e afirmam-se os atos avaliados com franqueza e abertos para a alteração. As informações e os conselhos dos amigos e colegas são tão úteis que eles começam a parecer pessoas da família.

Espelhos e Sinais

O maior benefício do poder do companheirismo é a caixa de ressonância que ele oferece. Os pares são um espelho que nos reflete de maneira objetiva, ainda que empática. Revelam respostas que já temos mas não conseguimos ver. A maior parte das respostas está dentro de você, e contar com um companheiro que faça as perguntas certas para ajudá-lo a encontrá-las é uma verdadeira bênção. Seu *retorno* é um teste confiável de realidade que reforça a nossa cautela com a direção que resolvemos tomar. O laboratório de nossa vida pessoal e profissional fica aberto para nós.

Eu acho que os pares são sinais que uma sabedoria superior coloca à beira do caminho. Mas é preciso ler os sinais. Nosso Poder Superior nos orienta de várias maneiras, e essa é uma delas.

As Primeiras Trocas

Eu troco poder de camaradagem desde cedo. Jim Calli, meu amigo íntimo desde a escola primária, sempre foi um pouco melhor que eu nos estudos e nos esportes. No entanto, do primário ao colegial, seu apoio e sua competição amigável nas aulas de inglês e na quadra de basquete influenciaram meu desenvolvimento. Eu uso, hoje, muitas lições daquela época, sendo a mais importante delas o valor da inspiração mútua das pessoas para alçar vôos maiores. A troca camarada que mantemos atualmente melhorou com os caminhos que escolhemos na vida e fica mais profunda a cada ano que passa.

Outros quatro colegas do tempo de escola, Davey Leach, Bobby Stoner, Donnie Miller e Pat Kelley continuam me influenciando. Davey (operário), Bobby (vendedor de seguros), Donnie (investidora imobiliária) e Pat (florista) seguem morando em nossa terra natal, fortalecendo-a com seu invencível otimismo, com o seu caráter forte e com o amor que têm pela gente do lugar. Sua espiritualidade natural e sua natureza aberta sempre ofereceram valiosas pedras de toque.

Trocas do Poder da Camaradagem

Os pares profissionais potenciais estão em toda parte. Olhe para o seu local de trabalho. Em qualquer lugar, as empresas prestadoras de serviço e as associações industriais de âmbito local, regional ou nacional são reservatórios pré-fabricados de pessoas cujas circunstâncias provavelmente espelham as suas.

Também estamos cercados de pares pessoais. Eu fiz amizades duradouras no curso de tai chi, nos grupos de estudos: em toda parte onde os iguais se congregam surgem oportunidades de uma troca intensa. O *retorno* de fora da estreita esfera da carreira profissional anula a recaída na tentadora conversa de comadre capaz de desviar a atenção das áreas do crescimento pessoal. É um ponto de observação vantajoso, que nos permite enxergar a floresta interior na barafunda de nossas árvores pessoais e profissionais.

Eu observo três critérios ao escolher pares para troca:

1. **Selecione pares nos quais você pode confiar.** As maiores trocas se dão com pessoas às quais você pode contar absolutamente tudo. Naturalmente, isso significa que a confiança é indispensável. Por maior que seja a capacidade da pessoa, se você não confiar nela, a troca ficará prejudicada.

2. **Selecione pares livres de conflitos de interesses.** Um par que é seu concorrente direto ou aspira à mesma promoção pode não oferecer o conselho mais objetivo. Os conflitos de interesses obstruem, potencialmente, o fluxo de informação sincera, tão decisivo nas trocas válidas entre iguais. Eu me protejo disso procurando companheiros, nos negócios, que são varejistas nas regiões em que minha empresa opera, mas não no ramo de pneus. O mesmo vale para os pares pessoais. Se alguém pode se beneficiar direta ou indiretamente com uma decisão que você está pensando em tomar, aceite o conselho dessa pessoa com um grão de cautela e

busque uma segunda opinião. No entanto, existem pares que, mesmo diante de um conflito, conseguem oferecer um conselho imparcial. Em todo caso, fique alerta para os perigos inerentes.

3. **Selecione pares com atitudes e comportamentos que você admira.** Procure pares com características que energizem e motivem, como os COAPDP.

Inicie uma Situação em Que Todos Ganhem

As trocas entre pares são experiências recíprocas, diferentes da relação mentor-aprendiz, na qual o aprendizado é praticamente uma via de mão única. Devido à natureza mútua dessas experiências, é importante entender o que a outra pessoa quer aprender com você e o que você acha que ela pode lhe ensinar. Por exemplo, Deepak Chopra mostrou-me novos caminhos na filosofia e na prática espirituais, e eu tive oportunidade de lhe mostrar princípios de administração capazes de ajudar sua empresa. Com qualquer par, quanto mais um tem a aprender com o outro, melhor. Se você sente afinidade, eis a dica para estabelecer um bom canal de troca com seus iguais.

O poder da camaradagem pode ser programado ou espontâneo. Aproveite as oportunidades à medida que surgem. Não há necessidade de formalidade. Pode haver trocas sem que haja aviso prévio para estabelecer ou até verbalizar que você vai fazê-las. Funciona melhor com as pessoas que conhecemos bem e vemos com freqüência. Alternativamente, podem-se marcar esses encontros se for preciso explorar temas que exigem um tempo sem interrupção.

Uma empresária de Memphis que eu conheço reúne-se todo mês com sete pares para trocas pessoais e profissionais. Em cada encontro, eles reafirmam seu compromisso mútuo de sigilo. O nível profundo de confiança permite que eles sejam mais verdadeiros nos detalhes de sua situação e, assim, tenham um retorno mais significativo.

Poder Conhecer-se *REALMENTE*

O aprendizado com os iguais requer que compartilhemos o que realmente está acontecendo em nossa vida, tanto os sucessos quanto os fracassos. Quando uma pessoa pergunta "Como vai?", o maior obstáculo que se pode opor é responder "Tudo bem". Respostas refratárias como essa não querem dizer absolutamente nada. Não comprometem. Eu não estou propondo que, toda vez que lhe perguntem como vai, você se ponha a desfiar toda uma lista de queixas ou a contar coisas que não está disposto a revelar. Confie na intuição, mas não tenha medo de se apoiar nas muitas pessoas confiáveis que têm as melhores intenções.

Digamos que uma pessoa que merece a sua confiança pergunte como você vai. Fale neste ou naquele problema importante que o está preocupando:

— Eu vou bem, obrigado, mas acho que estou tendo um problema com minha filha caçula.

Esse breve comentário pode gerar uma descarga de incalculáveis benefícios. Lembre-se, o mero ato de liberar os sentimentos é catártico. Acrescente o benefício emocional à lição que acompanha o retorno da outra pessoa, e você não terá nada a perder. "Pedi e recebereis", aconselhou Jesus. A maioria das pessoas gosta de falar do que tem feito, principalmente nessas circunstâncias.

O poder da troca entre iguais são amplos nichos de sabedoria plenamente visíveis. Não os deixe passar despercebidos.

Aprendizado 4. Extraindo o Ouro do Mentor

O caminho mais curto entre a ignorância e a sabedoria é uma linha reta na direção de quem quer que tenha conhecimento. Ao procurar um mentor, tente encontrar alguém que já tenha conseguido aquilo que você quer fazer, uma pessoa disposta a dividir com você o que aprendeu. Os mentores fidedignos podem treiná-lo e orientá-lo tanto no terreno pessoal quanto no profissional, mostrando-lhe os buracos na estrada de sua missão. Eu lamento não ter explorado esses veios de sabedoria muito mais cedo na vida. Quando comecei, no princípio de 1990, percebi quantas armadilhas pessoais e profissionais podia ter evitado com a orientação de um mentor. Se escolher bem, você vai encontrar gente que já passou exatamente pelo que você está passando. O mentor lhe dirá onde foi que errou e acertou. Sua orientação é ouro puro.

A Grandeza de Ser um Mentor

Desconfiado dessa história de mentor? Muito orgulhoso para pedir conselho aos outros? Antigamente, quase toda profissão baseava-se firmemente na tradição mestre-aprendiz, o experiente a ensinar o inexperiente. Porém ocorreu uma coisa trágica no caminho da civilização moderna: nós nos tornamos uma sociedade que valoriza o ensino formal e os empreendimentos baseados no conhecimento, não na habilidade. No processo, perdeu-se grande parte da relação mestre-aprendiz. Por que não receber a orientação de um mentor e aproximar os que sabem dos que querem saber?

Aristóteles e Alexandre, Sigmund Freud e Carl Jung, Louis Sullivan e Frank Lloyd Wright: a transferência de conhecimento entre as gerações é uma parte natural da civilização, principalmente nas sociedades coesas. Faz tempo que devíamos ter voltado ao poço da sabedoria do mentor.

Falando em termos profissionais, a escassez de mentores é mais pronunciada entre as mulheres. No mundo dos negócios, não tem precedentes o número de mulheres de meia-idade — muitas delas na vanguarda há longa data — que ocupam altos cargos ou são empresárias. No entanto, embora esse número empalideça perto da participação geral do sexo feminino na força de trabalho, elas tendem muito menos que os homens a transferir, formal ou informalmente, suas valiosas experiências à geração a quem cederão o poder — por mais necessário que isso seja.

A Escolha do Mentor

Como escolher o orientador certo? Na carreira, eu seleciono pessoas que já tenham ocupado posições semelhantes à minha, num campo relacionado com o meu, mas não no mesmo, e que já tenham avançado mais no caminho. Assim, beneficio-me de sua experiência nos problemas empresariais que agora enfrento. Também procuro quem tenha os mesmos princípios, valores e ética que eu me esforço por cultivar em meu negócio.

Há seis anos, tratei de entrar em contato com os líderes das duas empresas mais bem-sucedidas do país em minha área. Pedi a Richard M. Schulze, diretor-executivo das Best Buy Stores, a maior rede de lojas de artigos eletrônicos dos Estados Unidos, que fosse o meu mentor de primeira linha, aquele que eu visito e com quem converso mais freqüentemente. Como mentor de segunda linha, procurei Curt Carlson, o presidente do império da hotelaria Carlson Companies (Radisson Hotels, T. G. I. Fridays). Ambos dirigem empresas de grande sucesso. Sua orientação conjunta permitiu-me prever e evitar muitas dificuldades que eles enfrentaram.

Como se pode imaginar, pedir um pouco do tempo de pessoas tão ocupadas não é apenas questão de abrir as páginas amarelas e telefonar. É preciso encontrar a pessoa adequada a suas necessidades, convencê-la a investir tempo em você e, então, otimizar essa experiência. Aqui estão os passos que recomendo:

1. **Identifique as aptidões pessoais e profissionais e a informação que você mais preza.** Quem tem a resposta?

2. **Pesquise em sua mente** e entre os amigos e associados comuns em busca de pessoas capazes de facilitar o contato ou de aprofundar um que já exista entre você e seu mentor potencial.

3. **Tenha atividades nas empresas ou nos eventos** dos quais seu mentor potencial participa. Sem atropelá-lo, procure oportunidades de conversar. Reconheça sinceramente suas realizações e descubra interesses comuns que os ajudem a conhecer-se melhor. Nunca subestime o valor do interesse sincero, dos elogios francos e da disposição de dar um pouco de si. Eu não dou importância a quem são as pessoas ou à posição que ocupam na vida, elas gostam disso.

4. **Peça um encontro.** Convide seu possível mentor para almoçar. Se ele concordar, sele o compromisso com algo como: "Que bom, obrigado. Estou muito agradecido. Quando posso telefonar para marcar o encontro?"

5. **Dê continuidade** com um cartão que expresse sua gratidão e confirme o encontro, como, por exemplo: "Foi ótimo conhecer você. Agradeço ter me incluído em sua agenda lotada e fico na expectativa do nosso encontro de segunda-feira ao meio-dia".

6. **Prepare perguntas objetivas e bem-pensadas** para fazer ao seu mentor. Faça uma lista breve e discreta de perguntas pessoais e sobre os problemas mais importantes do seu negócio. Ache o meio-termo entre o acanhado e o entusiasta. Assim, seu mentor apreciará o seu enfoque e terá melhores condições de lhe dar um bom conselho. Em meus primeiros encontros com os mentores, eu faço perguntas sobre os problemas que enfrentei:

— Você passou por isso em alguma etapa?

— Como resolveu?

— O que faria de diferente se passasse por isso novamente?

Não é só instrutivo: os mentores acham muito divertido lembrar como superaram as dificuldades. Como diz o velho ditado: "Ensinando se aprende".

7. **Tome nota.** Você pode pensar que vai se lembrar de tudo, mas se alegrará por ter anotado pensamentos importantes sobre os quais refletir posteriormente.

8. **Dê informações que sejam úteis ao seu mentor.** A maioria das pessoas bem-sucedidas está aberta para aprender com qualquer fonte.

9. **Manifeste gratidão.** Ao terminar, agradeça ao seu mentor pelos conselhos e pelo tempo que dedicou a uma pessoa que está seguindo o mesmo caminho. Muitos não fazem isso temendo parecer bajuladores. Mas, se o sentimento for sincero, os lugares-comuns transformam-se em gratidão real.

10. **Peça uma relação permanente.** "Você poderia me orientar durante mais ou menos uma hora três vezes por ano?" Alguns hão de concordar, ao passo que outros precisarão de tempo para pensar.

Em nosso primeiro encontro, no café da manhã, Dick Schulze disse que ia pensar em me acolher sob sua asa. Alguns dias depois de nosso encontro, eu telefonei para sua secretária e perguntei que lembrança poderia lhe dar para expressar minha gratidão pelo que ele já havia feito por mim. A Best Buy acabara de mudar de sede, e ela disse que estavam faltando plantas no novo escritório. Eu lhe enviei um vaso acompanhado de um cartão de agradecimento. Quando voltei a telefonar pedindo um encontro, ele concordou.

Pode ser que alguém considere o meu presente um mero "é dando que se recebe". Mas não foi. Eu mandei a planta porque estava realmente agradecido. Queria que ele soubesse que, independentemente do rumo que tomasse a nossa relação, minha gratidão não estava condicionada a um ganho futuro. Se ele tivesse recusado um novo encontro, eu continuaria satisfeito por ter lhe dado o presente.

Isso parece trabalho demais? Achar um veio de ouro não é fácil. É preciso apresentar o caso de modo que seu mentor entenda que vale a pena conversar com você. De modo geral, os mentores não escolhem metodicamente quem vão ajudar. Escolhem entre as pessoas que os procuram, que se destacam na multidão, gente com quem eles sentem um vínculo. Por meio desse processo, eu criei diversas relações permanentes com mentores, nos negócios, que me deram dicas e me ajudaram a liderar melhor a Tires Plus e a fazê-la crescer.

Íntimo e Pessoal

Nem é preciso dizer que nossa vida pessoal merece o mesmo exame e o mesmo cuidado que os negócios e a carreira. É um dado definitivo, mas nem sempre um conselho que se segue. Eu tenho mentores espirituais, comportamentais e de cuidado comigo mesmo. Tanto quanto os encontros com os mentores profissionais, o tempo que passo com os conselheiros pessoais me oferece exemplos e modelos de vida que me ajudam a trilhar o caminho de minha missão.

Buscando alcançar a harmonia entre o yin e o yang em mim, trato de equilibrar conscientemente o gênero de meus conselheiros. Entre minhas mentoras pessoais estão a psicóloga Brenda Schaeffer, as terapeutas corporal e energética Leni Erickson e Carole Morning Smiley e minha mãe, Elizabeth Cummins. São meus mentores do sexo masculino o behaviorista Earnie Larsen, os filósofos John Robbins e Deepak Chopra e meu pai, Bill Gegax.

Eu estou convencido de que o nosso principal papel na vida é aprender e ensinar. Depois — e só depois —, passamos o bastão para outros, e nosso conhecimento e sabedoria se estendem para além da duração de nossa vida. Olhe ao seu redor. Pode ser que você veja muita gente que se alegraria e se beneficiaria com a sua orientação. Quando damos, recebemos. É preciso dar aquilo que queremos conservar.

Aprendizado 5. As Lições dos Mais Jovens

Os mentores aparecem nos lugares mais inesperados. Por exemplo, às vezes a gente não se dá conta de quanto pode aprender com as crianças — sejam nossos filhos ou dos outros. Acredite em mim, pode-se aprender muita coisa. Elas o conhecem melhor que qualquer outra pessoa e não têm medo de dizê-lo diretamente — em geral, mais diretamente que muitos amigos e colegas que, por motivos políticos ou por uma espécie de agressão passiva, muitas vezes são ambíguos. Uma simples observação vinda de seu filho, seja qual for a idade dele, pode estimular o desenvolvimento. Diminuir e menosprezar a visão dos mais jovens pode ser uma tolice. Absorver a sabedoria dos filhos e das gerações seguintes é o quinto método de aprendizado com a vida.

A sabedoria comum sustenta que cada geração é influenciada pela que a precedeu. Os mais velhos afetam os mais jovens. É bem verdade, porém o inverso não é menos profundo. Os moços se adaptam às mudanças tecnológicas e culturais mais depressa que as pessoas maduras. Não tendo hábitos tão cristalizados, eles estão mais abertos para a mudança. Em assuntos como computadores, vídeos ou movimentos pela proteção do meio ambiente, a maioria dos adolescentes e dos jovens de vinte e poucos anos fica mais à vontade que os cinqüentões. Entretanto, é muito comum as pessoas de meia-idade não aproveitarem a influência dos mais moços.

Observar, ouvir e aprender... com as crianças? Decerto é o oposto exato da imagem tradicional da velha e sábia coruja que orienta, oferece a experiência dos mais velhos, dos que vão adiante de nós no caminho e dizem coisas baseadas em sua reação a visões, sons e circunstâncias que você ainda não experimentou. Nossos filhos (ou qualquer pessoa mais nova que nós) podem oferecer o inverso. Acabam de entrar, com a visão clara, os pés ágeis, no caminho que você está trilhando. Assimilam a mudança mais depressa, suas idéias são menos suscetíveis a regras que já não estão em vigor. Em suma, eles têm mais propensão a ser menos convencionais. "Que demais!" é a gíria que designa o modo como seus cérebros novos em folha reagem ao velho estado de coisas. "Devia", "podia", "precisava" são termos que entram mais raramente em suas decisões ou em seu vocabulário.

Respeite os Jovens

É verdade que devemos respeitar os mais velhos. Mas seria um erro não respeitar também os mais jovens. Você não pode se beneficiar de sua sabedoria se não der valor à sua contribuição. E eles a colocarão diretamente em suas mãos se você não tentar matar o mensageiro. Diante das respostas de meu filho, às vezes eu fico defensivo antes de me recompor e receber as jóias de sua sabedoria. Só para começar, as idéias de Chris melhoraram muito a Tires Plus, e suas meigas contribuições pessoais melhoraram nosso relacionamento, ao passo que Trent me estimulou (não, empurrou-me) a atualizar meus conhecimentos e entrar em contato com novas tecnologias e formas de escrever.

Como qualquer outro aprendizado, a sabedoria dos mais jovens precisa passar pelo crivo do exame interior para que você tenha certeza de que está sendo adequadamente orientado. As lições deles coincidem com sua missão? Há conflitos de interesses capazes de comprometer esses conselhos? Avalie suas lições assim como avaliaria quaisquer outras. Do mesmo modo, evite rejeitá-las na defesa de hábitos cômodos e engastados. Simplesmente "sentir que está certo" não é um indicador suficiente para seus conselhos. Os sentimentos deixam-se afetar pelas compulsões, pelos vícios, pelos comportamentos deficientes que, embora sejam confortáveis, provavelmente se opõem aos seus interesses. Defender "a maneira como sempre se fez" só serve para prendê-lo aos grilhões do passado enquanto o tempo voa.

Aprender com os filhos traz benefícios múltiplos. Você colhe elementos preciosos de suas perspectivas singulares. Os filhos aprendem a valorizar suas idéias e opiniões — um benefício colateral que faz crescer a auto-estima deles, a qual, por sua vez, é um determinante básico do bom desempenho na escola, na vida e na missão de cada um.

Aprendizado 6. O Modelo do Sucesso

Na escola, copiar a prova do colega da carteira vizinha pode colocar-nos em apuros. Já na sala de aula informal da vida, ao contrário, copiar o comportamento alheio — desde que seja com cautela — ajuda a fixar um conjunto de bons hábitos no lugar dos que causam problemas. Pode-se retirar muito dessa forma sutil de orientação chamada modelo.

Quando eu era menino, passava horas vendo Duke Snider manejando seu taco de beisebol ou o jogador de golfe local, Jack Miller, dando suas tacadas. Depois tratava de me basear naquilo que tinha visto. Foi também assim que aprendi a dançar: imitando os movimentos dos bons dançarinos que conhecia. Na álgebra ou no gamão, é mais fácil ver e ir fazendo do que ouvir alguém lhe dizer como fazer. Observar, aprender e fazer.

Tome cuidado com o que lhe serve de modelo. Escolha aquilo que você admira. Pode parecer óbvio, porém melhor que adotar todas as características é aprender as melhores e deixar as outras de lado. Lembre-se da pergunta que seus pais faziam: "Se fulano pular pela janela, você vai atrás?" Qualquer um que você escolha como modelo terá, como todo mundo, imperfeições que, sem saber, tendemos a imitar. Para evitar isso, imagine-se gravando uma fita que combinasse todas as características das pessoas bem-sucedidas que você observou. Naturalmente, você acabaria cortando as coisas de que não gosta. Agora imagine o poder superior de síntese combinando as melhores características de seus pais, irmãos, filhos, amigos, pares e mentores em uma só pessoa: você.

Aprendizado 7. A Curiosidade de Columbo

O sétimo método de aprendizado com a vida é o que eu chamo de Princípio de Columbo, conforme o personagem de Peter Falk na televisão, que não parava de fazer perguntas. Certas pessoas acham tolo, talvez ingênuo, fazer ostensivamente perguntas simples quando estamos no escuro. Eu discordo. As perguntas diretas e francas figuram entre minhas melhores maneiras de aprender. "Não existe pergunta boba" faz parte do nosso vocabulário coletivo, mas a isso se opõe o mito de que parecemos bobos ou até mesmo intrometidos quando perguntamos. No entanto, as perguntas não só melhoram a base de nosso conhecimento como reforçam os vínculos com os outros. Em face de uma questão simples ou de um problema complicado, entrevistar os que o rodeiam põe em evidência a visão interior deles. E a maioria das pessoas gosta de expor sua visão interior sobre quase tudo. Deixe-as fazer isso. Antes mesmo que você perceba, construiu-se um vínculo.

Refrear a curiosidade natural leva a uma perda infinita de aprendizado. Isso é particularmente válido para as perguntas espontâneas que são reações a alguma coisa incomum que se viu ou ouviu. Algo que me acontece constantemente, no trabalho e no esporte. Seja por causa de uma palavra esquisita ou de um relatório diferente que não consigo compreender, eu pergunto para aumentar meu conhecimento. Quando se trata de fazer perguntas, minha curiosidade sobrepuja a etiqueta e o ego.

As perguntas evitam os mal-entendidos. Nós encaixamos em nosso quadro de referência tudo o que ouvimos. Fazemos suposições equivocadas capazes de interferir no aprendizado. Porém, quanto mais você perguntar com postura de iniciante, deixando de lado as noções preconcebidas, melhor ouvirá a resposta e pensará em suas aplicações. Em vez de rejeitar de pronto as novas idéias, deixe as informações rolarem e veja onde vão parar.

As perguntas só levam ao aprendizado se você estiver aberto para as respostas surpreendentes ou para as que contradizem suas cômodas suposições. Quem pergunta meramente para confirmar seu ponto de vista e descartar as respostas que o contradizem ou usa as respostas para provar que os outros estão errados não aprenderá senão a jogar jogos inteligentes.

Do modo como eu conto, você tem direito a pelo menos três lances. Uma vez feita a pergunta, disponha-se a acompanhar e assimilar a resposta. Estando com um pé na água — prestes a colher a onda de informação — não vale a pena voltar à praia.

Comprometa-se a desenvolver a curiosidade de Columbo fazendo perguntas quando for adequado. Não sabe como começar? Observe um par de garotos de 4 anos numa loja de brinquedos e comece a imitá-los.

Aprendizado 8. A Razão Falar-Ouvir

Quando falamos, não conseguimos escutar. Quando ouvimos, não podemos falar. Sem a correta razão falar-ouvir, é impossível aprender com os outros.

Pense um momento: qual é a sua razão falar-ouvir? Que porcentagem da sua conversa, individual ou grupal, você passa falando? Que porcentagem passa ouvindo? Anote esses dados e reflita sobre as orientações a seguir.

Procure manter uma razão meio a meio nas conversas individuais. Se você fala ou escuta mais do que dois terços do tempo, verifique se esse não é um padrão. A matemática muda quando entra mais gente. Digamos que você está conversando com três amigos. No caso, o equilíbrio proporcional seria falar 25% do tempo e ouvir 75%. Naturalmente, isso não é possível nem mesmo desejável em todas as situações. Porém simplesmente ter consciência do tempo que passamos falando favorece o movimento rumo a uma proporção sadia.

Por que é importante envolver os outros? Aliás, falar demais é uma grande fonte de oportunidades perdidas. Qualquer falante se beneficia da oportunidade de reforçar os conceitos, de dar sentido aos problemas e de exprimir as opções. São

| COMO VENCER no JOGO da VIDA | 223

benefícios valiosos, sem dúvida. Mas o benefício que a pessoa perde por não se abrir para a discussão é igualmente ou talvez até mais valioso: a chance de aprender uma coisa nova, as mensagens importantes e as perspectivas únicas que só podemos receber dos outros.

Pense no maior tagarela que você conhece. Avalie o quanto ele perde deixando-se arrastar pela torrente de seus próprios pensamentos em vez de navegar nas correntes refrescantes das idéias alheias. Para ajudá-lo a sair da enxurrada e entrar no fluxo manso, ajude-o com as técnicas básicas discutidas no capítulo 2. Nas conversas individuais, uma pergunta incisiva, que toque o núcleo da questão, fornece uma solução rápida. Em grupo, espere que o tagarela pare para respirar (ele precisa respirar, inevitavelmente) e então interfira, passando a palavra a outra pessoa com uma pergunta simples: — André, o que você acha?

Sinais de Tagarelice

Agora, para um inventário honesto de interação: você se vê orientando constantemente a conversa para os temas que lhe interessam? Prefere só falar das coisas que conhece? Interrompe as pessoas para ligar o que elas estão dizendo a uma coisa que você quer dizer?

— Eu sei exatamente o que você quer dizer. Tive essa experiência na semana passada...

E então se apossa do discurso. São coisas que fazem as pessoas dizerem "Bah!", e não "Ah".

Outro sinal que denuncia a tagarelice é fazer longos rodeios. Uma campainha toca aqui dentro quando eu começo a falar em círculos, incapaz de chegar aonde quero sem, antes, viajar em outra direção. É a maneira mais segura de perder a atenção de uma pessoa. Muita gente é incapaz de perceber que faz isso, algo especialmente trágico nos negócios, terreno em que tempo é dinheiro. As pessoas se perdem em circunlóquios quando estão nervosas, inseguras, malpreparadas. Às vezes, isso denuncia nossa pouca auto-estima. Em outras ocasiões, indica um ego hiperativo que precisa ostentar erudição e impor seus pontos de vista à custa dos demais. Às vezes, é motivado pela necessidade de controlar: controle uma conversa e você controlará os outros. Esclarecer a uma pessoa que ela fala demais é quase tão fácil quanto contar-lhe que ela cheira mal. Há um modo delicado de fazê-lo, chegaremos a ele no capítulo 8.

O contrário da tagarelice é igualmente frustrante. Quando falamos pouco, o fardo é transferido ao interlocutor, que fica desprovido de tudo, já que nossa única mensagem é o silêncio. Se não tem nada a acrescentar, faça perguntas, peça esclarecimento e tempera a conversa. De repente, você se torna um interlocutor ativo, abrindo a porta para o diálogo.

Aprendizado 9. Conheça o Regulamento da sua Equipe

Quase toda empresa, da Boeing ao serviço de entregas em domicílio de bicicleta, tem sua variante de "manual interno": um compêndio de filosofias, conceitos, história, produtos e serviços, missão, visão, valores, políticas e procedimentos. É o que eu chamo de regulamento. Levar a sério esse regulamento alinhará suas contribuições com a missão da empresa. Conhecer as jogadas é imprescindível ao sucesso, seja qual for o jogador ou a equipe.

A idéia de folhear o regulamento de uma firma pode suscitar mais bocejos que inspiração. Muitos empregados o consideram um discurso empresarial seco, tedioso e perfeitamente dispensável. Mas como viver com sucesso a missão, a visão e os valores da empresa, como preconizar sua filosofia e seus conceitos se não os conhecermos bem? Como saber aonde ela vai se não soubermos onde estava? Sem compreender os produtos e serviços que a empresa distribui, sem compreender-lhe os benefícios, como servir apaixonadamente os clientes e colegas? Por fim, se não conhecermos as políticas e os procedimentos, como jogar conforme as regras (ou violá-las criativamente quando viver sua missão estiver em jogo) e ser disciplinado, minimizando o caos e maximizando a produtividade?

Aprendizado 10. A Captação de Recursos Externos

Seminários, livros, fitas, revistas, televisão, fanzines, jornais, Internet: nunca, na História, nós contamos com mais alimento intelectual para crescer e aprender, tanto pessoal quanto profissionalmente, do que hoje, na chamada era da informação. A amplitude dos temas é assombrosa. Cite-os, da paleontologia ao pólo, e regale-se com o festim de informação.

Um bom lugar para começar? Descubra as oportunidades de instrução que seu local de trabalho oferece ou patrocina. Na Tires Plus, nós enfocamos os recursos educacionais por intermédio da Tires Plus University, um "laboratório" de pesquisa e desenvolvimento de última geração, não-tradicional, que investiga e ensina aptidões técnicas, assim como maneiras aprimoradas de servir nossos clientes, treinar-nos eficazmente, a nós e aos outros, e trabalhar em conjunto. Estimule sua empresa a sintetizar a educação em sua cultura empresarial. A significativa quantidade de tempo, energia e dinheiro que investimos anualmente retorna muitas vezes em termos de desenvolvimento pessoal e profissional dos membros da equipe e com a ampliação de sua capacidade de oferecer o serviço de alto nível que almejamos diante de um futuro em constante transformação.

O aprendizado a distância, via Internet, é cada vez mais acessível. Convenientes e flexíveis, as aulas podem ser formais e informais; é possível ganhar créditos e

| COMO VENCER no JOGO da VIDA |

graus ou simplesmente injetar na mente a brisa fresca do aprendizado. A University of Phoenix, por exemplo, ofereceu 120 cursos em 1998, por meio do seu "Campus On-Line", a cerca de quatro mil alunos.

Com tantas opções de informação, o problema óbvio é separar o joio do trigo. Escolha temas alinhados com a sua missão pessoal, com as suas vontades para este ano. Liste os seminários de que quer participar e os livros que pretende ler. Os livros gravados em fita, que transformam seu carro numa universidade sobre rodas, estão sendo cada vez mais divulgados. No entanto, uma das muitas maravilhas do mundo impresso é a opção de realçar e revisar a linguagem-chave.

O desafio apresentado por esse tesouro de recursos é desfrutar essa exploração intelectual, rumo a sua missão pessoal, familiar ou de equipe, sem agravar a sobrecarga de informação. Lembre-se de que, por melhores que sejam as suas intenções, a maior parte das pessoas retém e emprega pouco do que leu ou ouviu. Eis algumas idéias capazes de ajudá-lo a absorver a informação valiosa:

+ Procure ser infantil diante das novas idéias. Em vez de pensar: "Já ouvi isso", eu me pergunto: "Eu tentei isso recentemente?"

+ Sublinhe, realce ou anote os pontos a serem implementados.

+ Incorpore-os aos planos de ação pessoal e profissional, à agenda e às listas do que fazer.

+ Ao terminar um livro, um artigo ou um seminário, reveja, no prazo de uma semana, suas anotações ou o que você sublinhou.

Fique à Frente da Curva do Aprendizado

É necessário que nos matriculemos na escola da vida se quisermos, seriamente, prosseguir no caminho de nossa missão. Os obstáculos existem, sem dúvida. As aceleradíssimas mudanças tecnológicas de hoje tornam obsoleta parte do aprendizado de ontem, e é próprio da natureza humana esquecer a sabedoria intemporal e certas coisas básicas da vida. Saiba que isso pode secar o seu tanque. Mas você tem como reabastecê-lo com esses dez princípios do aprendizado com a vida. Na medida do possível, pessoal e profissionalmente, fique de olhos e mente abertos para as lições que aparecem no horizonte. Como a longa e sinuosa estrada, o aprendizado jamais termina.

8

Sem Falhas na Comunicação

"É um problema de comunicação"
— Todo mundo

NADA ATRAPALHA MAIS o curso da nossa missão do que a comunicação deficiente. Os Sete Passos Ativos ficam de ponta-cabeça enquanto duas peças-chave da missão, em particular, vão por água abaixo. Ficamos sacudindo a cabeça sem saber por que, com tantas palavras, há tão pouca comunicação.

O colapso da comunicação é o obstáculo da nossa época, apesar da preponderância das reuniões em todos os corredores e salas, apesar dos telefones em todos os carros e em todos os bolsos — para não mencionar as mensagens eletrônicas, os faxes, as videoconferências e os *pagers*, cujos caminhos digitais invisíveis cruzam o globo como se fosse um enorme novelo. Não obstante, esse emaranhado de prolixas riquezas tecnológicas não nos protege da brincadeira do "telefone-sem-fio", que fazíamos quando crianças, na qual um amigo cochichava uma história ao seu ouvido, você a passava a outro, ele a outro e assim por diante, até que a última criança, triunfante, transmitia a mensagem: inevitável e risivelmente, uma versão distorcida que mal guardava relação com a história inicial. O lamentável é que deformações desse tipo, entre os adultos, raramente têm graça; às vezes são funestas.

Ninguém discute o progresso assombroso das comunicações em velocidade e acessibilidade. Mas pouca gente se dá conta de que uma capacidade humana decisiva — a de escutar, processar e reagir rapidamente ao que escutamos, graças a toda essa parafernália, não tem se desenvolvido na mesma velocidade. Não admira que seja assim. É muito mais fácil aperfeiçoar a dura e objetiva ciência dos

A Capacidade de Comunicação

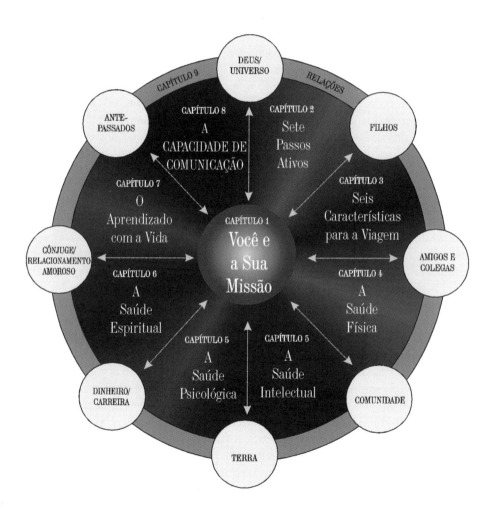

processadores e dos circuitos integrados do que atualizar o brando, subjetivo e complexo cérebro humano. Este capítulo examinará algumas das muitas maneiras de aprimorar o lado humano da comunicação, seja falando, ouvindo ou escrevendo.

Como a comunicação nos vincula ao mundo e a todos que nele se encontram, nossa capacidade (ou a falta dela) determina, de modo geral, a qualidade de nossas relações pessoais e profissionais. Com interesses tão importantes e claros, por que é tão difícil se comunicar?

Barreiras ao Fluxo Livre da Comunicação

Ocorrem-me quatro obstáculos à comunicação. Antes de tudo, como qualquer outro problema, este diz respeito à instrução questionável. A educação formal, na escola, nos ofereceu a esmo lições de comunicação, em geral sem inter-relação. As aulas de oratória podem ter nos ensinado a fazer uma apresentação diante de um grupo, mas quando foi que nos ensinaram a escutar e responder? As aulas de redação nos ensinaram a escrever um ensaio, mas quando foi que nos ensinaram a manter o diálogo digital cotidiano no local de trabalho moderno? É bem verdade que alguns estudantes exploram as lições e desenvolvem a útil capacidade de comunicar-se. Mas a maioria não.

Em segundo lugar, para desestabilizar ainda mais o terreno já movediço da arte da comunicação, as empresas para as quais trabalhamos impedem rotineiramente o fluxo de informação. Com muita freqüência, as diversas camadas da administração promovem o fluxo de comunicação de cima para baixo, unicamente para estancá-lo antes que retorne de baixo para cima. Isso restringe o diálogo e desestimula a cooperação entre essas camadas, assim como entre os departamentos. Mesmo nas empresas que adotam a recente tendência à "administração horizontal", pode haver abertura, porém, sem um fluxo estruturado, a comunicação dispara em todas as direções e, estejam os canais excessivamente abertos ou excessivamente fechados, o resultado mais freqüente é o caos da comunicação.

Terceiro, à medida que o globo encolhe e o escritório se diversifica, a própria linguagem converte-se num problema. Imagine o que se pode perder ou interpretar mal num simples intercâmbio entre duas pessoas de gêneros, faixas etárias e bagagens culturais e socioeconômica diferentes. Podemos começar a ter uma idéia do potencial do caos na informação. Nós ouvimos a linguagem pelo filtro de nossa própria experiência e, muitas vezes, supomos que todos a ouvem do mesmo modo. Nos últimos anos, chamou-se a atenção para os estilos divergentes de comunicação de mulheres e homens. A consciência dessas diferenças é útil e gera comentários bem-humorados: desde que nos abstenhamos de fazer julgamentos. Em vez de nos conduzir a novos mal-entendidos, a inteligência própria de cada gênero pode nos ajudar a formular as palavras de modo a superar a lacuna entre os gêneros. A comunicação sadia nunca é "do meu jeito ou de jeito nenhum". Trata-se mais de encontrar um terreno comum.

Quarto, nossa capacidade de ouvir e falar franca e abertamente é afetada por diversos fatores físicos e emocionais. O resultado? Nem sempre ouvimos ou falamos com a clareza que supomos. Particularmente o *stress* e a tensão inibem a conversação significativa. Como mostrou o dr. Albert Mehrabian em seus importantes estudos sobre os componentes verbais e não verbais da comunicação humana, no que diz respeito às emoções e aos sentimentos, 93% de nossa mensagem são linguagem corporal e tom de voz. Isso significa que menos de 7% da mensagem é transmitida propriamente com palavras. Ora, imagine o que exprimimos com o rosto estressado, os braços firmemente cruzados ou os punhos agressivamente plantados nos quadris. Nem a mais amável das palavras parece sincera quando proferida por um corpo que só falta estalar de tensão.

Sejam quais forem as causas, as conseqüências da comunicação deficiente são claras: em casa, pais e filhos se tornam estranhos; um parceiro deixa escapar os significados do outro; as velhas amizades mergulham na animosidade. No trabalho, as altercações intra e interdepartamentais (principalmente os tão anunciados conflitos internos) prejudicam a produtividade, afastam os clientes e bloqueiam as carreiras.

Quatro Providências Internas para Desenvolver Relações Mutuamente Satisfatórias

A Lua-de-mel e a Manhã Seguinte

A deficiência na comunicação é o motivo do fracasso de uma variedade de relações, sendo as amorosas e as profissionais as mais comuns. Considere que 50% de todos os casamentos acabam em divórcio dentro de sete anos e que a maior parte das empresas enfrenta a flutuação de 50% do pessoal de quatro em quatro anos, muito embora esses relacionamentos tenham começado cheios de promessa. No início, queremos receber e dar e escolhemos parceiros e empregos que esperamos que nos coloquem no caminho da realização. O dar e o receber podem não ser sempre iguais, mas começamos o relacionamento na expectativa de que um ajudará o outro a encontrar um equilíbrio especial. Às vezes — muitas vezes, aliás — simplesmente não dá certo. E quando isso acontece, seja ao terminar uma relação ou ao sair de um emprego, nós nos vemos em face de um dos fatores mais estressantes da vida.

Em vez de cultivar a idéia de seguir em frente depois de fracassarmos na tentativa de tornar realidade os benefícios mútuos, devemos nos perguntar: "Onde foi que eu errei? Minha escolha foi ruim? Será que o amor me cegou? Eu me deixei seduzir pela empresa? Pelo dinheiro?"

Talvez, talvez. Mas em geral o problema não é tanto a nossa capacidade de selecionar uma relação quanto o nosso esforço fracassado de realizar o potencial da relação. O grande problema de um belo começo é que o espera, inevitavelmente, a provação da manutenção do dia-a-dia do relacionamento. Isso exige muita comunicação franca e convincente.

Como Superar as Dificuldades da Relação "C" Maiúsculo

Quando a relação dá de cara com a parede, muitas vezes nós tememos dizer o que pensamos. (Ou, caindo no extremo oposto, desfiamos uma verdadeira ladainha de coisas que não queríamos dizer.) Mas o que há de temível em falar? Contornar os suspeitos de sempre: a rejeição, o julgamento, a raiva.

Na infância, muitos de nós vivemos cercados de pessoas que não eram precisamente abertas para os nossos jovens pontos de vista. Para alguns, é fácil reviver a cacofonia dessas lembranças: "Quem paga o aluguel sou eu, portanto, enquanto você estiver morando aqui, é do meu jeito!" "Eu sou sua mãe, faço o que quiser!" "*Neste* time, você obedece as *minhas* ordens." "Na minha aula, vocês vão fazer o que eu mandar!"

A mensagem era clara, assim como as lágrimas vertidas ou contidas que ela provocava: sua opinião não vale nada e, se expressá-la, você vai se dar mal. É um território ameaçador para uma criança. As pessoas criadas com essa mensagem geralmente concluem: "É perigoso dizer o que eu penso. Melhor ficar quieto. Não posso confiar nos outros". Silenciosamente sepultadas na psique, essas idéias nos influenciam inconscientemente ao longo da vida. Mesmo quando as pessoas que cresceram com essa mensagem querem falar, uma voz interior lhes diz: "Cale a boca".

Tente recordar algumas de suas relações: professores, treinadores, chefes, namorados, amigos. Eles lhe davam liberdade de exprimir-se? Se não davam, acaso não era por isso que um não entendia as necessidades do outro? Afinal, é pouco provável que um dos dois conseguisse ler os pensamentos do outro. De modo que você ficou com mal-entendidos não-resolvidos e eles foram se empilhando como lixo, por vezes durante anos, até que o acúmulo acabasse contaminando o relacionamento. E aí as coisas ficam feias: "Fique com o emprego e dane-se!" "Não quero mais saber deste casamento!"

Infelizmente, nem sempre nós sabemos do que precisamos. Apenas sentimos dor e esperamos que venham nos socorrer. Quantas de nossas relações passadas podiam ter sido mais compensadoras se fôssemos mais abertos e sinceros? "Muitas", é a resposta. No meu caso e no de outros, eu vi o começo idílico, os problemas no meio e o triste fim seguido daqueles dias atordoados em que a gente sacode a dor e parte para outra. Um novo empregador. Um novo namorado. Uma nova esposa. Ah, aonde quer que você vá, lá está você.

Para sair desse caminho e entrar no da comunicação sadia, eu recorro a quatro passos que servem tanto para as relações pessoais quanto para as profissionais. Ajudam-me a assumir grande parte da responsabilidade pelo processo de comunicação e a criar relações gratificantes e mutuamente benéficas.

Passo 1 do "C" Maiúsculo. Saber o Que Esperam de Mim

Você sabe o que seu patrão ou seu parceiro esperam de você? E seus filhos? Mesmo acreditando que sabe, vale a pena o esforço de apurar se todos estão na mesma sintonia. Às vezes essas expectativas, quando são plenamente verbalizadas, pintam um quadro diferente do que imaginamos. Em outras ocasiões, até conhecemos as expectativas do outro, mas nem isso elimina o potencial de conflito. Mesmo que você tenha objetivos coincidentes com os de seu parceiro, as prioridades e o peso relativo que cada um dá a eles podem diferir e opor-se. É quando se faz necessário ter em mente que suas ligações com os demais são simbióticas; as linhas de suas vidas estão unidas. Cada um dá à relação e recebe algo de volta. Para realizar a sua parte nessa simbiose, é indispensável negociar uma troca definindo o que cada um quer e precisa.

Nem sempre estamos em contato com nossas esperanças e expectativas, pois muitas vezes nos acostumamos a adaptar-nos às dos outros, deixando as nossas de lado. Pode ser preciso um pouco de tempo, esforço, estímulo e permissão para que os que o rodeiam entrem em contato com suas próprias esperanças e se sintam à vontade para expressá-las.

Numa relação de negócios, geralmente é responsabilidade do administrador fazer que os empregados saibam o que se espera deles, todavia muitos não o fazem. Nesse caso, você não precisa abdicar de sua responsabilidade de entender como tornar as coisas mais fáceis. Você, seu chefe, sua empresa e os clientes podem todos se beneficiar da clareza, pouco importa quem a iniciou. Veja a coisa assim: se entrar num quarto escuro e ninguém tiver a bondade de acender a luz, você ficará esperando até que alguém o faça ou tratará de achar o interruptor? A não ser que seja capaz de adivinhar com clareza cristalina as expectativas de seu chefe, acenda a luz. Você provavelmente aprendeu muito na entrevista inicial e durante o curso normal de seu dia, mas, assim como a vida, os empregos podem ser imprevisíveis. Acompanhe de perto a empresa em que está. Você sabe quais são as suas prioridades e, por exemplo, o desempenho que é esperado de você?

Alguns administradores evitam ser diretos e procuram generalizar, seja porque estão pressionados pelo tempo, seja porque lhes falta a capacidade de ser diretos. Não aceite isso. Não é a orientação que você procura e é o tipo da coisa que voltará a atormentá-lo quando seu próprio chefe passar a ver com clareza (provavelmente forçado pelo superior). Sem acionar o interruptor, você vai sofrer a falta de compreensão em coisas que lhe eram "seguramente óbvias". Se o seu chefe disser: "Simplesmente faça o melhor que puder", contraponha algo como: "Eu sempre faço. Mas, para fazer melhor ainda, quais são, na sua opinião, as seis coisas com as quais eu poderia contribuir, no departamento, nos próximos seis meses? E, a propósito, como você avaliará o meu sucesso?"

A maior parte do que se aplica à relação profissional aplica-se à pessoal — com exceção do tom, é claro. Pense em algo como: "Meu bem, eu queria que você me ajudasse a ter clareza sobre o que você precisa e quer do nosso relacionamento. Assim posso fazer a minha parte o melhor possível". As expectativas são muito diferentes numa relação pessoal. Mas, tanto nesta quanto na profissional, é importante tomar nota do que esperam de você. Parece estruturado demais? Olhe para o lado positivo. Isso elimina das expectativas as conjecturas que podem perturbar se estivermos equivocados e cria um ponto de referência a partir do qual rever e reavaliar nossos passos quando necessário.

Passo 2 do "C" Maiúsculo. Compartilhe as Esperanças, os Sonhos, as Expectativas

Depois de procurar entender as expectativas dos outros, é hora de completar a troca manifestando as suas. Com excessiva freqüência, os chefes fazem suposições sobre os desejos e necessidades dos empregados e, com excessiva freqüência, estes supõem que aqueles podem intuir, sozinhos, o que eles querem e precisam. O mesmo perigo existe na frente pessoal.

Ponha isso na mesa na mesma reunião em que indagar sobre as expectativas de seu chefe para com você. Com elas na mão, prossiga mais ou menos assim: "Ótimo. Eu vou me esforçar ao máximo para fazer essas coisas pela equipe. A propósito, vocês estão abertos para ouvir minhas esperanças e expectativas?"

Esse mesmo tipo de acompanhamento é importante no relacionamento amoroso. Você pode dizer, por exemplo: "Eu vou fazer o possível para lhe dar o que você quer e precisa e gostaria de saber o que você espera do nosso futuro. Está aberto para me ouvir?" Quem há de dizer não? Se por acaso seu parceiro se recusar, pergunte por quê. Se ele insistir em se recusar a tocar no problema, talvez valha a pena recorrer à ajuda objetiva de um terceiro, talvez um conselheiro ou terapeuta. Se continuar não havendo progresso em conseguir que escutem suas esperanças e seus sonhos, verifique se esse relacionamento tem futuro.

Se a divisão for feita com ternura, com o coração e o espírito presentes, você alcançará um entendimento da energia que cada parte está disposta a dedicar ao intercâmbio do dar e receber. Se, por outro lado, a discussão for prescrita, mecânica e metódica (principalmente a pessoal), seu poder será menor. Mesmo que seja incômodo, tente. Não se preocupe em fazê-lo impecavelmente. Mesmo uma discussão desajeitada é melhor do que nenhuma. Pense um instante em seu relacionamento mais importante. Você tem um pacto sincero sobre as contribuições e benefícios que ambos estão dando e recebendo? Se tiver, está um passo mais próximo de viver uma união mutuamente satisfatória.

Passo 3 do "C" Maiúsculo. Não Esqueça de Perguntar Como Você Está se Saindo

O pacto está consumado. Agora peça um retorno regularmente. "Como eu estou me saindo?" Seja lidando com o parceiro, com uma filha ou com o chefe, muitas vezes a expectativa é de que eles nos dêem um retorno — positivo ou negativo — sem que seja preciso pedir. Mas isso nem sempre é tão simples. Pergunte-lhes conscientemente: "Como estou me saindo?" É a maneira mais confiável de obter esse retorno.

Muitos administradores acham difícil avaliar genuinamente os empregados, a não ser no território seguro das apreciações de desempenho oficiais. Expressar o retorno direta e delicadamente não é um passeio no parque. Faltando habilidade, para eles geralmente é mais fácil abrir mão do retorno do que dar um salto que pode redundar num tombo.

| COMO VENCER no JOGO da VIDA | 233

Um exemplo perfeito: durante uma avaliação, seu chefe traz à baila um incidente ocorrido meses antes. No mesmo espírito, digamos que seu parceiro evoca uma coisa irritante que você fez semanas atrás. Pode ser que eles se sintam mais seguros falando a distância, porém é muito mais difícil corrigir o curso depois que a questão esfriou. A vitalidade dos retornos é proporcional a sua proximidade da ação avaliada.

Na Tires Plus, o esforço de superar os obstáculos do retorno começa pelos títulos das funções. Todo mundo, em nossa equipe administrativa, é formalmente "treinador" de um departamento, de uma área ou de uma loja. "Chefe" evoca a imagem do controle, da crítica e da manipulação, ao passo que "treinador" sugere entusiasmo, instrução e estímulo. E assim como os treinadores dão retorno aos jogadores durante o jogo, devemos receber retorno no momento em que nossa janela do aprendizado está mais escancarada.

De modo que, se um chefe ou um esposo não dá retorno suficiente, por que não pedi-lo com mais freqüência? Nem todos são capazes de dar retorno espontaneamente. Aqueles que têm um histórico de solilóquio negativo — "Eu não sou bom como devia", "Nunca vou conseguir isso", "Não podemos confiar em ninguém" — podem receber facilmente o retorno construtivo como um reforço destrutivo dessas mensagens. Quem recebe como um dano algo destinado a ajudar tende a se armar contra isso.

Até 1989, eu me considerava genuinamente aberto para as sugestões construtivas. Pelo menos dizia a todo mundo que era, mesmo tendo descoberto que meu tom e minha linguagem corporal diziam exatamente o contrário. Enquanto escutava com o ouvido, meu rosto ficava tenso e contraído, minha voz assumia um tom freqüentemente defensivo. Isso me debilitava a capacidade de absorver o que as pessoas diziam e enviava-lhes uma mensagem clara: eu não estou gostando de ouvir isso. Enquanto não aprendi a alinhar minhas mensagens verbais às não-verbais, eu contradizia meu próprio pedido às pessoas para que fossem sinceras comigo.

Alguns chefes ou amantes contornarão a pergunta "Como estou me saindo?" com um superficial "Muito bem" ou "Acho que vai indo". Esteja preparado para dar continuidade. Experimente dizer: "Que bom. A propósito, quais são as três coisas de que você mais gosta no que estou fazendo?" E continue com: "Quais são as três coisas em que eu podia melhorar?" A maioria das pessoas confessará se você primeiro perguntar, direta e especificamente, sobre coisas positivas e, em seguida, sobre áreas nas quais pode haver melhora. Uma mistura bem balanceada de pontos positivos e retificações infunde senso de justiça no exercício. Em vez de parecer uma crítica, ele se transforma numa avaliação objetiva cuja meta óbvia é o aprimoramento.

Naturalmente, algumas pessoas são capazes de fazer rodeios durante muito tempo. "Oh, eu não sei", dirão. "Desculpe, não me ocorre nada agora". A distância, no entanto, são capazes de desfiar uma ladainha de queixas. Se nós tivermos medo de insistir e elas tiverem medo de responder, acabamos num beco sem saída — e nosso crescimento simplesmente fica estagnado.

Examine-se. Não está recebendo retorno freqüente e equilibrado? Cultive o hábito de perguntar: "Como estou me saindo?" Faça-o com sinceridade, abra sua linguagem corporal, esteja genuinamente disposto a ouvir a resposta que for. Aqui, a ignorância não é uma bênção. O caminho das relações pedregosas está pavimentado com a negação dos pactos de relacionamento implícitos ou explícitos e de como os estamos vivendo. É bem possível que remover as pedras com a comunicação aprimorada exija coragem e disciplina hoje, mas é melhor do que a dor do relacionamento fracassado amanhã.

Passo 4 do "C" Maiúsculo. Diga Delicadamente Como os Outros Estão se Saindo

Receber o retorno pode ser difícil. Porém dá-lo aos outros geralmente é ainda mais. Entretanto, difícil ou fácil, ele é necessário. Quando alguém — sua namorada, seu chefe, um primo — faz algo irritante, repare na sua reação. Você lhes diz como estão se saindo? A maioria das pessoas comporta-se de uma de quatro maneiras. Só uma delas apóia as relações mutuamente realizadoras. As outras três só servem para aprofundar as diferenças.

A primeira maneira é a crítica sem compaixão: os gritos, os comentários sarcásticos, o desrespeito. Isso intensifica a guerra, estabelecendo uma série de ataques e contra-ataques que encobrem totalmente o comportamento em discussão. O objetivo principal passa a ser proteger a personalidade, não mudar o comportamento. A segunda maneira despreza inteiramente a comunicação (é o desdém). Pode parecer o caminho nobre, porém o silêncio é destrutivo. O terceiro modo consiste em dar um retorno ambíguo, nebuloso, que não conta sinceramente o que você sente e é vago demais ensinar alguma coisa.

Todos eles deixam a pessoa no escuro quanto ao que você realmente pensa (por mais que lhe pareça óbvio). Decerto elas podem ter uma idéia, mas não conseguem adivinhar todo o "como" e o "porquê" de seus sentimentos. Deixar os problemas deteriorarem rouba a energia e embaça o foco. A raiva que isso gera é capaz de irromper inesperadamente em várias arenas. Mais importante: prejudica a pessoa com a qual você tem problemas. Sem saber o que está errado, ela não tem possibilidade de corrigi-lo.

A resposta construtiva, a quarta, é a abordagem delicadamente sincera. Trata-se de comunicar o que você precisa dos outros. É bem mais fácil dizer do que fazer, não? Antes que eu lhe ofereça uma técnica de apresentar um retorno diplomático, reflita sobre algumas questões e sobre o que você quer dizer à outra pessoa:

+ Por que quer dizê-lo?

+ Isso vai ajudá-la a melhorar — mesmo que lhe seja difícil ouvir ou que, para você, seja difícil dizê-lo?

+ Você está tentando esclarecer ou informar adequadamente o problema?

Agora passe para o estágio seguinte: pergunte a si mesmo como se sente com relação à pessoa em questão.

| COMO VENCER no JOGO da VIDA |

+ Você quer falar porque se interessa por ela?

+ Acaso seu desejo de dizer tudo é, na verdade, uma queda-de-braço?

+ Você está julgando a pessoa?

Seja cauteloso com seus motivos e esforce-se para pensar no processo e no quadro maior, não nas personalidades envolvidas. Mesmo quando se está dando retorno a alguém, é tão importante lembrar o que ele faz corretamente quanto mostrar-lhe em que pode melhorar. Como tomamos as pessoas por líquidas e certas, principalmente as que convivem conosco no dia-a-dia, é fácil esquecer o valor de sua sensibilidade.

Na questão de dar retorno aos demais, aos 22 anos, quando eu trabalhava no departamento pessoal (hoje chamado relações públicas) da sede regional do Meio-Oeste da Shell Oil Company, em Chicago, aprendi em primeira mão o quanto é importante um toque de delicadeza para serenar águas revoltas. Uma de minhas tarefas era cuidar para que os diversos chefes de departamento dessem aumentos de salário conforme a política da empresa. Eu tinha a função de avaliar os aumentos propostos e mostrar aos chefes de departamento o que estava de acordo e o que estava em conflito com as diretrizes. Passei uma semana horrível de confronto com eles, no fim da qual meu superior, Neal Pettit, foi bombardeado com queixas contra mim. Mas ele era um sujeito paciente. Pediu-me que presenciasse sua conversa com alguns desses chefes. O que vi foi um espetáculo de diplomacia: a própria arte de mergulhar em águas revoltas sem espirrar uma gota.

Depois de alguns minutos de conversa informal, Neal perguntou serenamente qual era a lógica dos aumentos propostos. De modo geral, elogiou o raciocínio e, em seguida manifestou suas dúvidas sobre alguns casos. Todos enveredaram pelo caminho da colaboração, não em rota de colisão. Juntos, analisaram as opções e encontraram soluções. As primeiras lições de "diplomacia doméstica" daquele garoto do sul de Indiana ensinaram-lhe a nadar nas águas agitadas da grande cidade.

Os princípios básicos das lições aprendidas naquele dia evoluíram, com os anos, para a Técnica do Sanduíche, um método eficaz de dar retorno de modo a eliminar a atitude defensiva e chegar a soluções em que todos ganham.

A Técnica do Sanduíche

A Técnica do Sanduíche espreme os problemas críticos entre duas avaliações positivas. A linguagem é gentil e aborda a questão com palavras que refletem *seus* sentimentos e percepções, não que avaliam ou julgam as atitudes ou comportamentos *do outro*. Isso dilui a atitude defensiva porque, embora seja fácil discordar da avaliação que uma pessoa tem de seus atos, é difícil discutir-lhe os sentimentos.

Pode ser que você pergunte: "Por que tanta gentileza (coisa que em meu estado natal chamamos de Cortesia de Minnesota)?" Quase todos nós temos o ego frágil, queiramos admiti-lo ou não. Se você atacar, os outros vão se defender. Se se aproximar deles com a mão estendida, eles estenderão a sua amigavelmente. Eu,

236 | Tom Gegax |

por exemplo, fico mais aberto à crítica quando sinto que estão falando comigo com amizade e não com o desejo de me arrasar.

Nós costumamos receber como um estigma a notícia de que fizemos uma coisa errada. O retorno não é a notificação oficial de que nós, puxa vida, somos mesmo ruins, uns fracassados. Mas basta dar o retorno sem cuidado para transmitir essa impressão. E o resultado é uma muralha de defesa, quando não a recusa pura e simples de ouvir.

A Técnica do Sanduíche funciona em qualquer esfera, na pessoal e na profissional. A linguagem exata dos exemplos abaixo é menos importante que o sentimento por trás deles.

1. **Comece dizendo uma coisa positiva — e verdadeira —** sobre a pessoa com quem está falando. Olhe-a nos olhos. Sorria. Procure o que há de bom. Sempre existe alguma coisa boa.

2. **Entre no assunto:**

   a. Pergunte se ela está aberta para ouvir uma coisa que o preocupa.

   b. Explique-a com cuidado, enfocando mais o que você sente e percebe e menos o que ela anda fazendo. Se possível, mencione sua percepção do efeito que esses atos têm sobre você.

   c. Jogue a peteca para ela: "Diga-me o que você acha". "Qual é a sua opinião?"

   d. Quando ela responder, observe se está sendo específica. Se mantiver a discussão no genérico ou fizer rodeios, peça detalhes ou combine com ela continuar a conversa em outra ocasião. Geralmente a questão pode ser resolvida de imediato, mas, do contrário, tente compreender seus pensamentos iniciais: "Eu conto com o seu apoio?"

3. **Termine com um comentário positivo:**

   a. Agradeça pela atenção: "É bom ter um gerente (ou um parceiro, colega, amigo) com quem se pode conversar sobre problemas como este".

   b. "Eu gosto muito de trabalhar com você." "Tenha um bom dia." Ou: "Eu aprecio muito a relação que nós temos".

Um exemplo: digamos que surge um problema com sua gerente Cláudia. A questão é que você se sente o único que trabalha até mais tarde e nos fins de semana. Eis como você pode "ensanduichá-la":

PRIMEIRO, O POSITIVO ✦

Você: "Como vai, Cláudia?"
Cláudia: "Cheia de coisas para fazer".
"Bom, a boa notícia é que os negócios vão indo bem."

| COMO VENCER no JOGO da VIDA | 237

"É, todo mundo aqui anda ocupado."

"Eu gosto quando tenho muito o que fazer e gosto de trabalhar com você."

"Obrigado."

EM SEGUIDA, O PROBLEMA ✦

Você: "Cláudia, uma coisa está me preocupando. Você está aberta para ouvir?" (Peça licença.)

Cláudia: "Claro que estou".

Você: "Eu tenho a impressão de que, atualmente, estou trabalhando mais que os outros, até mesmo nos fins de semana. Não me leve a mal, eu estou numa equipe e quero contribuir. Mas o trabalho extra me faz perder o jogo de vôlei de minha filha e prejudica um pouco o meu casamento. Você tem alguma idéia do que eu possa fazer para resolver isso?" (Jogue a peteca para ela.)

Cláudia: "Já que falou nisso, você tem feito muitas horas extras. Bem mais do que a sua obrigação. Vou ver o que se pode fazer, depois a gente conversa".

Você: "Que bom, Cláudia. Obrigado por me compreender. Quando você acha que podemos voltar a conversar sobre isso?"

Cláudia: "Vou tentar resolver o problema até hoje à tarde".

FIM, O POSITIVO ✦

Você: "Ótimo, Cláudia. Eu agradeço muito o seu apoio. É muito bom ter uma gerente com a qual se pode conversar sobre esse tipo de coisa. Obrigado por me escutar. Tenha um bom dia".

Depende de Você

Não se engane, todo mundo tem dificuldade para resolver as diferenças, principalmente numa época em que são tão dolorosamente altas as taxas de flutuação no trabalho e de divórcio. Esses quatro passos na comunicação funcionam porque colocam a responsabilidade onde ela deve estar, bem plantada nos ombros. Quando se omite um dos quatro passos, nossas intenções e ações correm o risco de escapar ao controle, afastando-se rapidamente de uma solução em que todos ganhem. Pense em seu relacionamento amoroso, em suas relações profissionais. Você costuma dar os quatro passos? Deixa de lado algum deles? Poderia melhorar os outros?

Assumir a responsabilidade pela boa comunicação produz um efeito fortalecedor. Afasta a idéia de que uns poucos escolhidos têm a chave das relações gratificantes e admite que as portas não estão trancadas, basta abri-las. Se não soubermos claramente o que esperam de nós, é preciso perguntar. Se nosso chefe não pergunta sobre nossas esperanças e expectativas, está na hora de informá-lo. Quando alguém não nos diz como estamos nos saindo, temos de perguntar. Se nos sentimos tratados com negligência por outra pessoa ou notamos que nosso relacionamento não anda bem, devemos dizê-lo, com cuidado, com delicadeza, mas diretamente. Recuse-se a pensar que o outro é responsável.

O resultado é uma vida de relações mais gratificantes, com mais serenidade e maior longevidade. Não impede que as relações terminem, mas, se isso acontecer, o motivo principal não terá sido a falta de comunicação. É melhor para você analisar o significado do relacionamento e os benefícios mútuos que ele gera, independentemente de sua duração.

Oito Expressões Mágicas

Pare um momento e pense uma vez mais em oito expressões que se mostram poderosíssimas quando se trata de comunicar-se com os demais. Independentemente do idioma ou do país, a maioria das pessoas aprende-as ainda na infância, e seu valor é intemporal. É mágico ouvi-las; pronunciá-las produz efeitos mágicos.

Mas lembre-se: certas pessoas usam essas palavras por força do hábito, sem sinceridade. Não entre nessa turma. Desacompanhadas de paixão até mesmo essas expressões tão poderosas ficam impotentes. Qualquer ouvido conhece a diferença.

Por Favor

As crianças sabem que "por favor" é a expressão mágica número um. Quando a Disney convenceu Michael Ovitz a sair da agência que havia fundado, ele concordou dizendo que foi porque "pediram por favor". Essas palavrinhas simples dizem que nós apreciamos e precisamos da cooperação da outra pessoa.

Seja o pedido insignificante ou grande, "por favor" sempre se aplica. Em vez de gritar ordens — "Faça tal coisa!" —, vale a pena pedir: "Você poderia fazer?" Porém nem mesmo isso é tão eficaz quanto o delicado "Você faria *o favor* de...?" Ao pedir um obséquio, seja a um superior, seja a um subordinado, o "por favor" sinaliza um respeito básico. Eu sorrio quando ouço meus treinadores de estoque pedirem ao técnico de pneus: "Você faria o favor de concluir o inventário até as 9 horas?" A mera adição dessas palavras cultiva a colaboração e, o que é mais importante, a honra.

Obrigado

Você segura a porta para alguém passar. Fica até tarde no trabalho. Encarrega-se de alguns afazeres em casa. Seja o que for, ouvir um "obrigado" faz com que a gente se sinta melhor. Quando a gratidão não se expressa, aquilo que você fez parece não ter nenhum valor. Uma vez mais: o tom de voz e a linguagem corporal são importantes. Um agradecimento breve, brusco, está a quilômetros de distância de um sincero obrigado.

Agradeça toda vez que uma pessoa o ajudar mesmo da maneira mais insignificante. "Agradeça" ao motorista de ônibus quando você descer. "Agradeça" ao policial de trânsito, que cria ordem no caos. "Agradeça" ao garçom que lhe serve um copo de água. É claro que todos eles recebem um contracheque no fim do mês, porém a qualidade do serviço que prestam ajuda você e os outros diariamente. Essa palavrinha estimulante é o contracheque imaterial do reconhecimento humano. É o que eu vejo nos olhos de qualquer um a quem digo sinceramente "obrigado". Vale muito mais do que o esforço de pronunciar essas quatro sílabas.

De Nada

Excesso de bagagem? De jeito nenhum. Omitir essa expressão diminui o agradecimento. "De nada" diz que você ouviu e aceitou a gratidão do outro. Protestar "Ora, não precisa agradecer" pode parecer humilde, mas, de certo modo, diminui o valor que a outra pessoa dá ao que você fez. Em outras palavras, dizer "de nada" ou "não há de quê" é um modo de aceitar o reconhecimento de seu valor próprio.

É para Já!

Em minha terra natal, Mineápolis, não se pode pedir nada a ninguém sem que a alegre resposta seja "É para já!" Mesmo sendo uma expressão regional, o entusiasmo aí expresso é delicioso em comparação com resposta nenhuma. Quando lhe pedem alguma coisa, o mero "pois não" pode ser ambivalente. Além de "é para já", você pode afirmar que está a disposição com substitutos como "com prazer", "não tem problema" ou "claro que sim!" A falta de resposta deixa a gente sem saber se foi ouvido, ao passo que uma resposta ativa impregna qualquer relação de um sentido de cooperação que torna o dia um pouco mais fácil para todos.

Exatamente!

Quando alguém diz uma coisa completamente alinhada com o seu pensamento, "Exatamente!" é extremamente afirmador. O silêncio, um balançar da cabeça ou um "hã-hã" pode ser malcompreendido, porém um entusiástico "Exatamente!" manifesta a sua concordância sem deixar lugar para dúvidas.

Desculpe

Essa expressão é essencial. Fazer rodeios em torno de aceitação direta da responsabilidade só serve para prolongar a expiação da parte culpada. Um pedido de desculpas sem essa palavra-chave dificilmente será plenamente aceito. Nem contribui para amortecer o impacto emocional sobre quem diz e sobre quem escuta. Um sincero "desculpe" já ajudou a curar muitas feridas em minha vida.

Eu te Amo

Existe frase mais doce? Declaradas com franqueza, essas três palavras são capazes de modificar o mundo. Mas empregue-as com parcimônia. Assim como você preza a pessoa que ama, preze a expressão desse amor. E, como todas as coisas boas, desfrute-a e expresse-a quando for adequado. Se é o que você sente, não deixe de manifestá-lo.

Os Nomes

A maioria das pessoas considera o próprio nome a palavra mais deliciosa da língua. Usar-lhes o nome, quando for apropriado, aprofunda seu vínculo com elas. Muitas culturas reconhecem esse poder identificando o nome da pessoa com sua essência. Trate esse poder com cuidado.

Por exemplo, "Desculpe, Eduardo" é um pedido mais eficaz que um mero "Desculpe". "Obrigado, dona Marta" soa mais sincero que apenas "Obrigado". No trabalho, é melhor dar às pessoas o tratamento de "senhor" ou "senhora" até que a relação permita chamá-las de "você". Lembrar o nome de alguém pode ser um problema e tanto, sobretudo nos encontros iniciais. Se for assim para você, não faltam livros que ajudam a melhorar a memória.

Por Que as Oito Expressões são Mágicas?

Eu comecei a sentir o valor dessas expressões logo que saí da faculdade, em meu primeiro emprego na Shell. Em poucos meses, passei para o setor de vendas, coisa que me tornava inteiramente dependente do apoio da empresa. Não tardei a perceber que honrar a equipe da sede central com o vocabulário do respeito e da cortesia estimulava-a a dar um pouco mais de si nas ocasiões em que me era necessário. Não o faça só por esse motivo. Ao contrário, lembre-se de que a razão mais importante para respeitar sua equipe de apoio é que ela merece.

Essas palavras aprimorarão sua capacidade de comunicação e, enfim, reforçarão suas relações pessoais e profissionais. Elas o associarão a modos que respeitam os demais. Eu tive sorte. Minha mãe me ensinou sutilmente empregando essas palavras mágicas em bilhetes, nas relações com os outros e nas delicadas sugestões que me fazia quando eu era menino. Se essas palavras já estiverem fixadas em seu vocabulário, parabéns. Se não, eis uma boa oportunidade de começar.

Estenda a Mão e Toque Alguém

Uma excelente maneira de empregar algumas das Oito Expressões Mágicas é aproveitar as ocasiões — alegres ou tristes — nas quais o reconhecimento e o apoio podem fazer a diferença. Procure os momentos espontâneos, iluminados, para reconhecer os colegas, os conhecidos, os amigos e os parentes. A lista de ocasiões é mais comprida que um corredor do Hallmark: aniversários, Dia dos Pais, Dia das Mães, formaturas, casamentos, promoções no emprego, realizações especiais, falecimentos, enfermidades, agradecimento de favores.

Uma mensagem sincera é água capaz de lavar um dia ruim. Eleva-me o espírito em qualquer ocasião. Esses comunicados apaixonados — os bilhetes, os *e-mails* e os *voice-mails* — reforçam os vínculos com os outros e trazem à memória, tanto nossa quanto deles, as qualidades únicas que eles imprimem no mundo.

Não custa quase nada. Eu conservo comigo papel e cartões para as mais diversas oportunidades para não deixar passar o momento de inspiração. E sempre há um telefone por perto. Construímos um vínculo forte quando comunicamos aos outros que estamos com eles tanto nas ocasiões felizes quanto nas tristes.

Assinale no calendário eventos especiais como os aniversários. Fazer as coisas na hora certa já é metade da surpresa, se bem que mais vale tarde do que nunca.

Ouça

Ouvir efetivamente é um componente básico da razão falar-escutar discutida anteriormente. Este mundo em alto volume, saturado de mensagens, nos faz esquecer de reservar tempo para ouvir e muito menos para aprender a escutar. Vigora a impressão equivocada de que, como todos temos ouvidos, todos escutamos. Mas, se ouvir é involuntário, escutar é coisa que se aprende. Até os 30 anos de idade, minha capacidade de escutar era como a de um duelista; eu falava mais do que escutava e, tanto quanto posso dizer, quem conseguia se fazer entender primeiro acabava ganhando. Na verdade, um ouvido finamente sintonizado faz exatamente o contrário. Por volta dessa época, no começo dos anos 80, participei de um seminário sobre "ouvir ativamente" ministrado pelo conhecido consultor e autor C. J. Hegarty. Nunca mais voltei a escutar ou falar da mesma maneira. Os elementos básicos são:

+ **Procure entender antes de procurar ser entendido.** É simples, mas eu fazia justamente o contrário e, com muita freqüência, sentia uma pontada de remorso por avaliar uma opinião sem ter ouvido a história até o fim.

+ **Reflita a pessoa com a qual está conversando.** As pessoas gostam de quem se parece com elas. Se alguém fala devagar e você se põe a despejar palavras na velocidade do som, é pouco provável que escutem muita coisa. O mesmo vale para o nível de decibéis. A comunicação fica limitada se você se manifesta aos berros e o outro fala baixo.

+ **Avalie com a mente aberta o que ouvir.** Sua mente está aberta para opiniões e idéias diferentes das suas? Ou suas convicções são tão fortes que você só escuta para descobrir as brechas na argumentação do outro e, depois, atacar? Lembre-se do provérbio dos índios norte-americanos: "Escute, senão sua língua o ensurdecerá".

É um erro manter uma discussão se você não estiver escutando. Aliás, nem vale a pena discutir se não estiver aberto para o que escuta. E isso não é coisa fácil de esconder. Nunca viu uma pessoa escutando *contra* você? Fica estampado no rosto: contraído, tenso, vazio. O que diz o seu rosto? Por acaso ele exibe um cartaz de "Fechado para Balanço"? Você fica com os braços cruzados no peito ou relaxados ao longo do corpo? Afunda na cadeira ou se volta para o interlocutor?

Magoa quando o interlocutor não escuta. Inversamente, experimentamos uma sensação agradável, afirmativa, ao perceber que estamos sendo ouvidos. Escutar, ou seja, acompanhar passo a passo o que está sendo dito, comunica ao que fala não só que há valor no que ele diz como também que ele mesmo tem valor.

✦ **Leia a parte não dita da mensagem.** Lembre-se, as palavras são apenas uma pequena parte da mensagem e refletem meramente o seu valor intelectual. Para sondar o estado psicológico e emocional de quem fala, observe-lhe as sobrancelhas, preste atenção no que ele faz com as mãos, se está sentado com o corpo aprumado a sua frente. Quando visito as lojas da Tires Plus, costumo perguntar aos fregueses que estão esperando seu carro como foram tratados. Em geral eles respondem "Tudo bem", muito embora às vezes a preocupação em seus olhos e sua postura contrariada digam o contrário. Isso me leva a insistir. "Bem mesmo? Que estão fazendo com seu carro agora?" "Bom", respondem, "ele já devia estar pronto." Nesse momento, eu tenho informação suficiente para tomar uma providência.

✦ **Repita o que escutou.** Sem arremedar o interlocutor, dê-lhe sua interpretação da mensagem. Agora sim, ele sabe que você o escutou e ambos têm oportunidade de esclarecer um eventual mal-entendido. Você saberá que os dois estão em sintonia quando ele responder: "Exatamente. Você me entendeu".

O escutar ativo, quando empregado autenticamente, desfaz a resistência às novas idéias. Exige atenção e cuidado, mas rende uma boa safra de confiança e compreensão. E você acaba se beneficiando com muita cooperação. Mas não use isso para enganar os outros. Use-o somente porque você quer escutar e reagir de um modo que respeite a ambos.

Fale

Todas as palavras certas e toda a capacidade de comunicação do mundo significam pouco se você não estiver disposto a usá-las. Antes de poder se comunicar melhor, é preciso acreditar que aquilo que você vai dizer merece ser dito. Quantas vezes você fala no que o está incomodando? Seja como consumidor insatisfeito, seja como colega frustrado ou um amigo que quer mais da amizade, aprenda a ver e medir o tempo para exprimir seu pensamento.

| COMO VENCER no JOGO da VIDA | *243*

Lembro-me de um exemplo, há alguns anos, em que a paixão foi além da conta. Nervoso com uma operação para extrair uma pinta cancerosa da barriga, um procedimento relativamente simples, eu resolvi me acalmar respirando compassadamente. Quando o dr. Jansen (o nome é fictício) injetou a anestesia local e iniciou a operação, concentrei a atenção em minha respiração.

— O que você está fazendo? — ele perguntou irritado.

Expliquei-lhe que se tratava de uma técnica de respiração que reduzia o *stress*.

— Como assim?

Quando respondi que respirar fundo diminuía o *stress*, ele disparou:

— É a coisa mais idiota que já me disseram.

Eu perdi a serenidade.

— Essa pode ser a *sua percepção*, doutor, não um fato!

E o bate-boca continuou enquanto o médico cortava e costurava a minha barriga.

Depois, diante do olhar assombrado da enfermeira, ele disse:

— Nunca um paciente falou comigo dessa maneira quando eu o estava operando.

É bem verdade que, dada a minha situação vulnerável, aquela certamente não era a melhor ocasião para discutir um ponto de vista. No entanto, sendo atacado em uma coisa que eu sabia que era útil, senti que ceder à intimidação criaria mais perturbação e *stress* dentro de mim. Nem preciso dizer que o mais sensato teria sido continuar com minha técnica de respiração e deixar para discutir com o médico, delicadamente, depois.

Mas, afinal, acho que marquei um ponto para os dois times. Ao terminar, o dr. Jansen foi até a porta, hesitou um momento, virou-se e voltou para me apertar a mão. E, semanas depois, quando voltei para retirar os pontos, a recepcionista se mostrou intrigada:

— Esquisito, o doutor vai tirar os pontos pessoalmente. Ele nunca faz isso.

Dessa vez, nosso encontro foi maravilhoso. O médico me disse inesperadamente:

— Todo mundo comete erros.

— Eu entendo perfeitamente — respondi.

Nós criamos um vínculo porque, afinal de contas, estávamos dispostos a comprometer-nos, ainda que imperfeitamente, com uma coisa até que ficasse resolvida. Falando abertamente, nós dois aprendemos.

Dizer tudo pode significar mostrar os pontos fracos dos outros, coisa que às vezes fazemos inconscientemente. Quando temos uma atitude de amor e chamamos a atenção das pessoas para esse tipo de comportamento, na verdade estamos sendo cuidadosos conosco *e* com elas. Eu estimulo isso em meus companheiros de equipe dizendo-lhes: "Desafiem a autoridade, desafiem a realidade". A autoridade nem sempre tem razão, e a realidade nem sempre é o que parece ser.

Se Você Não Pedir...

Uma pepita de ouro que meu pai costumava me dar, quando eu era menino, era da Bíblia: "Pedi e recebereis". Ao longo do dia, todos nós avançamos com uma pequena ajuda dos amigos, seja em casa, seja no trabalho. Mas pedir exige habilidade. O tato é o lubrificante que autoriza seus amigos a dizerem não sem medo de irritá-lo: um desejo nada insensato. Para honrar esse acordo tácito, peça o que você precisa e, simultaneamente, cultive uma distância sadia do resultado. Pedi, e aceitai a resposta com graça.

Por vezes, o sapato está no outro pé, e nós estamos do lado que recebe o pedido. Do mesmo modo, não se deve abrir mão do direito de aceitar ou negar os pedidos de ajuda. Nossos mecanismos interiores de resposta tendem ao "sim", um crédito a nossos impulsos humanistas e ao poder de empatia. Às vezes, porém, um "sim" é uma escolha enganosa e fácil rapidamente seguida de um amargo e silencioso arrependimento: a raiva de ter assumido um compromisso sem pensar. Dizer não logo de cara pode ser difícil, mas, se você vive às voltas com o ressentimento dos compromissos, retroceda e examine até onde vão suas necessidades e seus limites. Identifique-os, assuma-os e leve-os sempre na manga do paletó.

Alguns foram criados na crença de que é inadequado pedir aquilo de que precisam. Isso pode ferir a auto-estima, coisa que por sua vez impede a pessoa de identificar aquilo de que precisa para a sua missão. É um paradoxo. É como se fôssemos a um posto de gasolina só para negar que precisamos encher o tanque vazio. Afinal, ninguém pode prosseguir no caminho de sua missão a não ser que encha o tanque com regularidade.

Cultive a Paixão

A comunicação autêntica, exata, não acontece espontaneamente quando duas pessoas abrem a boca para conversar. O bom discurso vive da paixão, uma das características COAPDP discutidas no capítulo 3.

Os meus comentários mais eficazes saem de dentro, das entranhas. "Isso não é justo", eu digo refletindo. Ou: "Puxa, você deve estar se sentindo muito mal com isso". É uma resposta pura, sem jogo, sem manipulação. Seja com um amigo íntimo, seja num negócio de milhões de dólares, as expressões genuínas despem-se das camadas de retórica que dificultam a compreensão básica. A paixão mobiliza os jogadores da Equipe Interior — o corpo, o intelecto, a psique o espírito —, colocando-os no jogo da comunicação. Também faz com que as palavras sejam verdadeiras e atraiam a atenção e o apoio dos ouvintes.

CONFIANTE SIM, ARROGANTE NÃO ✦ Como reflexo da auto-estima sadia, comunicar-se com confiança — não com arrogância — pode dizer muito. Uma nova era de confiança pessoal é a recompensa mais óbvia para quem mobiliza a paixão e a vincula a sua missão. As expressões, o jeito, a disposição de falar, tudo isso reflete essa força nova que serve para deter seus concorrentes — na vida pessoal, na profissional, no esporte —, que são capazes de usar qualquer fraqueza contra você no momento em que a detectarem. Sua resposta: confie em si mesmo, cultive a confiança. É assombroso quanta confiança os outros depositam em você desde que você também o faça.

Infelizmente, qualquer coisa e qualquer um estão sujeitos ao excesso. A petulância, a arrogância, o atrevimento, tudo isso provém da confiança excessiva. Se não equilibrarmos confiança com humildade, é natural que nos tornemos arrogantes, sendo que nosso ego saudável cai no egoísmo. Embora a confiança seja uma força que o liga aos outros, a arrogância simplesmente agride. Há alguns grandes desvios de comunicação, e as pessoas os sentem a quilômetros de distância. A Bíblia se refere a esse conceito como o orgulho que "antecede a queda". Como, infalivelmente, sempre há um gatilho mais rápido na próxima esquina, para que os arrogantes recebam o tiro metafórico é só questão de tempo.

Muitos caminhos levam à confiança *sem* arrogância. Para me livrar da arrogância, eu faço o possível para cultivar o bem-estar, manter os planos de ação, ficar ligado ao meu Poder Superior e lembrar o quanto ainda preciso aprender. A humildade nunca está longe quando reflito sobre o muito que Deus me deu. Isso serve para me lembrar que não estou aqui para celebrar meu próprio ego, mas para usar meu talento para construir pontes de comunicação, não barreiras, entre os mim e outros.

OLÁ, GOZADORES! ✦ O sarcasmo na comunicação destrói os objetivos sublimes até da melhor mensagem. Dizem por aí que nós vivemos na Idade da Ironia, numa época em que a ignorância presunçosa muitas vezes passa por humor sutil. A verdade é que o fim do século XX produziu uma grande quantidade de vícios e maluquices oficiais e extra-oficiais que a sátira expõe e expunge muito bem, seja na tela, seja *on-line*, seja nas páginas impressas. Mas com muita freqüência a sátira resvala para a celebração do sarcasmo. Por mais que seja divertido no cinema, o deboche é capaz de destruir as relações na vida real. O sarcasmo raramente é útil; é uma maneira raivosa e indireta de exprimir a crítica. Hostiliza as pessoas ao chamar a atenção sobre elas: é uma violência, principalmente quando a estamos vulneráveis. Para quem quer conflito, o sarcasmo é a melhor maneira de obtê-lo.

Ao dar com gente que não se mostra aberta com você como seria do seu agrado, evite comentários sarcásticos. Pode parecer um gracejo inofensivo, porém há maneiras mais sadias de rir.

A Clareza Evita a Calamidade

Todo mundo se dá mal de vez em quando devido a suposições equivocadas. Para não sair chamuscado, eu dedico todo o tempo necessário a me certificar de que não há mal-entendido: esclarecendo, reformulando, confirmando, conferindo duas vezes. Isso conserva apurada a minha capacidade de escutar ativamente e ajuda-me a desfazer os mal-entendidos. Eu nunca me contento só com uma explicação.

Uma técnica de conferir duas vezes consiste em pedir à outra pessoa que repita o que ela entendeu que você disse. Você pode explicar o pedido dizendo que se trata menos de checar se ela o escutou que de controlar a qualidade da comunicação. De vez em quando, eu pergunto: "O que você me ouviu dizer?" Se me tiverem compreendido exatamente, é que se estabeleceu uma linha clara. Caso contrário (ou se me tiverem compreendido só parcialmente), trato de me repetir com mais clareza e insisto em pedir: "Só para ter certeza de que me expressei bem, conte em poucas palavras o que acabo de dizer". A esta altura, geralmente a coisa está clara, mas, se não estiver, repito o processo até que fique. Pode parecer complicado, mas é uma excelente garantia contra erros capazes de causar dor e custar muito tempo e energia.

Outro modo de assegurar clareza é manter as pessoas no ciclo de informação. A mente enlevada por estranhos caminhos quando não nos comunicamos adequadamente. As pessoas podem sentir-se excluídas, acreditando que seus problemas não são ouvidos. Vai chegar atrasado a um encontro? Telefone e avise. Preocupado porque alguém pode estar pensando uma coisa que não é verdade? Explique o que está acontecendo de fato para lhe poupar aborrecimentos inúteis. Se os planos foram alterados, informe todos os envolvidos. A maioria das pessoas adora surpresas, mas não as que dão a impressão de que você as deixou no escuro.

O Doce Som

Já que se falam e escrevem trilhões de palavras, o silêncio às vezes é incômodo. Quantas vezes a gente está com outra pessoa e fica sem jeito durante uma pausa? Pode não durar mais que cinco segundos, mas basta para que o desconforto se instale.

Realmente, o silêncio é poderoso. Geralmente, mais poderoso que as palavras que o circundam. A próxima vez que o silêncio se espalhar, banhe-se nele como numa fonte de água quente. A não ser que você tenha de manifestar algo importante, aproveite essa pausa prolongada. Contemple ou preste atenção em sua respiração. Automaticamente, vai respirar fundo. Nesse momento, procure sentir os perfumes que pairam no ar. Atente para os sons que o cercam. Repare na qualidade da luz. Aproveite para estabelecer um contato visual melhor. Confira seus sentimentos e verifique se o seu eu exterior está refletindo seu eu interior. Tudo isso pode acontecer num instante. De zero a sessenta é um instante. Existe muita coisa entre as palavras: maior presença, ligação mais profunda e sentidos mais plenos. Tudo isso se pode experimentar, sentir e comunicar nesses momentos preciosos.

Falar em Público Sem Sofrer

Dentre todas as formas de expressar-se, falar em público aumenta dez, cinqüenta, cem ou até mil vezes o poder das palavras em comparação com a comunicação de uma pessoa para outra. Muitos norte-americanos temem falar em público mais do que a própria morte. E, de fato, a falta de aptidão para falar em público pode ser a

| COMO VENCER no JOGO da VIDA | 247

morte de uma carreira ainda em botão. De modo que, para os futuros líderes empresariais ou comunitários, vale a pena enfrentar esse medo. De modo geral, é questão de preparo e prática. Os livros, vídeos, seminários e a simples observação são boas maneiras de começar. Mas não há nada como a prática, a prática e a prática. Os cursos de Dale Carnegie e organizações como a Toastmasters alicerçam a teoria na experiência da vida real. Eis algumas outras idéias para ter em mente:

1. **Prepare o material pensando nos ouvintes (conheça o seu espaço).**

    a. Determine o objetivo da apresentação. Que resultados você quer alcançar com sua mensagem?

    b. Concentre-se na comunicação com os ouvintes. Que informação eles precisam receber, e qual seria a melhor maneira de apresentá-la ao grupo?

    c. Ilustre sua argumentação com exemplos. As pessoas fixam mais na memória as histórias interessantes e as experiências da vida real do que fatos e cifras.

    d. Utilize anotações e recursos visuais para não perder o fio da meada. Recorra a palavras-chave para acionar os tópicos importantes. Nunca leia discursos escritos, a não ser que lhe seja exigido por motivos legais ou que você precise de segurança enquanto se afirma como orador.

    e. Memorize judiciosamente: saber a primeira e a última frase e estar familiarizado com o resto do discurso lhe dará confiança.

2. **Prepare-se mentalmente.**

    a. Peça ajuda a uma pessoa próxima. Pratique conversando, não fazendo uma palestra. A preparação tem limites depois dos quais é preciso confiar que as palavras aparecerão quando você abrir a boca.

    b. Se o medo o paralisar, coloque-o em perspectiva; trata-se de uma fala, não de uma doença mortal. Eu controlo o nervosismo com um pouco de exercício de respiração, a conversa positiva, as técnicas de serenar a mente e o exercício físico antes da apresentação.

    c. Examine sua aparência, o microfone e o apoio visual antes de começar. Muitos oradores gostam de ter um copo de água à mão.

    d. Eu sempre peço a ajuda de meu Poder Superior antes de prosseguir. Então posso abrir a boca e deixar as palavras fluírem.

3. **Entre no papel de orador.**

    a. Movimente-se com energia e entusiasmo.

    b. Crie uma relação com os ouvintes. Se se sente honrado por estar lá, diga-o. Sorria e chame as pessoas pelo nome quando convier.

    c. Consulte as anotações o mínimo possível de modo que você possa manter o contato visual com o público. Lembre-se, é preciso comunicar a essência das anotações que preparou, não as palavras exatas. *É melhor esquecer algumas palavras e ser mais espontâneo que dizer todas elas e parecer um produto enlatado.*

d. Não tenha medo das pausas. Elas dão à platéia tempo de digerir o que você disse. Aproveite o tempo para respirar fundo.

e. Solte-se. Se você está entusiasmado com sua mensagem, não dissimule. Varie o tom de voz, relaxe o corpo, e seu entusiasmo fluirá.

f. Sempre que possível, divirta-se. Se você se divertir, seus ouvintes também se divertirão.

A Venda Ética (Não, não é um oxímoro)

Uma das formas predominantes de comunicação é uma coisa chamada *venda*. Cerca de quinze milhões de norte-americanos ganham a vida vendendo. Diariamente, ocorre uma miríade de formas de comércio e barganha. Nós convencemos os banqueiros a nos emprestarem dinheiro, contamos a alguém o que nossa empresa faz bem, persuadimos um empregador potencial de que somos adequados para o emprego, vendemos aos nossos filhos a importância dos bons valores. A toda hora pedimos que alguém faça alguma coisa, o que aliás pode ser considerado venda. Vender é uma forma vital de comunicação, um fio condutor que liga a sociedade assegurando que nossas necessidades e vontades mútuas sejam satisfeitas com freqüência.

Nada disso impede que "vender" tenha uma péssima reputação. A palavra evoca a tramóia, não a troca. Se ela fosse uma pessoa, muitos veriam um vendedor tagarela, de paletó xadrez, a cuspir jargões e a atacar as pessoas em seus momentos mais vulneráveis. É praticamente uma noção institucionalmente reforçada. Por incrível que pareça, até o dicionário associa a palavra *vender* à manipulação e ao engano. As definições incluem "fornecer ou entregar violando o dever, a confiança ou a lealdade: trair"; "entregar mediante remuneração ou recompensa"; "sacrificar (o que se deveria preservar ou defender) a troco de dinheiro"; "dispor ou administrar visando ao lucro, não de acordo com a consciência, a justiça ou o dever"; "praticar por interesse atos indignos"; e ainda "fraudar: enganar".

Vende-se: Uma Nova Definição de Venda

A palavra precisa de um advogado muito bom em processos de calúnia e difamação. Não admira que as pessoas fiquem desconfiadas ao aprender as técnicas de venda. É claro que há um fundo de verdade em alguns desses estereótipos. À parte isso, as vendas geralmente são uma relação respeitável que muitas vezes dá lugar ao tipo de benefício mútuo que as trocas ofereciam antigamente. Sem elas, é impossível que idéias, produtos e serviços maravilhosos cheguem às pessoas que eles se destinam a ajudar. Pense na venda não como um veículo para atacar a vulnerabilidade das pessoas, mas como um tapete mágico que lhes melhora a vida oferecendo-lhes opções das quais de outra forma elas nem tomariam conhecimento. Como uma metodologia para facilitar as situações em que todos ganham, não existe nada melhor que aprender a vender com ética.

Aliás, eu proponho uma nova definição de vender, uma que enfoque a troca simbiótica entre o comprador e o vendedor:

> **vender** [Do lat. *vendere.*] V. t. d. **1.** Ligar-se e comunicar-se (com outra pessoa) para determinar as vontades e necessidades. **2.** Propor soluções benéficas que satisfaçam as vontades e as necessidades em troca de um preço, uma recompensa ou um acordo.

A solução pode ser um produto, um serviço ou uma idéia. O importante é que se recebe valor e se dá benefício. O benefício que o comprador recebe é igual ou excede o pagamento monetário ou não. Vender, nesse contexto positivo, é tanto uma arte como uma ciência. Esteja você vendendo produtos ou serviços ao cliente ou uma idéia ao seu patrão, os princípios da boa venda são os mesmos. O processo, em seu conjunto, é sadio desde que a informação seja transmitida com honestidade e desde que se receba o valor. Isso significa orientar a energia para o serviço e o valor, não para o dar e receber.

Fatores do Sucesso nas Vendas

Meu pai foi o próprio modelo do grande vendedor. Vendeu de tudo, de casas a mausoléus, roupa masculina e — sim — carros usados. Tendo sido o mais refinado exemplo de venda em que todos ganham, ele me inspirou, assim como aos meus irmãos Gary (comerciante de tecidos) e Tim (vendedor de tinta), ambos modelos de venda ética e de benefício mútuo. A sabedoria de papai e a minha própria experiência ajudaram-me a desenvolver seis métodos delicados e cooperativos de venda que beneficiam tanto o comprador quanto o vendedor:

FATORES DO SUCESSO NAS VENDAS

1. **Conhecimento** do produto, serviço ou idéia.

2. Um claro **método** de venda.

3. **Paixão** pelo produto, serviço ou idéia.

4. **Auto-aceitação**, que evita a rejeição da grande paixão.

5. O desejo de **criar** repetidamente.

6. **Saúde da Equipe Interior** para lhe dar energia.

O Sucesso nas Vendas 1. Adquirir Conhecimento

Você adora frutos do mar, e é verão. Sua grelha está esquentando, e seu vizinho vem lhe perguntar como preparar um atum. Se ele não estiver tentando enganá-lo de modo a fazê-lo cozinhar para ele, é bem provável que você lhe recomende comprar manjericão fresco, azeite de oliva extra-virgem e verdura. Conhecendo o tema, a gente fica confiante, apaixonado e disposto a ajudar. As pessoas sentem que você sabe o que diz e o ouvem com atenção. Você não se surpreende se elas tomarem nota. Também é assim com a venda.

Estude aquilo sobre o que você fala com as pessoas. Estude do começo ao fim. Investigue a literatura sobre o produto e sobre o mercado para entender melhor cada atributo e cada benefício. Se possível, teste o produto, serviço ou idéia. Fazer experiências no laboratório de sua própria vida traduz-se em conhecimento de primeira mão que torna uma recomendação sua *a última palavra*.

O Sucesso nas Vendas 2. Um Método de Venda

Vamos desfazer um mito. As técnicas, os sistemas, as metodologias — ou como você quiser chamá-los — de venda não são maneiras espertas, codificadas, de ludibriar os clientes incautos. São sistemas, e estes canalizam energia e comunicação a cada canto da nossa vida. Seja jogando tênis ou consertando um computador, a metodologia orienta o processo. Como usamos a metodologia (para ajudar ou atrapalhar) depende inteiramente de nós. Eu me sirvo de um processo de quatro passos para estruturar e melhorar a comunicação quando estou vendendo. Esse processo funciona em qualquer troca de valor, independentemente de envolver um "cliente" ou não. A maior parte dele aplica-se igualmente a intercâmbios entre ativista e doador, entre líder cívico e representado ou mesmo entre amigos.

1. LIGUE-SE AO CLIENTE ✦ Estabeleça uma ligação pessoal. Esteja você lidando com estranhos, com pessoas que não vê há muito tempo ou mesmo com bons amigos, a relação harmoniosa rompe as barreiras que as pessoas erguem constantemente a sua volta. Essas muralhas acabam escondendo duas coisas: a compreensão do que elas precisam e o que pretendem ganhar. Há ainda um motivo para ligar-se com as pessoas que nada tem a ver com comprar ou vender: o fato de elas serem nossas companheiras de viagem na estrada da vida.

Um aperto de mão, um sorriso, um cálido contato visual, chamar a pessoa pelo nome, fazer-lhe uma pergunta: essas são maneiras fáceis de vincular-se a alguém. Fazer isso sem encostar os fios – o que, naturalmente, provocaria curto-circuito — depende totalmente de sua intenção e de sua empatia. Se você estiver motivado pelo respeito pelo freguês como um ser humano, é pouco provável que lhe viole o espaço ou a confiança. Se tentar manipulá-lo, ele perceberá. A empatia é uma emoção maravilhosa que nos permite captar as mais obscuras emoções humanas — mediante coisas sutis como o tom de voz, a linguagem corporal e as palavras — e avaliar se uma pessoa está à vontade. Muitas vezes se negligencia esse primeiro passo: a ligação. Se você for tímido ou estiver com pressa, recue, respire fundo e lembre-se antes de mais nada do principal: beneficiar o cliente. Isso não pode acontecer sem uma ligação em termos humanos.

2. DESCUBRA AS NECESSIDADES E AS VONTADES DO CLIENTE ✦ É uma coisa óbvia, porém muitas vezes acaba ficando esquecida. O cliente realmente quer

e precisa do que você está vendendo? Como você pode saber se não perguntar? Muitos vendedores queimam essa etapa para mostrar sua mercadoria. Digamos que você consulta um cardiologista e, antes de fazer qualquer pergunta ou mesmo de examiná-lo, ele lhe recomende uma cirurgia do coração sem explicar por quê. (Eu não hesitaria em denunciá-lo ao conselho de medicina.) Do mesmíssimo modo, os vendedores muitas vezes supõem que, sem fazer pergunta nenhuma ou fazendo apenas umas poucas e apressadas, já sabem o que é melhor para o freguês. Mas os médicos não prescrevem nada antes do diagnóstico.

As suposições não são exatas. Antes de mais nada, os próprios clientes muitas vezes não têm certeza do que querem e precisam. Muito menos o vendedor há de saber. Pode ser que tenha uma vaga idéia, mas, se não empreender um processo sincero de descoberta, as respostas reais serão escassas. É aí que um vendedor disposto a gastar tempo fazendo as perguntas necessárias vale seu peso em etiquetas de "Vendido". Tradicionalmente, esse passo é chamado de "qualificação do cliente", com a conclusão de que o vendedor está apurando as necessidades do freguês. Mas não é esse o ponto principal. A vantagem de fazer perguntas é o momento "Heureca!" em que o cliente descobre suas próprias vontades e necessidades. Isso lhe permite tomar uma decisão fundamentada e segura.

Digamos, por exemplo, que você é representante da Sociedade Americana do Câncer (SAC) e está entrevistando um doador potencial. Eis um exemplo de como "vender oportunidades" de apoiar a SAC. Uma vez estabelecida a relação, perguntas como as seguintes podem ajudar a avaliar o nível de interesse do doador potencial:

+ O senhor acredita em doar uma porcentagem de sua renda a causas beneficentes?

+ Que instituições o senhor apóia?

+ O senhor, um amigo ou parente já foi afetado pelo câncer?

+ Se o senhor apoiasse uma instituição que combate esse mal, o que o deixaria satisfeito com sua contribuição?

+ Caso as informações que acaba de receber sobre a Sociedade Americana do Câncer vierem ao encontro de suas expectativas, o senhor estaria interessado em contribuir conosco com uma parcela de seu orçamento para obras de caridade?

Depois de ouvir as respostas, você pode decidir se vale a pena para o cliente (ou para você) perder mais tempo explicando uma coisa que não lhe interessa. A atenção para com os interesses e benefícios recíprocos alivia a tensão entre cliente e vendedor. Registra que vocês não são de equipe adversárias. Estão do mesmo lado, dispostos a encerrar a conversa se ficar claro que não há nenhum interesse mútuo sobre o qual conversar. Aborde o freguês como um amigo, perguntando direta e abertamente, sem suposições, e o processo há de ser cooperativo e benéfico para ambos.

Elabore uma lista de perguntas, mais do que já perguntou ou lhe perguntaram sobre o que uma pessoa pode precisar que se relacione com o que você tem para oferecer. Faça de conta que é um detetive. Seu caso: como ajudar o freguês. Lá no fim da lista é que está a questão de como você vai se beneficiar. Olhe, é perfeitamente normal ganhar a sua parte. O processo de venda é um intercâmbio, pressupõe reciprocidade. Contudo, você cria um conflito de interesses se não conseguir tirar os olhos do tesouro no fim do arco-íris. Tenha certeza de que, se tiver um produto ou serviço benéfico, você transmitirá a mensagem a muita gente que deseja ou precisa dele, e de que, vendendo da maneira aqui descrita, receberá naturalmente a recompensa tanto material quanto emocional.

3. PROPONHA UMA SOLUÇÃO ✦ Uma vez que os dois constataram a existência de uma necessidade ou vontade que você pode satisfazer, chegou a hora de propor uma solução. Ora, a probabilidade de um acordo aumentou significativamente porque você dedicou tempo a assegurar que o produto de que seu freguês precisa lhe serve feito uma luva.

Comece descrevendo os atributos do produto. Vincule cada um deles às necessidades que detectou ao estabelecer a relação e ao fazer perguntas. Tente algo como: "O senhor disse que queria contribuir com uma organização que enfatizasse medidas preventivas e que canalizasse a maior parte de seus recursos a despesas não administrativas. Pois bem, somente x por cento do nosso orçamento destina-se à administração, enquanto y por cento financia medidas preventivas". Vincular benefícios a necessidades específicas mostra que você estava escutando; com muita freqüência as pessoas sentem que os vendedores não as escutam. Aqui o conhecimento do produto é essencial, e a sensibilidade para o interesse do cliente por essa informação é importante. Se você sentir que ele é mais quantitativo que emocional, ofereça-lhe mais estatísticas e descrições detalhadas do serviço do que ofereceria a uma pessoa mais instintiva.

4. BUSQUE UM ACORDO ✦ Assim que sentir que o cliente está pronto para uma solução, busque um acordo. Há três maneiras de fazê-lo. Primeiro, tente remontar a uma pergunta que você fez na etapa 1. "O senhor disse, há pouco, que estava aberto para contribuir com mil dólares, com a Sociedade Americana do Câncer, caso a instituição operasse de maneira que lhe parecesse satisfatória. O senhor acha que é o caso?" Se ele concordar, responda: "Ótimo, então nós podemos contar com a sua ajuda". (É o que alguns chamam de acordo presumido.) Se não tiver tanta certeza, experimente a opção da múltipla escolha: "Com que nível de contribuição o senhor ficaria à vontade, quinhentos dólares, mil ou 1.500?" Finalmente vem a oferta sim/não: "Fantástico. Então podemos contar com o senhor?"

Se a oportunidade ainda não o convenceu, pergunte-lhe se está aberto para discutir um pouco mais. Se não estiver, agradeça pelo tempo que ele lhe dedicou. Mas, se o cliente quiser mais informações, continue construindo a ponte entre os seus benefícios e as necessidades dele. Pergunte o que o deixaria satisfeito. Dê-lhe respostas diretas e, uma vez mais, busque o acordo. Se ainda não for possível, pergunte que rumo ele gostaria que a discussão tomasse. Sendo possível, atenda esse desejo.

Tome cuidado para não pôr o carro na frente dos bois. Se você buscar o acordo cedo demais, pode esquecer de aplicar as descobertas anteriores. É importante buscar o acordo só quando o cliente acreditar que os benefícios correspondem a seus desejos ou até os excedem. Se ele estiver inclinado para a frente na cadeira, balançando a cabeça afirmativamente a tudo quanto você diz e falando com entusiasmo, busque o acordo. Mas espere se senti-lo confuso ou estressado. Dê-lhe espaço para lembrar que a decisão é dele. Nunca o pressione. Há uma clara diferença entre pressão e delicada persistência. Aquela envolve jogos mentais para manipulá-lo a querer uma coisa que não corresponde a suas necessidades, ao passo que esta provém do nosso interesse genuíno por ele e do desejo de lhe satisfazer as necessidades. Indague se o cliente tem perguntas ou dúvidas. Se não tiver, uma vez mais, pergunte o que ele gostaria de discutir agora. Se ele simplesmente precisar de mais tempo para pensar, pergunte-lhe se e quando gostaria de receber um telefonema. Anote e, sem dar a impressão de ir com muita sede ao pote, informe que vai lhe telefonar na data marcada.

5. AGRADEÇA SINCERAMENTE ✦ Chegando ou não a um acordo, agradeça pelo tempo e pela energia que o cliente investiu em você. Se a "venda" não se concretizar e não houver nenhum motivo para telefonar depois, agradeça pelo tempo perdido apontando para uma direção útil e dizendo algo como: "Espero que o senhor ache o que está procurando". Se sentir que pode lhe oferecer uma solução, diga.

Caso acabe conseguindo um acordo, agradeça ao cliente pelo tempo e pela atenção que ele lhe dedicou e também por ter confiado na sua solução. Diga-lhe que acredita que essa solução corresponderá às expectativas dele — se você realmente acreditar que é verdade (do contrário, já devia ter parado na etapa 2).

Se o seu coração estiver no lugar e você se interessar sinceramente pelo cliente, seu *modus operandi* há de ser inseparável de sua consciência. A venda de benefício mútuo respeita as duas partes, um processo muito diferente da imagem a sangue-frio, no estilo Serengeti, do freguês e do vendedor a ludibriarem-se mutuamente até que um dos dois por fim sucumba. Vender é mostrar, não esconder. Em vez de enganar, faça o possível para esclarecer. Em vez de dominar a vontade do cliente, crie condições para que ele tome decisões informadas e, com a nova informação, encontre soluções.

O Sucesso nas Vendas 3. Mobilize Sua Paixão

Se você não for capaz de valorizar sua oferta, muito menos o cliente será. Tendo em mente o efeito animador que têm o tom de voz e a linguagem corporal na comunicação, o que faz o freguês escutar e enxergar quando você vende? Se lhe falta paixão pelo que você está vendendo, pergunte-se por quê. É uma coisa útil? Se a resposta for não, pense seriamente em não vender mais isso. Se for algo benéfico, estude-lhe as características de modo a poder traçar uma linha clara entre o que você fornece e a ajuda que isso dá às pessoas. Se continuar sem conseguir comunicar os benefícios com entusiasmo, coloque no jogo o coração, as entranhas, o tom de voz e a linguagem corporal (veja o capítulo 3, sobre como aumentar a paixão). A "venda apaixonada" não é uma maneira agradável de dizer "baboseiras ruidosas e agressivas". O poder da paixão é autenticidade, não barulho. Vem do coração e do espírito. O corpo só reflete sua própria energia interior.

O Sucesso nas Vendas 4. Aceite a Si Mesmo

Os vendedores mais bem-sucedidos não se deixam afetar pela rejeição. A auto-aceitação os protege dessa que é a mais poderosa inimiga da venda. Vão de um cliente para outro, a rejeição a lhes pisar os calcanhares. Sua paixão pelo que oferecem nunca vacila.

Às vezes, é difícil mobilizar a paixão depois de uma árdua interação de venda. Quando o freguês parece incapaz de dizer qualquer outra coisa que não seja "Não", alguns se sentem privados de tudo: da confiança, da energia, do entusiasmo. Mas é um círculo vicioso. Sem essas emoções, não se pode conservar a paixão. O resultado? Seu próximo cliente sentirá imediatamente que você está no piloto automático desapaixonado. Não ouvirá as suas palavras. É óbvio que você se sente rejeitado, porque sua linguagem corporal e seu tom de voz o denunciam independentemente do que você diga para comunicar atributos positivos.

Como sentir auto-aceitação genuína depois de ouvir um rotundo não? Primeiro, como demonstra o método de venda anterior, a rejeição na venda não é necessariamente pessoal. Quando praticada corretamente, é uma decisão firmemente alicerçada nas necessidades do cliente e nos benefícios que lhe estão sendo oferecidos. Você é um mero consultor, conselheiro, investigador, tudo somado num único profissional. Em segundo lugar, os conselheiros e consultores se distanciam do resultado porque sua preocupação principal é o que é bom para o freguês, não o que representa uma vitória pessoal.

Antes de seu próximo contato com um cliente ou comprador, imagine um resultado positivo lembrando os contatos passados bem-sucedidos. Visualize que o próximo resultado será positivo em vez de projetar no futuro intercâmbios malsucedidos. E há de chegar o tempo em que já não serão necessárias nem mesmo as imagens animadoras dos sucessos passados. Você compreenderá que toda interação, desde que tratada como aqui se discutiu, é positiva, que no fim todas elas resultam num acordo de um tipo ou de outro. A verdade é que, com ou sem "venda", a colaboração com o cliente nunca precisa resultar em rejeição.

O Sucesso nas Vendas 5. Dê Grandes Tacadas!

As vendas associam-se a diversas metáforas. Eu gosto da do beisebol. Quando temos algo a oferecer aos outros e recebemos recompensas por lhes atender as necessidades, a única coisa que tem sentido é fazê-lo com a maior freqüência possível (ao mesmo tempo que se observam os limites da obra da vida). Chamemos isso de síndrome de McGwire-Sosa. Mark McGwire, do St. Louis Cardinal, e Sammy Sosa, do Chicago Cub, deram aos torcedores bons motivos para comemorar no campeonato de 1998. Aquilo parecia não ter fim. Quanto mais pegavam no taco, mais oportunidades abriam de tocar todas as bases e marcar pontos.

Como você pode aumentar suas oportunidades de pegar no taco? Aumentando o *marketing* ou a publicidade individual. Pode-se querer mais do que isso no seu segmento de mercado? Faça. Não há plano inclinado quando somos apaixonados e respeitosos e temos um benefício tangível a oferecer. Pegue o taco e mãos à obra.

O Sucesso nas Vendas 6. A Saúde da Equipe Interior

Finalmente, a saúde da Equipe Interior é a sua fonte essencial de energia e lucidez, duas coisas decisivas na comunicação com os clientes potenciais. A saúde intelectual o conserva conhecedor do produto. A saúde física permite-lhe relaxar sem deixar de ficar alerta e, ao mesmo tempo, dá-lhe vigor para novas e repetidas tacadas. A saúde psicológica possibilita-lhe tratar com o público à vontade, aguça-lhe a sensibilidade para o cliente e ajuda-o a cultivar a aceitação, não a rejeição. E um espírito saudável mantém a vida em perspectiva. Alicerça-o de modo que você se distancie do resultado material da relação cliente-vendedor e se concentra num resultado coerente com sua sabedoria superior.

Comunique-se em Alto e Bom Som

Não se iluda. Sua capacidade de comunicar-se, convincente e efetivamente é uma parte essencial da manifestação de sua missão. É minha aliada mais fiel.

Pergunte por aí como funcionam o telefone ou o correio eletrônico: pouca gente saberá responder. Mas todos certamente sabem dizer quando eles *não* estão funcionando. Se você não for capaz de avaliar quando seus instrumentos de comunicação estão funcionando bem, dificilmente saberá quando chegou a hora de aprimorá-los. E arrisca acabar perdendo benefícios importantes.

Em muitos aspectos, nós mesmos somos a peça mais importante da tecnologia das comunicações. Encare a sua Equipe Interior e a sua habilidade de comunicar-se como uma rede complexa que cria as mensagens que você envia e recebe. Há estática em suas linhas de transmissão internas? Seu receptor está encrencado? Os outros recebem sinais de interferência quando tentam comunicar-se com você? Você aproveita cada oportunidade de aperfeiçoar sua "tecnologia interior"? Comunique-se mal e você ficará preso num círculo infindável de mal-entendidos. Comunique-se claramente e você estará conectado à rede mundial de seres humanos [*World Wide Web*].

Dez Métodos de Comunicação para Amenizar o Caminho de Sua Missão

1. Entenda as barreiras ao fluxo da comunicação.

2. Lance mão das quatro providências internas para estabelecer relações mutuamente satisfatórias.

3. Recorra à Técnica do Sanduíche para resolver as dificuldades.

4. Aplique as Oito Expressões Mágicas.

5. Estenda a mão e toque alguém na alegria e na dor.

6. Diga tudo! Desafie a realidade nos problemas e nas causas em que você acredita.

7. Comunique-se com confiança. Livre-se da arrogância.

8. Priorize a educação e trate de falar em público sem sofrer, para o rejuvenescimento da carreira, e não para a sua morte súbita.

9. Comunique-se, ao vender idéias, produtos ou serviços, com os Seis Fatores do Sucesso nas Vendas e com o método dos cinco passos da venda ética e eficaz.

10. Saiba reconhecer quando o silêncio fala mais alto que as palavras.

9

Os Círculos de Relações

A FELICIDADE, O SUCESSO E A CAPACIDADE de permanecer "em missão" dependem de como nos relacionamos conosco, com as outras pessoas e com o mundo no qual circulamos. Construídas num terreno sadio, essas relações nos criam e sustentam. Construídas sobre fundamentos frágeis, arrastam-nos dolorosamente para baixo, passo a passo.

Examine sua malha de relações, começando pela Equipe Interior e estendendo-se ao parceiro, aos pais, aos filhos, aos amigos, à comunidade e, naturalmente, ao Poder Superior. Nessa equação, decomponha sua relação com o dinheiro, a carreira e outras áreas que lhe exigem tempo e energia. Você começa a ver que, no conjunto, essa rede é dinâmica, um caleidoscópio em movimento que molda e remolda a sua vida permanentemente.

Vista de outro modo, nossa rede de relações forma uma mandala, palavra que, em sua origem sânscrita, significa "círculo sagrado". A simetria circular da mandala aparece na religião, na arte e na arquitetura antiga e moderna (o plano diretor da cidade de Washington pode ser visto como uma mandala), assim como nos objetos do dia-a-dia (como os pneus de um automóvel). Carl Jung considerava a mandala uma imagem da alma, e o círculo, um símbolo da totalidade do ser e da vida. Projetadas no mundo, as imagens circulares refletem nosso afã de viver a simetria de toda a nossa personalidade, por meio dos fatos de nossa existência e dos nossos círculos de relações.

Os Círculos de Relações

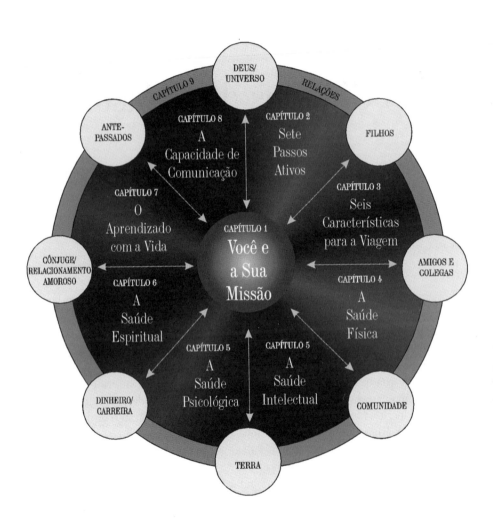

Os elementos de um plano vitorioso no jogo da vida — que determine sua missão, manifeste os Sete Passos Ativos e lhe dê suporte com suas Seis Características para a Viagem, o cuidado com a pessoa como um todo, o aprendizado e a comunicação eficaz — combinam e reforçam incomensuravelmente esses círculos de relação com os demais. Embora a idéia vaga de "sucesso" seja muitas vezes definida em termos de dólares e títulos, o autotreinamento bem-sucedido forma um plano de jogo que gera algo muito mais expansivo. No fim do dia, o pano do sucesso tende a esgarçar-se, a não ser que seja tecido com a consciência de que estamos todos ligados — de que ninguém se move sem mover os outros, de que, enfim, o sucesso e as realizações da missão definem-se pela força dessa malha de relações.

O Ser: É Importante Saber que Há Alguém Dentro de Nós

Ninguém dá o que não tem. Antes de poder amar e ter realmente cuidado com os outros, é preciso amar quem está bem aqui, diante do nosso nariz: o nosso ser. Com os olhos e a mente perpetuamente voltados para fora, olhar para dentro chega a ser um problema: problema que vamos enfrentar já. Pois bem. Pare de ler um momento. Levante-se e passe alguns minutos diante do espelho. Olhe-se fixa e profundamente nos olhos. Pergunte: "Quem eu estou vendo? Quem estou vendo realmente?" A primeira vez que tentei enxergar — enxergar *de fato* —, devo confessar que foi desagradável. Acho que estava tão acostumado a ir, a fazer a executar que foi perturbador contemplar aquela cara de esfinge olhando firmemente para mim. Embora ela contivesse toda a minha história, revelava muito pouco sobre quem sou ou quem seria no dia seguinte.

Já não sinto isso. Os hábitos de saúde da Equipe Interior, mapeados neste livro, me permitem ver-me a mim mesmo com maior percepção e aceitação. Eu enxergo o futuro com mais clareza e aceito o passado com as lições que ele me deu e o bem que me fez. Tenho nas paredes algumas fotografias da minha infância em meio a outros retratos de família mais recentes. Elas me lembram constantemente o otimismo da juventude. Sussurram diariamente que minha vida é um *continuum* que vai daquele menino cheio de admiração e entusiasmo até o homem experiente e o espírito que sou hoje: o homem que leva a missão do garoto, como uma tocha, para o amanhã.

Desenterre seu retrato de menino. Examine-o. Admire-lhe a simplicidade. Que sonhos brilham nesses olhos de criança? Sem as marcas de anos e anos de *stress* e medo, o rosto desse garotinho é o reflexo mais puro do seu ser essencial. Contemple quem você passou a ser com o decorrer dos anos de prioridades e expectativas conflitantes. No rosto desse menino estampam-se esperanças que foram afastadas ou abandonadas? É uma consideração importante. Esses sonhos há muito sepultados revelam uma ligação mais profunda com seu objetivo terreno. Não há por que não desenterrá-los e redescobrir sua verdadeira identidade.

— Eu sou estudante.

— Sou vendedor.

— Sou professor.

— Sou pregador.

— Eu sou médico.

Quando perguntam quem somos, muitos de nós mencionamos a profissão antes de dar o nome. A ocupação não revela a ninguém quem somos; diz o que fazemos — uma distinção óbvia, embora muito importante, entre dois aspectos diferentes do nosso ser. Uma relação íntima com o próprio eu leva nossa noção de identidade pessoal a um nível mais profundo e mais complexo que o título que aparece no cartão de visita, na placa do consultório ou na caixa de correspondência. Repetindo: quem somos? Repetindo: quem gostaríamos de vir a ser?

Sua Carreira: Um Diamante Bruto?

Quando sua missão, seus valores e sua visão estão em harmonia com os do empregador, é natural que o trabalho inspire. Num mundo que enfoca a missão, a carreira é o fruto natural dos valores e desejos. Em vez de simplesmente levar em conta aquilo em que você é bom, pergunte-se o que *gosta* de fazer. Em face disso, que papel profissional permite-lhe usar aquilo em que você é bom (seu dom natural) e aquilo que você gosta de fazer (sua paixão) para dar suporte à sua missão?

Tome consciência das opções. Além da conhecida carreira de sentido único ou dos modelos "só faço o que gosto", emergem alternativas da noção cada vez mais disseminada de que as carreiras, as convicções e as missões não são (e, na verdade, nunca foram) mutuamente excludentes. A idéia do "ganha-pão correto" vem ganhando terreno desde que a mentalidade do "gaste tudo" dos anos 80 foi substituída pela do "já se gastou tudo" da década de 90.

Alguns profissionais, cansados de liquidar seus ideais, começaram a "resgatá-los" criando um intercâmbio consciente no local de trabalho para elevar o nível de ética profissional. Essa gente pode não estar disposta a acabar completamente com a concorrência, mas procura transformá-la em algo mais humano. Sente a necessidade de trabalhar ombro a ombro com o desejo de acompanhar sua bênção. Um caso ilustrativo: Porter Gale, que, em 1996, abandonou o cargo de diretora de uma grande agência de publicidade de Manhattan, a Kirshenbaum Bond & Partners, para acompanhar a colega e ex-executiva Donna Murphy na busca da bênção, numa viagem de bicicleta de 8 mil quilômetros, percorrendo todo o país numa campanha contra o câncer de mama em mulheres jovens. No caminho, Gale e Murphy, ambas com trinta e poucos anos, levantaram 100 mil dólares para financiar programas de conscientização e ainda filmaram o documentário *Duas Garotas*,

Duas Bicicletas, Uma Causa, divulgado pelo canal Lifetime. Gale disse que arriscar fazer algo de que gostava também lhe abriu novas portas na carreira, assim como lhe trouxe percepções que ela valoriza cotidianamente.

Outro agente desse resgate é Bill Haber, co-fundador, com Michael Ovitz, da Creative Artists Agency (CAA). Há alguns anos, Haber saiu da CAA para dirigir o "Save the Children Fund", no qual investiu seu talento para supervisionar quatro mil empregados, em 41 países, ocupados em alimentar crianças famintas. A favor da corrente ou contra ela, outras pessoas estão avaliando suas opções profissionais como oportunidades para a vida, e não só como ganha-pão.

Quanto É Demais?

O tempo é curto. Um dos fatores mais importantes na decisão sobre a carreira gira em torno de quanto tempo você está disposto a gastar no trabalho. Pode-se gastar tempo demais, de menos ou simplesmente o bastante.

A compulsão para o trabalho, prima irmã do perfeccionismo, é um perigo particular para quem tem expectativas excessivamente altas em relação à carreira. Geralmente, essa gente não está preparada para equilibrar o trabalho e a vida pessoal. São muitos os motivos possíveis. Alguns fogem do relacionamento precário com o cônjuge dedicando mais tempo ao trabalho. A tendência a empenhar-se demais e realizar demais pode remontar a uma infância perturbada e à necessidade de provar o próprio valor. Ademais, desde a mais tenra infância, somos doutrinados pela grande ética americana do trabalho e em seus *slogans*: "Quem não trabalha não come". "Mais feliz é quem mais trabalha." "O tráfego é menor no quilômetro extra." Raramente se questionam essas suposições éticas, aceitando-lhes os grãos de verdade como toda a verdade, até que as coisas escapam de tal modo ao controle que a carreira passa a tomar conta de todos os aspectos da existência. Isso não quer dizer que a disciplina profissional não presta. Ao contrário. Mas acontece que o trabalho não é um fim em si. A carreira é uma ponte para o cumprimento da missão, e esta abrange prioridades diversificadas.

Os sintomas são previsíveis. Os viciados no trabalho perdem importantes atividades familiares, sociais e de lazer. Excedem rotineiramente os objetivos compensatórios e vão muito além do que lhes exige o posto que ocupam. Mesmo quando não estão trabalhando, ficam pensando no trabalho e com isso ganham um monte de tiques e frases incompletas. Aliás, não é raro eles reconhecerem que exageram no compromisso com o trabalho. Porém, como estão presos a um problema emocional, esse reconhecimento não facilita a mudança. Seu senso do próprio valor está ligado à produtividade: "Faço, logo existo". Outros viciados no trabalho são perfeccionistas cuja desconfiança os leva a assumir as responsabilidades dos demais em vez de arriscar os erros potenciais dessa gente. Há ainda outro tipo de viciado no trabalho: a pessoa orientada para a realização que tem pouca necessidade de lazer ou de compromisso emocional, encontrando uma alegria suprema no trabalho.

Aliás, eles podem ser pessoas felizes e satisfeitas. Só o indivíduo pode determinar até que ponto seu equilíbrio é sadio. Se empenhar-se no trabalho o faz feliz, trate de aproveitar as longas horas e as recompensas que isso rende. No entanto, se você tem a desagradável sensação de que perdeu o contato com a família e os amigos, ou se acha que sua identidade ficou tão inseparável da profissão que você já não sabe quem é quando não está trabalhando, é hora de parar diante do espelho e procurar a missão mais profunda do seu ser. Em qualquer boa livraria, você encontrará livros capazes de ajudá-lo a enfrentar esse problema.

Sua Carreira Aqui

O trabalho lhe dá tempo suficiente para todas as partes de sua missão? Ele é um meio de vida em termos mais que financeiros? Aproveita bem seu talento e o conjunto de seus interesses? Seja você iniciante ou veterano de longa data, reserve alguns minutos para avaliar sua relação com o trabalho. Isso pode ajudá-lo a encontrar novas bases.

Se estiver no começo da carreira, você tem um vasto campo aberto para esse exercício de descoberta. Se já estiver estabelecido, deixe de lado sua identidade profissional um momento. Imagine que tem a opção de voltar ao começo e escolher qualquer posto em qualquer campo que quiser. Você é completamente livre para escolher o trabalho que melhor se ajusta a sua missão. Antes de responder, releia sua declaração de missão; em seguida, faça a você mesmo as seguintes perguntas:

+ O que eu gosto de fazer? Pode parecer uma pergunta óbvia, mas não são poucos os que passam toda a carreira em empregos nos quais são competentes, mas que não os satisfazem particularmente. É aí que o trabalho passa a ser *trabalho*, porém, quando fazemos aquilo de que gostamos, as linhas divisórias entre trabalho e prazer começam a se apagar.

+ No que eu sou bom? Não se limite às aptidões relacionadas com o trabalho em que você está treinado. Examine a resposta que deu à pergunta anterior e pense em suas habilidades relacionadas com ela. Em geral, nós somos bons nas coisas de que gostamos. Uma pessoa cuja aptidão favorita não se alinha com a função que exerce acaba tendo de trabalhar duas vezes mais que aquela cuja capacidade combina melhor com o que ela faz.

+ Eu quero trabalhar para mim ou prefiro trabalhar para os outros? As duas coisas apresentam vantagens e desvantagens.

+ Que serviços, produtos, negócios ou indústrias me atraem?

+ Onde eu quero morar e que opções estão disponíveis nesse lugar?

+ Considerando as respostas às questões acima, quem pode utilizar melhor o meu talento e apoiar mais a minha missão?

| COMO VENCER no JOGO da VIDA |

Assim como na exploração de descoberta de sua missão, solte a imaginação nesse exercício. Suas respostas podem confirmar que você já se encontra no melhor caminho para cumprir sua missão, mas também podem desencadear uma mudança de carreira grande ou pequena.

Ao explorar suas opções, cuidado para não excluir o que não tem charme. Veja o negócio de pneus, por exemplo. Há 23 anos, eu pesquisei a indústria de pneus e a automobilística e descobri um vasto setor comercial na época considerado pouco profissional, sujo e banal. Isso não me desanimou. Para mim, essas qualidades indicavam que era um segmento do varejo malservido e pouco explorado. Talvez, pensei, não mais do que talvez, eu consiga afetá-lo positivamente; dar às pessoas uma experiência que não estão tendo mas que decerto merecem. Depois, quando entramos no negócio, imaginei que talvez conseguíssemos até influenciar toda a indústria. Não seria a primeira vez. Basta pensar no que era a indústria de parques temáticos antes do "elemento Disney": um carnaval. Há diamantes brutos em toda parte, escondidos bem diante dos nossos olhos.

Decisões, Decisões, Decisões na Carreira

Nas encruzilhadas de uma decisão sobre uma determinada carreira profissional, tente uma das seguintes estratégias para pesar suas opções. A primeira delas é boa para uma análise rápida. A segunda é melhor paras as decisões em profundidade, mais complexas.

OPÇÃO 1. O BALANÇO DE BENJAMIN FRANKLIN ✦ Freqüentemente usado como instrumento de análise, o chamado balanço de Benjamin Franklin é muito simples. Trace uma linha vertical no centro de uma folha de papel. Chame essa folha de Opção A. Na coluna da esquerda, escreva os pontos positivos de uma decisão em favor de determinada função ou empresa. Na da direita, anote os aspectos negativos. Pegue outra folha de papel para a Opção B e repita o processo. Em seguida, é hora de recorrer à aritmética.

OPÇÃO 2. PESAR E AVALIAR ✦ Este é um modelo eficaz de tomada de decisão para confrontar entre si duas ou mais decisões complexas. Sua beleza está em considerar tanto o valor relativo dos fatores que você está examinando quanto a possibilidade de uma opção particular oferecê-lo. No exemplo abaixo, suponhamos que você tenha duas oportunidades de trabalho. Uma oferece excelentes condições de trabalho; na outra, o salário é melhor. Em vez de agarrar esse terrível dilema pelos chifres, vamos examinar mais detidamente cada oferta.

1. Escreva na coluna mais à esquerda os fatores que pesam em sua decisão. Faça essa lista do tamanho que quiser.

2. Determine a importância que cada fator tem para você (no exemplo, a coluna A), atribuindo-lhe um valor de 1 a 10, sendo 10 o maior. Pode usar os números duas vezes. No exemplo, a oportunidade de receber mais instrução e a cultura

	Opção de trabalho 1		Opção de trabalho 2	
As coisas que quero obter com o trabalho	A Importância desse fator para mim	B Probabilidade de o emprego oferecer isso SUBTOTAL	A Importância desse fator para mim	B Probabilidade de o emprego oferecer isso SUBTOTAL
Horário de trabalho flexível	10 X 10 = 100		10 X 5 = 50	
Dinheiro suficiente	8 X 4 = 32		9 X 10 = 90	
Pacote de vantagens	8 X 6 = 48		8 X 7 = 56	
Chance de aprimorar minha educação	6 X 8 = 48		6 X 5 = 30	
Cultura empresarial de giro	6 X 9 = 54		6 X 3 = 18	
TOTAL DE PONTOS	282		244	

empresarial têm mais ou menos a mesma importância, de modo que a ambas é atribuído o valor 6.

3. Agora procure avaliar a probabilidade de que cada opção de emprego lhe ofereça o que você quer (no exemplo, a coluna B). Uma vez mais, aplique os valores de 1 a 10, correspondendo a 10 a maior probabilidade. Se lhe faltarem informações para avaliar, pesquise. Você precisa saber.

4. Agora multiplique a coluna A pela B para chegar ao subtotal da avaliação de cada fator, depois some os subtotais para encontrar o resultado final.

Esteja você utilizando o balanço de Benjamin Franklin ou uma análise de peso e valor, não esqueça que essa é apenas uma parte do processo de tomada de decisão. Complemente o aconselhamento e a análise com a intuição. Se os dois primeiros falharem, você ficará com a sua intuição. Esse sentimento que vem das entranhas, que lhe diz que decisão se ajusta a sua missão, é uma voz inegável a pregar no deserto. Dê-lhe ouvidos. Confie em si mesmo. Acompanhe aquilo em que o equilíbrio da lógica e da intuição o deixa à vontade, faça que suas decisões, sua carreira ou o que for se tornem um veículo para alcançar o bem maior.

As escolhas profissionais conscientes são produto de muitas considerações. Observe cautelosamente as aspirações que o orientam. Equilibre a pressão de ganhar bem com seu fluxo financeiro. Inclua os entes queridos nas decisões profissionais. E inclua em sua vida os conceitos aplicáveis deste livro. Formule seu avanço pessoal e seu plano de jogo na carreira; isso o ajudará a estar plenamente presente quando for iniciante e a colher ainda mais recompensas no fim da vida.

No Trabalho

A declaração de missão da maioria das empresas deve estar empoeirada em um canto qualquer, mas é um documento importante. Tire o pó da declaração de sua empresa, estude-a com cuidado e veja até que ponto ela se alinha com sua missão pessoal. Então, em cada oportunidade, defenda a missão de sua empresa — ou as partes dela que são significativas para você. Leve-a em consideração nas decisões do dia-a-dia. Naturalmente, cada atitude que você tomar que dê suporte a uma missão empresarial afim há de apoiar sua missão pessoal.

Seja qual for a sua posição, dê a ela mais importância do que você imaginava que tivesse. Empenhe-se em suas metas profissionais e informe como os outros podem ajudar a equipe como um todo. Peça ajuda para elaborar uma agenda positiva. Quanto mais orgulho você sentir e mostrar por sua função, tanto mais os outros valorizarão seu trabalho. As gratificações incluirão mais respeito por si mesmo e quem sabe até uma promoção.

Um exemplo inusitado e inspirador é Wally, o Homem da Cerveja, um ícone de Mineápolis. Wally passou quase um quarto de século vendendo cerveja nos eventos esportivos das Cidades Gêmeas. O sorriso largo e as piadas ágeis valeram-lhe muitos fãs e o transformaram numa verdadeira celebridade regional. Sua personalidade e seu compromisso com uma ocupação que muitos considerariam modesta acabaram levando-o à propaganda na televisão e às camisetas "Wally, o Homem da Cerveja". Pode-se aprender muito com um sujeito como ele.

Pense em seu trabalho. Seja você presidente de uma multinacional ou recepcionista, pergunte-se como ser apaixonado assim como Wally, o Homem da Cerveja. Em outras palavras: como dar mais valor às pessoas com as quais e para as quais você trabalha? Tome a iniciativa de expandir sua posição. Considere-a uma missão mais elevada do que você imagina. Lembre-se, se a missão de sua empresa for até certo ponto coerente com a sua, então é realmente uma missão superior.

O Dinheiro Conta

Grana, tutu, cobre, gaita, bufunfa. Tenha o nome que tiver, o dinheiro representa uma das relações mais misteriosas e malcompreendidas das quais tomamos parte. Sua dinâmica nos define mais do que estamos dispostos a admitir: da energia que empregamos para obtê-lo às coisas que somos capazes de fazer por causa dele, dos sentimentos que acalentamos por ter tão pouco até o modo como definimos "riqueza". Nossa relação com o dinheiro tem o poder de afetar as outras. Determina se sentimos que temos muito pouco, se o acumulamos, se o empregamos em propósitos negativos ou para afetar positivamente os demais. Certas pessoas juntam fortunas para deixar para os filhos, ao passo que outras gastam de maneira pensada, comedida, espalhando satisfação enquanto estão vivas para ver os benefícios.

Tanto quanto tende a exalar um aroma exuberante, o dinheiro pode ter um lado particularmente feio. A relação insensível com ele é capaz de produzir consumo excessivo e negligência com a Terra, com seus recursos e com as pessoas que a habitam. Sejam as novas pilhas de valores no mercado de ações, sejam as ondas de falência entre as pessoas de 30 e 40 anos ou os débitos cada vez mais elevados das de vinte e poucos, tudo estimula a confusão que os norte-americanos sentem na relação com o dinheiro.

Eu sei o que é sofrer pressões financeiras. Aos 20 ou 30 anos, não era nada fácil saciar o apetite monetário de uma jovem família e de uma empresa recém-inaugurada. A Ready Reserve era uma amiga sempre presente, e as linhas traiçoeiras do cartão de crédito, um mal aparentemente necessário: enquanto isso eu lutava furiosamente mês a mês. As pressões financeiras são, como se sabe, extremamente estressantes e absorventes. Todavia, em meio a tudo isso, o chamado despertador que tocou três vezes lembrou-me, inequivocamente, que o desenvolvimento de minha Equipe Interior era uma parte vital da solução.

Então, em meados da década de 90, com os filhos crescidos e a empresa lucrando, foi uma surpresa perceber que eu me sentia cada vez mais culpado pela minha prosperidade. A luta de tantos anos passara a ser a norma, de modo que a súbita ausência de pressão para pagar fez-me sentir que o dinheiro era uma coisa ruim ou que, pelo menos, eu não o merecia. Foi quando tive um estalo: eu precisava reavaliar o papel do dinheiro em minha vida e redefinir o significado de "merecer". Dei-me conta de que a palavra implica a responsabilidade de colocar a prosperidade a serviço do bem dos outros, além de me dar autorização para gozar o fruto do meu trabalho.

Ingênuo ou não, eu vejo o dinheiro como uma forma de energia — um raio de gratidão talvez — que apontamos para as pessoas que nos dão coisas; não se trata de algo que tenha valor em si e por si. Afinal, nós recebemos dinheiro quando gastamos energia. Ele é o meio de troca com que se adquire parte da energia de uma pessoa disposta a trabalhar por uma coisa que as outras querem. Se você manda um mecânico consertar sua bicicleta, está realmente trocando a energia que ele gasta no conserto pela que você queima no trabalho. É uma permuta metafísica.

O Custo Real de Fazer Dinheiro

Falando em termos gerais, quanto maior forem nossas vontades e necessidades materiais, mais energia devemos dedicar a fazer dinheiro. As oportunidades de enriquecer depressa e honestamente são escassas, e ganhar na loteria raramente se mostra uma estratégia financeira sadia. A maioria das pessoas "compra" dólares gastando tempo, energia e atenção reais.

Entrementes, os publicitários estão mais que dispostos a alimentar nossa visão das pilhas cada vez mais altas de coisas de que precisamos para ser felizes: casas mais luxuosas, telefones menores, televisores maiores, qualquer coisa com a grife certa. As legiões que se deixam levar pelo apelo da propaganda não tardam a perceber que ter um guarda-roupa na última moda ou uma casa repleta de bens de última geração é uma corrida que não tem fim.

No lado oposto, alguns estão reagindo com movimentos como a Simplicidade Voluntária e as comunidades residenciais, que representam milhões de pessoas e reduzem as necessidades, simplificando o estilo de vida e rompendo o círculo vicioso de trabalhar mais tempo e mais intensamente em troca da capacidade de gastar cada vez mais. Basta desacelerar esse ciclo para que haja menos despesa e se possa viver com uma renda menor. O resultado é mais tempo para a família, os amigos, você mesmo e o mundo.

Muita gente vive entre esses dois extremos do espectro, esforçando-se para equilibrar o conforto, a segurança e a qualidade de vida. Não é tarefa fácil construir uma casa num bairro desejável, pagar a educação, a previdência privada e ainda fazer viagens memoráveis com a família, assim como gozar as outras coisas boas da vida.

A pergunta difícil é: quanto você está disposto a sacrificar no altar dos desejos e necessidades materiais? É natural que essa decisão afete sua escolha de trabalho e tenha um impacto direto sobre todos os que lhe são próximos, particularmente sua família e seu parceiro.

Eu decidi ser empresário aos 29 anos, iniciativa que privou minha família de muito tempo comigo e vice-versa. Se tivesse sido mais sensato, eu a teria envolvido mais na decisão de fazer uma profunda mudança de carreira. Juntos, teríamos examinado as vantagens e desvantagens e tomado uma decisão consciente em vez de discuti-la em termos genéricos que se esquivavam do impacto total. Olhando para trás, vejo que construir uma empresa a partir do zero, com toda a ansiedade e o empenho que isso envolve, prejudicou minha capacidade de estar tão presente, mental, emocional e espiritualmente, quanto eu gostaria dos 30 aos quarenta e poucos anos. Foi um preço alto a pagar.

Que recompensa trouxe todo esse sangue, suor e medo até agora? Em parte, o sacrifício em nome da carreira nos anos da mocidade permitiu-me, na década passada, dispor de muito tempo para passar agradavelmente com meus filhos, meus pais e minha companheira, viajando e desenvolvendo interesses como escrever e falar em público. Também fui abençoado com a capacidade de dividir meus bens materiais com os entes queridos.

No entanto, quando penso na facilidade com que o dinheiro é capaz de ocupar totalmente o centro da nossa vida, estremeço. Seja por necessidade ("Eu possuo, eu possuo, portanto vamos trabalhar"), seja pelo afã de ter mais do que já temos se não formos vigilantes, o dinheiro pode tomar o lugar de relações mais valiosas.

De Quanto Você Precisa, Quanto Você Quer?

Por onde começar? Antes que você pegue a calculadora ou aponte o lápis, vamos levar em consideração um fator mais básico na vida financeira. Não há necessidade de nenhum talento matemático para responder a esta pergunta: de quanto dinheiro você precisa, ou quanto você quer? Qualquer um é capaz de traçar uma linha entre suas vontades (a cobertura) e suas necessidades (o bolo). Enquanto você não traçar essa linha e seguir tomando decisões motivado pelas pressões externas, e não pelos desejos orientados pela missão, é grande a possibilidade de que acabe perdendo o rumo.

Quando sinto cócegas insensatas de ouvir o tlintlim da caixa registradora, evoco a imagem de um homem que fiquei conhecendo no interior da Índia. Com a ajuda de um intérprete, ele me perguntou por que os norte-americanos tinham "tanta coisa". Tomado de surpresa, eu perguntei qual era sua opinião. A perplexidade se estampou em seu rosto até então sereno; e ele respondeu:

— Eu não entendo. Tenho família, tenho o que comer e tenho um teto sobre minha cabeça. De que mais preciso?

De fato, grande parte da "tanta coisa" que queremos é apenas a cobertura do bolo dos bens fundamentais com que já fomos abençoados.

De quanto dinheiro você precisa para cumprir sua missão? Quanto quer ter além dele? Examine a lista de necessidades e vontades que elaborou ao determinar sua missão e pergunte se ela está alinhada com a maneira como você gasta dinheiro atualmente.

O Dinheiro em Movimento

Muita gente tende a gastar à toa, contrariamente a sua missão e até a seu compromisso com um determinado plano de despesas. Se você fica apertado ou não sabe ao certo em que gasta o seu dinheiro todo mês, uma olhada na fatura do cartão de crédito ou no canhoto do talão de cheques pode fazer revelações chocantes.

Ao examinar sua relação com o dinheiro, observe suas despesas habituais. Faça as seguintes perguntas a você mesmo:

+ O que me motiva a depenar meu cartão de crédito?
+ Eu compro para me recompensar?
+ Eu planejo cuidadosamente minhas despesas, ou vou comprando a esmo?

Tente monitorar seu estado emocional e psicológico quando põe e tira a mão do bolso. Se ser econômico reflete uma decisão consciente para simplificar a vida, tanto melhor. No entanto, a coisa é muito diferente se sua frugalidade se alicerçar na insegurança e num medo infundado da escassez e da pobreza, tudo isso relacionado com a avareza e a estreiteza de espírito. Na outra ponta do espectro, a prodigalidade pode ser sadia ou não. Esbanjar para espalhar os benefícios da abundância entre os demais decerto ajuda sua missão. Todavia, a liberalidade pode ser a maneira de certas pessoas compensarem a pouca auto-estima comprando para impressionar o vizinho ou o colega de trabalho. Todas essas são formas de auto-sabotagem financeira capazes de comprometer suas prioridades mais preciosas. Como em qualquer outra coisa, descobrir a motivação e os gatilhos básicos, coisa que só você pode fazer (sozinho ou com os métodos descritos no capítulo 5), é decisivo para entender essa misteriosa relação.

| COMO VENCER no JOGO da VIDA |

Controle o Dinheiro

O dinheiro controla a sua vida? Tal como eu fiz durante algum tempo, pode ser que você esteja correndo de uma conta para outra, ao longo dos anos, sem nunca parar um pouco para perceber o fato de que o dinheiro existe para nos servir, e não o contrário. Como mudar a maré?

Assuma pessoalmente a responsabilidade por suas finanças. Reserve tempo para examinar claramente a realidade de sua situação financeira. Sozinho ou com a ajuda de um especialista, saiba onde você se encontra.

Defina metas e anote-as. Já ouviu falar nisso? Exatamente como nas outras coisas da vida, chegamos mais depressa aonde quer que seja se tivermos um plano na mão. Reveja seu plano anualmente e reformule suas estratégias. No trajeto, desenvolva-o com aqueles que serão afetados por ele, de modo que todos estejam na mesma página financeira.

Instrua-se sobre os conceitos básicos do planejamento financeiro. Pode parecer um fetiche, mas compreender os efeitos das altas faturas do cartão de crédito, como um dólar investido hoje pode equivaler a mais de três aplicados ao longo do caminho e como seu dinheiro encolhe com a inflação são coisas capazes de ajudá-lo a fazer escolhas mais sensatas. Leia, entre na Internet ou converse com um profissional de finanças para se informar sobre os conceitos de administração do dinheiro que se apliquem a sua situação.

Guarde para o inesperado. Nós todos sabemos que a vida pode mudar de uma hora para outra, e isso, quando acontece, costuma custar caro. Proteja-se dos percalços financeiros administrando os riscos no nível correspondente a sua situação. Verifique se está adequadamente coberto por

+ convênio médico

+ seguro de invalidez

+ seguro de vida

+ seguro profissional

+ testamentos, procurações etc.

Associe-se a consultores financeiros, pagos ou não, para contar com o apoio e a informação de que precisa para realizar seu plano de jogo.

Agüente Firme... Futuro à Vista

Certamente, o futuro não é barato, portanto, a conveniência de orçar hoje as necessidades de amanhã pode parecer mais do que óbvia. Entretanto, muitos norte-americanos chegam ao ocaso da vida com mais bolas de golfe que planos financeiros. Em nossa cultura *carpe diem**, raramente sentimos necessidade de planejar o

---

* *Carpe diem* (Latim), aproveitar o dia, viver o momento, aproveitar ao máximo as oportunidades presentes.

futuro. Muitos acham mais fácil imaginar-se viajando com o circo do que aposentado.

Há muitos anos, meu velho amigo Skip Thaler deu-me uma lição importantíssima sobre separar alguns centavos para a aposentadoria. Uma noite, quando tínhamos vinte e poucos anos e estávamos tomando cerveja, ele expôs o plano que lhe permitiria aposentar-se aos 50 anos. Um quarto de século depois, foi o que fez. Em 1994, inaugurou sua nova carreira de marinheiro. Enquanto isso, eu continuo trabalhando.

A MÁGICA DOS JUROS ACUMULADOS ✦ Acumular juros é um conceito financeiro básico com o qual vale a pena envolver a mente.

A idéia, que segundo Skip é pouco menos que a oitava maravilha do mundo, parte do princípio simples de que todo dólar investido rende juros que vão se acumulando ao longo dos anos. Com o tempo, não só aquele dólar continua rendendo juros como também os próprios juros passam a rendê-los. Basicamente, quanto mais tempo ficar aplicado, mais o dinheiro crescerá, e o efeito é assombroso.

Em outras palavras, quanto mais cedo começarmos a economizar para a aposentadoria, menos precisaremos guardar para atingir determinada meta. Responda depressa: o que rende mais, 12 mil dólares investidos durante quarenta anos ou 36 mil aplicados durante trinta? Se os dois investimentos renderem 8% ao ano, a importância menor, num período mais longo, renderá uns 50 mil dólares a mais que a quantia maior em menos tempo. Aplicando o dinheiro cedo, podemos começar com menos e acabar com mais. E, como mais cedo é melhor que mais tarde, é bom lembrar que hoje é mais cedo que amanhã.

A APOSENTADORIA NO HORIZONTE ✦ Você já decidiu quando quer se aposentar? Há muitos quilômetros de distância entre *escolher* e *ter de* trabalhar mais tempo. Definir uma idade permite que você faça um cronograma para estabelecer metas financeiras claras. Olhe para o horizonte. Quando você avistar a idade ideal para iniciar o próximo capítulo da sua vida, o trabalho passará a adquirir significado e a dar satisfação. Além disso, você se sentirá menos tentado a abrir mão de sua missão, que é a maneira mais rápida de se tornar um morto-vivo.

Ouvindo os Profissionais

Se essas largas pinceladas o levaram a pensar na vida financeira presente e futura, talvez valha a pena pesquisar as particularidades de sua situação com um profissional das finanças. Pode parecer um tanto absurdo: gastar dinheiro para ser orientado sobre como gastar dinheiro. Não obstante, os serviços que um planejador financeiro oferece vão muito além disso, e, em vista da complexidade das finanças, sua especialidade pode ajudar a esticar e aumentar os dólares de maneiras que você é incapaz de perceber. Imagine os consultores financeiros como mentores do dinheiro. Mas não pense que eles existem só para os que estão bem de vida. Nunca é cedo — nem tarde — demais para procurá-los.

| COMO VENCER no JOGO da VIDA | 271

Se você estiver seguindo a rota profissional, peça indicação aos amigos e cole-gas; em seguida, entreviste vários antes de escolher aquele que o orientará correta-mente em seu plano de jogo. Não se deixe intimidar por seus títulos nem por seu jargão. Peça esclarecimento para tomar uma decisão fundamentada. Tome nota durante as consultas para compará-las e revê-las posteriormente. Eis algumas per-guntas importantes a fazer a um eventual consultor financeiro:

1. Qual é a sua bagagem profissional?

2. De que recursos o senhor e sua empresa dispõem (consultoria jurídica, fis-cal, tecnológica)?

3. Como funciona a sua estrutura de honorários?

4. O senhor vende algum produto financeiro?

5. Que processo segue com os clientes? Como vamos começar? Com que fre-qüência conversaremos sobre meu progresso financeiro?

6. Como vamos avaliar se nosso curso de ação está tendo sucesso?

7. O senhor tem uma lista de clientes para os quais trabalhou que poderiam conversar comigo sobre a experiência que tiveram?

Depois de ter falado com o conselheiro potencial, pergunte a si mesmo:

1. Eu fico à vontade com essa pessoa? Sinto que temos valores financeiros semelhantes?

2. Ela parece genuinamente interessada em minhas necessidades e nas particu-laridades de minha situação?

3. É especialista na área que me diz respeito (por exemplo, plano de previdên-cia, consolidação das contas, seguros, ações) e me dá acesso a toda uma série de produtos?

4. Prefiro trabalhar com um planejador financeiro que seja consultor e seja remunerado com honorários fartos, ou com um que venda produtos? Se eu preferir este último, ele vende uma ampla variedade de produtos e tem conhecimento em todas as áreas? A pessoa em quem estou pensando combina com minha preferência?

5. Posso confiar meu dinheiro a essa pessoa? Eu acredito que ela é objetiva em suas recomendações? Estou disposto a seguir-lhe os conselhos?

Como em qualquer determinação, combine a lógica com a intuição. Tendo compreendido suas metas e seus valores financeiros, um bom consultor pode vir a ser um jogador decisivo na elaboração de um plano financeiro vitorioso.

A Missão do Seu Dinheiro

Escrever um declaração de missão financeira é uma ótima maneira de pôr em pers-pectiva sua relação com o dinheiro. A partir dessa declaração, você pode criar planos de ação e estratégias de despesas que dêem suporte às suas metas. Cada passo do processo pode ser simples ou complexo, dependendo das circunstâncias específicas. Um consultor financeiro é capaz de ajudar muito nesse aspecto, principalmente se você estiver inseguro na avaliação de suas necessidades previdenciárias (uma área do planejamento financeiro que muitos norte-americanos evitam, como passar as férias de inverno na Sibéria). Aqui estão algumas considerações básicas para determinar sua declaração de missão financeira:

1. Examine a sua declaração de missão pessoal e familiar (discutida mais adiante neste capítulo) e decida de quanto dinheiro você precisa ou quanto está disposto a gastar para ter o que quer na fase atual da sua vida. Imagine um, três, cinco anos. Se tiver esposa, companheira ou filhos, peça-lhes ajuda para implementar esse plano e saber o que eles querem dar e receber nos anos vindouros.

2. Avalie sua renda atual.

3. Avalie sua despesa atual. Categorize as principais áreas de gastos mensais. Determine quais despesas são fixas (como as da casa) e quais podem ser alteradas (como as de lazer) para ajustar-se melhor às metas inspiradas por sua missão. Procure saber não só *onde* você gasta dinheiro, mas também *como* e *por quê*.

4. Compare sua renda atual com as despesas. Como elas se relacionam?

5. Estime quanto quer e precisa para o futuro. Quantos anos você ainda tem pela frente até a época em que gostaria de se aposentar? Quanto terá de economizar por mês ou por ano até lá? Quanto os seus ativos atuais — economias, planos de previdência, aplicações — afetam a sua capacidade de atingir essas metas de aposentadoria futura? Estude os serviços financeiros *on-line*, os livros ou procure um consultor para compreender plenamente esse aspecto crucial.

6. Escreva sua declaração de missão em tópicos que exponham como você gostaria de repartir sua renda nos próximos anos, os compromissos financeiros negociáveis e os que são mais flexíveis. Inclua objetivos comportamentais, assim como financeiros, se perceber que a maneira como gasta dinheiro afeta o seu bolso tanto quanto a quantidade de que você se desfaz.

7. Discuta as prioridades, os valores e as estratégias com as pessoas afetadas. Construir o consenso em cada decisão é importante na medida em que todos participam do plano e ninguém se sente no escuro quando se trata de razões além das decisões de despesas cotidianas.

8. Reveja o plano e elabore uma nova estratégia anualmente.

Sejam quais forem as suas metas e as estratégias para alcançá-las, fique alerta para evitar que o dinheiro e o que ele pode comprar lhe sabotem a vida. Suas determinações finais quanto ao lugar que o dinheiro ocupa em sua missão afetará seu estilo de vida, sua capacidade de desfrutar esse estilo e a quantidade de tempo e energia que você poderá oferecer para os entes queridos. Na rede de relações, não há vias de mão única.

Essa Coisa Maravilhosa Chamada Amor

Alguns dizem que o dinheiro faz o mundo girar; eu acho que é o amor. Uma relação amorosa com a esposa, a companheira, a parceira pode ser uma força orientadora que nos ajuda a descobrir nossa missão e manter a rota nos tempos difíceis e também nos fáceis. Idealmente, uma relação amorosa ajuda-nos a ver e a ser a pessoa que estamos destinados a ser. Desse modo, um abraço de amor pode ser ao mesmo tempo o círculo mais íntimo da relação humana e o mais expansivo.

O amor é um grande remédio: grande para a saúde e grande para a alma. São muitos os estudos que confirmam isso: em média, as pessoas que têm relações amorosas vivem mais e são mais felizes que as que não se relacionam. Embora certamente seja possível realizar-se *sem* esposo, parceiro, companheiro, amante (pouco importa o termo), esse tipo de relação particularmente amoroso engendra oportunidades únicas de crescimento e apoio.

A relação amorosa é a fusão de duas personalidades, a co-criação de uma terceira realidade nitidamente separada. É um minimilagre. Um relacionamento exige comunicação, compromisso e compreensão para ligar bagagens, níveis de instrução, orientações emocionais e capacidades de comunicação divergentes. Quando duas pessoas se unem numa sinfonia sinérgica de necessidades e desejos, torna-se inevitável uma espécie de evolução (mútua e individual). A velocidade e a direção da mudança de cada parceiro, tanto no crescimento pessoal quanto no profissional, variam. Mas, se a defasagem no crescimento aumentar, os dois precisarão fortificar os vínculos dedicando mais tempo a atividades e interesses comuns. Um bom exemplo é o meu querido amigo Bill Jorgensen. Ele me conta que tem com a esposa, Joan, um relacionamento de 32 anos que floresce na convicção de que "uma hora por dia torna o médico dispensável". A dedicação a escutar diariamente manteve sua relação forte enquanto criavam os filhos, e continua mantendo.

Alguns apontam para a idéia equivocada de que os filhos são importantes para preservar a união do casamento. Na verdade, a "família" existe em qualquer casal que tenha uma relação amorosa, como há 25 anos mostram meu irmão Gary e sua esposa, Pam, numa das relações mais fortes que eu já presenciei.

Procurando o Amor?

Por que certas pessoas nos atraem e outras não? Parte da resposta a essa pergunta esotérica está na química, essa misteriosa força magnética que desafia qualquer explicação. Contudo, há outros fatores de atração além da química pura. Um dos mais poderosos? Duas pessoas que se encontram em momentos semelhantes da vida, seja no crescimento pessoal, seja na carreira. Aprendendo a amar a nós mesmos, por exemplo, atraímos pessoas que sabem se amar — e, por isso, sabem amar os outros.

Quando temos absoluta clareza quanto às nossas vontades e necessidades, temos mais possibilidade de achar um parceiro ou parceira cuja missão combina com a nossa. Imagine-se construindo o perfil de seu parceiro perfeito: os comportamentos, as feições, as características e os interesses. Depois peça que essa pessoa entre em sua vida, se isso estiver de acordo com o Plano Universal. Um publicitário bem-sucedido de quarenta e poucos anos, que eu conheço, escreveu esse perfil, e, pouco depois, sua alma gêmea apareceu. Hoje estão casados e são felizes.

Evite modelar um tipo. Muitas vezes, as pessoas excluem parceiros saudáveis por estarem fixadas na idéia de que precisam ser amadas por certo tipo de gente para se sentirem bem. Isso limita as opções e elimina injustificadamente os outros. Deixa-nos cegos para pessoas que combinam perfeitamente conosco, embora não sejam exatamente as que esperávamos encontrar. À guisa de exemplo, eis um punhado de qualidades que eu valorizo numa relação amorosa:

+ **Flexibilidade.** Como dizia John Lennon, a vida é o que lhe acontece quando você está ocupado em fazer outros planos. Ou seja, nosso tempo na Terra é cheio de surpresas. Eu gosto de parceiras que vêem a vida com um olhar positivo e acolhem as mudanças.

+ **Franqueza e cuidado.** Uma parceira amiga me ajuda a crescer. Apóia aquilo que eu faço bem e oferece um retorno sincero nas coisas em que preciso melhorar. Essa capacidade depende do fato de um dos parceiros ter a tendência inconsciente de controlar, o que pode dissimular a necessidade de criticar.

+ **Solução sadia de conflito.** O conflito pode trazer à tona o pior e o melhor de um parceiro. Para mim, ela precisa ser capaz de escutar abertamente os meus pensamentos, assim como de comunicar serena e francamente os seus. Superar as lacunas dos mal-entendidos aproxima mais o casal. As coisas não resolvidas só servem para erguer barreiras no abismo cada vez maior que se abre entre os dois.

+ **Desejo de crescer e aprender.** A vida não pára, por que então nós haveríamos de parar? Eu gosto de transmitir e receber um fluxo contínuo de idéias e experiências novas. Esse tipo de transferência de mão dupla cria uma equipe dinâmica, infinitamente estimulante.

+ **Valores e interesses comuns.** Embora duas pessoas não compartilhem todos os interesses, é bom que, no fim do dia, tenham mais do que a geografia e dois olhos em comum. Há vínculos espirituais e intelectuais suficientes para manter a relação coesa e progredindo sempre? Eu desfruto de um equilíbrio entre meus interesses individuais e os que tenho em comum com minha parceira Mary.

Oito Princípios para Aprimorar a Relação Amorosa

Numa relação amorosa saudável, o estado de intimidade produz alegria e aprendizado infinitos. Intimidade, para mim, é mais que amor físico. Trata-se da intimidade completa, da que toca todas as camadas e todos os níveis do nosso ser: o físico, o psicológico, o intelectual, o emocional e o espiritual. Com origem na palavra latina *intimu*, que significa "mais interno", o estado de intimidade compele-nos a tirar as máscaras e a ousar compartilhar os pensamentos e os sentimentos mais profundos. Ter intimidade com alguém é saber vê-lo por dentro.

Você pode criar um porto seguro para dois. Simplesmente revele-se e deixe que seu parceiro ou parceira se abra sem medo de julgamento. Esse tipo de confiança potencializa o lado sensual do relacionamento. Amalgama o corpo com o espírito, impregnando a intimidade de força mística.

O que fazer para aumentar a alegria da intimidade? Depois de um divórcio — e não apenas de um pouco de pesquisa da alma e de análise — eu cheguei a oito princípios que me ajudam a manter o rumo.

1. **Concentre-se em seu próprio crescimento pessoal, não naquilo em que seu parceiro deveria crescer.** Eu costumava ouvir as dicas sobre o crescimento pessoal à luz das coisas que minha parceira devia fazer, e não daqueles em que *eu* precisava melhorar. O compromisso de vida com o crescimento psicológico e espiritual leva as perspectivas e as prioridades a um terreno mais sadio, não só em você, mas também nas pessoas que o rodeiam, incluindo o amor de sua vida.

2. **Resolva as diferenças à medida que acontecem.** É impossível *não* achar erros nas outras pessoas, principalmente naquela com quem moramos. Porém os erros, no grande quadro da vida, não são senão manchinhas irrelevantes. Verdadeiramente importante é a capacidade de aceitar esses erros ou diferenças, resolvê-los e retornar ao delicioso estado de amor e aceitação. As acusações e as críticas agressivas jamais criaram mudanças positivas e duradouras, e uma acusação sempre suscita uma desculpa.

3. **Dar amor.** Receber amor é um subproduto automático de dar amor. Seguir os dias abençoados do começo do relacionamento, em que o dar nos banha feito um aguaceiro de verão, ajuda a dar passos conscientes na transição para uma vida salpicada de cotidianas dádivas de amor.

4. **Enfrentar os problemas da relação com o mesmo vigor com que enfrentamos os da profissão.** Digamos que você seja natural na profissão. Deve ter notado que os hábitos fluem como rios, contornando os obstáculos. Do mesmo modo, as pessoas preferem fazer aquilo que sabem a empreender coisas em que não são tão boas. Se fizermos, no relacionamento íntimo, o mesmo esforço que fazemos na vida profissional ou nos passatempos de que gostamos, a taxa de divórcios há de cair vertiginosamente. Aceite que as dores do crescimento são inerentes às relações e trate de lidar com elas. Afinal, essas dores não são nada perto da angústia de uma ruptura.

5. **Incluir o outro.** Inclua seu parceiro nas deliberações que cobrem o tempo que vocês passam separados. Ele se sentirá valorizado, envolvido e vinculado.

6. **Enfrentar as emoções negativas.** A raiva, o ciúme, a teimosia e o orgulho podem dificultar a solução das diferenças. Uma auto-estima sadia ouvirá as críticas

276 | Tom Gegax |

e minimizará as reações emocionais negativas sem esperar que elas sejam totalmente eliminadas.

7. **Agir em vez de reagir.** As leis da física não se restringem aos átomos. A toda ação corresponde uma reação emocional. Às vezes é mais sensato não reagir. A raiva, mesmo justificada, não serve para nada. Isso eu aprendi numa sessão de terapia de grupo, há alguns anos, ao observar um sujeito que vou chamar de Gabriel e que era capaz de absorver a raiva de outra pessoa, ver o medo que ela representava e articular claramente o significado do intercâmbio. Era impressionante. Se aquela raiva se dirigisse a mim, eu teria perdido as estribeiras. Porém Gabriel conseguia *agir* quando muitos de nós só sabemos *reagir*. Mas isso não significa que ele suprimisse suas emoções. Gabriel simplesmente não tinha necessidade nem desejo de entrar no círculo da raiva. Não era essa a viagem que ele queria empreender.

8. **Despersonalizar os confrontos.** Já reparou que as pessoas geralmente tendem a apertar os botões emocionais dos outros como num videogame, exatamente no momento em que o recomendável é a mais cuidadosa diplomacia? Por mais irônico que pareça, quanto mais próximas duas pessoas se tornam, mais botões aprendem a acionar. Revelar-se intimamente a uma pessoa é uma faca de dois gumes. A intimidade profunda é o lado bom. O reverso é quando se usa o conhecimento contra aquele que o confiou: nada mais natural do que ficar com raiva do depositário. Eu recomendo a Técnica do Sanduíche, além dos três métodos que seguem, para enfocar o problema, não a pessoa.

+ *O processo dinâmico de dar e receber é mais importante que o resultado de uma disputa.* É constrangedor pensar nos probleminhas que desencadeiam verdadeiras campanhas de terra arrasada. Esclareça que o seu objetivo fundamental é melhorar a relação, e não sair ganhando a qualquer preço. Ganhar à custa do parceiro significa perder à custa da relação. Evitar os resultados perigosos requer que, agora e depois, você vá ao encontro do parceiro um pouco além da metade do caminho. Em vez de se preocupar com o que saiu perdendo, concentre-se no que ganhou. Pense em algo como respirar, quem sabe sorrir e dizer com delicadeza: "Estou vendo que isso é mesmo importante para você, então também é para mim".

+ *Evite a arqueologia pessoal.* A história antiga fica bem nos museus e nos casos que a gente conta, não nas relações. Em vez de escavar os antigos problemas que não podem ser alterados, pergunte-se o que pode ser mudado no momento presente: "O que podemos fazer para minimizar os desentendimentos futuros?"

+ *Primeiro cuide de sua raiva.* Se você está realmente zangado, subindo pelas paredes, respire, faça um exercício, reze, medite — qualquer coisa, desde que seja longe do parceiro — antes de atacar o problema. Depois de falar, podemos, quando muito, suavizar as palavras, nunca retirá-las. Quando as emoções negativas orientam nossa lógica, nós *reagimos* por defesa, em vez de *agir* por amor.

É decisivo dar o melhor de si para que as relações funcionem. As piores dores do remorso provêm do "ia, podia, devia" que ficam nos atormentando quando a última oportunidade de reparação já passou. Ninguém tem todas as respostas. Às vezes não existe resposta nenhuma. O que conta é o compromisso com o que temos de melhor, um fundamento sadio para uma relação forte. Aproveite todo e qualquer instrumento: os cursos, os seminários, os livros, a terapia de casal, a psicoterapia individual, o crescimento espiritual. Estando os parceiros unidos pela intenção de aprender, amar e ficar juntos, as diferenças ajudam substancialmente o relacionamento a florescer.

Fechando o Círculo

Infelizmente, nem todas as relações estão fadadas a durar. Assim como começam e evoluem, algumas terminam inevitavelmente. O fim de um relacionamento, a sua conclusão, como eu costumo dizer (seja ele amoroso, pessoal ou profissional), pode ser a coisa mais caótica do mundo. É gostoso imaginar que se pode fazê-lo com elegância; a realidade é que, às vezes, só a distância e o tempo nos mostram os aspectos positivos que ganhamos. Mesmo quando é evidente que chegou a hora da separação, continua sendo necessário desemaranhar a miríade de fios que entrelaçam duas vidas. Quanto mais antiga for a relação, mais fios há para desenredar.

Terminar um casamento é o mais complicado. Tendo experimentado a dissolução de um matrimônio de 25 anos, eu proponho o divórcio somente como último recurso. Já tinha ouvido falar no quanto era devastador o impacto sobre os filhos, os amigos e a carreira (para não falar em mim mesmo e em minha esposa), mas isso não me preparou para o fato concreto. Vivi o meu pior pesadelo.

Não acredite se disserem que o divórcio é a saída mais fácil. E não subestime as conseqüências e a dinâmica emocional aparentemente infinitas que irrompem com o divórcio, mesmo que seja essa a única atitude possível. Dito isso, pergunte-se se você fez, realmente, tudo o que podia fazer para crescer pessoalmente e adquirir uma perspectiva que desse suporte ao seu relacionamento. Se você puder responder sinceramente que sim e se tiver certeza de que não é capaz de cumprir sua missão se continuar no relacionamento, tome uma decisão fundamentada em seus valores, convicções e crenças.

Os Filhos: Como Educar a Próxima Geração

Sem dúvida, a vida dá lições diárias, algumas boas para o coração, outras de revirar as tripas. Limitada a nossa própria vida, essa sabedoria adquirida é valiosa. Transmitidas aos filhos, ganha o inestimável potencial de forjar um vínculo positivo com aqueles que herdarão nosso mundo.

Nossa sociedade está ligada à Internet, à televisão, a uma parafernália sem-fim. Mas isso não garante o contato com nossos filhos. Ser pai ou mãe é uma das relações mais gratificantes e mais problemáticas que existem. As dificuldades são enormes. Filhos de nossos pais, nós queremos passar aos nossos filhos o melhor bastão que pudermos, melhorando aquilo que for possível. Ser pai ou mãe é a única relação que evolui com o ciclo de vida. Começamos sendo filhos, tornamo-nos pais e muitas vezes voltamos a ser filhos na velhice.

Crescer Juntos

Certa vez, ouvi um homem dizer a um amigo num bistrô de Nova York:
— Meus filhos estão crescendo. Só espero ficar adulto antes deles.

Os filhos acrescentam uma dimensão de responsabilidade que altera de imediato, nos pais, a perspectiva de comportamento, espiritualidade, relacionamento, dinheiro, carreira e futuro. Os atos e decisões que antes afetavam somente você e a seu parceiro ou parceira passam a afetar uma criança inocente incapaz de lhe dizer se você deve passar mais tempo no trabalho ou economizar menos para a universidade. Alguns pais vêem seu próprio crescimento psicológico ou espiritual retardar-se à medida que as exigências rivais dos filhos, da carreira e do casamento colocam em primeiro plano todos os problemas concebíveis. As conseqüências do comportamento pouco sadio são graves quando a pessoa transmite os próprios padrões aos filhos, que não têm critérios para escolher. Embora muita gente resmungue "As crianças de hoje em dia...", é o nosso legado que forma a geração que nos sucede.

Eu acho um ótimo sinal que os jovens casais deixem para ter filhos um pouco mais tarde. Com isso, eles se dão a oportunidade de crescer e aprender a relacionar-se primeiro como casal, e depois como família. Ainda que aprendamos em cada estágio da existência, o progresso ideal, para mim, é primeiro crescer como indivíduo, depois como casal e, finalmente, como pais em desenvolvimento. Todo estágio vem acompanhado de desafios e podem se misturar com os outros. No entanto, todos eles podem se beneficiar muito da atenção concentrada que faltou aos demais.

Passar o Bastão

Eu fui abençoado com dois filhos que me ensinam e me inspiram diariamente. Trent, de trinta e poucos anos, é repórter da revista Newsweek, e Chris, de quase trinta, produz fotografias, vídeos e filmes em sua empresa, a Signal Pictures. Com seu talento singular e sua paixão, são mais do que capazes de passar o bastão da família à próxima geração. Não acredito que os pais devam creditar em sua conta o sucesso dos filhos adultos (nem que devam assumir a culpa de seus problemas), embora possam participar da vida dos filhos, desfrutando-a e solidarizando-se com eles.

Contudo eles têm a responsabilidade de preparar os filhos de modo que, quando lhes passarem o bastão, eles estejam em condições de levá-lo adiante. Acompanhando os estudos dos filhos, os pais podem assumir papéis adicionais, como o de amigo e mentor. Quando os jovens adultos amadurecem, esses novos papéis ficam mais fortes, ao passo que os papéis de "pai" ou "mãe" propriamente perdem a importância.

Equilíbrio, Por Favor

Há evidências animadoras de que, atualmente, os pais passam mais tempo com os filhos do que há vinte anos. Fico satisfeito ao ver que a cultura empresarial de hoje em dia possibilita mais tempo na companhia dos filhos do que antigamente, quando uma doença, os jogos de futebol ou as reuniões de pais e mestres só raramente serviam de desculpa para que um gerente ou diretor faltasse a uma reunião. O Decreto de Licença Médica e Família, de 1993, deu aos pais horários mais flexíveis, creche no local de trabalho e mais compreensão por parte da administração. Agora, os pais e as mães têm mais possibilidade de equilibrar o compromisso com os filhos e a carreira. Há apenas duas décadas, era inconcebível que um pai recusasse uma transferência, mesmo que ela deslocasse os filhos em idade crítica. Atualmente, as famílias têm mais possibilidade de participar dessas decisões e até de vetá-las.

Isso não diminui o desgaste de buscar esse equilíbrio, sobretudo nas famílias em que o homem e a mulher trabalham ou naquelas com muitos filhos. No esforço de continuar competitivo e de apaziguar a bolsa de valores, algumas empresas ainda se sentem obrigadas a pressionar os empregados para evitar a elevação dos custos e a concorrência maior. No entretanto, as tendências que vejo mostram sinais positivos para a saúde da família — assim como as empresas que fazem o possível para favorecer o equilíbrio entre as prioridades profissionais e as domésticas.

Pais de Alto Nível

Ser bom pai depende da qualidade da relação que você tem com seu parceiro ou parceira. A tensão entre o casal, combinada com as perturbações da Equipe Interior, tolhe a nossa capacidade de dar um tratamento justo, cuidadoso e adequado aos filhos. Vivemos nos surpreendendo com as coisas que as crianças observam e lembram. Elas são como pequenos microfones que captam tudo, principalmente os atos e palavras das pessoas mais próximas. Quando conto coisas que meus pais disseram há muitos e muitos anos, eles ficam assombrados com o fato de eu ter escutado — e de ainda me lembrar.

Como suas ações causam uma impressão indelével em seus filhos, vale a pena fazer o possível para seguir um caminho que leve você e eles a um futuro saudável. Viver plena e apaixonadamente envia uma mensagem inegável. Como observou Carl Jung: "Nada tem influência psicológica mais forte [...] sobre os filhos que a vida não vivida dos pais". A capacidade de autotreinamento, que aprimora a sua saúde e fortalece as suas relações básicas, abastecerá o seu tanque para esta parte da jornada. E você vai descobrir que muita coisa que aprende sendo pai ou mãe — por exemplo, estimular a auto-estima do outro, a disciplina construtiva, a empatia do ensino — também se aplica às relações no local de trabalho.

É indescritível a confluência de fatores que moldam uma criança: sua personalidade única, seus genes, o comportamento dos pais e dos pares, a comunidade em que vive. Podemos orientar nossos filhos e até mesmo governá-los com uma vontade de ferro, mas, no final, eles terão de empreender o mesmo processo de aprender, entender e reaprender pelo qual passamos já adultos. Examinar um comportamento positivo ou negativo e tomar a decisão de repeti-lo ou abandoná-lo são coisas que as crianças são capazes de aprender e com as quais podem se beneficiar. Eu gostava muito de ensinar meus filhos e não trocaria essas lembranças por nada neste mundo: treinar seus times esportivos, ensiná-los a andar de bicicleta, a amarrar o sapato, a jogar pingue-pongue, a dirigir.

As tarefas escolares são uma das áreas mais importantes às quais você pode dedicar tempo ensinando e orientando seus filhos. Monitore o progresso deles. Ensine-os a estruturar o tempo. Crie um espaço de estudo, que ajude a aprender, sem pressioná-los para que tenham bom desempenho. A escrivaninha que eu usava no tempo de estudante passou para os meus filhos. Minha ex-esposa e eu os ajudávamos nas lições (ainda me lembro bem dos exercícios de matemática).

Não é fácil estimular os filhos a realizar um nível de excelência. Todo mundo tem padrões, é claro, da escola, dos pais, dos colegas. Mas a questão é encontrar o nível adequado ao filho e desafiá-lo a aprender e crescer sem empurrá-lo para além de sua capacidade. Forçar uma criança a atingir um objetivo excessivamente alto pode causar uma sensação de fracasso ou o medo de tentar. Em vez de empenhar-se quando o aprendizado for muito difícil, pode ser que ela tenda a desistir para, depois, lamentar não ter insistido. Às vezes é difícil perceber que o padrão de desempenho do pai ou da mãe não coincide com o do filho. Negociar o espaço intermediário exige cuidado e sensibilidade.

Demonstre Amor Incondicional

A noção do próprio valor na criança é construída sobre uma base de amor incondicional. Você pode cometer muitos erros no papel de pai ou mãe. No entanto, se acertar nisso, tem ótimas chances de que seus filhos venham a ser adultos capazes de amar a si e aos outros.

Eu vejo broches e adesivos proclamando "Pais Orgulhosos de um Campeão de Hóquei" e "Pais Orgulhosos de um Estudante Destacado". No melhor dos mundos haveria também adesivos que anunciassem o orgulho paterno ou materno desvinculado do desempenho: "Pais Incondicionalmente Orgulhosos". Meus pais amam meus irmãos e a mim incondicionalmente, e eu dou esse mesmo amor incondicional aos meus filhos. O amor que aumenta ou diminui conforme o comportamento não é pelo filho; é amor pelo comportamento. Esteja você orgulhoso ou zangado com o que seu filho faz, o amor por ele, enquanto ser humano, deve ser o que mais brilha.

As crianças precisam de muito amor. Este, no entanto, nada tem a ver com mimá-las e escondê-las sob as suas asas. Isso só serve para criar expetativas divorciadas da realidade do trabalho e da convivência com os outros. A criação sem limites acaba dificultando, para o adulto, reconhecer os limites saudáveis nas relações pessoais e no trabalho. Seria impossível sair da infância. Nenhum empregador ou companheiro seria suficiente. Mimar cria dependência. O objetivo da paternidade e da maternidade sadias é promover a independência, que conduz à interdependência.

A Disciplina Cuidadosa e Construtiva

Há duas formas completamente diferentes de disciplina. A do tipo cuidadoso e construtivo pode fazer a diferença entre destruir a auto-estima de alguém e construí-la com oportunidades de aprendizado. A disciplina, assim como o retorno em situações difíceis no local de trabalho, geralmente ocorre no calor do momento. Se você mesmo não recebeu disciplina cuidadosa quando era menino, pode ser que o seu maior receio — o de repetir os erros de seus pais — se manifeste no momento em que você começar a disciplinar os seus filhos. Se for suscetível a isso, espere um momento para se acalmar antes de enfrentar um problema sério. Seja franco consigo sobre seus próprios sentimentos e motivações.

A disciplina nociva é aquela motivada pelo impulso de provar alguma coisa: "Você vai VER!" Instrutivo é mostrar delicada mas firmemente a uma criança que seu comportamento não está bom, que ele magoa. Isso informa que a criança é amada incondicionalmente e separa dela o ato que ela praticou. "Seu comportamento não está bom" é muito diferente de "Você é uma criança ruim!"

Ajude seus filhos a aprenderem com os próprios erros. A lição é dupla. Quando — e *não se* — você cometer um erro, explique-se e, se for conveniente, peça perdão e siga em frente. Seus filhos terão mais respeito se você não procurar esconder seus erros (pois eles os vêem) nem se justificar com desculpas (que eles não engolem).

Faz parte do papel de pai ou mãe definir as regras e os limites e mostrar as conseqüências da transgressão: um equilíbrio difícil. Lembro que meu filho Trent, na adolescência, às vezes dizia: "Não me ameace". Em outras ocasiões, protestava: "Você não me contou o que aconteceria se eu fizesse isso". Quando a comunicação é cuidadosa, as crianças — qualquer criança — interpretarão as conseqüências como o efeito natural de ter ultrapassado os limites estabelecidos, e não como um castigo. Elas testam os limites constantemente; é uma das maneiras mais importantes de travar conhecimento com o mundo. Também é assim que elas aprendem a conhecer os pais. De sua parte, estes devem estar dispostos e ser capazes de lhes dar espaço, no momento oportuno, para que experimentem as asas que têm. Esteja pronto para sempre achar um meio-termo de modo que seus filhos assumam novas responsabilidades ao mesmo tempo que você os protege dos aspectos da vida que eles ainda estão pouco preparados para enfrentar.

Às vezes demora anos para que os benefícios da disciplina construtiva fiquem visíveis. Aliás, a dor estampada no rosto de seus filhos pode fazer que você ache melhor desistir. Contudo, a recompensa chega quando fica evidente que você criou filhos que respeitam a si mesmos e os direitos alheios. Em alguns casos eles até lhe agradecerão — mais tarde.

Ensine Seus Filhos a Aceitar a Responsabilidade

Aprender a ser responsável é um processo gradual. As oportunidades estruturadas, que dão às crianças a noção de responsabilidade e conseqüência, são a forja na qual elas constroem a independência e a confiança.

Dê responsabilidades a seus filhos em casa, a arena natural da independência. À medida que eles começam a contribuir com os afazeres domésticos, vêem que seus atos têm efeitos e acrescentam valor à vida dos que os rodeiam. É um universo paralelo óbvio do qual eles tirarão lições para as relações que travarem no futuro.

A mesada oferece uma grande oportunidade de ensinar como é a vida real. Diante das pressões de nossa cultura do consumo, nunca é cedo demais para começar a dar mesada. Trata-se de uma importante lição de administração do dinheiro e de sensatez nos gastos. Do modo como eu entendo, é melhor falir aos 12 anos de idade que aos 42. Para espelhar a vida real, nós vinculávamos uma parte da mesada de nossos filhos a responsabilidades específicas. Quando Trent e Chris estavam no fim da adolescência, chegávamos a firmar com eles contratos simples, manuscritos. Os dois assumiam compromissos em troca de privilégios com o automóvel ou apoio financeiro na faculdade, sendo que este último era rateado com base na média de créditos obtidos.

Outra importante oportunidade de educar os filhos consiste em dar-lhes a oportunidade de trabalhar. Um estágio no escritório é um bom começo, mas nada é mais instrutivo que oferecer-lhes (quando a idade permitir) um contato com as vantagens e as dificuldades de uma jornada de trabalho. Desde a adolescência, de vez em quando eu fazia que meus filhos participassem das reuniões importantes da Tires Plus. Numa delas, uma negociação particularmente tensa com a Bridgestonne Tire Company, em meados dos anos 80, Trent me observou envolvido num debate acalorado. Mais tarde, disse: — "Puxa, foi mesmo de lascar!"

Foi a responsabilidade da vida real em ação. Nenhum "sermão" em casa seria capaz de comunicar o que ele viu com os próprios olhos aquele dia em Los Angeles. Além disso, envolver os filhos no trabalho é uma excelente maneira de desmistificar o escritório e acabar com a divisão entre a vida profissional e a pessoal.

É indiscutível, no plano de jogo dos pais, que sempre há espaço para o aprimoramento. Eu levo muito a sério o retorno de meus filhos, particularmente quando eles lamentam não terem sido mais desafiados na adolescência. Por exemplo, quando estava na quinta ou na sexta série, Chris nos pediu para abandonar as aulas de piano. Hoje em dia, ele acha que teria sido melhor se o tivéssemos obrigado a continuar, coisa que resolveu compensar aprendendo novamente e mostrando que nunca é tarde para dar aos pais uma oportunidade de comparecer aos recitais dos filhos. Tanto Chris quanto Trent dizem, retrospectivamente, arrepender-se de não terem levado mais longe a vida acadêmica quando estavam na faculdade. Para criar adolescentes, nos anos 80, um de nossos faróis era a filosofia do "façam o que quiserem", oriunda da idéia do "amor livre", dos anos 60, segundo a qual "o que não mata engorda". Não foi bem assim. Se eu pudesse fazer tudo de novo, procuraria um meio-termo entre soltá-los, para que desenvolvessem a capacidade de tomar decisões, e colocar-lhes rédeas mais curtas nas situações nas quais lhes faltava maturidade para lidar.

Os Canais Estão Abertos?

Muitos pais relacionam-se com os filhos de modo superficial, sem se envolver com suas esperanças, com seus sonhos e medos. E muitas vezes não compartilhamos os nossos com eles. Assim como é importante compreender as necessidades e vontades do parceiro no amor ou nos negócios, é vital entender as dos filhos, pelos quais somos responsáveis.

Fique alerta para os momentos em que eles estiverem abertos, curiosos ou relaxados ou em que se encontrarem num estado de espírito mais reflexivo. Se vierem falar com você, tanto melhor: interrompa o que está fazendo e trate de lhes dar ouvidos. Entre outras coisas, pergunte-lhes o que querem da vida e como você pode ajudá-los a alcançá-lo.

Quando estavam na faculdade, meus dois filhos vieram conversar comigo sobre a carreira, pedindo conselhos sobre a perspectiva de trabalhar na Tires Plus. Em vez de responder, eu devolvi a pergunta: "O que *você* acha de entrar no negócio?" Em ambos os casos, discutimos aberta e objetivamente as vantagens e desvantagens. Eu não queria forçá-los. No fim, tanto um quanto outro escolheram carreiras separadas da minha, e deu certo para eles: e, portanto, também para mim.

Experimente fazer perguntas arriscadas como: "O que você acha da nossa família?"; "O que você faria se fosse o pai (ou a mãe)?" Escute as respostas com atenção. Valorize-as, explore-as. Ajude seus filhos a estabelecer metas a curto e a longo prazos. Acompanhe o resultado das conversas anteriores. Ao mesmo tempo, comunique a eles o que está acontecendo em várias áreas da sua vida. Seja verdadeiro (embora respeitando a idade e a maturidade deles) no que vai bem e no que vai mal.

O sexo, o álcool e as drogas são temas importantes; abordá-los beneficiará os canais de comunicação estabelecidos. Dadas as manchetes do noticiário e o que aparece no cinema e na televisão, não faltarão oportunidades para falar nessas coisas. Não são lições que se devam deixar por conta da escola. Quando tratados incorretamente, esses problemas podem deixar seqüelas para o resto da vida. O abuso do sexo, das drogas e do álcool está tão intimamente ligado aos problemas de auto-estima, amor sadio e intimidade que os pais têm a obrigação particular de ajudar os filhos a transpor esse terreno complexo. Crie uma atmosfera na qual eles se sintam livres para confidenciar absolutamente tudo sem medo de represálias.

Estar disponível no trabalho é importante. Eu sempre observei uma regra, no escritório, no que diz respeito a meus filhos. A qualquer hora que eles telefonem, eu estou disponível, e eles nunca abusaram disso. Quem quer que atenda transfere a ligação, seja qual for a situação. No entanto, houve dias em que eu estava preocupado demais, antes de desenvolver os métodos de administração do *stress*, como a oração em quatro etapas e a respiração concentrada. Nem sempre me era possível desligar-me das preocupações do trabalho e estar presente para ouvir as deles.

Quando acordamos estressados — para muitos, isso significa toda vez que o sol desponta —, e quem está na linha 2 é seu filho, sua prioridade deve ser respirar fundo, relaxar, acalmar-se, deixar tudo de lado e dedicar esse momento a ele. Pode ser difícil, mas vale a pena.

Dizem que os filhos têm uma linguagem própria. Vivem sob o mesmo teto com você, mas suas perspectivas e experiências são muito diferentes das suas. Assim como não se pode partir do princípio de que as pessoas, no local de trabalho, entendem as palavras exatamente como você as entende, não queira isso de seus filhos.

Tente superar os abismos entre as gerações à medida que vão surgindo. É verdade que, hoje, eles são menores devido à velocidade das comunicações globais e ao aparecimento da língua franca da cultura popular. Mesmo assim, faça o que for possível para ver a vida pelos olhos de seus filhos. Entre no mundo deles, mas não espere que eles entrem no seu. Isso ampliará sua perspectiva e demonstrará que você valoriza o mundo de seu filho. Embora eu fosse fã da Motown, certa vez eu passei a tarde no porão, com meu filho Trent, escutando o disco duplo inteiro de um de seus conjuntos de *rock* prediletos (o *London Calling*, do Clash). O esforço necessário para encontrar um terreno comum (no caso, passar algumas horas maltratando os tímpanos) é compensado pela comunicação mais fácil e pelo respeito mútuo.

A Quantidade e a Qualidade do Tempo

O debate sobre a qualidade e a quantidade do tempo ainda perdura. Para mim, a mistura é necessária. A qualidade pode ocorrer a qualquer hora. A atividade não importa tanto quanto a sua atenção. Tarefas banais como lavar a louça ou varrer a casa juntos podem ser uma excelente oportunidade de reforçar os vínculos. As férias criam ocasiões para explorar lugares, idéias e para nos conhecermos mutuamente, coisas que nem sempre podemos fazer nas outras épocas do ano. Agende as férias e outros períodos regulares para ficar junto com seus filhos com o mesmo rigor com que agenda outros compromissos: não seja negligente com isso em nome da falta de tempo ou de outras prioridades. Sair regularmente às quintas-feiras para comer uma *pizza* com a filha ou um jantar especial de família nos fins de semana dá a todos uma coisa pela qual esperar e com que contar.

É comum, depois que os filhos cresceram, os pais lamentarem não terem passado mais tempo com eles. Infelizmente, desejar não vai trazer esses dias de volta. Eu lembro o quanto me doeu essa percepção no dia em que deixei Trent na universidade. Seguindo o meu chamado despertador e o conseqüente crescimento de minha consciência, senti-me tremendamente culpado pelas coisas que podia ter feito com meus filhos, por não ter podido estar mais presente, por não ter feito tudo melhor e mais cedo. Levei anos para superar essa dor. Tive de aceitar minhas imperfeições e entender que fiz o melhor que pude com o que eu sabia na época. Do mesmo modo, fui obrigado a reconhecer as coisas boas que fiz por eles. É claro que ainda sinto remorso. Embora não possa voltar ao passado, esse remorso atualmente me inspira a fazer o melhor possível no tempo que ainda me resta com meus entes queridos.

Na criação dos filhos, a principal responsabilidade é dos pais. Todavia também é vital uma rede estendida de familiares e amigos. O tempo que meus filhos passam com os avós, as tias e os tios dá-lhes uma forte noção de história e uma sensação de pertencer a um grupo, de participar, exatamente como me dava outrora. Algumas de minhas lembranças mais caras? Ficar balançando-me durante horas com meus avós, na varanda, conversando sobre tudo, das motocicletas que passavam na rua até as coisas que vovó e suas irmãs enfrentaram quando o pai delas morreu. Enraizar os sonhos da infância no contexto familiar ajuda-nos a criar asas quando adultos.

A Declaração de Missão da Família

Qualquer empresa tem uma declaração de missão para comunicar sua razão de ser. Já falamos na importância da declaração de missão pessoal e vimos que esses princípios também se aplicam à criação de uma orientadora declaração de missão financeira. Por que não declarar a missão da família? A unidade familiar é outra instituição que pode sair ganhando com uma declaração de missão criada em conjunto. Ela estabelece as expectativas básicas de comportamento, valores, propósitos e dá um ponto de referência segundo o qual todos os membros da família podem medir seus atos, assim como os dos demais.

Pete Selleck, diretor da Michelin Americas Small Tires, contou-me esta história sobre o valor de uma declaração de missão familiar. Num dia de verão, ele estava jogando golfe com Christopher, seu filho de 13 anos. No quinto buraco, Christopher errou e, conseqüentemente, ficou de péssimo humor. Depois de uma advertência que passados dez minutos ainda não havia surtido resultado, Pete encerrou a partida.

Chegando em casa, mandou o filho para o quarto com uma cópia da declaração de missão da família, que todos os membros, incluindo Christopher, tinham elaborado meses antes. Pediu-lhe que anotasse as partes da declaração que ele havia deixado de cumprir no campo de golfe e o que ele precisava fazer para mudar no futuro.

Duas horas depois, o rapazinho apresentou sua análise juntamente com um sincero pedido de desculpas. Desde então, conta Pete, as partidas com o filho (depois de um mês sem golfe nenhum como advertência) tornaram-se muito mais agradáveis. E os Selleck deram mais um passo no sentido de realizar sua visão do modo a expressar a declaração de missão da família.

As Reuniões de Família

Uma empresa não funciona sem reuniões. Do mesmo modo, as reuniões fortalecem a família. A agenda lotada de seus membros pode criar muita falta de comunicação na ausência de um foro claro para a troca de informações. O bloco de papel, na geladeira, pode dar certo durante algum tempo, mas as famílias ocupadas têm necessidade de reuniões regulares cara a cara.

Escolha um dia da semana, como se fosse para uma reunião de negócios, e um horário viável para todos: por exemplo, depois do grande jantar de domingo. Faça com que cada membro se comprometa. Elabore uma pauta, inclua nela as questões pendentes da reunião anterior e pense em novos itens para discussão. Atualizar o programa de eventos e atividades fora de casa costuma ser importante. Surgem questões de tarefas, metas e prioridades no lar. Antes de passar para um novo item, verifique como cada um executou as tarefas da semana anterior. Estimule sem pressionar quando uma cutucada se fizer necessária. Inclua na pauta todo e qualquer retorno positivo. Se alguém levantar um problema específico, responda com uma solução potencial. As reuniões, quando não fazem parte do regime familiar, podem parecer um tanto esquisitas no começo, talvez excessivamente formais. Minimize a formalidade na medida do possível sem comprometer o enfoque. Depois de algum tempo, todos acabarão ficando à vontade.

As Jogadas de Efeito da Vida

A vida faz muitas jogadas de efeito, bolas com trajetória curvilínea, algumas fáceis de agarrar, outras que acertam no ângulo. As situações difíceis podem unir a família ou fragmentá-la, depende de como se lida com elas. Os três recursos para defender essas bolas? Coração, fé e coragem.

Enfrentar a possível perda de um filho é uma das piores situações que se pode conceber. Poucos conseguem imaginar um meio de lidar com isso. Eu não consegui. Aos 12 anos, um carro atropelou meu filho Chris e o jogou longe com sua bicicleta. Quando finalmente consegui falar com o pronto-socorro por telefone, perguntei aos berros:

— Ele está vivo?

— Agora ele está bem — respondeu a telefonista —, mas é bom o senhor vir para cá depressa.

Fiquei assustado e profundamente angustiado. Um colega de equipe me levou ao hospital, mas, para mim, o carro parecia uma lesma. Nos semáforos, eu ficava tão desesperado para continuar a viagem que chegava a descer do automóvel e seguir a pé para, cem metros mais adiante, ser apanhado de novo. Chris passou dois dias em estado de coma, e a família se uniu com uma força admirável. Eu passava horas cantando para ele na esperança de que me ouvisse. Por fim chegou o momento mais feliz de minha vida: Chris abriu os olhos. Todo dia eu agradeço pelos meus dois filhos e faço o possível para não considerar sua presença uma coisa líquida e certa.

O índice de divórcios próximo dos 50% por cento é uma jogada de efeito para muitas famílias e crianças. Nunca esquecerei a noite em que Chris me disse:

— Papai, nós não somos mais uma família.

Com grande tristeza, eu murmurei:

— Nós ainda somos uma família... sempre vamos ser, mesmo que agora não pareça.

O divórcio destruiu temporariamente o núcleo de nossa família; eu passei anos enfrentando uma culpa intensa e debilitante. Vendo o rosto confiante de meus filhos, tinha a sensação de tê-los traído. Todos nós precisamos passar por anos e anos de raiva, lágrimas, sofrimento e crescimento pessoal para achar um meio de construir um novo senso de família.

As dificuldades surgirão. Trabalhar nos tempos difíceis com paixão, apoio e plenitude de espírito é um ótimo espelho para as provações que seus filhos inevitavelmente hão de enfrentar. Aliás, considere as dificuldades dádivas e oportunidades que ajudam sua família a se preparar para o futuro.

Pais e Antepassados: As Gerações Anteriores

Assim como já fomos crianças, esperamos ser velhos um dia. Olhando para a geração que nos precedeu, vemos um manancial de sazonada sagacidade. Nas culturas maduras, os anciãos são os membros mais respeitados da comunidade. Considera-se o vínculo com eles uma relação importantíssima. Não obstante, a maior parte da sociedade ocidental não preza senão a juventude e a inovação. As novas gerações chegam para expulsar os mais velhos. Muita gente considera os idosos coisa do passado. No entanto, eles estão um bom passo à frente em termos de experiência e sabedoria, sendo que grande parte de suas lições de vida nos oferecem uma valiosa perspectiva deste mundo viciado pela velocidade.

Aprecie os Seus Pais

Para cultivar o apreço dos mais velhos, eu começo por meus pais. Mais do que ninguém, minha mãe, Elizabeth, foi a grande fonte de aconchego durante o meu crescimento. Tanto quanto posso contar, meus irmãos e eu éramos sua única preocupação. Ela nos surpreendia maravilhosamente. Em pouco tempo, abandonou o primeiro ano na Universidade de Houston para participar do esforço de guerra trabalhando numa fábrica de peças de avião e, de lá, foi para o nosso chalé na zona rural de Indiana, nos anos 50, onde, ao mesmo tempo que criava três filhos, transformou-se em empresária e passou a administrar uma clínica de redução de peso montada no porão. Quando eu entrei na faculdade, voltou a estudar para empreender uma nova carreira em serviço social. Atualmente com mais de 80 anos, a aposentadoria não a deixou inativa. Os amigos, o bingo, o bridge e as viagens continuam lotando sua agenda.

Na década de 50, quando eu era menino, as mães criavam os filhos, os pais ganhavam dinheiro. Mamãe fazia as duas coisas, um modelo corajoso tanto naquela época quanto hoje em dia. Lia regularmente para mim e sabia estimular o bom comportamento com calorosos elogios. O prazer que suas palavras me davam ainda me soam ao ouvido; ademais, foi assim que aprendi a importância dos elogios e da cortesia. Recentemente, ela me enviou uma nota de agradecimento emoldurada que me ajudou a escrever para minha avó quando eu tinha 5 anos. Isso me lembrou o cuidado que ela tinha com meus irmãos e comigo e a sensibilidade que estimulou em nós.

Como eu sabia que mamãe me amava em qualquer situação, aprendi muito, inclusive a amar a mim mesmo. Ela me dava força, dizia que eu podia ser qualquer coisa que quisesse e me apontava soluções em vez de me dar respostas prontas. Como mamãe me escutava, eu sabia que meus pensamentos tinham importância.

Meu pai, Bill, é um herói de outro tipo. Que ele seja tão solidário e generoso é um triunfo da força de vontade, dadas as agruras que teve de enfrentar em seus 78 anos de vida. Vendo-o abandonado pelo pai, sua mãe, embora relutante, entregou-o aos cuidados da avó. Aos 22 anos, sendo tenente da Quarta Divisão Blindada do exército norte-americano, ele foi mandado para a frente européia da II Guerra Mundial e desembarcou na Praia de Utah dezoito dias depois da Invasão do Dia D. Lá, construiu pontes, assegurou que as tropas passassem em segurança e destruiu o que havia construído para atrasar o inimigo. Viu muitos amigos morrerem. Foi um horror vivido por centenas de milhares de homens e mulheres da geração de papai, sem o qual o mundo, hoje, seria muito diferente.

No pós-guerra, ele e muitos outros enfrentaram novas dificuldades: quase sempre sozinhos. Era uma época em que não se sabia quase nada da síndrome do *stress* pós-traumático, ou fadiga de combate, como a chamavam então. Mesmo assim, meu pai perseverou, começando como corretor de imóveis e, depois de passar por períodos mais difíceis como vendedor de roupa masculina, acabou se estabelecendo como um bem-sucedido comerciante de túmulos e, a partir dos 60 anos, vendendo automóveis.

Na minha adolescência, ele e eu ficamos mais unidos. Numa noite de inverno, papai viajou de uma extremidade a outra de Indiana para me ver jogar basquete (meu time perdeu, mas saber que ele estava nas arquibancadas amenizou a dor da derrota). Sua generosidade e sua compreensão me deram muitas lições, como esta sobre carros: eu tinha 16 anos e estava convencido de que devia gastar 800 dólares (as economias de toda a minha vida) num Chevy conversível modelo 1956. Quando lhe pedi um conselho, ele disse: "Não é o que eu acho melhor, Tom. E você, o que acha?" Pois bem, eu comprei o automóvel, e não tardou para que ele caísse aos pedaços. O que eu tinha? Por um lado, um calhambeque bom para o ferro-velho. Por outro, minha primeira decisão importante, uma decepção. Mas não podia culpar ninguém, só a mim. Hoje em dia, eu penso duas vezes antes de assumir um compromisso: um carro ou qualquer outra decisão importante.

Quando me formei na faculdade, papai se tornou mais um mentor para mim, dando-me seus conhecimentos e muita sabedoria em longas conversas. Apesar da situação financeira instável, papai e mamãe nunca deixaram de dar. Quando o órgão de nossa igreja quebrou, não hesitaram em comprar um novo. Estavam enfrentando dificuldades financeiras, mas deram mais prioridade à música no culto e à comunidade.

A Honra Antiga

Quando crianças, nós presumimos que tudo com que deparamos é nosso por direito divino. Esta cidade parece que sempre existiu, certo? Aquela montanha, por exemplo, sempre teve a mesma altura. Às vezes precisamos lembrar que, na verdade, a paisagem e a forma do nosso mundo foram esculpidas por gente determinada a construir e mudar a cara de sua própria vida. Nós somos apenas um elo na infinita corrente da mudança. Temos uma dívida de gratidão para com os que nos legaram a nossa parte. Eu agradeço o suor e o sacrifício de meus pais e de toda a geração do pós-guerra.

É fácil esquecer as contribuições dos mais velhos à medida que o tempo e as transformações vão apagando suas realizações. Mas, como sir Isaac Newton observou mais de três séculos atrás, se enxergamos mais longe que nossos antepassados, é porque estamos de pé em ombros de gigantes. Mas a natureza determina que nossos pais deixem de ser os ombros que nos carregam para que nós os carreguemos no nosso. Esteja sempre agradecido pelo lugar essencial que eles ocupam em nossa vida. Isso o lembrará de apoiá-los e encorajá-los quando a frustração o tentar a ser impaciente com o declínio de sua capacidade e de seu corpo. Minha mãe e meu pai são ambos sábios para a idade que têm. Não se deixe enganar pelo envelhecimento da carcaça exterior, pelos olhos que enxergam mal, pelas pernas cansadas de andar.

A palavra favorita de meu pai é *empatia*. Experimente. Tenha empatia com aquilo que você vai sentir quando chegar à idade de seus pais. Empatia com a decepção de um corpo desgastado. Imagine ter de enfrentar diariamente a suposição tão comum de que a perda de *algumas capacidades* é a perda de *toda* capacidade. Tenha empatia com a solidão num mundo atarefado demais para prestar atenção em você. E com a sensação de que sua experiência e sua história não servem para nada.

Perder qualquer grau de capacidade física e mental é assustador e frustrante. Em vez da habitual expansão do aprendizado e da experiência, cada dia traz consigo o espectro de novas restrições. Feche os olhos. Imagine-se com 80 anos. Veja-se e pense nas mudanças em sua vida. Tenha isso em mente da próxima vez que se dirigir a um velho, seja ele um parente ou um desconhecido.

Cada dia que tenho com meus pais é uma dádiva. Eu os respeito, peço-lhes conselhos, estimulo-os. Embora o nosso tempo voe, o dos mais velhos anda devagar. Os dias que eles passam sem notícias nossas parecem meses. Os telefonemas e as cartas são um tônico maravilhoso que exige pouquíssimo esforço em comparação com os anos e anos que nossos pais nos dedicaram. Nós todos estimamos muito meus telefonemas semanais.

Em meu plano de ação anual, eu incluo viagens com meus pais. Em 1990, fui com mamãe ao encontro de cinqüenta anos de formatura de sua turma na Universidade de Houston. Chris, Trent e eu já fizemos duas viagens à Europa, com papai, para refazer seu percurso na Inglaterra, na França e na Alemanha durante a II Guerra Mundial. O tempo prolongado que passamos juntos vai além da superfície para explorar o que nossos pais sentiram na infância e na vida adulta, o que esperam do futuro, o que pensam da vida e da morte. Eu faço agora perguntas a meu pai e a minha mãe para não ter de imaginar as respostas depois. Se você tem oportunidade, enraíze-se no passado de seus pais para que eles cresçam no seu futuro.

Facilite a Transição

As pessoas que promoveram o grande *baby boom* norte-americano estão no ocaso da vida, de modo que, para quem nasceu no imediato pós-guerra, chegou a hora de enfrentar a morte dos pais, dos amigos deles, e de pensar seriamente em prestar serviço nessa importante ocasião.

Em geral, o adulto jamais supera não ter vivido a melhor infância possível, não ter sido suficientemente amado, estimulado, orientado, apoiado. Na maioria dos casos, os pais deram o melhor de si, fizeram o que estava ao seu alcance. Mas nem por isso as pessoas deixam de se queixar da maneira como foram criadas e de prender-se a ressentimentos que as impedem de abraçar com carinho os que as puseram no mundo. Essas mágoas, grandes ou pequenas, às vezes nos impossibilitam de ter pelos pais o respeito que eles merecem pelo papel que representaram em nossa vida.

Muitas fés consideram o estado de espírito de uma pessoa no momento da morte uma ponte para o próximo plano de existência. Resolvendo hoje o conflito ativo ou latente, com delicadeza e cuidado, estamos ajudando nossos pais a fazer uma transição mais serena. Nos derradeiros momentos, quando quase sempre é difícil resgatar os sentimentos, os profissionais da saúde dizem que o que o moribundo mais quer ouvir são expressões simples de amor e solidariedade humanos: "Perdão"; "Eu te perdôo"; "Obrigado"; "Eu te amo"; "Adeus". Palavras simples que, no entanto, chegam ser um alento inigualável para uma história pessoal perturbada. Se você enfrenta esse tipo de barreira, eu o convido a buscar a possível solução antes que seja tarde demais. O confronto direto com seus pais pode dar certo, mas nem sempre é o caminho mais eficaz. Os terapeutas têm condições de oferecer métodos eficazes de resolver esses problemas, coisa que vale a pena mesmo que os pais já tenham falecido.

De modo semelhante, se você tem filhos adultos, tente pedir-lhes que reflitam sobre sua juventude. Pergunte-lhes o que lhes parece bom e o que gostariam que fosse diferente. Se sentir remorso por alguma coisa, diga, peça desculpas por não ter dado mais aos seus filhos. Cedo ou tarde, nós recebemos o que damos.

E Hoje em Dia?

Pouco importa o que aconteceu ou o que vai acontecer, a única coisa que nós temos é o hoje. Não podemos mudar o passado nem prever o amanhã, mas somos capazes de afetar o presente. Já faz alguns anos que eu brinco de viajar no tempo. Há momentos em que tento pensar no que está acontecendo como se já estivesse no futuro, décadas adiante, recordando os acontecimentos de agora. Que pensarei dessa escolha? Sorrirei com a lembrança, ou farei uma careta? Se for este o caso, é hora de parar um pouco e rever meu plano de jogo.

Imagine um mundo em que cada geração constrói sobre o melhor da que a precedeu. Sinta a alegria e o poder das lições transmitidas como herança, preservadas e capitalizadas. Em vez de reaprender muitas e muitas vezes a mesma coisa, o legado pode florescer exponencialmente. Quatro, cinco, dez gerações depois, imagine como sua família há de evoluir e crescer na realização de sua própria vida. Inicie esse processo agora mesmo, usando a sabedoria motivadora que ouvi anos atrás: "Eu serei guerreiro para que meus filhos sejam estadistas, e os filhos deles, poetas".

Velhos e Novos Amigos

Ninguém escolhe os pais e os filhos que tem; os amigos sim. O engraçado é que os melhores membros da família são também amigos, e os bons amigos são como parentes. Em toda reunião em que se brinda aos amigos e à saúde, percebo que o círculo vai crescendo com o passar dos anos. Amigos e saúde... para mim, são a mesma coisa. Sendo chaves do dar e do aprender mútuos, os amigos se convertem na chave de nossa saúde. Qualquer um que atravessa o nosso caminho é, de algum modo, um amigo potencial. Os interesses, a bagagem, os valores e a direção comuns tornam certos amigos mais íntimos que outros.

Meus pais são modelos de amigos. Papai dá a mão e sorri para qualquer pessoa que encontra. Para ele, não há estranhos no mundo, somente amigos ainda desconhecidos. Na festa do octogésimo aniversário de mamãe, uma de suas amigas me contou: "Lib tem a capacidade de fazer com que cada amigo que tem se sinta seu melhor amigo".

Eu adoro a idéia de que amigo é aquele que sabe que você não é perfeito, mas, mesmo assim, trata-o como se fosse. Os amigos o conhecem, aceitam-no, mas não se furtam a lhe transmitir diretamente — com o devido cuidado — as mensagens que você precisa receber. Simultaneamente, apóiam-no e o desafiam a melhorar. Goethe conhecia bem o significado dos amigos. E aconselhava: "Trate as pessoas como se fossem o que devem ser: desse modo as estará ajudando a tornar-se o que são capazes de ser".

Uns São Prata; Outros, Ouro

Dizem que é mais fácil *fazer* amizades que *reconhecê-las*. Isso significa que os bons amigos surgem em qualquer etapa da vida. Eu tenho a sorte de contar com velhos amigos íntimos, e essa espécie de história tem a vantagem de eliminar o fingimento entre nós. A lembrança das aventuras da infância nos conserva em terreno igual na maturidade, mesmo que nossas vidas tenham tomado rumos diferentes.

As novas amizades nos enriquecem de outro modo, principalmente quando não são adquiridas à custa das antigas. Enquanto não compartilhamos uma história com os novos amigos, não passamos de pessoas com interesses e valores comuns. Juntos, somos excelentes companheiros de viagem. Percorrendo novos caminhos, temos oportunidade de ensinar, aprender e ser guias nos lugares que um ou outro ainda não explorou.

A tecnologia facilita ainda mais conhecer e manter contato com os outros. Navegando na Internet para pesquisar uma viagem à Europa, meu filho Chris ficou conhecendo alguns espanhóis e italianos que acabaram hospedando-o e ficaram amigos dele. Das mais diversas maneiras, os telefones, os faxes e os *e-mails* transportam gente do outro lado do mundo para o mesmo espaço que seu vizinho.

As amizades precisam de atenção para permanecer intactas, ainda que algumas consigam passar meses sem ser regadas e, mesmo assim, florescer como as plantas na primavera. Outras devem ser aguadas constantemente. Seja como for, as amizades precisam de cuidado. Eu me esforço muito para estar presente nas datas importantes da vida de meus amigos. Comparecer aos nascimentos, aos casamentos, aos enterros afirma o alcance de nossa experiência humana e nos une indescritivelmente. Seja com a sua presença a um evento, um cartão-postal, um telefonema, um *e-mail*, um almoço ou uma longa visita, mostre aos seus amigos que você gosta deles e que eles são importantes.

Estreite os Laços da Sua Comunidade

Os entes queridos e os amigos nos ajudam a entrar em contato com o lado mais gentil de nossa missão e, com muita freqüência, têm impacto sobre a nossa visão de mundo. Sentindo-se próximo dos amigos e dos familiares, pode ser que você passe a ansiar por uma relação melhor com a comunidade. Talvez você se sinta estimulado a perscrutar o bairro e a cidade em que vive, depois o estado e o país, até que, no final, se surpreenda perguntando o que pode fazer pela vida das pessoas de todos os lugares do mundo. O tempo ou o dinheiro de que você dispõe são necessários para uma infinidade de pessoas ou instituições grandes e pequenas, próximas e distantes. Certamente existe uma que se ajusta à sua missão.

Outrora éramos um povo ligado pela geografia, agora o somos por causas comuns. Muitas instituições vieram preencher as lacunas antigamente preenchidas pelas comunidades coesas. Em grande parte dos Estados Unidos, os vizinhos mal se conhecem. As instituições de caridade e o trabalho voluntário criam uma rede de apoio alternativa; em conseqüência, vinculam-nos às pessoas por motivos não meramente econômicos. Pode parecer quixotesco acreditar que podemos recuperar os vínculos estreitos das aldeias e vilarejos do passado. Mas é possível construir novas ligações capazes de abranger a expansão e a especialização simultâneas e irreversíveis da sociedade. O mundo frio e calculista, que marginaliza os necessitados, só é o mundo real na medida em que nós o permitimos.

| COMO VENCER no JOGO da VIDA |

Emprestando um Coração Solidário e uma Mão Amiga

Fora da família e do trabalho e além das contribuições financeiras, o voluntariado é a melhor maneira que existe de dilatar sua missão. Que diferente seria o mundo se todos fizessem não mais que uma hora de trabalho voluntário por semana. Ou por mês, não importa. Isso transformaria o planeta. Gente como Colin Powell, o ex-presidente Jimmy Carter e Elizabeth Dole são apenas as faces mais visíveis do voluntariado. Há milhões de pessoas que, todo dia, acrescentam algo à existência dos outros. Pode ser que tenham tocado a sua vida.

Você acha que não conseguiria fazer uma diferença? Lembre-se da famosa observação da antropóloga Margaret Mead: "Nunca duvide de que um grupo de cidadãos compenetrados e comprometidos possa mudar o mundo. Aliás, foi a única coisa que o mudou". O Greenpeace, o Mães Contra a Embriaguez ao Volante (MCEV), a Fundação Mundial para a Pesquisa e a Prevenção da Aids, todos foram outrora uma idéia, na cabeça de alguém, que acabou energizando um punhado de pessoas dedicadas a uma causa comum, as quais, por sua vez, abriram oceanos de possibilidades. Muitas vezes enfrentando uma oposição feroz, elas inspiraram milhões. Em 1998, quando o Departamento da Agricultura norte-americano decidiu afrouxar os padrões da agricultura orgânica, duzentas mil pessoas protestaram dizendo que era inaceitável. Hoje, os padrões de comida saudável continuam elevados.

Olhe bem e você vai encontrar oportunidades para dar de si e, simultaneamente, receber. A geração do pós-guerra já está em véspera de se aposentar e começa a entrar na síndrome do ninho vazio. Se você se encaixa nessa descrição, procure religar-se à sua comunidade e restabelecer o equilíbrio que eventualmente perdeu quando os filhos pequenos e a carreira lhe consumiam toda a energia.

Se não formos nós, quem será? Se não for agora, quando há de ser? Pense seriamente em abraçar uma causa coerente com sua declaração de missão e com os planos de ação que vão além de sua família imediata. Seja criativo. Uma amiga minha comemorou o quadragésimo aniversário convidando os amigos para uma "festa diurna", durante a qual todos construíram uma casa supervisionados por um voluntário do Hábitat para a Humanidade.

O Futuro Está em Nossas Mãos

Quando passamos a pensar em servir os demais, é comum refletir sobre onde gastamos o tempo, a energia e o dinheiro. Cada vez mais grupos de consultoria financeira estão investindo unicamente em negócios éticos. As fábricas de cigarro estão excluídas; as empresas que, como a Target and Working Assets Long Distance, acompanham suas atividades de caridade com a mesma atenção que dão ao faturamento, estão incluídas. Outras empresas entram no jogo do apoio à comunidade equiparando os fundos de contribuição com o empregado ao financiamento não-lucrativo de excursões e viagens para arrecadar fundos para a pesquisa na área da saúde, como a do câncer de mama e a da distrofia muscular, assim como para apoiar outras causas.

Há quem chegue a "dispensar" os patrões sovinas. Meu amigo Stuart, por exemplo, abandonou um cargo de prestígio e muito bem pago numa grande empresa por achar que sua liderança não dava a mínima para a comunidade na qual operava. "Eles só recebiam", disse, "não davam nada." Isso não combinava com a missão pessoal de Stuart, e, nos últimos tempos, o conflito interior ficara insuportável. Ele pediu demissão e arranjou emprego numa empresa cujos valores se assemelhavam aos dele. Embora ganhe menos agora, seu respeito por si próprio e sua felicidade cresceram muito. Hoje, sem nenhum peso na consciência, Stuart se sente mais bem-sucedido que nunca.

A Terra: Uma Amiga Necessitada

As relações com as pessoas são uma via de mão dupla: dar e receber, cuidar e ser objeto de cuidado. Pode não ser tão óbvio, mas nossa relação com a Terra também é assim. A estrutura dinâmica, criadora de vida do planeta abastece-nos de todo o necessário para o nosso sustento — a comida, o abrigo, a água, o ar —, sendo que, em troca, nós fazemos o possível para respeitá-la e cuidar dela. No entanto, nessa relação, a história tem mostrado que a Terra é uma amiga bem mais fiel conosco que nós com ela.

As estatísticas parecem um romance distópico de ficção científica: a metade das florestas temperadas do mundo desapareceu. O aquecimento global está disseminando moléstias infecciosas e elevando o número de óbitos relacionados com o calor. O câncer de pele aumenta à medida que diminui a camada de ozônio da atmosfera. O complexo agroindustrial dos Estados Unidos usa pesticidas à razão de 43 quilos *por segundo*. Esse mesmo segundo devora 0,8 hectare de florestas no país. Tudo bem, talvez não surpreenda que os norte-americanos consumam mais energia *per capita* que qualquer um. Porém, o ponto vulnerável dos arranha-céus esplendorosos e dos velozes carros esporte é a descarga também inigualável de dióxido de carbono que eles ajudam a produzir: 5,8 toneladas anuais por pessoa.

Em todo caso, nós não somos uma causa perdida. Fizemos muito desde a década de 70. Pittsburgh já não é um inferno, o rio Cuyahoga, em Cleveland, não está a ponto de pegar fogo novamente, e nossos padrões de controle de emissão de poluentes deixam nossas cidades muito à frente da qualidade do ar de Calcutá, da cidade do México e de Tóquio. Nós percorremos um longo caminho e ainda temos muito a percorrer.

Olhe à sua volta, veja a rede da vida e o horizonte, olhe para seus filhos, para os filhos dos seus filhos, para os filhos dos filhos dos seus filhos. Não lhe importa em que tipo de mundo eles viverão? Claro que sim. Mas será que seus descendentes respirarão ar fresco e beberão água limpa? Você imagina que eles terão florestas nativas povoadas de animais silvestres? A vida palpitará em seus rios, lagos e oceanos? A resposta está em nossas mãos. O estado da Terra, amanhã, depende das decisões que tomarmos hoje.

É fácil perder de vista o quadro maior quando ele fica encoberto pela névoa dos afazeres cotidianos. Porém toda a nossa atividade bem-intencionada perde a utilidade se as pessoas passarem a viver numa Terra doente. De que vale ir de vento em popa nos negócios se o ar que você respira o mata lentamente e se a terra não consegue sustentar o crescimento? De que vale termos atingido as metas de lucro deste ano se, nesse processo, destruímos a capacidade do meio ambiente de nos sustentar nos anos vindouros?

Alguns podem achar esquisito um vendedor de pneus e automóveis, ramo tipicamente problemático para o meio ambiente, falar em sustentabilidade. No entanto, onde há vontade, há uma saída. Por exemplo, a Tires Plus recicla pneus usados, transformando-os em combustível para fábricas equipadas com sistemas de filtro especialmente projetados e aprovados pela E.P.A. Reciclamos óleo queimado, anticongelante e baterias usadas tanto nos estados em que isso é obrigatório quanto nos outros. Instalamos elevadores hidráulicos "favoráveis ao meio ambiente". Durante anos, os elevadores das oficinas mecânicas foram instalados sob o chão para preservar o espaço, porém, quando havia derrame ou vazamento do fluido hidráulico, ocorriam graves acidentes ambientais. Graças a uma pesquisa fornecida pela E.P.A., a Tires Plus instalou elevadores que usam óleo vegetal biodegradável, que não provoca contaminação no caso de vazamento.

Do lado do consumidor, nossa empresa oferece prospectos informativos com dicas para a conservação dos recursos relacionada com o uso de automóveis. Tanto na equipe quando na comunidade mais ampla, nós financiamos a agricultura orgânica e instituições favoráveis à preservação do meio ambiente. Fazendo o que podemos onde podemos, esperamos que essas pequeninas ondulações ajudem a encher a maré da consciência e do cuidado com o meio ambiente.

A Terra e a atmosfera nos dão *tudo*. Pense nisso um instante. Nós tendemos a acreditar que, fisicamente, o nosso trabalho e suas recompensas põem comida na nossa mesa e um teto sobre nossa cabeça. Não deixa de ser verdade, mas procure enxergar um pouco além do faturamento da mercearia. Saia e olhe para o chão. Olhe para o céu. Em última instância, é isso que nos sustenta. Basta eliminar a dádiva do ar e da água para que tudo se acabe. É por isso que a relação de cada um de nós com a Terra determina o tipo de vida que desfrutarão — ou amargarão — as gerações futuras.

Para nós é difícil imaginar, pois muitas mudanças que estão ocorrendo não serão evidentes durante a nossa vida. As pequenas e insidiosas alterações só aparecerão daqui a algumas gerações, que pensarão em nós perguntando que diabo nós pensávamos — *se é que* pensávamos. Isso me traz à mente uma história desagradável que me contaram: se jogarem uma rã na água quente, ela tratará de pular para fora imediatamente. Se a colocarem em água morna e a forem esquentando lentamente até ferver, a pobre rã simplesmente ficará lá até morrer. A morte, lenta ou rápida, continua nos colocando, a nós e às gerações futuras, no mesmíssimo lugar.

Onde Começar

A maioria das pessoas não quer prejudicar a Terra; simplesmente não se dá conta de que, em grande ou pequena escala, está contribuindo para o problema. A decisão de ir fazer compras a pé, não de carro, de reciclar o papel em vez de jogá-lo no lixo, de comer mais alimentos vegetais que carne, de usar fertilizantes naturais no lugar dos produtos químicos, tudo isso há de ter impacto sobre a Terra. Pode não parecer muito, mas não subestime o poder acumulado da ação positiva. A sustentabilidade é a escolha de um estilo de vida fácil de adotar. Cuidar da terra faz parte da sua missão? Procure informar-se mais, e siga em frente um pouco mais consciente e um pouco mais preparado.

O Universo e Mais Além

A ciência estuda as galáxias e as partículas dos elétrons. Os filósofos investigam a mente. Os teólogos buscam a natureza e a verdade da Fonte Divina. Todos perseguem as mesmas indagações: De onde viemos? Para onde vamos? O que nos guia? Nossa vida dura sete décadas ou apenas um piscar do olho universal?

Foi necessário um pouco de determinação para procurar minha missão. Mas a pergunta permanece: foi minha própria sabedoria superior que a determinou? Ou ela tem outra origem, vem de "algum lugar além"? Talvez — apenas talvez — eu tenha, realmente, redescoberto, recuado no tempo até a lembrança do divino ser que se aproximou de mim antes de meu nascimento e perguntou: "Você está pronto? Está disposto?" Quando aceitei, a missão se tornou minha para sempre, e então começou a verdadeira jornada. Com esse redescobrimento e essa viagem, passei a ver minha missão no contexto de um propósito maior, propósito este que não começou com o nascimento e não terminará com a morte física. Minha vida, minha energia, minhas metas, tudo reside num círculo maior do ser que me trouxe aqui e se estende muito além de minha vida terrena.

Muito medo do futuro se esvai quando eu compreendo que a morte de meu corpo físico simplesmente significa a transição de um estado do ser para outro. Eu imagino o momento da morte como a compra de uma passagem de volta para casa. Como diz *Um Curso de Milagres*: "A morte é o tema central do qual provêm todas as ilusões. Não é loucura pensar na vida como nascer, envelhecer, perder a vitalidade e no fim morrer? [...] O que nasce de Deus pode morrer? Deus é, e Nele todas as coisas criadas têm de ser eternas [...] não se deixe enganar pela 'realidade' das formas cambiantes [...] O Céu é aqui. Não existe nenhum outro lugar. O Céu é agora. Não existe nenhum outro tempo".

Completando o Círculo

Foi Dorothy quem descobriu, em O Mágico de Oz, que a passagem de volta para casa está ali onde está o nosso coração? Está no reconhecimento de que "nossa casa" é o lugar de onde viemos e para onde voltaremos, e de que não existe nenhum outro lugar igual? Pensar no meu retorno para casa, para minha Fonte, me lembra o quanto estes dias são preciosos. Independentemente de nossas crenças no que há de acontecer depois, imaginar o fim de nossa vida, do modo como a conhecemos, permite-nos uma apreciação renovada do potencial do presente.

Se você está disposto a se unir a mim num exame breve e desperto desta fase da missão, respire fundo e imagine-se prestes a dar o seu último adeus. Os amigos, as lembranças, os legados, tudo está ali, nos olhos de sua mente. Até certo ponto, dá muito medo. Por outro lado, é animador projetar-se para a frente, seguro na convicção de que, para cada porta que se fecha, outra se abre. É o fim de muitos e muitos quilômetros. Olhe para trás um instante e veja até você onde chegou.

Descobrir sua missão foi a primeira jogada da partida: não foi um começo modesto. A motivação veio em forma de compreensão e aceitação do nosso propósito superior, guiado pela missão. Com o plano de jogo em mãos e os pés firmemente plantados no chão, fizemos o melhor possível para manter o curso mediante os Sete Passos Ativos e as características COAPDP, desafiando a nós mesmos a superar com sucesso as reviravoltas da existência. O aprendizado com a vida e a capacidade de comunicação apoiaram e revigoraram nossos esforços. Nós aprendemos a lidar com as dificuldades, descansamos, reagrupamo-nos e desfrutamos o jogo. Cuidamos da nossa Equipe Interior e usamos planos decisivos para sintonizar o corpo, aprimorar o intelecto, ultrapassar as barreiras psicológicas e alimentar o vínculo espiritual com os outros, com o mundo e com Deus. Aprendemos a ensinar, a orientar e a ser amigos, oferecendo o que podíamos e quando podíamos aos que precisavam de nós. Aprendemos as lições que nos deram, mesmo as que nos chegaram de forma inesperada. Desde o nosso ente mais querido até a pessoa mais distante, aprendemos a reconhecer que todo ser vivo faz parte do grande círculo de relações que une todos nós aos propósitos de nossa missão. Respeitando os fundamentos que sustentam a nossa vida, aprendemos a tratar um pouco melhor a Terra. Evoluímos e crescemos, sentimo-nos mais leves e menos sobrecarregados, animados pelo Espírito, que nos ajudou a cumprir nossos deveres.

Indo Além do Tempo

Aqui, agora, com o jogo chegando ao fim, você está pronto para considerá-lo encerrado? Seu enfoque, mesmo nos derradeiros momentos da vida, continua avançando. O que trará o futuro? O que há além? O que acontece quando a luz se apaga? Nós nos transformamos em pó? Nossos elétrons percorrem o espaço na velocidade da luz? Nosso corpo ressuscita? Acaso retornamos para continuar aprendendo? Subimos a um céu de mil prazeres? Sintetizamo-nos num estado de puro ser? Sem os limites do tempo e do espaço, o aqui se torna o lá? O agora se torna o depois? Existem um passado e um futuro, ou só há o eterno presente?

As respostas importam menos que sua confiança e sua satisfação nesse momento. Você sabe que levou a cabo seu plano do jogo da vida da melhor maneira possível e descobriu que ganhar significa algo diferente de acumular o maior número de pontos e elevar-se acima dos demais. Ao contrário, concentrou a vitória e o sucesso no aprendizado e na realização de sua missão, fazendo o seu papel num vasto quebra-cabeça cósmico unificado em seu caos. Está satisfeito por ter dado o melhor de si, ainda que sendo imperfeito. Jogou com dedicação, força, humor, cuidado e sabedoria.

Quando estamos inteiros no jogo, despertos e cheios de energia, os momentos ordinários se tornam extraordinários. Os medos se dissipam, a satisfação se transforma numa bênção, você se vê face a face com seu verdadeiro potencial. O céu é lá, ou é bem aqui?

Agradecimentos Adicionais

Foram muitos os que me tocaram na vida e ajudaram-me a vir a ser a pessoa que escreveu este livro. É profunda a minha gratidão para com todos:

Meus mentores familiares: os manos Tim e Gary Gegax e a cunhada Pam, cujo amor e cuja solidariedade me ensinaram a importância da família.

Meus mentores pessoais: o dr. Deepak Chopra, Leni Erickson, Earnie Larsen, John Robbins, Brenda Schaeffer e Carole Morning Smiley.

Meus mentores profissionais no começo da carreira: Dean Bachelor, Greg Higham e Joe Steger.

Meus mentores no amor: as mulheres que passaram anos preciosos relacionando-se comigo, ajudando-me a ser um homem melhor.

Meus mentores a distância, gente que me inspirou e ensinou com seus livros e sua obra: Edwin Bliss, James Fadiman, Robert Frager, Christopher Hegarty, Napoleon Hill, o dr. Dean Ornish, James Redfield, Helen Schucman, William Thetford, Neale Donald Walsch, o dr. Andrew Weil e Mary Ann Wlliamson.

Meus companheiros de equipe na Tires Plus: todos vocês, os dois mil. Nosso sucesso é um esforço de equipe. A equipe de Treinadores Principais da Tires Plus: George Argodale, Jim Bemis, John Hyduke, Kyle Kennedy, Sherri Lee, Pat Madigan, Scott McPhee, Eric Randa, Wayne Shimer e Dave Wilhelmi.

Meu sócio na Tires Plus desde o começo: Don Gullett. Sua lealdade inabalável e a paciência incrível comigo em mais de vinte anos juntos, seu trabalho incansável e seu bom coração me ajudaram a construir uma empresa da qual nós dois podemos nos orgulhar. E ao nosso sócio Larry Brandt, que tem assumido cada vez mais liderança à medida que a empresa cresce.

Além dos amigos e companheiros mencionados no início do livro, muitos outros leram o manuscrito em elaboração e a ele somaram energia, idéias e entusiasmo, contribuindo para que o todo fosse mais que a soma das partes. Meu obrigado a Kevin Cashman; Larry Dennison; Scott Edelstein; Leni Erickson; Janet Feldman; José Ferreira; Colleen Childers-Fogarty; Porter Gale; Tad Hargrave; Charlie Hoag; Bill Jorgensen; Elizabeth Kautz; o dr. Lawrence H. Kushi; Tom MacIntosh; Charles Maxwell Jr.; o dr. Tu Nguyen; Prakash Puram; Ocean Robbins; a dra. M. Viktoria Sears; Carole Morning Smiley; o dr. Russell Smiley, Julie Swenson e Doug Toft.

Bibliografia

Tenho uma dívida particular para com as seguintes pessoas, que me ajudaram a esclarecer o pensamento em suas respectivas especialidades:

Capítulo 1. Brenda M. Schaeffer, no exercício de descoberta da missão.

Capítulo 4. Ron L. Fronk, Ph. D., água e pão; o prof. Carl V. Phillips, Ph. D. e John Robbins em nutrição; a dra. Viktoria Sears em trabalho corporal de apoio.

Capítulo 5. Earnie Larsen; Brenda M. Schaeffer e o dr. Robert Simmermon em saúde psicológica.

Capítulo 6. O rev. Mark Holman, o rev. Kurt Kalland, o rev. Duke Tufty.

Capítulo 8. Michael D. Norman em falar em público.

Capítulo 9. Brenda M. Schaeffer em relações amorosas; Charles Maxwell Jr. em planejamento financeiro; John Robbins em consciência ambiental.

American Cancer Society. "Cancer: What Is It?" 1998. *Site* na Internet: www.3.cancer.org/cancerinfo/gen-main-cont.asp?st=wi

American Heart Association. "Cardiovascular Diseases." 1998. *Site* na Internet: www.amhrt.org/Scientific/Hsstats98/03cardio.html

American Lung Association. "Trends in Cigarette Smoking." 1997. *Site* na Internet: www.lungusa.org/data/smk2.htm American Medical Association. "Nutritional Basics." 1998. *Site* na Internet: www.ama-assn.org/insight/gen-hlth/nutrinfo/part3.htm#p01

Anthony, William A. *The Art of Napping.* Lompoc, CA: Larson Publishing Company, 1997.

Balch, Phyllis A. e James F. Balch, M. D. *Prescription for Dietary Wellness: Using Foods to Heal.* Garden City, NY: Avery Publishing Group, 1998.

Batmanghelidj, F., M.D. *Your Body's Many Cries for Water.* Falls Church, VA: Global Health Solutions, Inc., 1997.

Begley, Sharon. "Do Parents Really Matter?" *Newsweek,* 7 de setembro de 1998, 52-59.

Besdin, Abraham. *Reflections of the Rav,* volume 1. Hoboken, NJ: KTAV Publishing House, 1993.

Bliss, Edwin C. *Getting Things Done: The ABCs of Time Management.* Nova York: Charles Scribner's Sons, 1991.

Brody, Jane. *Jane Brody's Nutrition Book.* Nova York: W. W. Norton, 1981.

_____. "Drunk on Liquid Candy, U. S. Overdose on Sugar." *The New York Times,* 24 de novembro de 1998.

Buchholz, Steve, e Thomas Roth; Karen Hess, org. *Creating the High Performance Team.* Nova York: John Wiley and Sons, 1987.

Burfoot, Amy. "Like Father, Like Son." *Runner's World,* agosto de 1994, 45.

Centers for Disease Control and Prevention. "Trends in years of potential life lost before age 65 among whites and blacks — 1979-1989", *JAMA* 268(24):3423, 1992.

Chopra, Deepak. *Perfect Health: The Complete Mind-Body Guide.* Nova York: Crown Publishers, 1991.

_____. *The Seven Spiritual Laws of Success: A Practical Guide to the Fulfillment of Your Dreams.* San Rafael, CA: Amber-Allen Publishing New World Library, 1993.

_____. "Seduction of the Spirit." Seminário. San Diego, CA, 1995.

Cousins, Norman. *Anatomy of na Illness as Perceived by the Patient: Reflections on Healing and Regeneration.* Nova York: Bantam Doubleday Dell, 1991.

Covey, Stephen R. *7 Habits of Highly Effective People: Powerful Habits in Personal Change.* Nova York: Simon and Schuster, 1989.

Cowley, Geoffrey. "Cancer and Diet." *Newsweek*, 30 de novembro de 1998, 60.

Dalai Lama. *The Way to Freedom,* San Francisco: HarperSanFrancisco, 1994.

Easwaran, Eknath. *Take Your Time: Finding Balance in a Hurried World.* Nova York: Hyperion, 1997.

Fadiman, James. *Unlimit Your Life: Setting and Getting Goals.* Berkeley, CA: Celestial Arts, 1989.

Glasser, William, M. D. *Positive Addiction.* Nova York: HarperCollins, 1985.

Goleman, Daniel. *Working With Emotional Intelligence.* Nova York: Bantam, 1998.

Gould, Meredith. "Power Napping." *Nation's Business.* Fevereiro de 1995, 65.

Grady, Denise. "Articles Question Safety of Dietary Supplements." *The New York Times*, 17 de setembro de 1998.

Gurdjieff, G. I. *All and Everything: Beelzebub's Tales to His Grandson.* Aurora, OR: Two Rivers Press, 1993.

Hendler, Sheldon Saul, M. D., *The Oxygen Breakthrough: Thirty Days to na Illness-Free Life.* Old Tappan, NJ: Pocket Books, 1989.

Hill, Napoleon. *Napoleon Hill's Keys to Success: The 17 Principles of Personal Achievement.* Nova York: Dutton, 1994.

Jung, Carl, org. *Man and His Symbols.* Nova York: Dell Publishing, 1964.

Kushi, Michio, Aveline Kushi e Alex Jack. *Macrobiotic Diet.* Nova York: Japan Publications (USA), Inc., 1992.

Larsen, Earnie, e Jeanette Goodstein. *Who's Driving Your Bus?: Codependent Business Behaviors of Wokaholics, Perfectionists, Martyrs, Tap Dancers, Caretakers and People Pleasers.* San Francisco: Jossey-Bass, 1993.

McGaulley, Michael T. *Selling 101: Essential Selling Skills for Business Owners and Non-Sales People.* Holbrook, MA: Adams Media Corp., 1995.

Maggio, Rosalie. *The New Beacon Book of Quotations by Women.* Boston: Beacon Press, 1996.

Martin, Rick, e T. Trent Gegax. "'Sell In,' Bliss Out." *Newsweek*, 8 de dezembro de 1997, 72.

Mehrabian, Albert. *Silent Messages: Implicit Communication of Emotions and Attitudes.* Belmont, CA: Wadsworth, 1981.

Merriam-Webster, Incorporated. *Merriam-Webster's Collegiate Dictionary, Tehth Edition.* Springfield, MA: Merrian-Webster, 1997

Moody, Raymond A. Jr., M.D., *Life After Life: The Investigation of a Phenomenon — Survival of Bodily Death.* Nova York: Bantam Books, 1988.

Nørretranders, Tor. *The User Illusion: Cutting Consciousness Down to Size.* Nova York: Viking, 1998.

Omnigraphics. *Diet and Nutrition Source Book: Basic Information About Nutrition, Including Dietary Guidelines for Americans.* Detroit, MI: Omnigraphics, Inc., 1996.

Ouspensky, P. D. *The Psychology of Man's Possible Evolution.* Nova York: Random House, 1973. [*Psicologia da Evolução Possível ao Homem,* publicado pela Editora Pensamento, São Paulo, 1981.]

Peck, M. Scott. *The Road Less Traveled: A New Psychology of Love, Traditional Values and Spiritual Growth.* Nova York: Simon and Schuster, 1978.

Pitchford, Paul. *Healing With Whole Foods: Oriental Traditions and Modern Nutrition.* Berkeley, CA: North Atlantic Books, 1996.

Rechtschaffer, Stephan, M. D. *Timeshifting: Creating More Time to Enjoy Your Life.* Nova York: Doubleday, 1996.

Redfield, James. *The Celestine Prophecy: An Adventure.* Nova York: Warner Books, 1993.

Reichheld, Frederick F., org. *The Quest for Loyalty.* Nova York: McGraw-Hill, 1996.

Robbins, Ocean. "Choices for a Healthier World." Brochura. Soquel, CA: Youth for Environmental Sanity, 1998.

| BIBLIOGRAFIA | 303

Schaeffer, Brenda. *Loving Me Loving You: Balancing Love and Power in a Codependent World.* Nova York: HarperCollins, 1991.

_____. *Is It Love or Is It Addiction?* Edição revisada. Center City, MN: Hazelden Foundation, 1997.

Schoen, Elin. *Growing With Your Child.* Nova York: Doubleday, 1995.

Schucman, Helen, e William Thetford. *A Course in Miracles.* Mill City, CA: The Foundation for Inner Peace, 1975.

Schuré, Édourd. *The Great Initiates: A Study of the Secret History of Religions.* San Francisco: Harper and Row, 1961.

Shenk, David. *Data Smog: Surviving the Information Glut.* Nova York: HarperCollins, 1997.

Solomon, Robert C., e Kathleen Marie Higgins. *A Short History of Philosophy.* Nova York: Oxford University Press, 1995.

Spragins, Ellyn. "So What's the Score?" *Newsweek*, 19 de outubro de 1998, 90.

Stewart, Thomas, e Jane Furth. "The Information Age in charts." *Fortune*, 4 de abril de 1994, 75.

Sullivan, Scott. "In Memory of 'Uncle'." *Newsweek*, 22 de janeiro de 1996, 43.

Tagore, Rabindranath. *Gitanjali: Offerings from the Heart.* Nova York: Simon and Schuster, 1997.

U. S. Department of Commerce, Bureau of Census. *Statistical Abstract of the United States.* 1997, 117ª Edição, Tabela 130.

U. S. Department of Health and Human Services. *The U. S. Surgeon General's Report on Nutrition and Health.* Public Health Service DHHS (PHS) Publicação nº 88-50211, 1988.

_____. *Vital Statistics of the United States, 1992,* v. II, parte B, Hyattsville, Maryland, 1996.

Vecsey, George. "Sports of the Times; Many Joys of a Home Run Lovefest". *The New York Times*, 8 de setembro de 1998.

The Staff of the Wall Street Journal, Ronald J. Allsop (org.). *Wall Street Journal Almanac,* Nova York: Dow Jones and Company, 1998.

Walsch, Neale Donald. *Conversations with God: An Uncommon Dialogue, Book 1.* Nova York: G. P. Putnam's Sons, 1995.

Washington, James Melvin, org. *The Essential Writings and Speeches of Martin Luther King, Jr.* Nova York: HarperCollins, 1986.

Weil, Andrew. *Spontaneous Healing: How to Discover and Enhance Your Body's Natural Ability to Maintain and Heal Itself.* Nova York: Alfred A. Knopf, 1995.

_____. *Natural Health, Natural Medicine.* Wilmington, MA: Houghton Mifflin Company, 1998.

Williamson, Marianne. *Return to Love: Reflections on the Principles of a Course in Miracles.* Nova York: Harper, 1994.

Wolff, Michael. *Where We Stand: Can America Make It in the Global Race for Wealth, Health, and Happiness?* Nova York: Bantam Books, 1992.

World Wide Fund for Nature. "State of the Climate: A Time for Action." 1998. *Site* na Internet: www.panda.org/climate-event/climate.doc

Para mais informações sobre Tom Gegax ou a Tires Plus, incluindo a agenda de palestras e a disponibilidade de Tom, por favor, escreva para:

Tom Gegax
Tires Plus
600 West Traveler's Trail
Burnsville, MN 55337

Ou visite o *site* www.tiresplus.com